高等院校"十四五"会计专业系列教材

# 金融企业会计

## （第三版）

主　编　郭德松　袁佳慧
副主编　刘喜梅　张　茜　寇玉典

微信扫码　查看更多资源

南京大学出版社

# 前　言

党的二十大,揭开了我国历史光辉灿烂的新篇章,人们的思路和理念发生了显著变化,随着会计准则的进一步完善,核算标准的进一步规范,互联网技术和信息通信技术的不断突破,金融市场的竞争日趋激烈,金融机构不断壮大,业务品种不断创新,金融企业会计作为金融行业的一项基础性工作,越来越成为金融行业实现稳健经营和持续发展的重要保证。全书以金融行业的共性基本业务为线索,分为十三章内容予以阐述。主要涵盖了金融企业会计的基本理论、基本知识和基本技能。第一部分阐述了金融企业会计的基本理论和方法,包括金融企业会计总论和金融企业会计的基本核算方法两章;第二部分介绍了金融企业的柜面对外服务类业务,包括存款和储蓄业务、支付结算业务、贷款和贴现业务、银行间往来业务、现金出纳业务、外汇业务等六章内容;第三部分讲述了金融企业的内部核算业务,包括投资与财产物资的核算、所有者权益的核算、损益的核算和财务会计报告等四章内容;第四部分简述了金融性公司业务。

随着互联网技术、信息通信技术和计算机技术的广泛运用,会计核算形式呈现出网络化、电子化、信息化和自动化等特点,各种现代核算系统、支付系统和资金清算系统相继创建与推广。本书是为了适应培养经济管理应用型人才而编写的,理论教学和实务操作并重,可以作为经济管理类专业(如金融专业、会计专业等)的实用教材,也可以作为在职人员的参考读物。

全书依据新的《企业会计准则》和最新法规、制度,就金融企业会计的基本共性业务,主要就商业银行业务予以阐述,因受篇幅限制,对金融性公司会计业务仅做了简要介绍。在编写方法上,理论阐述力求深入浅出,实务描述力求紧密联系实际,通俗易懂,简明实用。本教材的主要特点在于:一是内容简化,一目了然。凡是涉及核算的内容,尽可能采取图表的形式,使其形象直观,简明实用,易学易懂。二是实务性强,具有可操作性。尽可能结合金融企业会计实务,做到学得懂,用得上,如存贷款业务、结算业务、联行业务、出纳业务等等。三是内容新颖,与改革成果同步。尽可能使用了附录二的会计科目,力求使书本知识与实际工作内容接近或一致。本教材依据新的会计准则、应用指南、释疑和近期出台的制度、办法等,注重了各项业务之间的纵向比较,是一本难得的实用性教材。

本书由湖北经济学院郭德松、武昌工学院袁佳慧担任主编,湖南工程学院刘喜梅、湖北经济学院张茜、武汉文理学院寇玉典担任副主编。参加编写人员及分工：郭德松（第一章、第四章、第六章、第十二章）；袁佳慧（第二章、第三章、第十三章）；刘喜梅（第五章、第七章）；张茜（第八章、第九章）；寇玉典（第十章、第十一章）。全书由郭德松提供编写大纲并负责总撰定稿。

在编写过程中，得到了银行实务部门有关同志、南京大学出版社黄黎和有关院校等同志的大力支持和帮助，对此一并表示衷心感谢。

由于我们水平有限，加之在最后脱稿时时间匆忙，缺点和疏漏之处在所难免，竭诚欢迎读者批评指正。

编　者

2023 年 4 月

# 目　录

# 第一章 金融企业会计总论

## 学 习 要 点 提 示

通过本章学习,要求了解金融企业会计的概念和种类;掌握金融企业会计的对象和特点;懂得金融企业会计的机构设置和会计人员的职责权限。

# 第一节 金融企业会计概述

## 一、金融企业会计的概念

在市场经济条件下,人们希望用最小的投入,获取最大的收益。因此,掌握必要的会计知识,是做好经济工作的基础。金融即货币资金的融通,一般指与货币流通和银行信用有关的一切经济活动,主要通过银行的各种业务来实现。金融企业是经营货币、信用业务的特殊机构,是国民经济的综合部门和宏观调控的重要对象,在市场经济中充当重要的中间人。它以商业银行为主体,包括金融性公司和其他金融机构在内的多种组织形式的行业群体。

金融企业会计作为特定部门的专业会计,是一种以货币作为主要计量单位,采用专门的方法,对金融企业的经营活动过程进行准确、完整、连续、综合的核算和监督,为经营者及有关方面提供财务状况和经营成果等会计信息的管理活动。

会计是现代经济工作的基础,金融作为现代经济的核心,在国民经济中有举足轻重的作用。而金融企业会计既是会计学的一个分支,又是经济管理工作的一个重要组成部分。

## 二、现行金融机构分类

我国现行的金融体系,是由过去的"四行两局一库"演变而来的。"四行两局一库"即1939年国民党统治时期建立的中央银行、中国银行、交通银行、中国农民银行,中央信托局、邮政储金汇业局,中央合作金库。现行金融机构可以分为以下四大类。

### (一)金融监督局

金融监督局一般包括银保监局和证监局两大金融监督部门。它们都是经国务院批准成立的进行监督管理的事业单位,分别负责对全国银行业、保险业和证券业金融机构及其业务活动进行监管。由国务院统一领导、统一管理,行使相关职责。

## (二) 银行

### 1. 中央银行

中国共产党领导的最早的中央银行是 1932 年 2 月 1 日成立的,以毛泽民为行长的中华苏维埃共和国国家银行。1948 年 12 月 1 日华北银行、北海银行和西北农民银行合并改为中国人民银行。真正行使中央银行职能应从 1984 年算起。它主要从事货币发行、经理国库、再贷款再贴现、资金清算、外汇储备等业务,实行独立的财务预算管理制度。收支相抵后,实现的利润上缴中央财政,亏损由中央财政拨补。

### 2. 政策性银行

(1) 国家开发银行:办理政策性国家重点建设(包括基本建设和技术改造)贷款及贴现业务。

(2) 中国农业发展银行:承担国家粮棉油储备和农副产品合同收购、农业开发等业务中的政策性贷款,代理财政支农资金的拨款及监督使用。

(3) 中国进出口信贷银行:为大型机电成套设备进出口提供买方信贷和卖方信贷,办理出口信用担保、贴现等业务。

上述政策性银行于 1994 年 4 月正式成立,它们各有分工,不与商业银行竞争。虽然承担政策性贷款的优惠补贴支出,但要求保本经营。但在现实工作中,三行的业务,都由政府采取招标形式获取,没有实行严格的分工。

### 3. 商业银行

商业银行是从事资金商业性买卖的金融法人。它包括:原国有商业银行(工、农、中、建);股份制商业银行(包括交通银行、招商银行、华夏银行、民生银行、光大银行、中兴银行、深圳发展银行、上海浦东发展银行、兴业银行、东亚银行、平安银行等);城乡地方商业银行(包括汉口银行、湖北银行、浙商银行、渤海银行、城市合作银行、农村商业银行等)。

商业银行总行为一级法人,业务上实行垂直领导,各分支机构不具有法人资格,全行统一核算,分级管理。

## (三)金融性公司

### 1. 信托投资公司

信托投资公司是以代人理财为主要经营内容,以受托人身份经营信托业务的金融企业。

### 2. 证券公司

证券公司是专门经营有价证券的发行、转让及代理业务的金融机构。

### 3. 租赁公司

租赁公司是以有偿提供机器、设备、办公用具等物品的形式,向企业融通资金的非银行金融机构。

### 4. 财务公司

财务公司是企业集团内部集资组建,经营部分银行业务的非银行金融机构。

5. 期货公司

期货公司代理客户从事商品、金融期货交易。

6. 基金管理公司

基金管理公司集中众多投资者的资金,交由专业人员进行管理投资。

### (四) 其他金融机构

其他金融机构包括保险公司、城乡信用社(中国信合)、金融资产管理公司、邮政储汇局和典当业等。

由此可知,金融会计、银行会计、金融企业会计、商业银行会计、金融性公司会计等概念是不同的,应注意区分、准确使用。

## 三、金融企业会计的特点

金融业是贯彻执行国家金融方针政策,搞好金融宏观控制和调节经济生活的行业。它是通过其金融业务活动来达到发展经济、稳定货币、提高社会效益的目的。由于金融业的性质、地位和作用与其他行业不同,因此,金融企业会计具有如下特点。

### (一) 反映情况具有综合性和全面性

金融企业会计不仅反映国家金融活动状况,而且体现了整个社会资金的流向和国民经济各部门间的经济联系。从社会再生产过程来考察,金融企业会计反映和监督的内容,实质上是指全国的商品生产、流通和分配的综合情况,因此,金融企业会计具有"社会公共簿记"的职能作用。

### (二) 各项业务活动最终由会计实现和完成

工商企业主要是进行商品生产和商品流通,其业务活动是由生产部门和营销部门直接完成,而金融业的业务活动基本上是通过货币资金的收付来组织实现,一切货币资金的收付又必须通过会计来记载和反映。因此,要实现和完成各项业务活动,必须通过会计来具体办理。金融会计的核算过程,也就是具体办理金融业务实现其基本职能的过程。

### (三) 核算方法具有很大的独特性

由于金融业是经营货币的特殊行业,一切业务活动必须通过货币资金的收付来实现,因而在核算方法上区别于其他行业会计,有其独特之处。例如,会计凭证采用单式凭证形式,大量采用原始凭证代替记账凭证;采用科目日结单会计核算形式;采取"日清月结"核算方式等,具有一整套符合金融业务性质、特点的会计核算方法体系。

### (四) 联系面广,政策性强

金融业作为现金中心、结算中心、信贷中心、外汇中心和货币发行中心,与国民经济的各部门、各单位及千家万户有着广泛联系。国家的许多方针政策都依靠银行贯彻实施。金融业在提高服务质量的同时,要依据党和国家的方针政策,行使监督的职能。

### (五) 具有严密的内部控制制度

由于金融业经营的是特殊商品——货币资金,那么对银行的每一个工作流程和环节,都必须有严密的内部控制制度。例如,金融机构应严格遵守近亲属回避制度、印压证的分管制度、每日两次的碰库制度等。

# 第二节 金融企业会计的核算对象

## 一、金融企业会计核算对象的简要表述

### (一)表内核算对象

表内核算对象是在金融业务和财务活动过程中的资产和权益的增减变化过程及其结果,体现了一定的经济关系。

金融业务是指金融机构的专业工作;财务是指有关财产的管理或经营以及现金的出纳、保管、计算等事务。货币资金收付只是资金运动的经济现象。与此同时,所体现的各种经济关系,才是资金运动的实质。例如,通过吸收存款、发放贷款所形成的银行与客户筹集分配资金的信贷关系;办理异地同城结算业务所形成的银行之间的代收代付和协作关系;接受投资所形成的所有权与经营权的关系;委托收款、代收资金所形成的委托与受托关系;系统内资金调拨及支付职工工资,体现了银行内部与职工的核算分配关系;等等。

### (二)表外核算对象

表外核算对象是指那些虽未涉及银行资金增减变化,但对外承担了经济责任的某些经济业务事项,如重要空白凭证,有价单证,发出或收到委收、托收等。

## 二、金融企业会计核算对象的具体内容

### (一)资产

资产是指企业过去的交易或者事项形成的、由企业拥有或者控制的、预期会给企业带来经济利益的资源。

1. 流动资产

流动资产是指可在一年内(含)变现或耗用的资产,包括现金流动资产和非现金流动资产。现金流动资产是商业银行持有的库存现金以及与现金等同的可以随时用于支取的银行资产。其判断标准为流动性最强,赢利能力较低的资产。内容包括库存现金、库存贵金属、存放中央银行款项、存放联行款项、存放同业款项以及其他形式的现金资产。非现金流动资产是指除了现金流动资产之外的所有流动资产项目,包括拆出资金、短期贷款、短期投资(含证券投资)、贴现、应收利息、应收股利、存出保证金、其他应收款等。

2. 长期投资

长期投资是指除短期投资以外的投资,包括持有时间准备超过一年的各种股权性质的投资、不能变现或不准备随时变现的债券、其他债权投资和其他长期投资。

3. 固定资产

固定资产是指同时具有以下特征的有形资产:① 为生产商品、提供劳务、出租或经营

管理而持有的；② 使用期限超过一年；③ 单位价值较高。包括主要经营设备（如房屋、建筑物、机器、设备、器具、工具等）、非主要经营设备（如宿舍、食堂、浴室、理发室、医务室等）。这部分资产的特点是在较长的使用周期内能够保持其原有的实物形态，但其价值将会因使用而逐步地减少，即逐渐地从其实物形态中分离出来。不符合上述特征的财产作为低值易耗品，如"七机一柜"，即点钞机、打捆机、计算机、压数机、打洞机、外文打字机、钞币鉴别机、铁皮柜等。

### 4. 中长期贷款

中长期贷款是指金融企业发放的贷款期限在 1 年以上（不含 1 年）的各种贷款。1 年以上 5 年以下（含 5 年）为中期，5 年以上为长期。

### 5. 无形资产

无形资产是指企业为生产商品或提供劳务，出租给他人或为管理目的而持有的没有实物形态的非货币性长期资产。

### 6. 其他资产

其他资产是指不符合上述条件的资产，如长期待摊费用、抵债资产、应收席位费等。

## （二）负债

负债是指企业过去的交易或者事项形成的，预期会导致经济利益流出企业的现时义务。

### 1. 流动负债

流动负债是指将在 1 年（含）内偿还的债务。包括：① 吸收的活期存款，1 年以下的定期存款；② 向中央银行借款，票据融资；③ 同业存放，拆入资金；④ 各种应付款项；⑤ 其他暂收和预提的各种费用。

### 2. 应付债券

应付债券是指金融企业发行的超过 1 年期以上的债券、可转换债券。

### 3. 长期准备金

长期准备金包括长期责任准备金、寿险责任准备金、长期健康险责任准备金、保险保障基金等。

### 4. 其他长期负债

其他长期负债包括长期存款、保户储金、长期借款、长期应付款等。

## （三）所有者权益

所有者权益是指企业资产扣除负债后由所有者享有的剩余权益，包括所有者投入的资本、直接计入所有者权益的利得和损失、留存收益等。其基本特征是，它与企业特定的具体资产并无直接关系，也不与企业特定的具体资产项目发生相对应的关系，只是在整体上、在抽象的意义上与企业资产保持数量关系。

### 1. 实收资本

实收资本是指投资者按照企业章程或合同、协议的约定，实际收到投资人投入企业的资本。它是企业注册登记的法定资本总额的来源,它表明所有者对企业的基本产权关系。实收资本是企业永久性的资金来源,它是保证企业持续经营和偿还债务的最基本的物质基础,是企业抵御各种风险的缓冲器。

### 2. 资本公积

资本公积是由权益性交易(资本性交易)形成的。它是指企业在经营过程中由于资本(或股本)溢价、法定财产重估增值和接受投资人捐赠等原因所形成的公积金。资本公积是与企业收益无关而与资本相关的贷项。资本公积是指投资者或者他人投入企业、所有权归属于投资者,并且投入金额上超过法定资本部分的资本。

### 3. 盈余公积

盈余公积是指公司按照规定从净利润中提取的各种积累资金。根据其用途不同一般分为法定盈余公积金和任意盈余公积金。法定盈余公积金一般是按照税后利润的 10% 提取,法定盈余公积累计额已达注册资本的 50% 时可以不再提取。任意盈余公积主要是由上市公司按照股东大会的决议提取。法定盈余公积和任意盈余公积的区别就在于其各自计提的依据不同。前者以国家的法律或行政规章为依据提取;后者则由公司自行决定提取。

### 4. 未分配利润

未分配利润是指企业未做分配的利润。它在以后年度可继续进行分配,在未进行分配之前,属于所有者权益的组成部分。从数量上来看,未分配利润是期初未分配利润加上本期实现的净利润,减去提取的各种盈余公积和分出的利润后的余额。未分配利润是指企业实现的净利润经过弥补亏损、提取盈余公积和向投资者分配利润后留存在企业的、历年结存的利润。未分配利润有两层含义:一是留待以后年度处理的利润;二是未指明特定用途的利润。相对于所有者权益的其他部分来说,企业对于未分配利润的使用有较大的自主权。

### 5. 各种准备金

各种准备金是指金融企业根据谨慎性原则提取的各种风险准备基金,包括贷款风险准备金、投资风险准备金和坏账准备金等。按照巴塞尔协议和有效银行监管原则,各种准备金应作为附属资金予以考核。

### (四) 收入

收入是指企业在日常活动中形成的、会导致所有者权益增加的、与所有者投入资本无关的经济利益的总流入,包括利息收入、手续费收入和其他营业收入等。其特征是经营所得,而非经营性收入,如投资收益、营业外收入,则不包括在内。

### (五) 费用

费用是指企业在日常活动中发生的、会导致所有者权益减少的、与向所有者分配利润无关的经济利益的总流出。费用按其归属的不同,分为直接费用、间接费用和期间费用。其特征是最终将会减少企业的资源,从而减少企业的所有者权益。

## （六）利润

利润是指企业在一定会计期间的经营成果,包括收入减去费用后的净额、直接计入当期利润的利得和损失等。它分为营业利润、利润总额和净利润。营业利润是营业收入减去营业成本、期间费用后的余额;利润总额是营业利润加上投资收益、补贴收入、营业外收入减去营业外支出后的数额;净利润是利润总额减去所得税后的数额。

# 第三节　金融企业会计工作的组织

## 一、金融企业会计机构

会计机构是组织领导和具体从事会计工作的职能部门,也称"会计部门"。金融企业会计机构是金融职能机构体系中的重要组成部分,其设置是与金融机构的管理体制、工作需要和业务量相适应的。

### （一）机构设置

总行——会计部;分行——会计处;中心支行——会计科;支行——会计股;营业所——会计组。为了淡化行政级别,现实工作中一般把各级会计机构或部门统称为"部"。

### （二）会计核算单位的划分

上述机构按其是否拥有自有资金、是否单独计算盈亏以及是否独立承担经济责任等,分为独立会计核算单位和附属会计核算单位。

1. 独立会计核算单位

独立会计核算单位是指独立编制预算和决算、单独计算盈亏、单独考核经济指标的会计机构。一般来说,县级支行以上的行处为独立会计核算单位。

2. 附属会计核算单位

凡是业务收支由管辖行采用并账或并表方式汇总反映的会计机构为非独立会计核算单位即"附属会计核算单位",如支行以下的营业所、办事处、分理处等。

### （三）会计职务的划分

上述会计核算单位是由从事会计工作的各类人员所组成,包括担任行政职务和技术职务的会计人员。会计人员的行政职务主要有记账员、复核员、股长、科长、处长、部长、司长、总会计、总会计师等。总会计师是行政职务,而不是技术职务,他全面负责该企业的经济核算。会计人员的技术职务有四种:会计员、助理会计师、会计师、高级会计师。技术职务不同于行政职务,如会计科长不一定是会计师,会计师不一定当会计科长。

## 二、金融企业会计准则与制度

金融企业会计准则由财政部统一制定,是金融企业会计核算工作必须遵循的标准和规范,是同经济发展紧密联系在一起的。我国正在陆续发布一系列会计准则,立足既要反映我国会计核算的成功经验,体现中国特色,又要力求与国际会计惯例接轨。

金融企业会计制度是组织和从事会计工作所必须遵循的规定,由各类金融机构的管辖行依据 41 个《企业会计准则》制定。下级机构对上级机构制定的制度,可做出必要的补充,但不能与上级机构制定的制度相抵触。

会计准则是制定会计制度的理论基础,对会计制度的制定具有指导作用;会计制度是会计准则在会计工作中的具体体现,并要反映会计准则的要求。会计准则统驭会计制度,会计制度依据会计准则,两者在指导会计实务中互相补充、互相促进,不断完善和发展。

### 三、会计人员的职责与权限

金融业的各级金融机构,都是由一定的专业会计人员组成,各级机构的会计工作,也都必须通过会计人员来实现和完成。因此,配备具有一定政策业务水平和足够数量的会计人员,是做好金融会计工作,充分发挥会计职能作用的决定因素。

**(一) 会计人员的责任**

会计人员必须认真贯彻执行国家的金融政策和金融法规,热爱本职工作,积极钻研业务技术,不断提高会计核算质量和工作水平。会计人员的职责是:

(1) 认真组织、推动会计工作各项规章制度、办法的贯彻执行。

(2) 按照有关制度、办法的规定,认真进行会计核算与监督,努力完成各项工作任务。

(3) 遵守、宣传《中华人民共和国会计法》和维护国家财经纪律,同违法乱纪行为做斗争。

(4) 讲究职业道德,履行岗位职责,文明服务,优质高效,廉洁奉公。

**(二) 会计人员的权限**

为了保障会计履行职责,根据国家有关规定,赋予会计人员下列权限:

(1) 有权要求往来单位及机构内其他业务部门,认真执行财经纪律和金融法规。对违法乱纪的,会计人员有权拒绝受理,并向领导或上级机构报告。

(2) 有权越级反映。会计人员在行使职权过程中,对违反国家政策、财经纪律和财务制度的事项,同主管领导意见不一致时,遇主管领导坚持办理的,会计人员可以执行,但必须向上级机构提出书面报告,请求处理。

(3) 有权对本机构各职能部门在资金使用、财产管理、财务收支等方面实行会计监督。

各金融机构的领导和有关人员应支持会计人员行使工作权限。上级机构对会计人员所反映的问题,必须在一个月内做出决定。如果有人对会计人员所反映的情况进行刁难或打击报复,上级机构要严肃处理。

## 复 习 思 考 题

1. 银行会计和金融企业会计是一回事吗? 为什么?
2. 金融企业会计的核算对象是什么? 具体有哪些内容?

3. 金融企业会计的主要特点有哪些?
4. 独立会计核算单位和独立法人的关系是什么?

# 练 习 题

一、目的:掌握金融会计核算对象的具体内容。
二、资料:

| 经济内容 | 金 额 | 经济内容 | 金 额 |
|---|---|---|---|
| 市百货公司存款 | 85 600 | 实收资本 | 3 000 000 |
| 第一机械厂贷款 | 120 000 | 钢铁公司贷款 | 2 500 000 |
| 市印刷厂存款 | 57 820 | 向中央银行借款 | 800 000 |
| 活期储蓄存款 | 286 540 | 电子计算机设备 | 1 865 000 |
| 财贸学校定期存款 | 50 000 | 应付税费 | 37 800 |
| 市机床厂贷款 | 150 000 | 固定资产改良支出 | 108 000 |
| 存放中央银行款项 | 356 200 | 应收利息 | 226 000 |
| 房屋及建筑物 | 1 678 000 | 应付固定资产租赁费 | 74 800 |
| 向同业拆入 | 500 000 | 存放联行款项 | 968 500 |
| 计提贷款呆账准备 | 181 000 | 股票溢价 | 2 898 140 |

三、要求:根据上列资料归类填入下表,并结出合计数。

| 资 产 | | 权 益 | |
|---|---|---|---|
| 类 别 | 金 额 | 类 别 | 金 额 |
| 流动资产 | | 流动负债 | |
| 长期投资 | | 应付债券 | |
| 固定资产 | | 长期准备金 | |
| 中长期贷款 | | 其他长期负债 | |
| 无形资产 | | 资本金 | |
| 其他资产 | | 资本公积 | |
| | | 盈余公积 | |
| | | 未分配利润 | |
| | | 各种准备金 | |
| 合 计 | | 合 计 | |

# 第二章 金融企业会计基本核算方法

通过本章学习,要求掌握金融企业会计科目。包括金融企业会计科目的名称和代号;金融企业会计记账方法,记账方法包括单式记账法和复式记账法;金融企业会计凭证,金融企业会计凭证包括原始凭证和记账凭证、基本凭证和专用凭证;账务组织,账务组织包括综合核算的科目日结单、总账、日计表,明细核算的分户账、登记簿和余额表等账簿的设置,以及核算程序和核对方法。

金融企业会计核算方法,是根据会计的基本原则,结合金融企业的业务特点,适应经营管理的要求而制定的一套科学的会计方法体系。主要包括基本核算方法和各项业务的处理方法两大部分。基本核算方法是各项业务处理方法的共性和概括,而各项业务处理方法则是基本核算方法在各项业务处理中的具体运用。

基本核算方法是会计核算方法的基本原理以及账务处理的一般程序,是会计核算所必须遵循的基本要求和规定。因此,学习金融企业会计必须首先掌握基本核算方法。其内容包括:会计科目的设置与使用、记账方法的原理与运用、会计凭证的编制、账务组织的结构与账务核算程序等。

# 第一节 会计科目

## 一、会计科目的概念和性质

### (一)会计科目的概念

会计科目是对金融企业资产、负债、所有者权益和损益进行分类汇总反映的类别名称,是设置账户、分类记载会计事项的工具,也是确定报表项目的基础。

设置和使用会计科目是各项核算方法发挥作用的基础。经济业务发生后,会计分录的确定和会计凭证的编制要以会计科目为依据;将经济业务记录于会计账簿,以及定期将会计核算资料加以汇总、编制会计报表等,都要依据会计科目。由于记账、报账都是按会计科目对经济业务进行分类的,这样就可以将错综复杂的经济业务分门别类,连续、系统地记录、反映,从而使会计核算资料条理化、系统化、明确化。因此,在组织会计核算时财务人员应该准确地运用会计科目,以便有条不紊地进行会计核算工作,并确保提供的会计信息符合国家宏观经济管理和满足有关各方面了解金融企业业务和财务状况以及加强金融企业内部经营管理的需要。

会计科目的设置既要有利于全面反映业务情况,又要有利于提供系统的核算资料;既要有利于加强经营管理,又要符合国际惯例。

按照金融企业经营内容和核算的需要,会计科目分为银行业会计科目和金融性公司会计科目。而银行业会计科目按照会计核算和提供信息的需要,又分为全国统一的银行业会计科目和各行系统内会计科目,各行系统内会计科目应明确规定与银行业会计科目的归属关系。不论是统一的银行业会计科目还是各行系统内的会计科目,原则上都要按照经营管理需要、会计核算要求、资金性质和业务特点来设置。

### (二) 会计科目的性质

1. 单一性

会计科目规定的核算范围,在内容上是单一的,科目与科目之间在内容上是相互排斥的。

2. 相关性

会计科目规定的有关科目之间的对应关系,反映了科目与科目之间在内容上是相互联系的。

3. 政策性

会计科目规定的核算内容和方法具有政策性。

4. 方法性

会计科目规定了计价、编制会计分录和登记账簿的方法。

## 二、会计科目的分类及使用说明

### (一) 按使用范围分为银行业会计科目和金融性公司会计科目

为了统一核算口径,提供统一的会计报表指标,财政部会同中国人民银行根据各行业的常规需要,制定了银行业会计科目和金融性公司会计科目,并划分为资产类、负债类、所有者权益类、共同类和损益类。金融性公司会计科目也是各金融性公司日常核算所用科目,而各商业银行则在银行业会计科目的规定下,还各自制定了本系统内会计科目,以便在进行具体业务核算时使用。但在编制银行业会计报表时,要正确按银行业会计科目归属填写,以保证核算口径一致、指标可比,便于汇总、分析和利用报表资料。

### (二) 按性质分为资产类、权益类和共同类

资产类会计科目包括流动资产和非流动资产两大类科目。权益类包括债权人权益类和所有者权益类两大类科目。共同类是既反映资产类又反映权益类的会计科目。

### (三) 按与资产负债表的关系分为表内科目和表外科目

会计科目按与资产负债表的关系,可分为表内科目和表外科目。表内科目用以反映资产、负债增减变化及财务收支情况,全部列入资产负债表平衡关系。表外科目是用以反映或有事项,亦即债权债务或权利责任已经形成,但尚未涉及资金增减变化的会计事项以

及保管债券、单证等需要在表外进行控制的事项。例如,为了记载超过规定期限的应收利息,设置有"未收贷款利息"表外科目;为了记载有价单证和空白重要凭证的调拨、领用和库存情况,设置有"有价单证"和"空白重要凭证"表外科目等。

**(四) 按经济内容分为资产类、负债类、所有者权益类、共同类和损益类**

1. 资产类

资产类科目用于记载各项资产、债权和其他权利。这类科目按照流动性又分为流动资产、长期资产、无形资产和其他资产,其余额一般在借方。

2. 负债类

负债类科目用于记载债务和责任。这类科目按负债期限的长短不同,又可分为流动负债、长期负债、其他负债,其余额一般在贷方。

3. 所有者权益类

所有者权益类科目用于反映投资者对企业净资产的所有权。包括企业所有投入的资金及留存收益形成的实收资本、资本公积、盈余公积、未分配利润等,其余额一般在贷方。

4. 共同类

这类科目的特点是在日常核算中资产负债性质不确定,其性质视科目的期末余额而定。余额在借方表现为资产;余额在贷方表现为负债。在编制会计报表时应根据余额方向,分别纳入资产类或负债类反映,如联行往来、外汇买卖等科目。

5. 损益类

用于记载一定时期内各项财务收入、财务支出以及经营成果的账户。

### 三、科目代号与账号的编制

**(一) 科目代号的概念及作用**

为了便于账务处理和电子计算机的使用,在设置会计科目时,都编有科目代号,但对同一个会计科目各金融企业的科目代号不尽相同。

账号是开户单位的账户代号。账号是与会计科目代号密切联系的,在科目代号下按开户单位或资金性质设立账户,每个账户确立一个代号,从账号中可以看出其核算使用的会计科目。

**(二) 账号的组成**

账号基本上是由有关科目代号加账户的顺序号所构成。例如,工业活期存款的科目代号为3020,第一个开户的存款账号为3020001,第二个存款账号则为3020002,以此类推。此外,账号内还增加了行号和货币种类代号,使用电子计算机记账的,又在账号末尾增加了校验号。这种账号编列方法有利于判断科目类别,便于账务处理,简化了日常核算手续,特别便于电子计算机进行会计核算。其缺点是科目代号如发生变动,账号就要随之变动。为此,有的商业银行已改变了账号编列方法,账号不与科目代号挂钩,科目代号变动不会引起账号的变化,使账号更加稳定。

现行商业银行的账号,一般为 15～18 位,由各系统自主编制。人民银行不再统一商业银行会计科目,由各系统法人汇总后报人民银行总行,各级人民银行在总行的汇总报表中筛选使用。

# 第二节　记账方法

## 一、记账方法的概念及种类

记账是以凭证为依据,连续地、系统地在账簿上记录企业经济活动过程及其结果的一种行为。要组织好经济活动,就需要管理,要管理就要记账、算账、报账和用账,其中记账是基础。为了明确反映资金的活动情况,记账标准有权责发生制和收付实现制。

权责发生制就是在会计核算中,以应收应付为标准来确定本期收益和费用的一种方法。采用权责发生制,核算手续比较复杂,要在期末对某些收益和费用进行调整,但反映真实、完整、明确,监督性强。

记账方法是将日常发生的经济业务记入账簿的一种方法。具体地说,它是以会计凭证为基础,根据一定的记账原理和记账规则,运用相应的记账符号,对经济业务进行整理、归类和登记,并通过试算平衡来检查账簿的记载是否正确的一种方法。它按登记经济业务的方式不同,可分为单式记账法和复式记账法两种。

单式记账法就是对每项经济业务只在一个账户记一笔账的记账方法(转账业务除外)。它是根据"四柱清册原理"设置的,其平衡公式为:旧管＋新收－开除＝实在。其优点是手续简单,但缺点就是不能反映经济业务的全貌,不便于检查账户记录的正确性,因而是一种不完整的记账方法。

复式记账法就是在会计核算中,按照资金活动的内在联系,对每项经济业务都要以相等的金额,在两个或两个以上账户中进行登记的方法。它是根据资金平衡原理设置的,其平衡公式为:资产＝负债＋所有者权益。采用这种方法,虽然比较复杂,但可以全面地、相互联系地反映业务的来龙去脉,便于利用账户的平衡关系,检查账户记录的正确性。因此,它是一种比较完善的记账方法。复式记账法有借贷记账法、增减记账法和收付记账法三种。

## 二、复式记账方法的主要内容　.

在国际上,通常采用的复式记账法为借贷记账法,我国金融机构的表内记账方法一律采用借贷记账法。其主要内容如下。

### (一)借贷记账法的记账原理

借贷记账法以"资产＝负债＋所有者权益"的会计平衡公式为依据。这一平衡公式,体现了银行的资产总额与负债和所有者权益总额之间数量上的平衡,是会计处理必须遵循的记账原理。

### (二) 借贷记账法的记账符号

借贷记账法以"借"和"贷"作为记账符号。在账户中设有借方、贷方和余额栏,以反映资金的增减变化情况及结果。

### (三) 借贷记账法的记账规则

借贷记账法以"有借必有贷,借贷必相等"为记账规则。具体说,资产和支出的增加记入借方,资产和支出的减少记入贷方,余额反映在借方;负债、权益、收益的增加记入贷方,负债、权益、收益的减少记入借方,余额反映在贷方。各类账户借贷方记载的经济内容如表2-1所示。

表2-1  各类账户借贷方记载的经济内容

| 账户名称 | 借　方 | 贷　方 | 余　额 |
|---|---|---|---|
| 资产类 | 资产增加 | 资产减少 | 借方 |
| 负债类 | 负债减少 | 负债增加 | 贷方 |
| 所有者权益类 | 权益减少 | 权益增加 | 贷方 |
| 损益类 | 收益减少 | 收益增加 | 贷方 |
|  | 支出增加 | 支出减少 | 借方 |

金融企业的经济业务不论如何变化,都反映为资产、负债、所有者权益、收益、支出等的增减变化,引起这种变化的经济业务不外乎以下四种类型:

(1) 资产项目一增一减,增减金额相等;

(2) 负债或所有者权益项目一增一减,增减金额相等;

(3) 资产项目与负债或所有者权益项目同时增加,增加金额相等;

(4) 资产项目与负债或所有者权益项目同时减少,减少金额相等。

现在用借贷记账法记账规则,对资产、负债或所有者权益四种变化类型进行处理,举例说明如下:

【例2-1】 电信器件公司向银行申请贷款100 000元,转入存款账户。

银行发放贷款增加,属于资产增加;贷款转入存款,存款增加为负债增加。其会计分录为:

借:工业短期贷款——电信器件公司贷款户　　　　　　　　　100 000

　　贷:工业活期存款——电信器件公司存款户　　　　　　　　　100 000

【例2-2】 第四十九中学从银行提取现金20 000元,发放工资。

这笔业务是资产、负债同时减少。第四十九中学提取现金引起该单位存款减少,属于负债减少,应记入吸收存款的借方;单位支付现金引起银行的现金减少,属于资产减少,应记入现金科目的贷方。其会计分录为:

借:机关团体存款——第四十九中学存款户　　　　　　　　　20 000

　　贷:库存现金　　　　　　　　　　　　　　　　　　　　　　20 000

**【例2-3】** 某商业银行向人民银行缴存现金80 000元。

这笔业务涉及"库存现金"和"存放中央银行准备金"两个资产项目。缴存现金,商业银行现金减少,"存放中央银行准备金"增加。其会计分录为:

借:存放中央银行准备金 80 000

　　贷:库存现金 80 000

**【例2-4】** 鲁巷商场签发转账支票,金额50 000元,向烽火集团公司支付购货款,转入该单位账户。

这笔业务是从一个单位存款账户支付款项,转入另一个单位存款账户,一项负债减少,另一项负债增加。其会计分录为:

借:商业活期存款——鲁巷商场户 50 000

　　贷:工业活期存款——烽火公司户 50 000

从以上四例资金变化类型可以看出,任何一项经济业务运用借贷记账法记载,都是一方面记借,另一方面记贷,形成了"有借必有贷,借贷必相等"的记账规则。

**(四) 借贷记账法的试算平衡**

试算平衡是用以检查账户所反映的资产总额与负债及所有者权益总额是否平衡的一种方法。

1. 发生额的平衡

发生额的平衡是所有账户的借方发生额合计等于所有账户的贷方发生额合计。用公式表示为:

$$各科目借方本期发生额＝各科目贷方本期发生额$$

这是按照"有借必有贷,借贷必相等"的记账规则记账后所产生的必然结果。

2. 余额平衡

运用借贷记账法记载账务,资产类账户为借方余额,负债及所有者权益类账户为贷方余额。从上述资金变化的四种类型可以看出:资产项目或负债、所有者权益项目一增一减,其余额不变;资产项目与负债、所有者权益项目同增同减,则余额等量增加或减少。根据"资产＝负债＋所有者权益"的平衡公式,资产总额与负债、所有者权益总额必然平衡。用公式表现为:

$$各科目借方余额合计＝各科目贷方余额合计$$

余额之所以能够平衡,是遵循余额定向原理的结果。

现根据以上四例,检查账户所反映的资产总额与负债及所有者权益总额是否平衡,如表2-2所示。

表 2-2  试算平衡表

| 会计科目 | 上日余额 | | 本日发生额 | | 本日余额 | |
|---|---|---|---|---|---|---|
| | 借方 | 贷方 | 借方 | 贷方 | 借方 | 贷方 |
| 库存现金 | 520 000 | | | 100 000 | 420 000 | |
| 存放中央银行准备金 | 550 000 | | 80 000 | | 630 000 | |
| 工业短期贷款 | 1 060 000 | | 100 000 | | 1 160 000 | |
| 工业活期存款 | | 900 000 | | 150 000 | | 1 050 000 |
| 商业活期存款 | | 800 000 | 50 000 | | | 750 000 |
| 机关团体存款 | | 430 000 | 20 000 | | | 410 000 |
| 合  计 | 2 130 000 | 2 130 000 | 250 000 | 250 000 | 2 210 000 | 2 210 000 |

### 三、单式记账方法的内容与应用范围

单式记账方法,就是对发生的每一项经济业务只在一个账户中进行登记的记账方法。

对于不涉及实际资金增减变化,但须承担一定经济责任的重要业务事项,如代保管的有价值品、重要空白凭证及托收款项等,设置表外科目核算。表外科目采用单式记账法,登记簿设收入、付出、余额三栏。业务发生或增加时记收入;销账或减少时记付出;余额表示结存。表外科目本身没有资金平衡关系。

# 第三节  会计凭证

### 一、会计凭证的概念与作用

金融企业会计凭证是各项业务活动和财务收支的原始记录,是办理业务、记载账务的书面证明,也是明确经济责任和事后查考的重要依据。

编制会计凭证是会计核算的起点和基础,任何一项经济业务的发生必须取得或编制会计凭证。《中华人民共和国会计法》(简称《会计法》)明确规定:必须以按规定经审核的会计凭证为记账依据。作为记账依据的会计凭证,必须具备会计凭证要素并经审查合格,以保证会计核算资料的真实性。

因具有业务量大、分工细的特点,银行的会计凭证除少量需根据业务事实自行编制外,对外业务绝大部分都是以单位向银行提交的各种凭证作为记账凭证,这样有利于提高工作效率,减少账务差错,也有利于内部账务核对。而以单位提交的凭证作为记账凭证,必须经过银行会计部门的严格审查和签章,以明确有关经办人员的经济责任,并保证会计凭证的正确、完整、合法。因此,会计凭证是办理经济业务的最具法律效力的重要凭据,能够起到维护国家和企业财产安全的作用。

会计凭证不仅能反映每笔业务活动和财务收支是否合理合法,而且在事后检查中对于违纪或账务差错等问题,也可以通过有关会计凭证进行查对,所以会计凭证又是事后查考的重要依据。

由于银行的会计凭证要在不同柜组间进行传递,所以,在银行内部,会计凭证习惯被称为"传票"。

## 二、会计凭证的种类与使用

### (一) 按凭证填制的程序和用途分为原始凭证和记账凭证

原始凭证是在经济业务发生时直接取得或根据业务事实填制的凭证。记账凭证是会计人员根据审核后的原始凭证或原始凭证汇总表进行归类、整理,并确定会计分录而编制的凭以记账的凭证。银行会计对外办理业务受理的原始凭证一般都具备记账凭证的要素,所以除少量记账凭证是根据业务事实或原始凭证编制外,绝大部分都是以客户提交的业务凭证作为记账凭证,这也是银行会计凭证不同于其他部门会计凭证的一个重要特点。

### (二) 按凭证形式分为复式凭证与单式凭证

复式凭证是一笔经济业务所涉及的几个科目或账户都反映在一张凭证上。其特点是资金来龙去脉清楚,对应关系明确,方便查对。缺点是在手工操作情况下不便于分工记账和按科目汇总发生额。

单式凭证是在每张凭证上只填记一个会计科目或账户,即一笔经济业务按其转账的对应关系编制两张或两张以上的会计凭证。其优点是在手工操作情况下便于分工记账、传递和按科目汇总发生额。缺点是反映业务不集中,不便于事后查找。

复式凭证与单式凭证各有其优缺点,在目前银行会计核算人机兼用的情况下,大多数金融机构仍采用单式凭证。但随着电子计算机在银行会计中的运用范围不断扩大,会计核算将逐步过渡到全部采用电子计算机处理,那时,采用复式凭证将有利于提高会计工作效率和质量。金融性公司一般采用复式凭证。

### (三) 按凭证的使用范围分为基本凭证与特定凭证

1. 基本凭证

基本凭证(即一般凭证或通用凭证)有广义和狭义之分,狭义的基本凭证是根据有关原始凭证及业务事实由金融机构自行编制的用以记账的通用凭证。按其性质不同,可以分为以下十种五大类:

(1) 现金收入、付出传票(见表2-3、表2-4)。此类适用于没有专用凭证的一切现金收付业务,如出纳长短款、出售凭证收取工本费、职工借支差旅费等。

**表 2-3　中国××银行　现金收入传票**

（借）库存现金

（贷）

年　月　日

| 总字第　　号 |
| 字第　　号 |

| 户名或账号 | 摘要 | 金额 | | | | | | | | | | | 附件 |
|---|---|---|---|---|---|---|---|---|---|---|---|---|---|
| | | 亿 | 千 | 百 | 十 | 万 | 千 | 百 | 十 | 元 | 角 | 分 | |
| | | | | | | | | | | | | | |
| | | | | | | | | | | | | | 张 |
| | | | | | | | | | | | | | |
| 合　计 | | | | | | | | | | | | | |

会计　　　　出纳　　　　复核　　　　　　记账

**表 2-4　中国××银行　现金付出传票**

（借）

（贷）库存现金

年　月　日

铜牌或
对号单

| 总字第　　号 |
| 字第　　号 |

| 户名或账号 | 摘要 | 金额 | | | | | | | | | | | 附件 |
|---|---|---|---|---|---|---|---|---|---|---|---|---|---|
| | | 亿 | 千 | 百 | 十 | 万 | 千 | 百 | 十 | 元 | 角 | 分 | |
| | | | | | | | | | | | | | |
| | | | | | | | | | | | | | 张 |
| | | | | | | | | | | | | | |
| 合　计 | | | | | | | | | | | | | |

会计　　　　出纳　　　　复核　　　　　　记账

（2）转账借、贷方传票（见表 2-5、表 2-6）。此类适用于没有专用凭证、又不涉及外单位的一切转账业务，如计提折旧、结转损益、新旧年度账务结转等。

**表 2-5　中国××银行　转账借方传票**

年　月　日

| 总字第　　号 |
| 字第　　号 |

| 科目（借） | | 对方科目（贷） | | | | | | | | | | | 附件 |
|---|---|---|---|---|---|---|---|---|---|---|---|---|---|
| 户名或账号 | 摘要 | | | | | 金额 | | | | | | | |
| | | 亿 | 千 | 百 | 十 | 万 | 千 | 百 | 十 | 元 | 角 | 分 | |
| | | | | | | | | | | | | | |
| | | | | | | | | | | | | | 张 |
| | | | | | | | | | | | | | |
| 合　计 | | | | | | | | | | | | | |

会计　　　　出纳　　　　复核　　　　　　记账

表 2-6　中国××银行　转账贷方传票

| 总字第 | 号 |
|---|---|
| 字第 | 号 |

年　月　日

| 科目(贷) | | 对方科目(借) | | | | | | | | | | 附 件 |
|---|---|---|---|---|---|---|---|---|---|---|---|---|
| 户名或账号 | 摘　要 | 金　额 | | | | | | | | | | |
| | | 亿 | 千 | 百 | 十 | 万 | 千 | 百 | 十 | 元 | 角 | 分 |
| | | | | | | | | | | | | |
| | | | | | | | | | | | | |
| | | | | | | | | | | | | 张 |
| 合　计 | | | | | | | | | | | | |

会计　　　　　出纳　　　　复核　　　　　　　记账

（3）特种转账借、贷方传票（见表 2-7、表 2-8）。此类适用于没有专用凭证、但涉及外单位的一切转账业务，如扣收罚款、强制收回贷款、主动退汇等。

表 2-7　中国××银行　特种转账借方传票

| 总字第 | 号 |
|---|---|
| 字第 | 号 |

年　月　日

| 付款人 | 全　称 | | 收款人 | 全　称 | | | | | | | | | | | 附件 |
|---|---|---|---|---|---|---|---|---|---|---|---|---|---|---|---|
| | 账号或地址 | | | 账号或地址 | | | | | | | | | | | |
| | 开户银行 | 行号 | | 开户银行 | | 行号 | | | | | | | | | |
| 金额 | 人民币<br>（大写） | | | 千 | 百 | 十 | 万 | 千 | 百 | 十 | 元 | 角 | 分 | | |
| 原凭证金额 | | 赔偿金 | | | | | | | | | | | | | |
| 原凭证名称 | | 号　码 | | 科目(借) | | | | | | | | | | | 张 |
| 转账原因 | | | | 对方科目(贷) | | | | | | | | | | | |
| | 银行盖章 | | | 会计　　　　复核　　　　记账 | | | | | | | | | | | |

表2-8　中国××银行　特种转账贷方传票

| 总字第　　　号 |
| 字第　　　号 |

年　月　日

| 付款人 | 全　称 | | | 收款人 | 全　称 | | | | | | | | | | | | 附件 |
|---|---|---|---|---|---|---|---|---|---|---|---|---|---|---|---|---|---|
| | 账号或地址 | | | | 账号或地址 | | | | | | | | | | | | |
| | 开户银行 | | 行号 | | 开户银行 | | | | 行号 | | | | | | | | |
| 金额 | 人民币（大写） | | | 千 | 百 | 十 | 万 | 千 | 百 | 十 | 元 | 角 | 分 | | | | 张 |
| | 原凭证金额 | | 赔偿金 | | | | | | | | | | | | | | |
| | 原凭证名称 | | 号　码 | 科目（贷）—————— 对方科目（借）—————— | | | | | | | | | | | | |
| 转账原因 | 银行盖章 | | | 会计　　　　复核　　　　记账 | | | | | | | | | | | | |

（4）外汇买卖借、贷方传票（其格式见表8-2）。此类适用于一切外汇买卖业务。

（5）表外科目收入、付出传票（见表2-9、表2-10）。此类适用于一切表外业务。

表2-9　中国××银行　表外科目收入传票

| 总字第　　　号 |
| 字第　　　号 |

年　月　日

| 户　名 | 摘　要 | 表外科目代号 | 金　额 | | | | | | | | | | 附件 |
|---|---|---|---|---|---|---|---|---|---|---|---|---|---|
| | | | 亿 | 千 | 百 | 十 | 万 | 千 | 百 | 十 | 元 | 角 | 分 |
| | | | | | | | | | | | | | 张 |
| | | | | | | | | | | | | | |
| | | | | | | | | | | | | | |

会计　　　　　　保管　　　　　　复核　　　　　　记账

表2-10　中国××银行　表外科目付出传票

| 总字第　　　号 |
| 字第　　　号 |

年　月　日

| 户　名 | 摘　要 | 表外科目代号 | 金　额 | | | | | | | | | | 附件 |
|---|---|---|---|---|---|---|---|---|---|---|---|---|---|
| | | | 亿 | 千 | 百 | 十 | 万 | 千 | 百 | 十 | 元 | 角 | 分 |
| | | | | | | | | | | | | | 张 |
| | | | | | | | | | | | | | |
| | | | | | | | | | | | | | |

会计　　　　　　保管　　　　　　复核　　　　　　记账

**2. 特定凭证**

特定凭证(即专用凭证),主要指银行专用凭证,是金融机构根据各种业务的特殊需要而制定并由开户单位购买的各种专用凭证。它的优点:填写方便,反映明确;保证质量,提高效率;明确责任,有利一致。

这类凭证一般是由银行统一印制,多联套写,由客户填交或联行寄来,银行审查后据以处理账务。特定凭证种类较多,其具体使用方法将在以后各章中阐述。

## 三、会计凭证的基本要素和特点

### (一) 基本要素

银行会计凭证的基本内容又称为凭证的基本要素,主要包括八要素。这八个要素构成了银行会计凭证的完整内容,并把这些要素按格式化填写。

(1) 年、月、日(特定凭证的日期由客户填写),用于控制凭证的有效期或结算期。

(2) 币种符号和大小写金额。

(3) 款项来源、用途或摘要及附件张数。

(4) 会计分录和凭证编号。

(5) 银行及有关人员的印鉴。

(6) 收、付款单位的户名和账号。

(7) 收、付款单位开户行的名称和行号。

(8) 收、付款单位按有关规定应盖的印鉴。

银行表内的现金收入传票、现金付出传票、转账借方传票和转账贷方传票,是银行内部凭证,应具备上述第1至第5项要素;特种转账借方传票和特种转账贷方传票,是银行对外凭证,应具备上述的第1至第8项要素。

### (二) 银行会计凭证的特点

**1. 一般采用单式凭证**

银行会计凭证采用单式记账凭证。不论现金或转账,在一张凭证上只填制一个会计科目或者一个账户。一般来说,每笔业务要同时填制两张或两张以上的传票。这一点与其他部门会计不同,其他部门会计的凭证采用复式记账凭证。

银行使用单式凭证具有以下四个作用:① 有利于会计核算;② 有利于凭证传递;③ 有利于每日轧账;④ 有利于凭证的装订保管。

**2. 大量采用套写凭证**

大量采用套写凭证使不同环节掌握同一笔迹的会计凭证,分别进行会计处理,不仅提高了工作效率,而且有利于减少差错,明确责任。

**3. 大量采用外来凭证代替记账凭证**

在其他部门会计中,原始凭证是编制记账凭证的依据,记账凭证必须根据原始凭证编制。但是,在银行会计中,却允许用原始凭证代替记账凭证,而且是直接以客户提交的原始凭证代替记账凭证。

银行用客户提交的原始凭证代替记账凭证具有以下三个作用：① 减少印刷凭证的费用；② 减少重复劳动；③ 减少在复制过程中所造成的差错。

4. 凭证传递环节多

金融机构的许多传票，不仅在同一银行内部各柜组之间传递，而且在异地不同银行之间传递，这是由其业务性质和服务对象决定的。

### 四、银行凭证传递的概念、要求和原则

#### （一）凭证传递概念

会计凭证的传递是指从收到或编制凭证起，通过审查凭证、账务处理，直到凭证装订保管为止的凭证运行路线和处理方式。

会计凭证的传递一般包括规定合理的传递路线、时间以及会计凭证在传递过程中的衔接手续等。虽然会计凭证反映的经济业务不同，各种凭证传递的具体程序也不完全相同，但都必须遵循一般的传递原则：传递路线既要保证记账凭证经过必要的处理和审核程序，有利于会计反映和监督，又要尽量避免不必要的周转环节，以减少不必要的劳动。

#### （二）凭证传递要求

尽管金融会计凭证种类繁多，各金融机构应根据自身的业务特点和职工的素质组织凭证传递，但凭证传递要求做到：准确及时、严密合理、先外后内、先急后缓。既要方便客户，又要遵循规定的凭证传递原则（传递顺序）。

#### （三）凭证传递原则

（1）现收业务，应先收款，后记账，以保账款一致。

（2）现付业务，应先记账，后付款，以免发生透支。

（3）转账业务，应先记付，后记收，以贯彻不垫款的原则。

（4）代收他行票据，应收妥抵用，以保资金安全。

（5）银行凭证一般实行内部传递，以防流弊的发生。

# 第四节　账务组织

## 一、账务组织要求

### （一）账务组织的含义及划分

账务组织是指各种账簿、核算程序和账务核对方法的配合。账务组织包括明细核算和综合核算两个系统。明细核算是按账户核算，反映各单位或各项资金增减变化及其结果的详细情况的核算系统；综合核算则是按会计科目汇总核算，反映各类资金的增减变化及其结果的总括情况的核算系统。这两个核算系统都是根据同一会计凭证进行平行登记，分别核算的。明细核算对综合核算起着补充作用，综合核算对明细核算起着统驭作

用,两者构成了一套完整的、科学的、严密的账务组织体系。

两大系统的划分及划分原因:明细核算和综合核算两者的核算程序是根据同一凭证分别进行的,在反映情况方面相互配合、相互补充;在数字方面相互依存、相互制约,这样坚持总分核对,保证双方数字一致,对于提高工作质量和工作效率具有重要意义。

两大系统核算,即双线核算,它是一种根据反映经济业务的同一会计凭证,同时、同向、同额进行总分类核算和明细分类核算的账务处理。

**(二) 账务组织要求**

(1) 反映情况要完整,符合经营管理的需要。必须有分户账、总账和必需的登记簿,并及时记账,从而反映综合和明细两方面的情况,满足不同的需要。

(2) 结构严密,能够保证账务记载准确。账务记错,通过对账也易发现,坚持平行核算及相互核对的处理方法。

账务组织要求结构严密,并能保证核算资料的系统、完整、准确。从我国银行历史上采用的账务组织来看,主要可分为复式凭证和日记账的账务组织、单式凭证和科目日结单的账务组织。目前采用后一种账务组织,按科目汇总发生额和登记总账记账编写。随着计算机在会计部门的广泛应用,采用复式凭证和日记账的账务组织,将更有利于严密监督和提高账务处理速度。

**(三) 金融企业的账簿分类**

金融企业的账簿分为序时账、分类账和登记簿。序时账是按业务发生的先后顺序进行登记的账簿,如现金收入日记簿和现金付出日记簿;分类账包括总分类账和明细分类账;登记簿是明细分类账的辅助账簿,用以登记明细类账簿未能或不必记载而又需要登记和查考的业务事项。

## 二、明细核算

明细核算分户反映各科目详细情况,由分户账、登记簿(卡)、余额表和现金收、付日记簿组成。

**(一) 分户账**

分户账是明细核算的主要账簿,按单位或资金性质立户,是各科目的详细记录。分户账根据凭证逐笔连续记载,具体反映每个账户的资金活动情况。因而,分户账是办理业务和与客户核对账务的重要工具。分户账的格式除按业务需要规定的专用格式外,一般设有甲、乙、丙、丁四种。

(1) 甲种账设有借、贷方发生额和余额三栏(见表 2 - 11),适用于不计息或用余额表计息的账户。

**表 2-11   ××银行账**

户名：          账号：          领用凭证记录……

| 本账总页数 | |
|---|---|
| 本户页数 | |

| 年 | | 摘要 | 凭证号码 | 对方科目代　　号 | 借方（位数） | 贷方（位数） | 借或贷 | 余额（位数） | 复核盖章 |
|---|---|---|---|---|---|---|---|---|---|
| 月 | 日 | | | | | | | | |
| | | | | | | | | | |

（2）乙种账设有借、贷方发生额、余额、日数、积数五栏（见表 2-12），适用于在账页上计息的账户。日数是指某一余额在银行所保留的天数。积数是指某一时期余额相加，凭以计算利息的数额，它分为日积数、月积数和年积数。凡是没有明确指明时期的"积数"，通常为日积数。

**表 2-12   ××银行账**

户名：          账号：          领用凭证记录……

| 储户印鉴 | |
|---|---|

| 本账总页数 | |
|---|---|
| 本户页数 | |

| 年 | | 摘要 | 凭证号码 | 对方科目代　　号 | 借方（位数） | 贷方（位数） | 借或贷 | 余额（位数） | 日数 | 积数（位数） | 复核盖章 |
|---|---|---|---|---|---|---|---|---|---|---|---|
| 月 | 日 | | | | | | | | | | |
| | | | | | | | | | | | |

（3）丙种账设有借、贷方发生额和借、贷方余额四栏（见表 2-13），适用于借贷双方反映余额的共同类账户。由于部分银行取消了存贷合一账户，因而不再设此类账户格式。

**表 2-13   ××银行账**

户名：          账号：          领用凭证记录……

| 本账总页数 | |
|---|---|
| 本户页数 | |

| 年 | | 摘要 | 凭证号码 | 对方科目代　　号 | 发生额 | | 余额 | | 复核盖章 |
|---|---|---|---|---|---|---|---|---|---|
| 月 | 日 | | | | 借方 | 贷方 | 借方 | 贷方 | |
| | | | | | | | | | |

（4）丁种账设有借、贷方发生额、销账日期和余额四栏（见表 2-14），适用于逐笔记账、逐笔销账并兼有分户核算的一次性账户。

表 2 - 14　××银行账(　　)

户名：　　　　　账号：　　　　　领用凭证记录……

| 本账总页数 | |
|---|---|
| 本户页数 | |

| 年 | | 账号 | 户名 | 摘要 | 凭证号码 | 对方科目代号 | 汇入(贷)(位数) | 销账 | | | 解付(借)(位数) | 借或贷 | 余额(位数) | 复核盖章 |
|---|---|---|---|---|---|---|---|---|---|---|---|---|---|---|
| 月 | 日 | | | | | | | 年 | 月 | 日 | | | | |
| | | | | | | | | | | | | | | |
| | | | | | | | | | | | | | | |

以上是分户账的四种基本格式,各金融企业根据需要全部使用或使用其中的几种。例如,有的规定使用的甲种账称为"分户式账页",乙种账称为"计息式账页",而对使用的丁种账则称为"销账式账页"。由于取消了借、贷双方同时反映余额的科目,因此,丙种账页使用甚少。

分户账是各单位资金增减变动的详细记录。因此,在记载分户账时,账页上首列示的账号、户名、支票起讫号码、限额、利率、页数等应逐一填写,不得省略。摘要栏应简明扼要说明业务事实,并区分情况记载现收、现付、转借、转贷、汇出、汇入、贷款、还款等业务事实。使用计算机记账的,可用数码代号;以现金支票和转账支票代传票时,还应填列凭证号码的后四位数;要根据凭证逐笔准确记录借贷方发生额,并结出余额;为了简化手续,对同一收付款单位账户的多笔借或贷方传票,可以编制汇总凭证两联(原凭证作附件),一联凭以记账,一联作回单退交客户。

记账前,必须切实核对户名、账号、印鉴、余额、凭证号码等,防止串户、透支等事故的发生。并同时注意账页上是否有特殊备注(如冻结、止付等)。

损益类各账户,应具体记载发生收支的事由。收付利息采取汇总填制传票的,要填写科目、户数、利率和计息期;采取逐笔填制传票的,要写明科目、账号、起止息日期、利率、积数或本金。费用开支要写明用途和购买的物品名称、数量、单价等。

使用销账式账页,在销记了某笔款项时,应在原发生额销账栏填明销账日期。如遇一次不能销账而需分次销账时,可另设账页记载。

账页记满更换新账页时,应在新账页第一行摘要栏内填写"承前页"字样,同时将上一页最后余额过入新账页的余额栏内。采用复写账页,在账页记满时,应将对账单及时或定期送交开户单位对账。采用"对账未达清单"对账的,月末营业终了,不论账页是否记满,均应结转新账页,并将原账页的对账单交客户。对客户反馈或对账中发现的账务不符,应及时查纠更正。

**(二) 登记簿(卡)**

登记簿(卡)是为了适应某些业务需要而设置的专用账簿。一般有以下几类:一是发挥分户账作用的表内科目登记簿;二是表外科目登记簿;三是起账外控制作用的登记簿。其具体格式与登记方法将在各种业务核算中说明。

**(三) 余额表**

余额表是核对分户账与总账余额是否相符并据以计算利息的工具。它分为计息余额表和一般余额表两种。

（1）计息余额表（见表2-15）根据各科目分户账编制。每日营业终了，根据各计息科目分户账各户的最后余额填列，当日没有发生业务的账户，应根据上一天的最后余额填列。当日按科目加计各账户余额合计，应与该科目总账余额核对相符。每旬末、月末应加计本期计息累计积数。结息时间如有应加应减积数，应予调整，并结出"至结息日累计计息积数"。

表2-15　××银行(　　)计息余额表

科目名称：××存款　　　年　　月　　共　页
科目代号：　　　　　　　利率　　　　第　页

| 日期 ＼ 户名 账号 ＼ 余额 | | | | 合　计 | 复核盖章 |
|---|---|---|---|---|---|
| 1 | | | | | |
| 2 | | | | | |
| ⋮ | | | | | |
| 10天小计 | | | | | |
| ⋮ | | | | | |
| 20天小计 | | | | | |
| 21 | | | | | |
| ⋮ | | | | | |
| 本月合计 | | | | | |
| 至上月底未计息积数 | | | | | |
| 应加应减积数 | | | | | |
| 到本月底累计未计息积数 | | | | | |
| 至结息日累计计息积数 | | | | | |
| 利息 | | | | | |

（2）一般余额表是根据工作需要抄制各分户账余额时使用，适用于账务交接和年终核对账务或进行总分账务核对时编制。

**（四）现金收、付日记簿**

现金收入日记簿（见表2-16）、现金付出日记簿（格式与现金收入日记簿相同）是记载现金收入数、现金付出数及现金传票张数的明细账簿，也是现金业务的序时记录，一般按照收付款先后顺序并根据现金收入和现金付出合计数据以控制现金收付总额，并与当天实际现金收付数和现金科目发生额核对。

表 2 - 16 　 ××银行

现金收入日记簿

年　月　日

第　页　共　页

| 凭证号数 | 科目代号 | 户名或账号 | 金额（位数） | 凭证号数 | 科目代号 | 户名或账号 | 金额（位数） |
|---|---|---|---|---|---|---|---|
|  |  |  |  |  |  |  |  |
|  |  |  |  |  |  |  |  |
| 合　计 |  |  |  | 合　计 |  |  |  |

### 三、综合核算

综合核算是反映各科目总括情况的核算系统。它由科目日结单、总账、日计表组成。

#### （一）科目日结单

科目日结单（见表 2 - 17）是每一会计科目当日借贷方发生额和传票张数的汇总记录。它是监督明细账户发生额，轧平当日账务的重要工具，也是登记总账的唯一依据。

其编制方法是：每日营业终了，根据同一科目的现金收入、现金付出、转账借方、转账贷方传票各自加计传票张数和金额分别填记，并结出借、贷方发生额的合计数。现金科目日结单需根据其他各科目日结单中的现金业务借、贷方数各自相加，反方向填记，只填金额，不填传票张数。所有表内科目日结单的借方合计和贷方合计应该相等。

表 2 - 17 　科目日结单

年　月　日

科目代号：

附件　　张

| 凭证种类 | 借　方 | | 贷　方 | |
|---|---|---|---|---|
|  | 传票张数 | 金额（位数） | 传票张数 | 金额（位数） |
| 现金 |  |  |  |  |
| 转账 |  |  |  |  |
| 合　计 |  |  |  |  |

#### （二）总账

总账（见表 2 - 18）是各科目的总括记录，是总分核对和统驭分户账的工具，也是编制会计报表的重要依据。总账应逐日登记。每天营业终了，根据各科目日结单的借、贷方发生额合计数，登记各该科目总账的发生额栏，并结计余额。如果当日无发生额，应该将上日余额填入本日余额栏。然后，分别单方反映余额的总账和双方反映余额的总账，结计余额，并进行核对。

表 2-18 ××银行( )
总 账

科目代号:
科目名称: 年 月 日

| 年 月份 | 借 方 | | 贷 方 | |
|---|---|---|---|---|
| | (位数) | | (位数) | |
| 上年底余额 | | | | |
| 本年累计发生额 | | | | |
| 上月底余额 | | | | |

| 日 期 | 发生额 | | 余 额 | | 核对签章 |
|---|---|---|---|---|---|
| | 借方 | 贷方 | 借方 | 贷方 | 复核员 |
| | (位数) | (位数) | (位数) | (位数) | |
| 上月底累计未计息积数 | | | | | |
| 1 | | | | | |
| 2 | | | | | |
| 月 计 | | | | | |
| 自年初累计 | | | | | |
| 本期累计计息积数 | | | | | |
| 本月累计未计息积数 | | | | | |

（1）单方反映余额的总账,其余额在总账上采取同方相加、异方相减的原则结计,然后与所属分户账余额之和核对相符。

（2）双方反映余额的总账,其余额应根据所属分户账或余额表,分别借贷各自相加,填入总账余额栏内,然后在总账上直接进行核对。其核对公式为:昨日余额轧差±本日发生额＝本日余额轧差。

总账各科目应按旬结计累计发生额和未计息累计积数,以减轻期末汇总加计工作,同时便于和余额表的累计计息积数进行核对。

**（三）日计表**

日计表(见表 2-19)是反映当日业务和账务活动,轧平当日账务的主要工具。

表 2‑19　日　计　表

年　月　日

共　页第　页

| 科目代号 | 科目名称 | 本日发生额 | | 余　额 | |
|---|---|---|---|---|---|
| | | 借方 | 贷方 | 借方 | 贷方 |
| | | （位数） | （位数） | （位数） | （位数） |
| | | | | | |
| | | | | | |
| | | | | | |
| 合　计 | | | | | |

每日营业终了,根据总账各科目的借贷方发生额和余额填列。日计表内全部科目的借贷方发生额和借贷方余额的合计数必须各自平衡。

### 四、核算程序与账务核对

账务处理是从受理或编制凭证开始,经过账务记载与核对,编制日计表,直至轧平账务为止的全部过程,包括核算程序与账务核对程序。

#### （一）核算程序

银行账务核算程序包括了明细核算和综合核算两个账务系统的全部处理过程及先后次序。

1. 明细核算

（1）根据经济业务编制或审查传票。

（2）根据传票逐笔登记分户账（或登记簿）和现金收入、付出日记簿。

（3）根据分户账编制余额表。

2. 综合核算

（1）根据传票按科目编制科目日结单,轧平当天所有科目的借方和贷方发生额。

（2）根据科目日结单登记总账。

（3）根据总账编制日计表。

#### （二）账务核对程序

账务核对是防止账务差错,保证账务记载正确,保护资金财产安全的必要措施。银行账务核对分每日核对和定期核对。通过账务核对使会计核算达到账账、账款、账据、账表、账实、内外账务六相符。账务核对相符后,经办人员应在有关账簿上盖章,以明确责任,会计主管人员也应加强督促检查,保证核对工作及时进行。

1. 每日核对

（1）总分核对。每日营业终了,总账各科目余额与同科目分户账或余额表各户余额合计数核对相符。

（2）账款核对。现金收入、付出日记簿的合计数,必须与现金科目总账借方、贷方发生额核对相符;现金库存账簿的现金库存数,应与实际库存现金和现金科目总账的余额核对相符。

（3）表外科目核对。各表外科目余额应与有关登记簿核对相符,其中,空白重要凭证、有价单证应核对当日领入、使用、售出及库存数,并与实际库存数核对相符。

2. 定期核对

凡未能每日核对的账务,均属定期核对的内容。

（1）使用丁种账记账的科目,每旬末加计未销账的各笔金额总数,与该科目总账核对相符。

（2）计息积数核对。将余额表上的计息积数按旬、按月、按结息期与同科目总账的同期余额累计数核对相符。对应加、减积数,应审查数字是否正确。

（3）各种卡片账的核对。如定期储蓄账卡、联行账卡、农贷账卡等,按月与各该科目总账核对相符。

（4）账实核对。包括固定资产、金银、物品、有价单证、重要空白凭证等,每月账实核对相符,房屋器具定期和在年终决算前账实核对相符。

（5）内外账务核对。包括银行与各单位之间,人民银行与商业银行以及与其他金融机构之间的往来款项按月或按季采用一定的对账方法进行核对。

每日核对和定期核对二者有机结合进行,才能确保会计核算质量。

账务核算与账务核对程序示意图如图2-1所示。

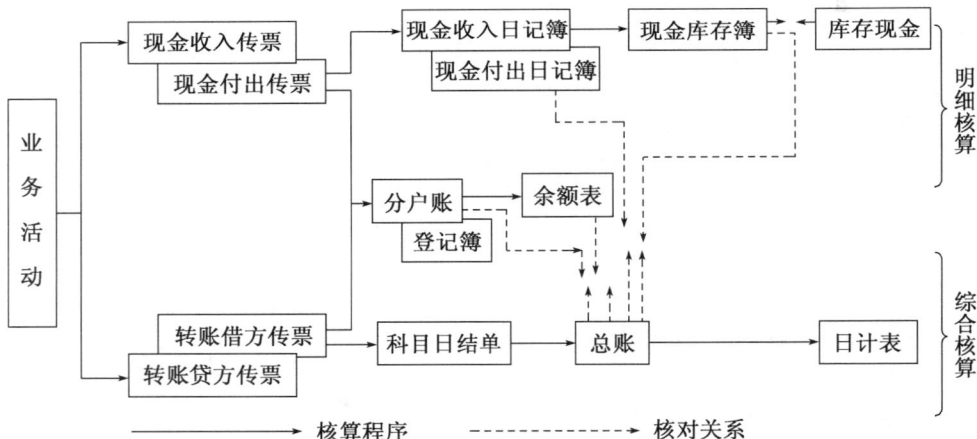

图2-1 账务核算与账务核对程序图

## 五、错账查找与更正方法

### （一）常见错账的查找方法

（1）复核所有加计金额的正确性。

（2）根据差数回忆推断,查找错处所在:① 大小数查找法;② 奇偶数查找法;③ 被九除查找法,含邻数颠倒;首尾颠倒;数字移位。

（3）凭证还原，逐笔勾对记账是否有误。

**（二）错账更正方法**

1. 结账之前发现的差错

结账之前发现的差错，采取划线更正法：① 日期或金额写错；② 划一道红线；③ 划整行数字；④ 在红线的左端签章；⑤ 在红线的上端写正确数字；⑥ 看摘要。

2. 结账之后（限当年）发现的差错

结账之后（限当年）发现的差错，采取红字冲正法：

（1）记账串户——红蓝字传票各一张，办理转账，不需要通过库存现金科目。

（2）金额记错——红蓝字传票各一套，不论金额多记还是少记，均采取全额冲记，再登记正确金额的做法，便于银行和企业对账。

（3）方向记反——红蓝字传票各一套，用两套分录转账，避免虚增发生额。

3. 本年发现上年的错账

本年发现上年的错账，采用蓝字反方向更正法：

（1）串户——用一套蓝字传票办理转账。这是为了避免年初出现红字余额，同时不更改上年会计报表。

（2）金额记错——用两套蓝字传票，办理转账，无论金额多记或少记，都是满借满贷。

（3）记账反方——用两套蓝字传票，办理转账，如果使用一套分录，金额需要加倍，同时，应在备注栏做出批注。

注意金融企业不得采用红字差额冲正法和补充登记法，那样将一个金额分割成两个金额，不便于银行和企业对账。跨年的差错，采用蓝字反方向更正的原因在于，一是不更改上年会计报表，二是避免年初出现红字余额。

## 六、正确填写票据和结算凭证的基本规定

银行、单位和个人填写的各种票据和结算凭证是办理支付结算和现金收付的重要依据，直接关系到支付结算的准确、及时和安全。票据和结算凭证是银行、单位和个人凭以记载账务的会计凭证，是记载经济业务和明确经济责任的一种书面证明。因此，填写票据和结算凭证，必须做到标准化、规范化，需要素齐全、数字正确、字迹清晰、不错漏、不潦草，防止涂改。

**（一）中文大写的书写规定**

中文大写金额数字应用正楷或行书填写，如壹（壹）、贰（贰）、叁、肆（肆）、伍（伍）、陆（陆）、柒、捌、玖、拾、佰、仟、万（万）、亿、元、角、分、零、整（正）等字样。不得用一、二（两）、三、四、五、六、七、八、九、十、廿、毛、另（或 0）填写，不得自造简化字。如果金额数字书写中使用繁体字，如贰、陆、億、萬、圆的，也应受理。

**（二）关于"整"或"正"的书写规定**

中文大写金额数字到"元"为止的，在"元"之后，应写"整"（或"正"）字；中文大写金额数字在"角"之后没有"分"的，可以写或不写"整"（或"正"）字；大写金额数字至"分"的，

"分"后面不写"整"(或"正")字。

**(三) 关于"人民币"的书写规定**

中文大写金额数字前应标明"人民币"字样,大写金额数字应紧接"人民币"字样填写,不得留有空白。大写金额数字前未印"人民币"字样的,应加填"人民币"三字。在票据和结算凭证大写金额栏内不得预印固定的"仟、佰、拾、万、仟、佰、拾、元、角、分"字样。

**(四) 关于"零"的书写规定**

阿拉伯小写金额数字中有"0"时,中文大写应按照汉语语言规律、金额数字构成和防止涂改的要求进行书写。举例如下:

(1) 阿拉伯数字中间有"0"时,中文大写金额要写"零"字。例如,¥1 409.50,应写成人民币壹仟肆佰零玖元伍角。

(2) 阿拉伯数字中间连续有几个"0"时,中文大写金额中间可以只写一个"零"字。例如,¥6 007.14,应写成人民币陆仟零柒元壹角肆分。

(3) 阿拉伯金额数字万位或元位是"0",或者数字中间连续有几个"0",万位、元位也是"0",但千位、角位不是"0"时,中文大写金额中可以只写一个零字,也可以不写"零"字。例如,¥1 680.32,应写成人民币壹仟陆佰捌拾元零叁角贰分,或者写成人民币壹仟陆佰捌拾元叁角贰分;又如¥107 000.53,应写成人民币壹拾万柒仟元零伍角叁分,或者写成人民币壹拾万零柒仟元伍角叁分。

(4) 阿拉伯金额数字角位是"0",而分位不是"0"时,中文大写金额"元"后面应写"零"字。例如,¥16 409.02,应写成人民币壹万陆仟肆佰零玖元零贰分;又如¥325.04,应写成人民币叁佰贰拾伍元零肆分。

**(五) 关于货币符号的书写规定**

凡是外传的会计凭证,阿拉伯小写金额数字前面,均应填写货币符号,如人民币符号"¥"(或草写🜊)。阿拉伯小写金额数字要认真填写,不得连写,防止分辨不清。

**(六) 票据和结算凭证出票日期的书写规定**

票据和结算凭证的出票日期必须使用中文大写。为防止变造票据的出票日期,在填写月、日时,月为壹、贰和壹拾的,日为壹至玖和壹拾、贰拾和叁拾的,应在其前加"零";日为拾、拾壹至拾玖的,应在其前加"壹"。如1月15日,应写成零壹月壹拾伍日。再如10月20日,应写成零壹拾月零贰拾日。

票据出票日期使用小写填写的,银行不予受理。大写日期未按要求规范填写的,银行可予受理,但由此造成损失的,由出票人自行承担。

## 复习思考题

1. 试述会计科目与账户之间的联系和区别。
2. 记账凭证按填制的方式不同分为哪几种形式?试述不同形式记账凭证的定义。
3. 基本记账凭证按其性质和用途不同分为哪几类?试述各类凭证的定义。

4. 试述会计凭证的基本要素。

5. 试述会计凭证传递的原则。

6. 什么是会计账簿? 会计账簿有哪些作用? 它分为哪几类?

7. 什么是科目日结单? 它有哪些作用?

8. 总账的余额如何结计与核对?

## 练 习 题

**习题 2－1**

一、目的:熟悉金融企业会计科目的内容,练习和掌握会计科目及借贷记账法的具体运用。

二、资料:某商业银行支行 3 月 21 日发生下列业务:

1. 房地产公司向银行申请流动资金贷款 300 000 元,银行有关部门审核后,予以发放。

2. 市实验中学向中心商场支付购货款 6 000 元,通过银行转账。

3. 电扇厂提取现金 50 000 元,用于发放职工工资。

4. 某商业个体户用现金归还银行抵押贷款本金 20 000 元,利息 2 000 元。

5. 银行向市自来水公司支付第一季度存款利息 3 690 元。

6. 经上级有关部门批准,将本行日前出纳长款 1 500 元列为本行收入。

7. 某储户支取活期储蓄存款 500 元。

8. 某建筑公司从其活期存款账户转出 200 000 元,办理一年期的定期存款。

三、要求:

1. 根据资料,确定会计科目;

2. 根据借贷记账法逐笔编制各笔会计分录。

**习题 2－2**

一、目的:掌握明细核算的方法和账务处理程序。

二、资料:

(一)某商业银行支行 5 月 9 日有关账户如下:

1. 造纸厂(302－1)　600 000 元;　　　2. 纺织厂(302－2)　400 000 元;

3. 个体服装厂(315－1)　500 000 元;　4. 中南商场(304－1)　800 000 元;

5. 长江商业广场(304－2)　988 000 元; 6. 市三中(323－1)　250 000 元。

(二)5 月 10 日发生下列各笔业务:

1. 造纸厂向银行提交付款凭证,金额 12 000 元,系支付中南商场货款,银行审核无误后办理转账。

2. 个体服装厂向银行存入销售收入现金 5 000 元。

3. 长江商业广场填制进账单及市三中签发的转账支票一份办理进账手续,系购买办公用品费 1 625.80 元,银行审核后,立即转账。

4. 造纸厂向中南商场销售一批商品,得价款 4 130 元,由中南商场办理进账手续。

5. 市三中向个体服装厂订购学生校服,通过银行转账支付预付定金 4 800 元。

6. 长江商业广场签发转账支票并代纺织厂填制进账单一并提交银行,系销售货款 28 000 元,银行审核后办理转账手续。

7. 市三中签发现金支票 30 000 元,到银行提取现金用于发放教职工工资。

8. 个体服装厂送交现金支票一份,金额 7 200 元,签发单位为纺织厂,银行审核后办理付现手续。

9. 中南商场签发转账支票一份,金额 58 000 元,系支付纺织厂货款,通过银行转账。

10. 长江商业广场送交银行现金缴款单及现金 12 000 元,系当天营业收入。

**现金收入日记簿**

年 月 日

| 序 号 | 对方科目 | 金 额 |
|---|---|---|
| 合 计 | | |

**现金付出日记簿**

年 月 日

| 序 号 | 对方科目 | 金 额 |
|---|---|---|
| 合 计 | | |

**余额表**

××年5月份

| 户名<br>日期　账号 | 造　厂<br>302 - 1 | 纺织厂<br>302 - 2 | 个体服装厂<br>315 - 1 | 中南商场<br>304 - 1 | 长江商业广场<br>304 - 2 | 市三中<br>323 - 1 |
|---|---|---|---|---|---|---|
| 5月9日 | 600 000.00 | 400 000.00 | 500 000.00 | 800 000.00 | 988 000.00 | 250 000.00 |
| 5月10日 | | | | | | |

三、要求:

1. 根据资料,开设 T 形账户,编制各笔会计分录;

2. 根据会计分录,登记各科目分户账;

3. 根据现金业务,登记现金收入、付出日记簿;

4. 根据分户账,抄列各科目余额表。

**习题 2 - 3**

一、目的:掌握综合核算的方法和账务处理程序。

二、资料:

(一)根据教材格式,准备 5 张科目日结单,即:302、315、304、323 和 101 日结单。

(二)5 月 9 日各科目总账余额如下:

1. 302 工业活期存款　1 000 000 元;　　2. 315 个体户存款　500 000 元;

3. 304 商业活期存款　1 788 000 元;　　4. 323 机关团体存款　250 000 元;

5. 101 库存现金　3 538 000 元。

三、要求：

1. 根据**习题 2-2**的内容,编制科目日结单;

2. 根据教材格式,开设总账。根据科目日结单,登记各科目总账发生额,并自行求出余额;

3. 根据各科目总账,编制日计表;

4. 根据**习题 2-2**、**习题 2-3**有关内容进行账务核对。

**习题 2-4**

一、目的:掌握错账冲正方法及账务处理过程。

二、资料:

某商业银行 6 月 16 日发生(发现)下列错账后,采用相应方法予以更正:

1. 发现 6 月 2 日一笔现金收入业务金额 15 000 元,应记入机床厂(账号 302-12)账户,却记入了机械厂(账号 302-10)账户。

2. 发现 5 月 26 日一笔现金付出业务金额 600 元,付款单位应为石化公司(账号 302-9),误记入石油公司(账号 302-5)账户。

3. 发现 6 月 11 日一笔转账业务,凭证金额为 5 000 元,误记为 8 000 元,收款单位为市医院(账号 310-2),付款单位为某个体工商户(账号 315-3)。

4. 发现 6 月 3 日记账串户一笔,金额 10 000 元,收款单位应为石化公司,却误记入机床厂账户。

5. 发现上年错账一笔,原正确金额应为 1 000 元,误记为 100 元,收款单位为机床厂,付款单位为石油公司。

户名　**市机床厂**　　　　　　账号　**302-12**

| 年 | | 摘　要 | 对方科目 | 借　方 | 贷　方 | 借或贷 | 余　额 |
|---|---|---|---|---|---|---|---|
| 月 | 日 | | | | | | |
| 6 | 16 | 承前页 | | | | 贷 | 280 000.00 |
| 6 | 16 | 销售 | | 12 000.00 | | | |
| 6 | 16 | 取现金发工资 | | 41 080.00 | | | |
| | | | | | | | |
| | | | | | | | |
| | | | | | | | |
| | | | | | | | |

三、要求：

1. 根据资料,编制各笔会计分录;

2. 根据会计分录有关内容,登记 302-12 分户账。

# 第三章　存款和储蓄业务的核算

## 学习要点提示

通过本章学习,要求了解存款账户按资金管理要求分为哪几类,各类账户的概念和特点;掌握单位存款存取的具体核算程序和利息计算方法;懂得储蓄存款的种类和利息计算的基本规定和核算方法。

## 第一节　存款业务概述

存款业务是商业银行作为国民经济各部门资金运动的枢纽,是一种通过信用方式吸收社会闲置资金,再通过信用的方式将这些资金进行分配使用的活动。存款业务是商业银行的主要负债业务之一,也是商业银行筹集资金的主要手段,存款业务的重要性决定了存款核算在商业银行会计核算中的地位。

### 一、存款业务的种类

吸收存款是商业银行的传统业务,是银行对存款人的一种以货币表示的负债。银行为了开展存款业务,同时为客户提供了丰富的可供选择的存款金融产品,设置了不同种类的存款。存款从不同的角度可进行不同的划分。

#### (一) 按存款产生的顺序分为原始存款和派生存款

原始存款又称现金存款或直接存款,即企事业单位或个人将现金或现金支票送存银行而形成的存款,包括对公存款、私人存款和银行同业存款。派生存款也称为转账存款或间接存款,它是银行通过资产业务用转账的方式创造的存款。商业银行创造派生存款的实质,就是通过非现金的形式增加货币供给量。

#### (二) 按存款人和银行的契约关系分为活期存款和定期存款

活期存款是指不约定存期,随时可以存取的存款,包括单位活期存款和个人活期储蓄存款。定期存款是指存款时约定存期,到期后才能支取款项的存款,包括单位定期存款和个人定期储蓄存款。

#### (三) 按存款对象分为个人存款和单位存款

单位存款是指企事业单位、社会团体等机构的存款,包括单位活期存款和单位定期存款。个人存款包括个人银行结算存款和储蓄存款。个人银行结算存款按《人民币银行结算账户管理办法》的规定使用。

### 二、存款业务核算要求

#### （一）正确、及时地办理存款业务

客户在银行开立的存款账户是存款人通过银行了结债权债务关系的正常渠道，是存款人存取款的主要工具，各企事业单位不得公款私存，也不能随意将单位存款账户的存款转入（或汇入）个人账户。为了使存款人的资金能及时到账、款项能及时对外支付，银行在办理存款业务时应按照规定的操作程序，认真审查凭证的有效性，正确使用有关会计科目及其账户，及时地进行账务处理，做到不错不乱，充分保证存款业务的核算质量。

#### （二）维护存款人的合法权益

维护存款人的合法权益，包括承认存款人对其存款的所有权及保护其合法权益。对单位和个人存入银行的资金，银行只是暂时取得了资金的使用权而没有所有权，是银行对存款人的负债。因而银行应维护存款人资金自主支配权，坚持"谁的钱进谁的账，归谁所有"的原则，除国家法令和有关制度另有规定外，不代任何单位和个人查询、冻结、扣划存款人账户内存款。对于应该计息的存款应正确、及时地计付利息，还应为存款人保密。

#### （三）银行不代垫款项

在银行开立存款账户的存款人委托银行办理款项支付时，必须在其存款账户上保持有足够的资金，存款人签发的各种支款凭证的面额，必须小于其银行存款账户余额。因为商业银行起中介作用，没有垫款的义务，所以银行在办理存款业务时，对现金收入业务，应先收款，后记账；对现金付出业务，应先记账后付款；对转账业务，应先记付款单位账，后记收款单位账；对他行票据应收妥抵用，以保护银行资金的安全。

### 三、存款账户的设置与开立

#### （一）存款账户的设置

各单位只有在银行开立有账户，才能够通过银行办理资金收付和款项结算。银行的存款账户在吸收存款科目下分为活期存款和定期存款，是按单位及存款种类设置的。这种设置方法与原银行统一会计科目相比较，能够使商业银行的负债情况特别是流动负债与长期负债的结构和比例得到直观明了的反映，也便于分析商业银行的偿债能力。单位银行结算存款账户按资金管理的要求，分为基本存款账户、一般存款账户、专用存款账户和临时存款账户。

1. 基本存款账户

基本存款账户是存款人因办理日常转账结算和现金收付需要开立的银行结算账户。一般指实行独立经济核算或独立预算的企事业单位在银行开立的主要账户，它是单位发生经济往来，进行资金收付的主要账户。其内容包括存款户、预算存款户、经费限额支出户、预算外存款户和其他存款户，其核算对象为单位的间歇流动资金或经费存款。存款人可通过此账户办理日常转账结算和现金收付，包括存款人的工资、奖金等现金的支取，都只能通过本账户办理。

开户范围包括:① 企业法人;② 非法人企业;③ 机关、事业单位;④ 团级(含)以上军队、武警部队及分散值勤的支(分)队;⑤ 社会团体;⑥ 民办非企业组织;⑦ 异地常设机构;⑧ 外国驻华机构;⑨ 个体工商户;⑩ 居民委员会、村民委员会、社区委员会;⑪ 单位设立的独立核算的附属机构;⑫ 其他组织。

2. 一般存款账户

一般存款账户是存款人因借款或其他结算需要,在基本存款账户开户银行以外的银行营业机构开立的银行结算账户。存款人可以通过本账户办理转账结算、现金缴存和现金支取。

开户范围包括:① 借款转存;② 其他结算需要。

3. 专用存款账户

专用存款账户是存款人按照法律、行政法规和规章的规定,对其特定用途资金进行专项管理和使用而开立的银行结算账户。该类账户主要用于办理各项专用资金的收付,支取现金由开户银行按规定自主掌握。

开户范围包括:① 基本建设资金;② 更新改造资金;③ 财政预算外资金;④ 粮棉油收购资金;⑤ 证券交易结算资金;⑥ 期货交易保证金;⑦ 信托基金;⑧ 金融机构存放同业资金;⑨ 政策性房地产开发资金;⑩ 单位银行卡备用金;⑪ 住房基金;⑫ 社会保障基金;⑬ 收入汇缴资金和业务支出资金;⑭ 党团工会设在单位的组织机构经费;⑮ 其他需要专项管理和使用的资金。

4. 临时存款账户

临时存款账户是存款人因临时需要并在规定期限内使用而开立的银行结算账户。该账户主要用于办理临时机构以及临时经营活动发生的资金收付,同时可以按照国家现金管理的规定支取现金。

开户范围包括:① 设立临时机构;② 异地临时经营活动;③ 注册验资。

银行账户按存取款的形式可以分为支票户和存折户。支票户是单位在银行开立的凭送款单(缴款单)和支票等凭证办理存取款项的账户,存折户是单位在银行开立的凭存折和存取款凭条办理存、取款项的账户。一般来说,企业规模较大、信用较好、财务管理制度健全的单位可开立支票户。反之,银行可为其开立存折户。

**(二) 存款账户的开立**

存款人可自主选择在一家商业银行开立一个基本存款账户,不得在多家金融机构开立基本存款账户。自 2019 年年底起,由许可制改为备案制。

单位向银行申请开户时,应填写开户申请书。申请书中应如实填明单位的经济性质、领导系统和预算级次,以便银行能够对不同层次、不同行业的存款进行核算和统计。记账员接到存款人提交的开户申请书、营业资格证、组织机构代码证、税务登记证、社会保险证、统计登记证和有关证件(均一式两份),经初审无误后,根据存款人的资金性质确定会计科目,在开户申请书及有关证件上编填账号,签署意见,连同有关证件(不同的开户对象需要不同的证明文件)一并交会计主管人员。

会计主管审核同意后,在开户申请书上签章,送记账员加盖业务公章,填写存款印鉴卡片两份加盖预留印鉴,连同开户申请书各一份交记账员。记账员审查后,在印鉴卡片上注明启用日期,加盖名章交会计主管,会计主管按科目和账号顺序登记开销户登记簿。开户申请书及开设账户证明书留存,并按科目分类保管,印鉴卡片加盖名章,一份留存,另一份交记账员办理开户,记账员凭印鉴卡片设立分户账。

### (三) 存款账户的管理原则

总体来说,人民银行对存款账户的管理,采用备案制的管理方法,具体包括:

(1) 自主选择原则。商业银行和客户实行双向选择,平等竞争。

(2) 依法保密原则。商业银行必须为客户的存款种类、余额等保密。

(3) 不动户销户原则。凡是一年以上未发生变动的单位存款,应通知客户在一个月内办理销户手续。否则,转入其他应付款。久悬未取款项,年终经批准转入营业外收入。

(4) 开立或撤销申报原则。客户在银行开立或撤销基本存款账户,应在 7 日内向人民银行备案。

(5) 不得出租、出借和转让原则。存款人开立的账户只供本单位使用,不得以任何形式(如收取过渡费、好处费等)转给他人使用。

(6) 坚持一个单位只能开立一个基本存款账户的原则。严厉打击企业多头开户,乱开账户、出售账户行为。

# 第二节　单位存款业务的核算

## 一、单位活期存款业务的核算

办理单位活期存款业务时,对支票户和存折户分别进行处理。

### (一) 支票户存取款的处理

支票户是客户在银行开立的凭缴款单、支票等结算凭证办理存取款项的存款账户。适用于规模较大、信用较好、财务制度健全的客户。

#### 1. 存入现金的处理

由单位填写一式三联的现金缴款单,连同现金交出纳部门(或柜员),出纳部门收妥现金后,登记现金收入日记簿,在缴款单上加盖现金收讫戳记和出纳员名章。第一联交客户作回单,第二联通过内部传递交会计部门,第三联由出纳部门留存。会计部门收到第二联现金缴款单并经审查无误后进行账务处理,其会计分录如下:

借:库存现金、存放中央银行款项等

　　贷:××存款——本金

采用计算机处理时,支票户存入现金的基本处理步骤:客户持现金和两联缴款单—问数—审核—输交易码记账—打印现金缴款单—盖现讫章—第二联缴款单退客户。

#### 2. 支取现金的处理

支票户单位支取现金时应签发现金支票,盖上预留银行印鉴,在支票背面背书后,送

交会计部门审查,银行会计部门应对支票进行严格的审查,审查内容主要包括:

(1) 支票的出票日期是否为中文大写;是否在有效的处理时间以内;对远期支票或过期支票均不予受理。

(2) 大小写金额是否相符;支票是否为空头支票。

(3) 付款人账号与户名是否正确。

(4) 支票印鉴是否与预留银行印鉴相符。

另外,还需审查支票是否可支取现金;用途是否得当;支票是否用碳素笔或墨汁填写;支票是否背书等。

审查无误后,交对号单或铜牌给取款人到出纳部门凭以取款,会计部门则以现金支票代现金付出传票做账务处理,其会计分录如下:

借:××存款——本金
    贷:库存现金、存放中央银行款项等

登账后,现金支票经内部传递给出纳部门登记现金付出日记簿并叫名对号付款。

采用计算机处理时,支票户支取现金的基本处理步骤:客户持现金支票—审核—验印确认—输交易码记账—盖现讫章—配款—付款。

**(二) 存折户存取现金的处理**

存折户是客户在银行开立的凭存折和存取款凭条存取款项的账户。适用于规模较小、信用不确定和财务制度不健全的客户。

存折户在第一次存入现金开立账户时,应将存入金额和来源填入存款凭条,经银行出纳部门审核无误后,收妥款项并根据存款凭条登记现金收入日记账后转交会计部门。会计部门对存款凭条审核无误后编列账号,并以存款凭条代收入传票,做会计分录。以后存款就以存款凭条和存折办理。

存折户支取现金时,应填写"支款凭条",加盖预留银行印鉴,将凭条与存折一并交给会计部门。会计部门除参照支票户取款手续进行账务处理外,还应登记存折。存折户存取款项的会计分录同支票户存取款的会计分录。

**(三) 对账处理**

银行与企业的相互往来中,因双方记账的时间有先有后,会产生未达账项。再加上银企双方记账时均可能产生差错,导致双方账目的不相符合。为保证双方账务的准确无误,银行与开户单位需严格对账,并通过对账促进企业加强财务管理。

1. 定期对账

(1) 在微机操作情况下,每月打印对账单一份,企业先核对余额再逐笔对账,然后再填制调节表,列出未达账项。

(2) 手工操作情况下,每季末银行向所有支票户填制两联的余额对账单与单位对账,若发现不符,必须逐笔对账。

2. 不定期对账

手工操作情况下,对支票户一般采用套写账页方式,其中一页作银行的存款分户账,另一页为对账单,记满后交客户对账。

在电脑操作的情况下,可通过查询卡或电话随时查询有关账户余额。

**(四) 单位活期存款的利息计算**

1. 单位活期存款利息计算的主要规定

(1) 除保证金存款、临时性存款和地方财政库款不计息外,其他存款均计息。

(2) 2005 年 9 月 21 日起,结息日一般为季末 20 号(含),次日付息。

(3) 无论大、小月,均按实际天数计算,结息日算头又算尾,不是结息日,算头不算尾。

(4) 计息时,以分为起点计算积数。

(5) 发生冲记贷方、补记借方,要减少积数;发生冲记借方、补记贷方,要增加积数。

(6) 2004 年 10 月 29 日起,允许下浮存款利率。

(7) 计息方法主要有账页计息法、余额表计息法和计算机计息法。

2. 账页计息法

采用乙种账账页计息,每当业务发生时,除登记发生额并结出余额外,还需用上日余额乘以实存天数计算出计息积数,记入账户的"积数"栏中。实存天数按照"算头不算尾"的方法计算,但"尾"为结息日时,则应"算头又算尾"。至结息日,将上季度末月 21 日至本季度结息日的积数累计起来,求出全季度的积数和,如遇错账冲正,应调整计息积数,然后再根据上述公式计算出利息。

**【例 3－1】** 某活期存款分户账页记载如下(单位:元):

户名:××单位　　　　账号:302056　　　　利率:0.4%

| 月 | 日 | 摘 要 | 借 方 | 贷 方 | 借或贷 | 余 额 | 日 数 | 积 数 |
|---|---|---|---|---|---|---|---|---|
| 6 | 21 | 开户 | | 3 000 | 贷 | 3 000 | 12 | 36 000 |
| 7 | 3 | 存入 | | 5 000 | 贷 | 8 000 | 32 | 256 000 |
| 8 | 4 | 存入 | | 4 000 | 贷 | 12 000 | 0 | 0 |
| 8 | 4 | 支取 | 2 000 | | 贷 | 10 000 | 33 | 330 000 |
| 9 | 6 | 补记 9 月 1 日账 | | 1 000 | 贷 | 11 000 | 1 | 11 000 |
| 9 | 7 | 冲正 8 月 4 日账 | 2 000 | | 贷 | 13 000 | 14 | 182 000 |
| 9 | 21 | 结息 | | 9.87 | 贷 | 13 009.87 | | |

积数之和＝36 000＋256 000＋330 000＋11 000＋182 000＝815 000

应加积数＝1 000×5(补记贷方)＋2 000×34(冲记借方)＝73 000

计息积数＝815 000＋73 000＝888 000

利息＝888 000×0.4%÷360＝9.87(元)

计算出利息后,编制两贷一借的特种转账传票,其中一联特种转账借方传票作利息支出借方凭证,一联特种转账贷方传票作活期存款贷方凭证,其会计分录如下:

借:利息支出　　　　　　　　　　　　　　　　9.87

　　贷:××存款　　　　　　　　　　　　　　　　9.87

另一联特种转账贷方传票代收账通知交收款单位。

3. 余额表计息法

余额表计息是采用计息余额表计算利息。其基本原理与账页计息相同。具体处理方法就是对各存款分户账,每日营业终了不论余额是否变动,均需将当日最后余额填入余额表内,计息时将每天余额进行合计,其每日余额合计数即为基本计息积数,若中间有错账更正的,则对基本计息积数进行调整(调整方法同前)。以调整后的计息积数乘以日利率,即得出本期利息数。

**(五) 其他处理**

1. 挂失

签发的支票丧失,失票人若需挂失,应填写两联挂失止付通知书,填明支票丧失的时间、地点、原因,支票的种类、号码、金额、出票日期、付款人名称、收款人名称以及挂失止付人的姓名、营业场所或者住所和联系方法并签章。银行收到挂失止付通知后,查明挂失票据确未付款时,应立即暂停支付。将第一联挂失止付通知书加盖业务公章作为受理回单交给失票人,第二联在登记支票挂失登记簿后专夹保管,并在出票人账户账首明显处用红笔注明"×年×月×日第×号支票挂失止付"字样,凭以掌握止付。银行在收到挂失止付通知前,已经向持票人付款的,不再承担责任。

2. 销户

存款人撤销账户,应出具撤销账户申请书一式两份(以公函代),加盖全部预留银行印鉴,连同开户许可证一并交会计主管审查后,在原开户申请书上批注"清户"字样和日期,一份撤销账户申请书附原开户申请书留存保管,一份连同留存的印鉴卡片送记账员,撤出开户许可证(副本)和核发《开户许可证》申请书,批注"撤销账户"字样及日期,交回人民银行。记账员根据撤销账户申请书核对账户余额相符,计算利息、收清贷款、结出存款账户最后余额,由销户人开出支款凭证办理支款手续;收回各种未用完的重要空白凭证,加盖"注销"戳记,连同撤销账户申请书和印鉴卡片,批注注销日期,加盖"附件"戳记作付出传票附件,经复核员逐项复核,结清账户,在账页上批注"清户"字样,登记开销户登记簿。对一年未发生收付活动的账户,应通知存款人办理销户。

## 二、单位定期存款业务核算

单位定期存款是指单位将暂时闲置的自由资金,从活期存款账户转出,约定存期,由银行发给存单或单位定期存款证实书,到期凭存单一次性转存本息的单位存款。

单位定期存款与定期储蓄存款利率档次相同,存期有 3 个月、6 个月、1 年、2 年、3 年、5 年等多个档次;起存金额为 1 万元,到期一次转存本息,不能支取现金,一般不能提前支取;存单不得流通转让;单位从银行取得的贷款以及财政性拨款均不能转存单位定期存款。

**(一) 单位定期存款存入的核算**

单位办理定期存款,应按其存入金额填制转账支票,经银行审核无误,填制一式三联的定期存单,第一联代转账贷方传票,并据以开销户,第二联为存单,第三联代卡片账,然后以转账支票代借方传票办理转账,其会计分录如下:

借:××存款——某单位活期户

　　贷:单位定期存款——某存款人定期户

然后,按存款单位的存款种类设置明细账登记分户账,第二联存单加盖业务公章和经办人员名章后,交存款单位作存款凭据。

### (二)单位定期存款支取的核算

单位持到期的存单办理支取时,银行要将存单和定期存款分户账进行核对,无误后计算利息,填制利息清单,并在分户账上加盖"结清"戳记。以存单代定期存款科目借方传票,另编两联特种转账贷方传票和一联特种转账借方传票,一联特种转账贷方传票代有关存款科目的记账凭证,另一联连同利息清单交单位作收账通知。

特种转账借方传票作利息支出科目的记账凭证,办理转账,同时销记开销户登记簿,定期存款分户账应定期装订保管。其会计分录如下:

借:单位定期存款——某存款人本金

　　利息支出

　　贷:××存款——某单位活期存款户

定期存款到期后,如果单位要求续存,可以办理转期(按结清旧户另开新存单处理)。

### (三)利息的计算

单位定期存款的利息计算方法与个人储蓄定期存款的计息方法相同,可以利用下列公式直接计算:

$$利息＝本金×存期×利率$$

单位定期存款到期支取时,本金和利息一并转账,其利率根据 1993 年 3 月 1 日开始执行的《储蓄管理条例》的规定执行,即到期支取的,不管存期内是否调整,一律使用原存单所定利率计息;过期支取的,其过期利息按支取日银行挂牌公告的活期存款利率计算;提前支取的,一律按支取日银行挂牌公告的活期利率计息。存期按对年、对月、对日计算,零头天数则按实际天数计算。

依据权责发生制,对 6 个月以上的定期存款应按季预提应付利息。预提时,根据计算结果填制借贷方记账凭证办理转账,其会计分录如下:

借:利息支出

　　贷:应付利息

到期支取存款时,其会计分录如下:

借:应付利息

　　贷:吸收存款

另外还有单位通知存款和协定存款。单位通知存款包括 1 天和 7 天通知存款。单位协定存款是客户通过与银行签订《单位协定存款合同》,约定期限、商定结算账户需要保留基本存款额度,对账户中超过该额度的存款按双方约定的协定存款利率进行单独计息的存款。单位协定存款基本存款额度以内的存款按结息日人民银行规定的活期存款利率计息,超过基本存款额度的存款按结息或支取日人民银行规定的协定存款利率上限与活期存款利率之间的区间给付利息。

# 第三节　个人储蓄存款业务的核算

储蓄是银行利用信用的方式动员和吸收社会公民待用和结余资金的存款业务,也是银行组织社会闲散资金,扩大信贷资金来源的重要手段。中华人民共和国成立以来,国家一直对居民储蓄业务采取鼓励和保护的政策。

## 一、储蓄的原则和种类

我国银行办理储蓄业务的基本原则是:存款自愿、取款自由、存款有息、为储户保密。储蓄的种类是银行吸收社会闲散资金的具体形式和渠道。按照不同的划分标准,可以对储蓄存款进行不同的分类。按现行的《储蓄管理条例》规定,结合储蓄实践,目前开展的储蓄存款种类主要有以下几种。

### (一) 人民币储蓄存款

1. 活期储蓄存款

活期储蓄存款包括活期存折户、活期支票户、定活两便储蓄、个人通知存款等。

2. 定期储蓄存款

定期储蓄存款包括整存整取定期储蓄、零存整取定期储蓄、存本取息定期储蓄、整存零取定期储蓄等。

3. 其他储蓄存款

其他储蓄存款包括大额定期存单、专项储蓄等。

### (二) 外币储蓄存款

外币储蓄存款包括活期外币储蓄存款和定期外币储蓄存款。

## 二、储蓄利率和计息规定

### (一) 我国的利率政策

我国实行统一的利率政策,储蓄存款利率由中国人民银行拟定,经国务院批准后公布,或由国务院授权中国人民银行制定、公布。储蓄机构必须挂牌公告储蓄存款利率,不得擅自变动。储蓄利息是储蓄机构向广大的储户借入货币资金,并经合理运用后由储户获得的盈余中的一部分,是因储蓄机构占有了储户一定时期的货币资金的使用权而付出的补偿或代价。储蓄机构必须按照规定计付储户利息。

利率,是一定时期内利息额与本金的比例。利率分为年利率、月利率和日利率。年利率用%表示、月利率用‰表示、日利率用‱表示。

实际工作中通常将月利率习惯称作"厘",如7.5厘表示月利率7.5‰;10厘为1分,

10‰也可称为 1 分。

各单位利率的换算关系为:年利率÷12＝月利率;月利率÷30＝日利率;年利率÷360＝日利率。

**(二)储蓄存款计息的基本规定**

1. 计息起点

储蓄存款利息计算时,本金以元为起点,元以下不计利息。利息金额计至分位,分以下四舍五入。分段计息应算至厘位,几段利息相加后四舍五入取至分位。

2. 利随本清、过期不计复息

各种储蓄存款除活期储蓄年度结息或约定自动转存时,可将利息转入本金生息外,其他各种储蓄,不论存期如何,一律利随本清,不计复息。

3. 存期的计算规定

(1)活期储蓄和整存整取定期储蓄计息,存期以天为单位。

(2)算头不算尾,存入当天算,取出那天不算。

(3)对年、对月、对日计算,不分平年、闰年、月大、月小,每月算 30 天、每年均按 360 天计算。

(4)到期存款到期日遇银行不办公,储户于假日前一天支取,应视同到期。

4. 使用利率的规定

(1)活期储蓄按结息日或销户日银行挂牌公告的活期储蓄存款利率计息。

(2)定期储蓄按开户日约定的利率计息,如果提前支取,则提前支取部分按支取日银行挂牌公告的活期储蓄存款利率计息;如果逾期支取,则逾期支取部分按支取日银行挂牌公告的活期储蓄存款利率计息。

(3)定活两便储蓄按支取日不超过 1 年期的相应档次的整存整取定期储蓄存款利率打 6 折计息。

## 三、活期储蓄存款的核算

活期储蓄存款是可以随时存取的一种储蓄存款,1 元起存,不规定存期,多存不限,一年结息一次且计入下年本金。

**(一)开户**

储户第一次存款时,由储户持身份证填写储蓄存款凭条,连同现金一并交给银行储蓄经办员。经办人员点收现金无误后,在凭条上加盖"新开户"戳记,据以登记开销户登记簿,编列账号,开列分户账和存折,记入存款金额,并结出余额,如须凭印鉴支取款项的,应在分户账页上加盖"凭印鉴支取"戳记。手工记账时,还应查算出该笔存款的利息金额填入存款凭条和"分户账页"的利息余额栏内。其会计分录如下:

借:库存现金等

　　贷:活期储蓄存款——本金

如果采用柜员制,使用计算机处理的,其开户流程为:客户持身份证原件、开户申请书和现金—审查—输查询交易码或建档交易码—建立个人档案—打印开户申请书—盖储蓄专用章—输开卡交易码—划卡或存折—收款—打印凭条和存折—客户签字确认—盖现讫章—身份证、存折(卡)、申请书回执和存款回单一起给客户。

**（二）续存**

续存时,由储户持现金,填写存款凭条(或打印凭条),连同存折、款项一并交银行。银行点收无误后按账号找出分户账核对相符后,再将续存金额记入分户账及存折,结出余额,其余手续与开户相同。

如果采用柜员制,使用计算机处理的,其存入流程为:客户持现金—问数—输交易码—划卡或存折记账—打印凭条和存折—客户签字确认—盖现讫章—存折(卡)和存款回单一起给客户。

**（三）支取**

取款时,由储户填写储蓄取款凭条,连同存折一并交经办人员。银行经办人员凭以找出分户账与存折核对相符后,再登记分户账及存折,结出新余额。手工记账时,还应查算出此笔存款额对应的利息金额,并从利息余额中扣除。然后以取款凭条代现金付出传票。其会计分录如下:

借:活期储蓄存款——本金
   贷:库存现金等

如果采用柜员制,使用计算机处理的,其支取流程为:客户持存折(卡)—问数—输交易码—划卡或存折记账—打印凭条和存折—配款—客户签字确认—盖现讫章—存折(卡)、现金和回单一起给客户。

**（四）销户**

储户要求支取全部存款余额,不再续存时,称销户。销户时应先根据存折抽出账页,核对无误后(如有利息应在存折上补记),由储户根据最后存款余额,填写取款凭条。银行计算出应付利息额填制储蓄存款计息清单,在凭条、账、折上加盖"结清"戳记。

存折作取款凭条的附件,分户账另行保存,并销记开销户登记簿。一联利息清单连同本息交给储户,另一联留待营业终了汇总编制利息支出记账凭证。其会计分录如下:

借:活期储蓄存款——本金
   利息支出
   贷:库存现金等

**（五）利息计算**

**1. 活期储蓄计息的主要规定**

(1)结息日一般为每季的季末20日,但手工操作条件下的结息日为6月30日。

(2)手工操作条件下的元位以下不计息。

(3)按实际天数计算,但手工操作条件下的,按满月30天计算。

(4)1999年12月1日起规定由银行代扣利息税20%,2007年8月15日调整为5%,2008年10月9日取消利息税。

（5）计息方法主要有积数查算表、利息查算表和计算机计息三种。

2. 积数查算表的使用方法

当储户来行存款时，每一笔款项都视同能存满整个结息期，以其存入日到结息日为存期计算积数，与原积数相加，记入凭证及账页的积数栏内。

当储户支取存款时，应根据支取金额计算从支取日到结息日的积数，并从原积数中减去，结出新的积数。

储户清户时，先按支取存款查出积数，从原积数中减去，按结出的新积数与当日挂牌活期利率相乘，即得利息。

结息日按计息积数与当日活期利率相乘，得出利息，转入本金后，再按新的本金查表求积数。

3. 利息查算表的使用方法

利息查算表的结构和使用方法与积数查算表基本一致，不同的是，平时利息计算是根据某储户分户账，逐笔算出应计利息、应扣利息和利息余额；而利息查算表是按基准利率3‰来编制的，实际支取时，应按支取日利率进行换算。

如果采用在账页上直接计息的活期储蓄存款，其方法与单位活期存款一致。

活期储蓄存款的利息计算方法在手工操作情况下，普遍采用查活期储蓄积数查算表的方法。在计算机计息的情况下，则采用积数计息法。

凡年度结息后两年不动的活期账户，应视为长期不动户储蓄存款，不再办理年度结息，按户抄列清单送事后监督部门逐笔监督支付，账页单独管理，待储户来存取款时，一并计付利息，结清旧户，另开新户。对应列入长期不动户储蓄存款的账页，每年办理一次，单独保管。

## 四、个人通知储蓄存款的存取款核算

个人通知储蓄存款是存款时不必约定存期，一次存入本金，支取时需提前书面通知银行，可一次或分次提取，取完为止的一种储蓄存款。个人通知储蓄存款是兼有活期存款的灵活性和定期存款的收益性的一种储蓄方式。但近几年，由于存款利率下调等原因，该储蓄方式几经改革，起存金额起点低时为500元，高时为5万元，目前部分银行已停办该储蓄方式。

个人通知储蓄存款的存取款的账务处理方式与活期存折储蓄业务类似。存入时由储户填写储蓄存款凭条后，连同现金一并交经办员，需要凭印鉴支取的，还应将印鉴交给经办人员。经办人员审查存款凭条要素齐全，并清点现金无误后，在存款凭条上加盖"新开户"戳记，开立个人通知储蓄存折和分户账。凭印鉴支付的，还应在分户账上加盖预留印鉴，在存折和分户账上加盖"凭印鉴支取"戳记，然后在核对记账方向、发生额及余额无误后，办理收储的有关账务处理。储户凭存折支取存款时，也需填写储蓄取款凭条，连同存折一并交经办人员，凭印鉴支取的应在取款凭条上加盖预留印章。经办人员验明存折确系本所签发，审核凭条要素齐全，根据取款凭条调阅分户账，与存折的户名、账号和余额核对相符，凭印鉴支取的验对印鉴无误后，办理取款的有关账务处理，并登记存折和分户账。

存取款的会计分录从略。

与活期储蓄存款不同的是,由于个人通知储蓄存款是一次存入、分次支取的,所以每本存折只存一次,每次取款时,银行需根据取款金额和适用利率计算取款利息,办理支付利息的有关账务处理。储户支取最后一笔款项时视同销户处理,与活期储蓄存款销户时的处理类似。其会计分录如下:

借:活期储蓄存款
　　利息支出
　贷:库存现金等

个人通知储蓄存款的利息计算是根据存款的实际存期,参照定期存款的计息方法计息的。储户取款时,只计付支取部分本金的利息,利息随本金一起支付,即利随本清,未支取部分本金仍按原存入日起息。其利息计算公式为:

$$利息 = 支取部分的本金 \times 实际存期 \times 利率$$

公式中的利率是指支取日挂牌公告的个人通知存款的相应储蓄利率。

## 五、定活两便储蓄存款

定活两便储蓄是一种固定面额、存款不限、随时可取、按实际存期确定利率的一种储蓄存款,其开户起点金额为 50 元。定活两便存单不能代替人民币使用,但可以同城通存通兑。

定活两便储蓄存款存期不满 3 个月的,按支取日挂牌公告的活期储蓄利率计息;存期 3 个月以上(含 3 个月)不满 6 个月的,整个存期的利息按支取日整存整取定期储蓄 3 个月利率打 6 折计算;存期 6 个月以上(含 6 个月)不满 1 年的,整个存期按支取日整存整取定期储蓄半年期利率打 6 折计息;存期 1 年以上(含 1 年)的,无论存期多长,整个存期均按支取日整存整取定期储蓄 1 年期利率打 6 折计息。

定活两便储蓄存款的存取款业务核算手续与活期存折储蓄存款业务类似,在此不再赘述。

## 六、定期储蓄存款业务核算

定期储蓄是储户在开户时,约定存款期限,一次或分次存入,到期支取本息的储蓄存款。其优点为存期长,是银行稳定的资金来源,有利于满足银行长期的资金需要。按存入和支取方式的不同,定期储蓄可分为整存整取、零存整取、存本取息和整存零取等多种形式。

### (一) 整存整取定期储蓄存款

整存整取定期储蓄是一种约定存期、一次存入本金、到期支取本息的储蓄存款。一般 50 元起存,多存不限,存期分为 3 个月、6 个月、1 年、2 年、3 年、5 年六个档次。

1. 开户

储户申请办理整存整取定期储蓄时,应填写储蓄存款凭条连同现金一并交银行经办人员。经办人员收妥款项,审核储蓄存款凭条无误后,存款凭条作贷方传票,按储户要求及有关规定开立存折或签发存单,由收款员签章,加盖储蓄专用章后交储户,并登记开销户登记簿。凭印鉴支取的,还要在各联及存折上加盖"凭印鉴支取"戳记。其会计分录如下:

借:库存现金、存放中央银行款项等
　　贷:定期储蓄存款

2. 支取

(1) 到期或逾期支取的处理手续。储户持到期或过期的存单或存折来行取款时,使用存单的储户将存单交给银行经办人员;使用存折的储户应填写取款凭条,注明支取的金额、户名、账号后交给银行经办人员。银行经办人员应先审核存单或存折上的公章,确认是由本行签发的存单或存折、取款凭条的填写正确后,抽出卡片账核对再对账号、户名、金额、期限、印鉴等内容核对无误后,销记开销户登记簿,计算应付利息,填制两联利息清单,并在存单或存折、账卡上填上利息余额,经复核无误后,在存单及第一联利息清单上加盖现金付讫章交给储户,然后根据本息合计数付款。其会计分录如下:

借:定期储蓄存款
　　利息支出
　　贷:库存现金等

(2) 提前支取的处理手续。储户要求提前支取整存整取定期储蓄的要交验身份证件,代储户支取的,代取人还必须持其有效身份证件。银行经办员验证后将发证机关、证件名称及号码记录在存单或取款凭条的背面(凭印鉴支取的要加盖预留银行印鉴)。对提前支取的存款,要特别注意审查是否属挂失存单或存折,内容是否正确,印鉴是否真实。审核无误后,在存单、卡片上加盖"提前支取"的戳记,按提前支取的利息规定计付利息。其余手续同到期支取。

若储户要求办理部分提前支取,则应采取满付实收的做法,更换新存单,使用存折的在原记录下做支取记录,然后另起一行记录未支取本金。即将原存款本金一次全部付出,同时按规定计付提前支取部分的利息,对未支取部分按原存单(存折)的存入户主、日期、期限、利率(即"四原")另开新存单或在存折上另行记录,并在原存单及卡片账上注明"部分提前支取××元",新存单上注明"由×号存单部分转存"字样,在开销户登记簿上也做相应的注明。其余手续与到期支取及存入时的手续相同。其会计分录如下:

借:定期储蓄存款
　　利息支出
　　贷:库存现金、存放中央银行款项等
借:库存现金
　　贷:定期储蓄存款——整存整取户

3. 整存整取定期储蓄存款的约定自动转存

储蓄存款中只有整存整取定期储蓄可办理约定自动转存。开户时,储户应约定转存,不约定转存的,不予转存。整存整取定期储蓄存款约定自动转存的开户、支取手续与整存整取定期储蓄相同,不同的地方是利息计算方法。

（1）存款到期支取的,第一段为原存期,按开户日挂牌的相应档次利率计算,第二段为转存期,本金是开户时存款与第一段利息之和,并按转存日挂牌的定期储蓄相应档次利率计息。

（2）转存后提前支取的,第一段按开户日挂牌的相应档次利率计息,第二段按支取日挂牌公告的活期储蓄利率计息。

（3）逾期支取的,定期内部分按到期支取计息,逾期部分的计息按支取日挂牌公告的活期储蓄利率计息。

（4）转存次数由省级部门统一规定。

4. 整存整取定期储蓄的利息计算

（1）存期的计算。

因无固定的结息日,均按算头不算尾的原则计息,可以按满整月的按 30 天,不满整月的,按实际天数计算。

（2）到期支取的计息。

《储蓄管理条例》（简称《条例》）生效日（1993 年 3 月 1 日）之前存入的,按旧章程,即《中国人民银行储蓄存款章程》,实行"就高不就低"的原则计息。《条例》生效日之后存入的,按存单开户日挂牌公告的相应定期储蓄存款利率计息。

（3）过期支取的利息计算。

《条例》生效日之前已到期未取,以生效日为界,之前的逾期部分,仍按同档次实际利率计息;之后的逾期部分按支取日挂牌公告的活期利率计息。《条例》生效日之后存入的,过期支取,其逾期部分一律按支取日银行挂牌的活期利率计息。

（4）提前支取的利息计算。

《条例》生效日之前存入的,按实际存期的同期利率计息。《条例》生效日之后存入的,均按支取日的活期计息。

（5）约定自动转存的利息计算。

【例 3-2】 某储户于 2023 年 3 月 20 日存入约定自动转存定期储蓄存款 200 000 元,存期半年,利率 3.3%,该储户于 2023 年 6 月 24 日来行提前支取 60 000 元;余款于 2024 年 7 月 25 日支取。试分别计算应付该储户利息并做出相应的会计分录（存入时利率 3.3%,活期 0.5%;2023 年 9 月 20 日调为 3.05%,支取日活期 0.4%）。

2023 年 6 月 24 日,利息＝60 000×94×0.5%÷360＝78.33（元）

借：定期储蓄存款——整存整取户　　　　　　　　　　200 000

　　利息支出　　　　　　　　　　　　　　　　　　　78.33

　　　贷：库存现金　　　　　　　　　　　　　　　　　　200 078.33

借：库存现金　　　　　　　　　　　　　　　　　　　140 000

　　　贷：定期储蓄存款——整存整取户　　　　　　　　　　140 000

2023 年 9 月 20 日,利息＝140 000×6×3.3%÷12＝2 310（元）

2024 年 3 月 20 日,利息＝142 310×6×3.05%÷12＝2 170.23（元）

2024 年 7 月 25 日,利息＝142 310×125×0.4%÷360＝197.65（元）

本金 140 000 元;利息合计＝2 310＋2 170.23＋197.65＝4 677.88（元）

| 借:定期储蓄存款——整存整取户 | 140 000 |
| 利息支出 | 4 677.88 |
| 贷:库存现金 | 144 677.88 |

### （二）零存整取定期储蓄存款

零存整取是固定金额、每月存储一次、到期支取本息的储蓄存款。存期分为1年、3年、5年三个档次。1年期的1元起存,3年、5年期的5元起存,多存不限。中途如漏存,应在次月补齐,若未能补齐则以后存入的存款按活期储蓄利息计息。到期凭存折一次支取本息。

1. 零存整取定期储蓄利息计算

零存整取定期储蓄的开户、续存以及到期、逾期、提前支取的账务处理原理,与整存整取的储蓄方式类似。只是零存整取方式需每月存入一定的本金,因而在存款到期时,其本金的存期是依次递减的,先存入的部分存期长,后存入的部分存期短,在利息计算时,对存期的确定不能以第一次存入本金的存期为主,也不能以最后一次存入的为主。实际工作中,对零存整取定期储蓄利息的计算一般采取以下方法:

（1）积数计息法。积数计息法与单位活期存款的利息计算方法相同,包括月积数计息法和日积数计息法。月积数计息法是根据分户账的余额,按月计算积数,提前支取的零头天数不计息,支取时将各月的积数累计起来乘以月利率,就得到应付储户利息数。用公式表示为:

$$利息＝累计月积数×月利率$$

日积数法与月积数法计息原理相同,只是每个月不论月大月小,都按30天计算,适用于存期不稳定的储户。因其按日计息,因而最准确,但最不易操作。

（2）固定基数法。固定基数法是按规定的利率和存期,先计算出单位本金到期应付利息数,再以此为基数,求出应付利息数。该计息方式比较适用于存款日期比较固定的零存整取储蓄。该计息方法的基本思路是,如果每月在固定日期存入固定的金额,则每次存入本金的存期依次递减,可计算出平均存期并以此为依据求出利息基数,再根据利息基数计算出应付利息。

（3）查表计算法。查表计算法指根据存入的金额和存入日期,在查算表中找出应付的利息。这种方法简便迅速,但编制查算表的工作量较大。

零存整取定期储蓄存款到期支取的,按开户日挂牌公告的相应档次存款利率计息,存款期内如遇利率调整不分段计息;提前支取的,按支取日挂牌公告的活期储蓄存款利率计息;逾期支取的,定期内部分按到期支取方法计息,逾期部分按实存天数和支取日挂牌公告的活期储蓄存款利率计息。

2. 积零成整月储蓄金额计算方法

实际生活中,可能需要确定一个存款目标,如通过采取零存整取储蓄方式在几年期满时获得一笔整数存款,在利率水平一定的情况下,可通过计算月储蓄金额方法达到目的。

【例3-3】　某储户希望通过零存整取储蓄方式在3年期满时,获得50 000元存款,在存款利率为2.7%的情况下,每月存入多少才能达到目的?

实际上,到期后获得的整数存款是本利和,可根据零存整取储蓄计息方式,推导出应求本金。

本利和＝本金＋本金×存期×利率

本金＝本利和÷(1＋存期×利率)

$\qquad$ ＝50 000÷(1＋3×2.7%)＝46 253.47(元)

每月应存储蓄金额＝46 253.47÷36≈1 284.82(元)

**(三) 存本取息定期储蓄存款**

存本取息定期储蓄存款是一种开户时一次存入本金,分次平均支取利息,到期归还本金的定期储蓄存款种类。起存金额 5 000 元,存期分为 1 年、3 年、5 年三个档次,取息期次由储户自定,可以每月或几个月取息一次。如在取息日未取,以后随时可取,但不计复息。

1. 开户的处理

开户时由储户填写"储蓄存款凭条",写明姓名、存入日期、金额、期限、约定支取利息的时间、家庭住址后连同现金一并交经办人员,凭印鉴支取的,还需把印鉴交给经办人员。

经办人员收妥现金无误、审查凭条内容填写完整后,按顺序编列账号,填制存本取息定期储蓄存折和分户账,加盖"新开户"戳记,凭印鉴支取的还需在凭条和存折上加盖"凭印鉴支取"戳记,在分户账上加盖预留印鉴、经办人员名章后,在凭条上加盖"现金收讫"戳记,凭以登记现金收入日记账,然后将凭条留下来作现金收入传票,并登记开销户登记簿,存折交给储户。其会计分录如下:

借:库存现金

$\qquad$ 贷:定期储蓄存款——存本取息

因存本取息储蓄是在存期内分次支取利息,所以银行在办理开户业务后,应根据相应规定计算出该存款的应付利息,并根据储户与银行约定的取息次数确定每次取息金额,以便办理储户正常的取息业务。提出应付利息时的会计分录如下:

借:利息支出

$\qquad$ 贷:应付利息

2. 分次支取利息

储户按约定的时间,持存折来支取利息时,应填写存本取息定期储蓄取息凭条,凭印鉴支取的还应加盖预留印鉴连同存折一并交给经办人员。经办人员审查核对相符后,在支取利息凭条、账页、存折上加盖私章,根据取息金额配款,在支取利息凭条上盖"现金付讫"章后,凭条作现金付出传票,登记现金付出日记账,最后将存折或存单及现金交储户收执。其会计分录如下:

借:应付利息

$\qquad$ 贷:库存现金

3. 到期支取本息

储户到期将取款凭条和存折交记账员,凭印鉴支取的还应在凭条上加盖预留印鉴。经办人员审查确系本所签发存折,并已到期,凭条内容完整,预留印鉴相符,分户账与存折核对无误后,填制一式两联利息清单,然后将取款日期、支取本金、利息、本息合计填入存折和分户账各相应栏目内,分别加盖"结清"戳记和经办人名章,复核无误后,分别在凭条、存折、利息清单、分户账上加盖私章,在存折和利息清单上加盖"现金付讫"戳记,凭条和利息清单留存作现金付出传票,存折作附件,登记现金付出日记账,配付现金,储户在利息清单上签名后,将现金和利息清单第二联交储户,同时销记开销户登记簿。其会计分录如下:

借:定期储蓄存款——存本取息
　应付利息
　贷:库存现金

4. 提前支取和过期支取

储户如有急需,要求提前支取本金时,须凭存折和有关身份证明,经审查同意后予以办理。银行经办员在存折和分户账上加盖"提前支取"戳记,按提前支取规定计算该存款提前支取时的应付利息,填制利息支出借方传票。同时用红字填制现金付出传票冲回已付利息。如果冲回的利息大于提前支取时应付的利息,应在本金中扣回。其余手续与到期支取相同。过期支取时,除按支取日挂牌公告的活期储蓄利率计付过期部分的利息外,其余手续与到期支取相同。

**(四) 整存零取定期储蓄存款**

整存零取定期储蓄存款是一次存入本金,约定期限,存期内分次支取等额本金,到期时一次支取利息的一种定期储蓄存款。存期分 1 年、3 年和 5 年三个档次。1 000 元起存。每次支取本金＝本金÷支取次数;支取次数＝存期(月数)÷提取本金平均存期。如储户急需用款,要求部分提前支取的,可以按约定的每次支取本金额,提前支取一次或两次本金,在以后相应停取一次或两次,其余本金的支取按原定日期不变。如算出的提取本金金额有角、分时,应四舍五入到元,其差额在最后一次提取本金中增或减。如中途应支取本金日未来支取本金的,以后仍可以随时支取。

整存零取定期储蓄存款存取款的账务处理与其他储蓄方式存取款的处理相同,在此不再重复,但该储蓄方式的本金在存期内是依次递减的,因而其利息计算方式比较特殊,应特别注意。

计息时应先计算出每次支取本金的金额,再计算应付到期利息。

到期支取的利息计算公式为:

$$\text{应付到期利息} = \left(\text{全部本金} + \text{每次支取本金数}\right) \div 2 \times \text{支取本金次数} \times \text{每次支取本金间隔期(月数)} \times \text{月利率}$$

如储户要求全部提前支取,则按最后一次本金支取日挂牌公告的活期储蓄存款利率计息;如过期支取则对到期内部分按到期支取方法计息,过期部分利息一律按支取日挂牌公告的活期储蓄存款利率计算。

【例 3-4】　某储户于 2023 年 10 月 10 日存入整存零取定期储蓄存款 36 000 元,定期 3 年,原定利率 3.75%,约定每 3 个月支取本金一次。请计算该存款的到期应付利息。

该存款每次支取本金＝36 000÷(4×3)＝3 000(元)

应付利息＝(36 000＋3 000)÷2×12×3×(3.75%÷12)＝2 193.75(元)

### (五) 其他储蓄业务

**1. 储蓄通存通兑业务**

储蓄通存通兑业务是指银行依靠计算机网络,在一定的范围内通过不同的储蓄网点为储户办理现金的此存彼取的一项业务。通存通兑业务以同城、异地和全国三个范围来划分。在银行会计基本实现电子化的情况下,所有储蓄业务基本上都已在不同程度上或在不同范围内实现通存通兑。办理通存通兑的储户存取款将不受储蓄机构的限制(新开户除外),可以在联网的所有储蓄所取款或存款。

银行工作人员在进行储蓄通存通兑业务操作时,应首先检查客户递交的存单(折)及存(取)款凭条的合法性,是否符合办理通存通兑的条件;不留密码,预留印鉴或加盖"非通存通兑"章的存单(折)不得通存通兑,24 小时以内存入的款项不能异地通兑。储蓄通存通兑业务的具体处理可参照联行往来业务学习掌握,主要包括以下环节:

(1) 操作员依据凭条进行计算机录入,并打印存(取)款凭条及存单(折),加盖有关印章,结算现金。

(2) 计算机自动处理开户行(所)有关数据,并向网络(清算)中心发送相应信息,用于中心核对账务和资金清算。

(3) 开户、代理行(所)日终打印通存通兑资金清算表、通存通兑业务明细表。各联网行(所)将他行(所)代本行(所)代入账凭证作为相应科目传票及附件,并上交一份资金清算表和业务明细表交中心对账用。存(取)款凭条及销户单(折)等原始凭证由代理行(所)作相应科目传票并保存,不返回原开户行(所)。

(4)通存通兑业务差错,应以代理行(所)数据为准,由开户行(所)进行账务数据调整、冲正,并报网络(清算)中心。

**2. 保值储蓄业务**

为保护广大储户的利益,国务院决定从 1993 年 7 月 11 日起,对 3 年以上(含 3 年)的定期储蓄存款(指整存整取、存本取息和华侨人民币存款)实行保值,即到期支取时,除按规定利率计付利息外,应按保值贴补率计付贴补息,以保证储户所得利息不低于物价上涨的幅度。该业务于 1996 年 4 月 1 日停办。

这种储蓄存款存取的会计核算手续与同类储蓄存款相同,不同的是:

(1) 存入时需在各联凭证上加盖"保值储蓄"戳记。

(2) 存款到期支取时,还应按到期日人民银行公布的当月保值补贴率计付贴息。

(3) 存款如提前支取,只能按规定计付利息,并取消保值补贴;存款如过期支取,过期部分也不再给予保值补贴。

## 七、储蓄业务的事后监督

储蓄事后监督是储蓄核算的重要组成部分,为了减少和避免差错,保障储户利益,维护银行信誉,不断提高核算质量和服务质量,必须建立储蓄事后监督制度。

**（一）储蓄事后监督初审**

储蓄事后监督部门对各储蓄所送来的核算资料应分别启封，严格分清，以免混淆，并进行下列初审：

（1）审核储蓄所的核算资料是否齐全有效。

（2）核对科目日结单（凭证整理单）所列凭证张数和附件与所附会计凭证是否相符，金额是否正确，各科目日结单上的昨日余额加、减本日借、贷方发生额是否等于本日余额，本日借、贷方发生额合计数是否相等，本日余额借、贷双方合计是否相等。

（3）表外科目内容是否完整，重要空白凭证、有价单证使用、交接手续是否严密、合规，签章是否齐全。

**（二）明细监督**

（1）核对开销户登记簿与各储蓄科目余额是否相符。

（2）逐笔审核利息、保值贴息的计算与支付是否正确，对提前支取的销户存单，还应审查存单背面有无证件名称及号码或单位证明，是否加盖"提前支取"戳记；部分提前支取换新开存单的，其开户单和副本卡片上是否注明"由××号存单部分转存"字样；是否在销户存单、副本卡片账及利息清单上加盖个人名章，在副本卡片账上加盖"销户"戳记。

（3）利息支出、手续费收支与有关账户运用是否正确，收支是否符合规定，计算是否正确，原始凭证是否齐全、合法。

（4）内部往来报单使用是否正确，附件是否齐全，账户余额是否正确，资金清算是否符合制度规定。

（5）现金出入库手续是否按规定办理，库存现金是否超过限额。

（6）根据表外科目收入、付出记账凭证登记副本有价单证登记簿、重要空白凭证登记簿、代保管有价单证登记簿；根据挂失凭证、托收凭证、同城划款凭证登记副本挂失登记簿、异地托收登记簿、同城划款登记簿；依据登记簿对有价单证、重要空白凭证和代保管有价单证的领入、发出和结存进行监督。

**（三）储蓄事后监督的综合核算**

（1）根据各储蓄所的凭证整理单编制汇总凭证整理单，根据汇总凭证整理单登记汇总储蓄存款科目分户日记账。

（2）根据"重要单证领用（出库）单"和"重要单证入（退）库单"，填制表外科目收入记账凭证（领用单作附件）和表外科目付出记账凭证（入库单作附件），并凭以登记重要空白凭证登记簿和有价单证登记簿。根据汇总科目日结单登记总账。

（3）根据总账和有关账簿编制储蓄营业报表。

（4）总账、储蓄存款科目分户日记账、登记簿和营业报表的有关数字必须相互核对一致。

（5）定期装订会计凭证，并按规定编号、签章，及时登记凭证账簿报表保管登记簿，以便保管及日后查核；按会计印章的启记，会计印章使用保管登记簿；根据会计交接内容登记交接登记簿。

#### (四) 营业终了的结账、对账

营业终了必须结账,真正做到日清日结。出纳员应计算现金收入和现金付出总数,与现金日记账(登记簿)核对现金科目日结单,根据现金收、付总数登记现金结清余额后交会计(记账员)盖章核对。

会计(记账员)根据当天业务,按照储蓄种类,查对储蓄开销户登记簿,根据同一科目的传票,按现收、现付、转借、转贷各自相加,并注明传票张数和附件,填列当日储蓄科目日结单,根据各种储蓄分户账付出的利息数,按照种类和档次,填写现金付出传票,同时填列当日该科目日结单。

盘点重要空白凭证和有价单证的工作必须每天进行。营业终了,有价单证、重要空白凭证的领用和结余数,应与重要空白凭证登记簿和实物库存数核对相符,并编表外科目日结单,记载表外科目分户账。营业终了后,对银行的夜班收款和节假日收款(含开办储蓄夜市的收存现金)必须逐笔登记现金登记簿(日记账),并如数入库,作次日账处理。

## 复习思考题

1. 存款账户有哪些种类? 如何开立?
2. 支票户和存折户有何区别?
3. 单位活期存款如何计息?
4. 活期存款和定期存款计息有何不同?

## 练习题

**习题 3-1**

一、目的:掌握单位活期存款的利息计算。

二、资料:

(一) 练习在账页上计息。

1. 某化工企业第二季度的存款账户收支情况如下,要求逐日计算积数,求出第二季度利息,并将利息计入存款账户内。

户名:某化工企业　　　　账号:302-15　　　　利率:0.35%

| 年 | | 摘　要 | 借　方 | 贷　方 | 借或贷 | 余　额 | 日 数 | 积 数 |
|---|---|---|---|---|---|---|---|---|
| 月 | 日 | | | | | | | |
| 3 | 21 | 承前页 | | | 贷 | 788 650.00 | | |
| | 21 | 转收 | | 3 450 | | | | |
| | 27 | 存现 | | 800 | | | | |
| 4 | 3 | 转付 | 3 240 | | | | | |
| | 12 | 汇出 | 2 200 | | | | | |

| 年 | | 摘　要 | 借　方 | 贷　方 | 借或贷 | 余　额 | 日　数 | 积　数 |
|---|---|---|---|---|---|---|---|---|
| 月 | 日 | | | | | | | |
| | 17 | 收款 | | 16 500 | | | | |
| | 26 | 委付 | 40 000 | | | | | |
| 5 | 5 | 转付 | 1 320 | | | | | |
| | 16 | 转付 | 400 | | | | | |
| | 23 | 托收 | | 20 000 | | | | |
| 6 | 5 | 备用金 | 1 000 | | | | | |
| | 17 | 收款 | | 1 350 | | | | |
| | | | | | | | | |

存款利息计算算式：

转账分录：

2. 某百货商店六月份存款账户情况如下：

户名：某百货商店　　　　　　　账号：304-6　　　　　　　利率：0.35%

| 年 | | 摘　要 | 借　方 | 贷　方 | 借或贷 | 余　额 | 日　数 | 积　数 |
|---|---|---|---|---|---|---|---|---|
| 月 | 日 | | | | | | | |
| 6 | 1 | 承前页 | | | 贷 | 568 324.20 | 72 | 37 684 000 |
| | 2 | 购货款 | 7 800 | | | | | |
| | 4 | 销货 | | 6 000 | | | | |
| | 4 | 销货 | | 2 130.50 | | | | |
| | 10 | 存现 | | 450 | | | | |
| | 12 | 购货款 | 3 450.80 | | | | | |
| | 15 | 补5日账 | 3 450 | | | | | |
| | 15 | 销货 | | 1 255 | | | | |
| | 18 | 备用金 | 800 | | | | | |
| | 18 | 冲4日账 | 2 130.50 | | | | | |
| | 19 | 购货款 | 1 200 | | | | | |
| | | | | | | | | |

要求：根据以上两个分户账，分别计算日数与积数，并将计算出的利息数填入分户账。

（二）用余额表计息。

要求：请根据上题中304-6分户账的数据填入下列余额表。

| | 304－6 | | | |
|---|---|---|---|---|
| | 某百货商店 | | | |
| 1 | | | | |
| 2 | | | | |
| 3 | | | | |
| 4 | | | | |
| 5 | | | | |
| 6 | | | | |
| 7 | | | | |
| 8 | | | | |
| 9 | | | | |
| 10 | | | | |
| 10 天小计 | | | | |
| 11 | | | | |
| 12 | | | | |
| 13 | | | | |
| 14 | | | | |
| 15 | | | | |
| 16 | | | | |
| 17 | | | | |
| 18 | | | | |
| 19 | | | | |
| 20 | | | | |
| 20 天小计 | | | | |
| 21 | | | | |
| 22 | | | | |
| 23 | | | | |
| 24 | | | | |
| 25 | | | | |
| 26 | | | | |
| 27 | | | | |
| 28 | | | | |
| 29 | | | | |
| 30 | | | | |
| 31 | | | | |
| 本月合计 | | | | |

| | 304－6 | | | |
|---|---|---|---|---|
| | 某百货商店 | | | |
| 至上月底累计未计息积数 | | | | |
| 应加积数 | | | | |
| 应减积数 | | | | |
| 至结息日累计应计息积数 | | | | |
| 至本月底累计未计息积数 | | | | |
| 结息利息数 | | | | |

**习题 3－2**

一、目的:掌握活期储蓄存款的利息计算。

二、资料:(设结息日为 6 月 30 日,按实际天数计算)

储户:黎平　　　　　　　利率:0.35%　　　　　　　利息税 0%

| 年 | | 摘　要 | 借　方 | 贷　方 | 借或贷 | 余　额 | 日　数 | 积　数 |
|---|---|---|---|---|---|---|---|---|
| 月 | 日 | | | | | | | |
| 3 | 28 | 开户 | | 500 | 贷 | 500 | | |
| 4 | 10 | 工资 | | 2 500 | 贷 | 3 000 | | |
| | 12 | 消费 | 258 | | 贷 | 2 742 | | |
| | 27 | 支取 | 300 | | 贷 | 2 442 | | |
| 5 | 10 | 工资 | | 2 500 | 贷 | 4 942 | | |
| | 16 | 支取 | 1 000 | | 贷 | 3 942 | | |
| | 30 | 消费 | 862 | | 贷 | 3 080 | | |
| 6 | 10 | 工资 | | 2 500 | 贷 | 5 580 | | |
| | | | | | | | | |

三、要求:在账户上计算日数与积数,并将计算出的利息记入存款账户。

**习题 3－3**

一、目的:掌握定期储蓄存款的利息计算。

二、资料:

(一)整存整取。

某储蓄所 2023 年 10 月 15 日发生下列业务,计算应付利息(利息税 0%)并逐笔做出会计分录(假设当日挂牌活期储蓄利率为 0.35%)。

1. 储户万方持 2022 年 2 月 15 日存入的一年期定期储蓄存款单来行要求支取,存单金额为 20 000 元,约定利率为 2.9%。

2. 储户李军持 2021 年 8 月 9 日存入的三年期定期储蓄存单来行要求全部提前支取,存单金额为 50 000 元,约定利率为 3.75%,经查验证明相符,本息全部付现。

3. 储户严涛持 2021 年 5 月 21 日存入的 1 年期定期储蓄存单来行支取本息,存单金额为 60 000 元,约定利率为 2.9%。

4. 储户付诚持 2022 年 3 月 12 日存入的半年期定期储蓄存单来行,存单金额为 80 000 元,约定利率为 2.7%,要求支取利息。假设银行在 2023 年 3 月 10 日调整利率,半年期定期存款由原来的 2.7% 调整为 3.25%。

5. 储户张丹持 2022 年 2 月 24 日存入的 2 年期定期储蓄存单来行,存单金额为 100 000 元,约定利率 3.25%,要求提前支取 40 000 元,60 000 元续存,经查验身份证件无误,予以办理。

(二) 零存整取(约期一年,利息税 0%)。

1. 支取日:2023 年 8 月 24 日(假设当日活期利率 0.35%)。

利率:2.5%

| 2022 年 8 月 24 日 | 500 | 2023 年 2 月 15 日 | 3 500 | 利息计算 |
| 2022 年 9 月 5 日 | 1 000 | 2023 年 3 月 28 日 | 4 000 | |
| 2022 年 10 月 12 日 | 1 500 | 2023 年 4 月 18 日 | 4 500 | |
| 2022 年 11 月 13 日 | 2 000 | 2023 年 5 月 29 日 | 5 000 | |
| 2022 年 12 月 20 日 | 2 500 | 2023 年 6 月 4 日 | 5 500 | |
| 2023 年 1 月 21 日 | 3 000 | 2023 年 7 月 10 日 | 6 000 | |

2. 支取日:2023 年 12 月 3 日(当日活期利率 0.35%)。

利率:2.5%

| 2022 年 6 月 24 日 | 1 000 | 2022 年 12 月 16 日 | 7 000 | 利息计算 |
| 2022 年 7 月 12 日 | 2 000 | 2023 年 1 月 15 日 | 8 000 | |
| 2022 年 8 月 23 日 | 3 000 | 2023 年 2 月 22 日 | 9 000 | |
| 2022 年 9 月 10 日 | 4 000 | 2023 年 3 月 31 日 | 10 000 | |
| 2022 年 10 月 15 日 | 5 000 | 2023 年 4 月 15 日 | 11 000 | |
| 2022 年 11 月 18 日 | 6 000 | 2023 年 5 月 19 日 | 12 000 | |

3. 支取日:2023 年 11 月 26 日(当日活期利率 0.35%)。

利率:2.5%

| 2022 年 12 月 25 日 | 2 000 | 2023 年 7 月 12 日 | 14 000 | 利息计算 |
| 2023 年 1 月 6 日 | 4 000 | 2023 年 8 月 7 日 | 16 000 | |
| 2023 年 2 月 7 日 | 6 000 | 2023 年 9 月 28 日 | 18 000 | |
| 2023 年 3 月 9 日 | 8 000 | 2023 年 10 月 9 日 | 20 000 | |
| 2023 年 4 月 12 日 | 10 000 | | | |
| 2023 年 6 月 13 日 | 12 000 | | | |

三、要求:根据资料逐笔列出计算算式,计算出利息,并做出相应的会计分录。

# 第四章 支付结算业务的核算

通过本章学习,要求了解票据、支付结算原则和结算纪律;掌握"三票一卡"等结算业务的主要规定和账务核算程序;熟悉各种支付结算业务的比较。

## 第一节 支付结算业务概述

### 一、支付结算的意义

#### (一) 支付结算的概念和性质

结算是经济法人之间因商品交易、劳务供应、资金调拨及其他往来等所发生的货币收付行为和债权债务的清算。由于结算是随着商品、货币、信用的发展而发展并借助货币来实现的,因此又称作"货币结算"。当货币作为流通手段发挥职能作用时,就发生了现金结算,即使用现金来了结债权债务关系。当货币作为支付手段发挥职能作用时,就发生转账结算和票据流通,即通过银行划账的方式来完成货币收付行为。因此,现金结算和转账结算是货币结算的两种形式,它既是各部门、各单位日常进行的一项经济活动,也是金融机构的一项主要业务。所以,支付结算是指单位、个人在社会经济活动中使用票据、信用卡和汇兑、托收承付、委托收款等结算方式进行货币给付及其资金清算的行为。

银行作为支付结算和资金清算的中介机构,只接受客户的委托,办理各种结算款项的收付和清算,在资金清算的实现中起中间服务作用,而不承担包收(付)款的保证责任和强制作用。未经中国人民银行批准的非银行金融机构和其他单位不得作为中介机构经营支付结算业务。

#### (二) 支付结算的任务

支付结算作为一项服务性工作,为广大客户提供商品生产和商品交换服务。同时,支付结算也是企业自身的一项管理工作,是企业财务管理的重要组成部分,与企业的生产、经营效益密切相关。所以,支付结算工作的任务是:根据经济往来组织支付结算;准确、及时、安全办理支付结算;按照有关法律、行政法规的规定管理支付结算,保障支付结算活动的正常进行。

#### (三) 支付结算的作用

根据国家有关规定,一切企事业单位之间的债权债务清算,除按现金管理条例的规定可使用现金者外,都必须通过银行办理转账结算。这对于简化结算手续,缩短结算过程;节约现金使用,稳定货币流通;集聚社会资源,扩大资金来源;加强货币管理,保证资金安全等都具有重要作用。

## 二、票据的主要规定

### (一)票据的概念和法律特征

票据有广义和狭义之分。广义的票据包括各种有价证券和物权凭证。狭义的票据是指约定由债务人按期无条件支付一定金额并可流通转让的有价证券。本书论述的票据是指狭义的票据,包括银行汇票、商业汇票、银行本票和支票。

票据的法律特征为:① 票据以支付一定金额为目的;② 票据是一种无条件支付命令;③ 票据是一种无因证券;④ 票据是一种设权证券;⑤ 票据是一种要式证券;⑥ 票据是一种文义证券;⑦ 票据是一种债权证券;⑧ 票据是一种提示证券;⑨ 票据是一种流通证券;⑩ 票据是一种返还证券。

### (二)票据的基本制度

#### 1. 票据行为

票据行为是引起票据权利关系发生的法律行为,包括出票、背书、承兑、保证等。这些行为成立的基本条件:① 行为人必须具有从事票据行为的能力,含权利能力和行为能力;② 行为人的意思表示必须真实且无缺陷,含内在意思和外在表示;③ 票据行为的内容必须符合法律、法规的规定;④ 票据行为必须符合法定形式。

#### 2. 票据权利

票据权利是指持票人向票据债务人请求支付票据金额的权利,包括付款请求权和追索权。这两种权利均与票据具有不可分离性。票据权利的取得必须是善意且给付对价。其取得方式或途径通常有原始取得和继受取得两种。

#### 3. 票据抗辩

票据抗辩是指票据债务人基于某些合法事由,对票据债权人拒绝履行其义务的行为。如票据债务人可以对下列情况的持票人拒绝付款:① 对不履行约定义务的与自己有直接债权债务关系的持票人;② 以欺诈、偷盗或者胁迫等手段取得票据的持票人;③ 对明知有欺诈、偷盗或者胁迫等情形,出于恶意取得票据的持票人;④ 明知债务人与出票人或者持票人的前手之间存在抗辩事由仍取得票据的持票人;⑤ 因重大过失取得不符合《票据法》规定的票据持票人;⑥ 对取得背书不连续票据的持票人;⑦ 符合《票据法》规定的其他抗辩事由。但票据债务人对下列情况不得拒绝付款:与出票人之间有抗辩事由;与持票人的前手之间有抗辩事由。

#### 4. 票据丧失

票据丧失是指持票人不是基于本人的意思而丧失对票据占有的现象。持票人丧失票据并未丧失票据权利。为了补救持票人行使票据权利,规定持票人丧失票据后,对允许挂失的票据可以通知付款人挂失止付,并在挂失止付3日内,向人民法院申请公示催告或提起诉讼,最后根据人民法院的裁决来确定是否可以向付款人请求付款。允许挂失的票据,是指已承兑的商业汇票、支票、填明"现金"字样和代理付款人的银行汇票以及填明"现金"字样的银行本票。

5. 票据时效

票据时效是指票据权利人在法定的期限内不行使权利,即引起票据权利消灭的制度。其目的在于促使持票人在规定期限内及时行使票据权利,以免长期持有票据,使票据债务人处于不利地位。同时,持票人久不提示付款,可能会由于票据债务人偿债能力的恶化,影响票据权利的实现。

**(三) 票据的具体制度**

1. 出票制度

出票是指出票人按照规定的记载事项和方式作成票据并交付的一种票据行为。票据出票的记载事项可以分为必须记载事项、任意记载事项、不产生票据法上效力的记载事项和不得记载事项四类。出票人为银行的签章,应为经中国人民银行批准使用的该票据专用章加其法定代表人或其授权经办人的签名或者盖章;出票人为开户单位的签章,应为该单位的财务专用章或者公章加其法定代表人或者授权代理人的签名或者盖章;个人在票据上的签章,应为该个人的签名或者盖章。支票的出票人和商业承兑汇票的承兑人在票据上签章,应为其预留银行的签章。汇票的出票,由于承兑人是主债务人,出票人负有担保汇票承兑和付款的责任;本票的出票,由于出票人为付款人,出票人负有无条件付款的责任;支票的出票,由于银行是付款人,出票人负有担保付款的责任。

2. 背书制度

背书是指在票据背面或者粘单上记载有关事项并签章的票据行为。背书有转让背书、委托收款背书和质押背书三种。转让背书必须记载的事项有:背书人签章、被背书人名称和背书日期。前两项为绝对记载事项。背书必须是单纯背书,禁止附加条件和部分背书,背书附加条件的,所附条件无效,背书仍然有效;背书仅转让部分金额或转让给两人以上的,背书无效。背书应当连续。非经背书转让,而以其他合法方式取得票据的,应依法举证,证明其票据权利。但填明"现金"字样的银行汇票、银行本票和用于支取现金的支票以及注明"不得转让"字样的票据,不得背书转让。

3. 承兑制度

承兑为商业汇票所特有,它是指汇票付款人承诺在汇票到期日支付汇票金额的票据行为。其程序包括持票人的提示承兑和付款人的承兑或拒绝承兑两个方面。持票人必须在承兑提示期限内提示承兑,定日付款或者出票后定期付款的,持票人应当在汇票到期日前向付款人提示承兑。见票后定期付款的汇票,持票人应当自出票日起一个月内向付款人提示承兑。付款人应当在自收到提示承兑的汇票之日起三日内承兑或者拒绝承兑。承兑时不得附加任何条件或只对部分金额承兑或改变汇票文义,否则均为拒绝承兑。

4. 保证制度

保证是指票据债务人以外的他人,以担保特定债务人履行票据债务为目的,而在票据上所作的一种票据行为,适用于汇票和本票。票据保证必须按照规定的记载事项和记载方式在票据上作成并交付,才能产生保证的效力。保证不得附有条件,附有条件的,不影响对汇票的保证责任。保证行为生效后,保证人即成为票据上的债务人,必须向被保证人的一切后手承担保证责任。持票人可以不分先后向保证人或被保证人行使票据上的权利。

### 5. 付款制度

付款是指付款人依据票据文义支付票据金额,以消灭票据关系的行为。持票人向付款人请求付款时,必须在规定的提示付款期限内提示付款。付款人在付款时,应按照规定履行审查义务。如果持票人未在规定期限内提示付款,汇票的持票人即丧失对其一切前手的追索权。承兑人或付款人一经持票人提示,就应向持票人付款。持票人受领票据金额时,应当履行在票据上签收并将票据交还付款人的义务。付款人依法付款后,票据关系消灭。

### 6. 追索权制度

追索权是指持票人在票据不获承兑或不获付款时,可以向其前手请求偿还票据金额、利息及有关费用的一种票据权利。追索权的行使必须具备两个条件:一是票据到期前不获承兑、不获付款以及其他法定原因,致使持票人无法提示承兑或提示付款;二是持票人行使追索权必须履行保全票据权利的手续,在法定的期限提示承兑、提示付款、请求做出拒绝证明。如果不具备第一个条件,持票人不能向其前手行使追索权;如果不具备第二个条件,持票人则丧失对其前手的追索权。追索权行使的程序分为三个步骤:一是发出追索通知;二是确定追索对象;三是受领追索金额。

## 三、支付结算原则、纪律和责任

### (一) 支付结算原则

结算原则是银行和客户在办理结算时,应共同遵守的基本准则。它是开展结算工作的出发点,是客观经济规律在结算业务中的具体体现,反映了客观经济规律对结算业务的基本要求。

单位、个人和银行办理支付结算必须遵守下列原则:

(1) 恪守信用,履约付款。各经济法人之间在办理支付结算时,都应遵守、讲究信用。能钱货两清的,应及时结算。不能一手交钱、一手交货的,应讲究信用,按约付款,不能拖延或无理拒付。

(2) 谁的钱进谁的账,由谁支配。当事人在办理支付结算时,应以票据和结算凭证的文字记载为准,办理转账结算。不以票据和凭证以外的事实或合同、文件为转账依据。防止积压、截留或占用他人资金。

(3) 银行不垫款。商业银行作为企业,也有自身的利益。如果任意垫付资金,一是容易打破银行的信贷资金使用计划;二是容易助长客户的依赖心理。所以,凡是企业性质的,都不可能无偿垫付资金,做亏本生意。

上述三原则相互联系、相互制约,既单独发挥作用,又形成一个有机的整体。只有这样,才能切实维护当事人各方的权益,保障支付结算活动有序地进行。

## （二）支付结算纪律

结算纪律是国家财经纪律的重要组成部分，是结算原则的具体化，是维护结算秩序、正确处理结算活动中各当事人之间经济关系的重要保证。它包括客户应遵守的结算纪律和银行应遵守的结算纪律两个方面。

### 1. 客户应遵守"七不准"的结算纪律

① 不准签发没有资金保证的票据或远期支票，套取银行信用；② 不准签发、取得和转让没有真实交易和债权债务的票据，套取银行和他人资金；③ 不准无理拒绝付款，任意占用他人资金；④ 不准违反规定开立和使用账户，利用多头开户逃废债务；⑤ 不准签发与预留印鉴不符或支付密码不符的支票；⑥ 不准拒绝或逃避与开户银行的资金往来对账；⑦ 不准擅自印制票据和结算凭证。

### 2. 银行应遵守"十三不准"的结算纪律

① 不准以任何理由压票、任意退票、截留挪用客户和他行资金；② 不准无理拒绝支付票据款项；③ 不准受理无理拒付、不扣或少扣滞纳金；④ 不准违规签发、承兑、贴现票据，套取他人资金；⑤ 不准签发空头银行汇票、银行本票和办理空头汇款；⑥ 不准在支付结算制度之外规定附加条件，影响汇路畅通；⑦ 不准违反规定为单位和个人开立账户；⑧ 不准拒绝受理、代理他行正常结算业务；⑨ 不准放弃对开户单位和个人违反结算纪律的制裁；⑩ 不准逃避通过人民银行转汇大额汇划款项；⑪ 除法律、法规另有规定外，不得为任何单位和个人查询开户单位和个人的存款；除法律另有规定外，不代任何单位或个人冻结、扣划客户存款，不得停止单位和个人存款的正常支付；⑫ 不准违规印刷、使用空白票据和结算凭证；⑬ 不准在规定的项目之外收取邮电费、工本费、手续费，不准擅自提高或降低结算业务收费标准。

## （三）支付结算责任

为了保证结算原则和纪律的执行，必须明确结算当事人各方的结算责任。结算当事人包括出票人、背书人、承兑人、保证人、持票人、付款人、收款人、银行和邮电部门等。凡是未按票据法规的规定处理，而影响他人利益的当事人，均应视情况不同，分别承担票据责任、民事责任、行政责任和刑事责任。

# 四、支付结算种类

## （一）支票

支票是出票人签发的，委托办理支票存款业务的银行在见票时无条件支付确定的金额给收款人或者持票人的票据。支票可分为现金支票、转账支票和普通支票。现金支票只能用于支取现金；转账支票只能用于转账；普通支票可以用于支取现金，也可以用于转账。在普通支票左上角划两条平行线的，为划线支票，它只能用于转账，不能支取现金。

## （二）汇票

汇票是出票人签发的，委托付款人在见票时或指定日期无条件支付确定的金额给收款人或者持票人的票据。汇票按出票人的不同，分为银行汇票和商业汇票两种。银行汇票是出票银行签发的,由其在见票时按照实际结算金额无条件支付给收款人或者持票人的票据。商业汇票是出票人签发的,委托付款人在指定日期无条件支付确定的金额给收款人或者持票人的票据。商业汇票按承兑人的不同,分为商业承兑汇票和银行承兑汇票。商业承兑汇票是由收款人或付款人签发,经付款人承兑的票据。银行承兑汇票是由购货人签发,经购货人开户银行审查同意承兑的票据。

### (三) 本票

本票是出票人签发的,承诺自己在见票时无条件支付确定的金额给收款人或持票人的票据。根据出票人的不同,可以分为商业本票和银行本票。商业本票是由商人签发的本票,目前在我国暂缓使用。银行本票是银行签发的,承诺自己在见票时无条件支付确定的金额给收款人或者持票人的票据。银行本票又分为定额本票和不定额本票两种。定额本票由中央银行发行,委托各商业银行代办发行和兑付;不定额本票由经办银行签发和兑付。

### (四) 信用卡

信用卡是指商业银行向个人和单位发行的,凭以向特约单位购物、消费和向银行存取现金,且具有消费信用的特制载体卡片。信用卡按使用对象分为单位卡和个人卡;按信誉等级分为金卡和普通卡;按是否向发卡银行交存备用金分为贷记卡和准贷记卡。贷记卡是指发卡银行给予持卡人一定的信用额度,持卡人可在信用额度内先消费、后还款的信用卡;准贷记卡是指持卡人须先按发卡银行要求交存一定金额的备用金,当备用金账户余额不足支付时,可在发卡银行规定的信用额度内透支的信用卡。我国目前发行的信用卡有"长城卡""牡丹卡""龙卡""万事达卡""太平洋卡"和"信通卡"等。

### (五) 汇兑

汇兑是汇款人委托银行将其款项支付给收款人的结算方式。汇兑按其凭证寄送方式不同,分为信汇和电汇两种。信汇是汇款人委托银行用邮寄凭证的方式通知汇入行付款的一种结算方式;电汇是汇款人委托银行用拍发电报或网络传递的方式通知汇入行付款的一种结算方式。

### (六) 托收承付

托收承付是根据购销合同由收款人发货后委托银行向异地付款人收取款项,由付款人向银行承认付款的一种结算方式。根据托收承付结算款项的划回方式不同,分为邮寄和电划两种。根据付款的情况不同,分为全额付款、提前付款、多承付、逾期付款、部分付款、全部拒绝付款和部分拒绝付款等七种情况。

### (七) 委托收款

委托收款是收款人委托银行向付款人收取款项的一种结算方式。根据委托收款结算款项的划回方式不同,分为邮寄和电划两种,由收款人选用。根据付款的情况不同,分为全额付款、无款支付和拒绝付款三种情况。

总之,我国目前实行的是以"三票一卡"为主体的支付结算制度,各种结算合理配合,互相补充,可以适应多种交易方式的需要。所谓交易方式是指采用一定的程序来实现商品所有权转移的步骤和方法。结算方式是采用一定的程序来实现货币所有权转移的步骤和方法。而结算办法是用来反映债权债务的一种工具和手段,不一定能够实现货币所有权转移,如商业汇票只能反映债权债务关系,其货币所有权转移必须通过委托收款结算方式解决。因此,不能将结算办法和结算方式混为一谈。

# 第二节　支票业务的核算

## 一、支票业务的主要规定

(1) 单位和个人在同一票据交换区域的各种款项结算,均可以使用支票。也可以在异地使用。

(2) 支票的出票人,为在经中国人民银行当地分支行批准办理支票业务的银行机构开立可以使用支票的存款账户的单位和个人。

(3) 签发支票必须记载的事项有:① 表明"支票"的字样;② 无条件支付的委托;③ 确定的金额;④ 付款人名称;⑤ 出票日期;⑥ 出票人签章。支票的付款人为支票上记载的出票人开户银行。支票的金额、收款人名称,可以由出票人授权补记。未补记前不得背书转让和提示付款。

(4) 支票的提示付款期限自出票日起 10 天(据人民银行司法解释应于出票的次日起计算),到期日遇法定公休假日顺延。

(5) 签发支票应使用碳素墨汁填写,大小写金额、日期和收款人不得更改,其他内容如有更改,必须由出票人加盖预留银行印鉴证明。

(6) 签发现金支票和用于支取现金的普通支票,必须符合国家现金管理条例的规定。用于支取现金的支票,仅限于收款人向付款人提示付款,不得背书转让。

(7) 出票人签发空头支票、签章与预留银行印章不符的支票或支付密码错误的支票,银行应予以退票,并按票面金额处以百分之五但不低于 1 000 元的罚款;持票人有权要求出票人赔偿支票金额 2‰ 的赔偿金。对屡次签发此类支票的,银行应停止其签发支票的资格。

(8) 持票人委托开户银行收款的支票,应作委托收款背书,银行应通过票据交换系统,收妥后入账。

(9) 支票可以挂失止付。但付款人或者代理付款人自收到挂失止付通知书之日起 12 日内没有收到人民法院的止付通知书的,自第 13 日起,持票人提示付款并依法向持票人付款的,银行不再承担挂失责任。

(10) 存款人领购支票,必须填写"票据和结算凭证领用单",并加盖预留银行印鉴。存款账户结清时,必须将全部剩余空白支票交回银行注销。

## 二、转账支票的核算程序

现行转账支票使用单联式,包括存根联和正联。存根联由出票人留存作银行存款的记账依据;正联由出票人加盖银行预留印鉴,送开户行作减少出票人存款的借方传票。同时还须填写进账单一式三联,其中,第一联作回单交给持(出)票人,第二联由收款人开户银行作增加存款的贷方传票,第三联是收款人开户银行交给收款人的收款通知。实际工作中,有的采用一式两联进账单,则将第二联分为收账通知和贷方传票。

### (一) 持票人、出票人在同一行处开户的处理程序

#### 1. 持票人送交支票

持票人送交支票是指出票人出票后,将支票给收款人,由收款人或持票人填制进账单送开户银行办理转账结算。一般适用于收款人对出票人信用状况比较了解,二者往来较多,一般不会出现违规签发支票的现象。否则,收款人是不会盲目收受此类支票的,其核算程序如图4-1所示。

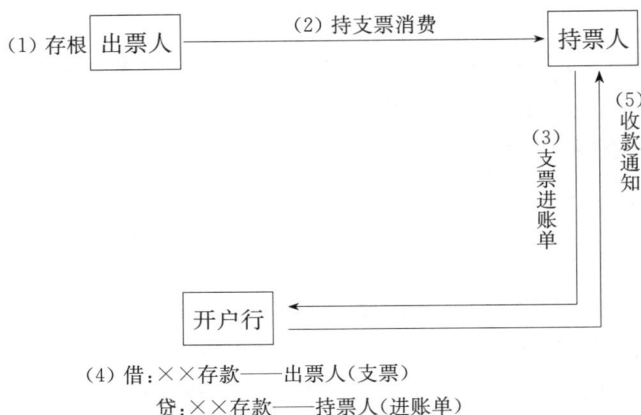

(4) 借:××存款——出票人(支票)
    贷:××存款——持票人(进账单)

**图 4-1 持票人送交支票的核算程序**

#### 2. 出票人送交支票

出票人送交支票是由出票人填写进账单送开户银行办理转账结算,来了解债权债务关系,其核算程序如图4-2所示。

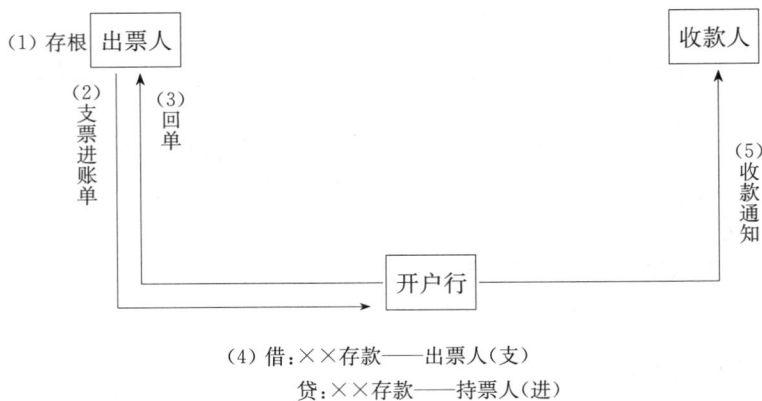

(4) 借:××存款——出票人(支)
    贷:××存款——持票人(进)

**图 4-2 出票人送交支票的核算程序**

## (二) 持票人、出票人不在同一行处开户的处理

### 1. 借记支票(即持票人送交支票)

借记支票(俗称顺进账)是指持票人开户银行代收他行的支票,当代理付款银行接到持票人或收款人送交的支票和进账单时,经审核无误后,办理转账结算。由于最先受理支票的银行是垫付资金,为了和联行报单含义一致,所以称为借记支票,其核算程序如图4-3所示。

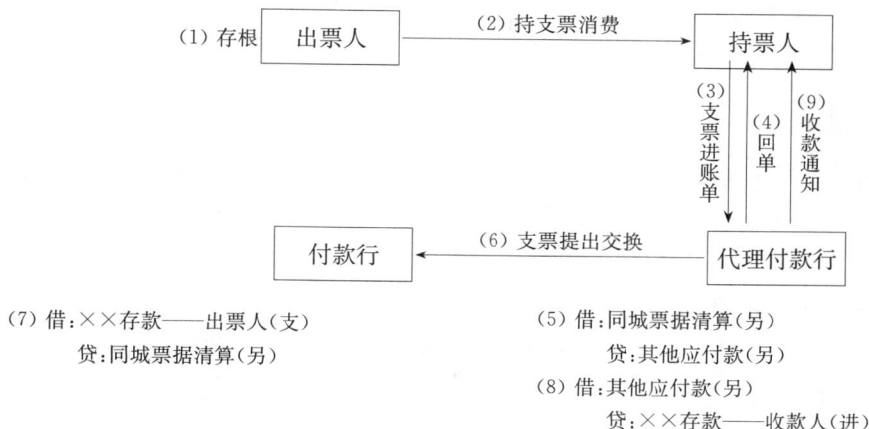

图4-3 借记支票的核算程序

如果付款行提回支票,经审查发现为空头支票等需要退票的,应先借记"其他应收款"科目,等下次交换时再冲销"其他应收款"科目,退回支票转交收款人。对于需要罚款的支票,由付款行开出罚款通知给出票人,在规定时间内,到指定地方缴纳,列为地方财政预算外收入。

### 2. 贷记支票(即出票人送交支票)

贷记支票(俗称倒进账)是指出票人开户银行收到的以自己作为付款人的支票。当付款银行接到出票人送交的支票和进账单时,经审核无误后,办理转账结算,其核算程序如图4-4所示。

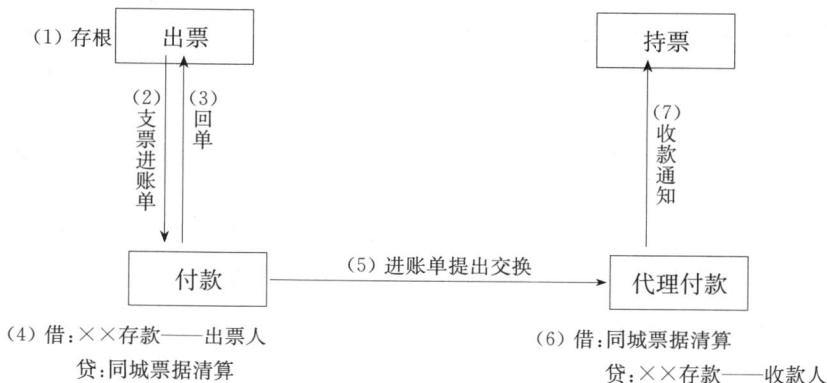

图4-4 贷记支票的核算程序

### 三、支票的评价

支票是世界各地早已通行的票据之一,也是我国城镇范围内各单位、个人之间进行各种经济往来和款项结算的工具之一,是我国使用量最多、通用性最强、涉及面最广、结算手段最灵活简便的一种支付证券。

优点:① 适用性强;② 结算及时;③ 时效期短。

缺点:① 严密性较差,不便于事前监督;② 另填进账单容易出现与支票不一致的现象。

### 四、支票直通车

支票直通车是指销售或提供消费的单位在受理购物单位提交的转账支票后,通过与银行计算机系统连接的转账支票受理终端,利用支付密码实时核验转账支票的有效性,并自动扣收购物单位账户存款的一种支付方式。

**(一)支票直通车的基本规定**

(1)办理支票直通车业务必须遵守有关法律法规和银行的有关制度规定。

(2)办理支票直通车业务的单位必须与银行签订"支票直通车业务协议书",成为特约单位。

(3)支票直通车业务仅限于人民币转账业务,不包含外币转账、现金支票和背书转让的支票。各行在开办支票直通车业务前应向当地人民银行报告并持有批复件。

(4)办理支票直通车业务时,特约单位及购物单位均须在银行开立存款账户,购物单位使用的转账支票一般为同系统转账支票,并使用支付密码。

(5)特约单位全天 24 小时均可受理(含法定公休假)支票直通车业务。但特约单位开户行需在正常营业日据特约单位交来的转账支票等有效凭证将款项计入其存款账户。

(6)支票直通车业务实行每笔购物金额限额管理。其限额由分行或二级分行确定,并在协议书中明确规定,且在计算机系统参数表中统一设定。超过限额的,按普通转账支票到营业网点办理。

(7)特约单位开户行要经常主动与特约单位对账,发现问题及时查询解决。出票单位开户行要积极配合特约单位开户行的工作,遇到查询时,必须做到"有查速复,复必详尽"。

(8)监督中心应将支票直通车业务作为重点监督内容,要重点核对该项业务的销账依据。

(9)办理支票直通车业务需按照中间业务收费标准向特约单位收取服务费。

(10)对特约单位的维护必须由经办部门有权人员办理。

**(二)支票直通车业务处理要点**

1. 签订协议

办理支票直通车业务前,由分行或二级分行负责与特约单位签订协议书一式四份,其中两份由特约单位保存,另两份分别交分行文书档案管理部门和特约单位开户支行保管。

2. 特约单位档案的建立、变更和删除

对特约单位档案的维护必须由经办部门(指分行所属卡部或专门从事银行卡业务的支行)有权柜员办理。

经办柜员根据"支票直通车业务协议书"复印件有关内容填写一式两份"特殊业务凭证"并经本部门业务主管审核签章后完成特约单位档案建立。在"特殊业务凭证"加盖核算用章,"支票直通车业务协议书"复印件和"特殊业务凭证"的附件一并交监督中心。

特约单位变更有关信息时需向开户行提交"特约单位变更信息档案申请书"一式两份,说明变更原因、内容和时间,并加盖公章。开户行审核"特约单位变更信息档案申请书"真实、完整、合规后签章,一份由开户行留存,另一份送经办部门。经办部门柜员据以填写"特殊业务凭证",连同"特约单位变更信息档案申请书"交本部门业务主管审核签章,并完成相关内容变更。在"特殊业务凭证"加盖核算用章,"特约单位变更信息档案申请书"和"特殊业务凭证"的附件一并交监督中心。

分行与特约单位解除"支票直通车业务协议书"时,开户行应填写"删除特约单位信息档案申请书"一式两份,签章齐全后送交经办部门。经办部门接到开户行"删除特约单位信息档案申请书",并与开户行确认挂账款项全部核销后,签章确认,一份退回开户行留存,另一份由经办部门经办柜员据以填写"特殊业务凭证",并经本部门业务主管审核签章后完成全部信息的删除。在"特殊业务凭证"加盖核算用章,经办部门留存的"删除特约单位信息档案申请书"和"特殊业务凭证"的附件一并交监督中心。

3. 账务处理

(1)实时支付的处理。主机系统接受特约单位支票受理终端上传的转账支票有关支付信息后,对出票人的账号、凭证号码、支付密码进行自动校验,无误且出票人账户资金足够支付时,主机立即按支票票面金额自动扣除出票人的账户存款,并将款项转入特约单位开户行的"待清算特约单位支票款项"科目的相应账户中,同时登记支票手续费登记簿。其会计分录如下:

① 特约单位与出票人开户行属同一核算网点:

借:××存款

　　贷:待清算特约单位支票款项

② 特约单位与出票人开户行属不同核算网点:

出票人开户行:

借:××存款

　　贷:营业机构往来

特约单位开户行:

借:营业机构往来

　　贷:待清算特约单位支票款项

(2)收账的处理。

① 特约单位将支票受理终端受理的转账支票汇总后,手工填制一式四联《支票直通

车汇计单》送达其开户行。

② 开户行柜员审查转账支票、"支票直通车汇计单"及其要素真实、完整、合规,并与主机挂账记录逐项核对相符后进行销账处理,同时计算机自动扣除服务费,将扣除服务费的款项转入特约单位指定账户。

③ "支票直通车汇计单"各联上加盖核算专用章后,第一联交特约单位作收账通知,第二联作"待清算特约单位支票款项"科目借方传票,第三联作"服务费收入"科目贷方传票,第四联作特约单位存款账户贷方传票,转账支票作"待清算特约单位支票款项"科目借方传票附件。其会计分录如下:

借:待清算特约单位支票款项
　　贷:××存款
　　　　人民币结算业务收入

特约单位开户行在受理支票直通车业务时,如发现转账支票错误或遇到其他属于异常业务特殊情况,可以区分不同情况,分别处理。

# 第三节　银行本票业务的核算

## 一、银行本票的主要规定

(1) 单位和个人在同一票据交换区域需要支付各种款项,均可以使用银行本票。

(2) 银行本票的出票人,为经中国人民银行当地分支行批准办理银行本票业务的银行机构。

(3) 签发银行本票必须记载的事项有:表明"银行本票"的字样;无条件支付的承诺;确定的金额;收款人名称;出票日期;出票人签章。

(4) 定额银行本票面额为1 000元、5 000元、1万元和5万元四种。

(5) 银行本票的提示付款期限自出票日起最长不得超过2个月(到期日遇法定公休假日顺延)。逾期的本票,代理付款人不予受理。

(6) 申请人使用银行本票,应向银行填写"银行本票申请书",详细填写有关内容。申请人和收款人均为个人需要支取现金的,应在"支付金额"栏先填写"现金"字样,后填写支付金额。

(7) 出票银行受理申请书,收妥款项后签发银行本票。用于转账的,在银行本票下面划去"现金"字样;用于支取现金的,在本票下面划去"转账"字样。不定额银行本票应用压数机压印出票金额、签章后才能交给申请人。

(8) 填明"现金"字样的银行本票不得背书转让。但填明"现金"字样的银行本票丧失,可以由失票人通知付款人或代理付款人挂失止付。

(9) 持票人对注明"现金"字样的银行本票,需要委托他人向出票银行提示付款的,应在背面签章,记载"委托收款"字样、被委托人姓名和背书日期以及委托人身份证件名称、号码和发证机关。

（10）跨系统银行本票的兑付,持票人开户银行可根据中国人民银行规定的金融机构同业往来利率向出票银行收取利息。

## 二、银行本票的核算程序

银行本票的核算主要由银行本票申请书、银行本票结算凭证和进账单等组成。银行本票申请书(或业务委托书)一式三联,第一联由申请人留存;第二联由出票银行作借方凭证(或作贷方凭证附件);第三联由出票银行作贷方凭证。银行本票结算凭证一式两联,第一联出票行留存,结清本票时作借方凭证附件;第二联由出票银行结清本票时作借方凭证。转账的银行本票,还要填制三联进账单办理。本票的申请人和持票人可能在同一行处开户,也可能不在同一行处开户。在一个行处开户的,则不需要通过票据交换,出票行就是兑付行,直接办理兑付和结清手续。而不在同一行处开户的,则通过票据交换办理,其核算程序如图 4－5 所示。

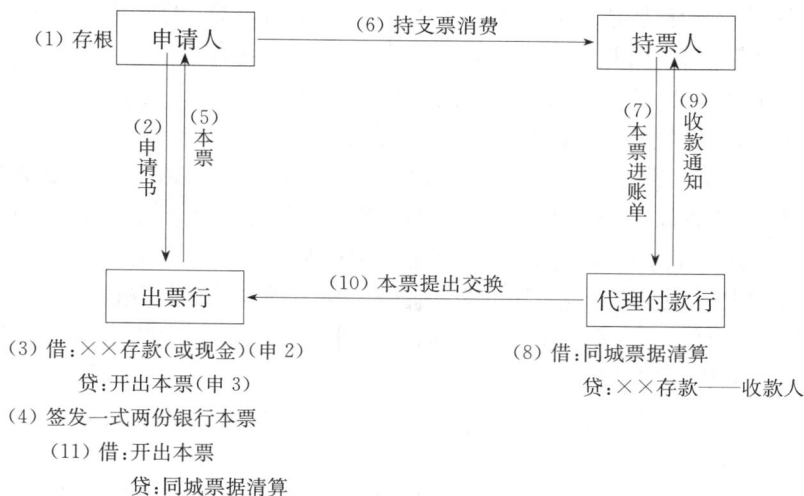

图 4－5　不在同一行处开户的银行本票的核算程序

## 三、银行本票与转账支票的异同

银行本票和转账支票两者作为同一票据交换区域的即期票据,都可用于商品交易和非商品交易,具有通用性强、涉及面广、灵活方便、时效期短等特点。

但银行本票和转账支票的区别在于:① 使用范围不同:本票的客户可不开户。② 基本关系人不同:本票只有出票人和收款人。③ 信用关系不同:本票属于银行信用,支付能力强。④ 出票时的处理不同:本票要收足保证金,一般不会出现退票和罚款的问题。⑤ 本票是一种信用自付证券,支票是一种委托支付证券。⑥ 提示付款期和票据时效不同:2 个月和 2 年;10 天和 6 个月。

## 四、银行本票的评价

银行本票使用范围广,直接具体,手续严密,灵活方便。在提示付款期内可流通转让,从而促进横向经济联系,缩短结算过程。其优点:① 信誉度高,支付能力强。在一定程度上可以替代大额现金使用,缓冲货币投放的压力;② 核算手续简化,加速了票据的流通和转让;③ 灵活方便,有利于加速企业资金周转。缺点:① 市场上货币人为增加,要及时回笼货币;② 安全性相对较差。

# 第四节　银行汇票业务的核算

## 一、银行汇票的主要规定

(1) 单位和个人各种款项结算,均可使用银行汇票。

(2) 银行汇票的出票和付款,限于参加联行往来的银行机构办理。

(3) 签发银行汇票必须记载的事项有:表明"银行汇票"的字样;无条件支付的承诺;出票金额;付款人名称;收款人名称;出票日期;出票人签章。

(4) 银行汇票的提示付款期限自出票日起 1 个月(到期日遇法定公休假日顺延)。超过付款期限提示付款的,代理付款人不予受理。

(5) 申请使用银行汇票,应向出票银行填写"银行汇票申请书",详细说明有关内容并签章。申请人和收款人均为个人,需要向代理付款人支取现金的,应在申请书上填明代理付款人名称,并在汇票金额栏先填写"现金"字样,后填写汇票金额。

(6) 出票银行受理银行汇票申请书,收妥款项后签发银行汇票,并用压数机压印出票金额,将银行汇票正联即第二联和解讫通知联即第三联一并交给申请人。签发转账银行汇票的,不得填写代理付款人。

(7) 申请人应将银行汇票二、三联一并交付给汇票上记载的收款人。其实际结算金额应在出票金额以内,并不得更改。

(8) 填明"现金"字样的银行汇票不得背书转让。但填明"现金"字样和代理付款人的银行汇票丧失,可以由失票人通知付款人和代理付款人挂失止付。

(9) 持票人向银行提示付款的,必须同时提交银行汇票二、三联,并在汇票背面签章。持票人为未在银行开立存款账户的个人,应提交身份证件并留下复印件备查。转账支付的,不得转入储蓄和信用卡账户。

(10) 持票人对填明"现金"字样的银行汇票,需委托他人向银行提示付款的,应在背书栏签章,记载"委托收款"字样,被委托人姓名和背书日期以及委托人身份证名称、号码、发证机关。

(11) 持票人或申请人因汇票超过付款提示期限或其他原因,要求付款或退款时,须在票据权利时效内,将汇票和解讫通知同时提交出票银行,并出具单位证明和个人身份证件,经审核无误后,方可办理。如缺乏解讫通知,出票银行应于汇票提示付款期满一个月后才能办理。

(12) 跨系统银行签发的转账银行汇票的付款,应通过同城票据交换将银行汇票和解讫通知提交给同城的有关银行审核支付后抵用。

## 二、银行汇票的核算程序

银行汇票的核算主要通过银行汇票申请书、银行汇票结算凭证、进账单和联行凭证来完成。银行汇票申请书一式三联，由各行自行印制，第一联由申请人留存；第二联由出票银行作借方凭证（或作贷方凭证的附件）；第三联由出票银行作贷方凭证。银行汇票结算凭证一式四联，第一联卡片联，由出票银行结清汇票时作开出汇票的借方凭证；第二联正联，由代理付款行付款后作联行往来账借方凭证附件；第三联解讫通知联，由代理付款行兑付后随报单寄出票行，出票行作多余款贷方凭证；第四联多余款收账通知联，由出票行结清多余款后交申请人，其核算程序如图4－6所示。

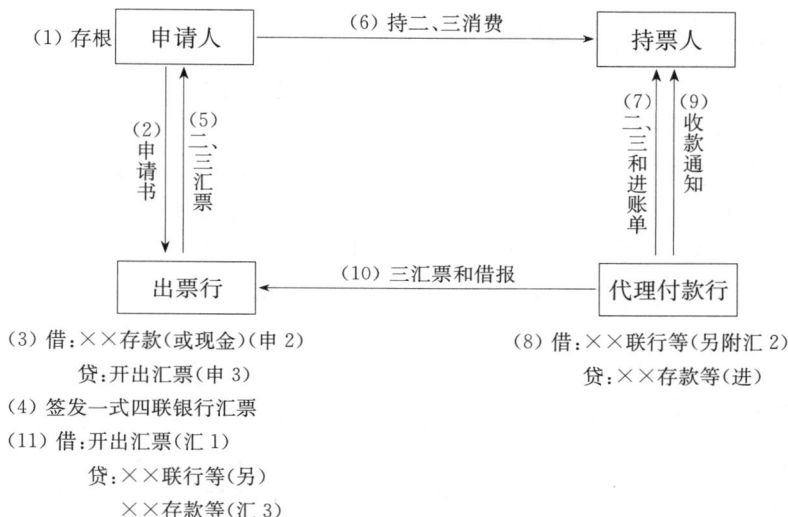

(3) 借：××存款（或现金）（申2）
　　贷：开出汇票（申3）
(4) 签发一式四联银行汇票
(11) 借：开出汇票（汇1）
　　贷：××联行等（另）
　　　　××存款等（汇3）

(8) 借：××联行等（另附汇2）
　　贷：××存款等（进）

**图4－6　银行汇票的核算程序**

## 三、银行汇票与银行本票的异同

(1) 相同：两者均为即期票据，都是信用支付证券，可用于商品交易和非商品交易，其签发、兑付和结清时的核算程序和会计分录基本相同。

(2) 不同：① 适用范围有所不同；② 提示付款期不同；③ 结算凭证的联次不同；④ 前者可部分兑付，后者只能是全额兑付。

## 四、银行汇票的评价

(1) 优点：① 使用范围广；② 通汇性强；③ 灵活方便；④ 信誉度高；⑤ 不留尾欠。

(2) 缺点：① 兑现困难，退汇较多；② 解付烦琐，使用麻烦；③ 通用性差，管理有待改进。

## 五、凭证自带与银行汇票的区别

凭证自带是农商行使用的一种结算方法，它和银行汇票两者在核算程序、资金划转和

会计分录上基本相同,不同之处主要表现为以下四个方面:

(1) 结算凭证的联次不同:前者一式三联,后者一式四联。

(2) 前者使用密押即可;后者必须使用压数机。

(3) 前者兑付时,必须向清算中心索取"授权码";后者只要要素齐全、条件具备即可。

(4) 前者按规定时间通过清算中心传递;而后者是双方行直接划报单。

# 第五节　商业汇票业务的核算

## 一、商业汇票的主要规定

(1) 凡在银行开立存款账户的法人以及其他组织之间,必须具有真实的交易关系或债权债务关系,才能使用商业汇票。

(2) 商业承兑汇票的出票人,为在银行开立存款账户的法人以及其他组织,与付款人具有真实的委托付款关系,具有支付汇票金额的可靠资金来源。

(3) 银行承兑汇票的出票人必须具备三个条件:即在承兑行开立存款账户的法人以及其他组织;与承兑银行具有真实的委托付款关系;资信状况良好。其具有支付汇票金额的可靠资金来源。

(4) 出票人不得签发无对价的商业汇票用以骗取银行或者其他票据当事人的资金。

(5) 签发商业汇票必须记载的事项有:表明"商业承兑汇票"或"银行承兑汇票"字样;无条件支付的委托;确定的金额;付款人名称;收款人名称;出票日期;出票人签章。

(6) 商业汇票可以在出票时向付款人提示承兑后使用,也可以在出票后先使用再向付款人提示承兑。

(7) 商业汇票的承兑行,必须具备三个条件:与出票人具有真实的委托付款关系;具有支付汇票金额的可靠资金;内部管理完善,经其法人授权的银行审定。承兑行应按票面金额向出票人收取万分之五的手续费。同时要使用压数机压印小写金额。

(8) 商业汇票的承兑期限,最长不得超过 6 个月(电子承兑汇票 1 年)。定日付款的汇票自出票日起计算,并在汇票上记载具体的到期日;出票后定期付款的汇票,自出票日起按月计算,并在汇票上记载;见票后定期付款的汇票,自承兑或拒绝承兑日起按月计算,并在汇票上记载。

(9) 商业汇票的提示付款期限,自汇票到期日起 10 日。对异地委托收款的,持票人可匡算邮程,提前 5 天通过开户银行委托收款。持票人超过提示付款期限提示付款的,持票人开户银行不予受理。

(10) 商业承兑汇票的付款人开户行收到通过托收凭证寄来的商业承兑汇票,将商业承兑汇票留存,并及时通知付款人。付款人应在当日通知银行付款。如付款人在接到通知日起 3 日内未通知付款的,视同承诺付款。如付款人存款账户不足支付的,应填制付款人未付票款通知书,连同汇票邮寄持票人开户行转交持票人。

(11) 银行承兑汇票的出票人应于汇票到期前将票款足额交存其开户行。未能交足时,承兑行除凭票无条件付款外,对出票人未支付的汇票金额按照每天 5‰ 计收利息。

（12）商业汇票的承兑人存在合法抗辩事由拒绝支付的,应自接到汇票的次日起 3 日内,作成拒绝付款证明,连同汇票退寄持票人开户行转交持票人。

## 二、商业汇票的核算程序

商业汇票的核算是事先由赊购双方签订赊购合同,订立承兑协议,办理承兑。到期后通过托收凭证,委托开户银行向承兑人收取票款的结算过程。

### （一）商业承兑汇票的处理

商业承兑汇票一式三联,第一联卡片联,由承兑人留存;第二联正联,由持票人开户行随托收凭证寄付款人开户行作借方凭证附件;第三联存根联,由出票人存查。其核算程序如图 4－7 所示。

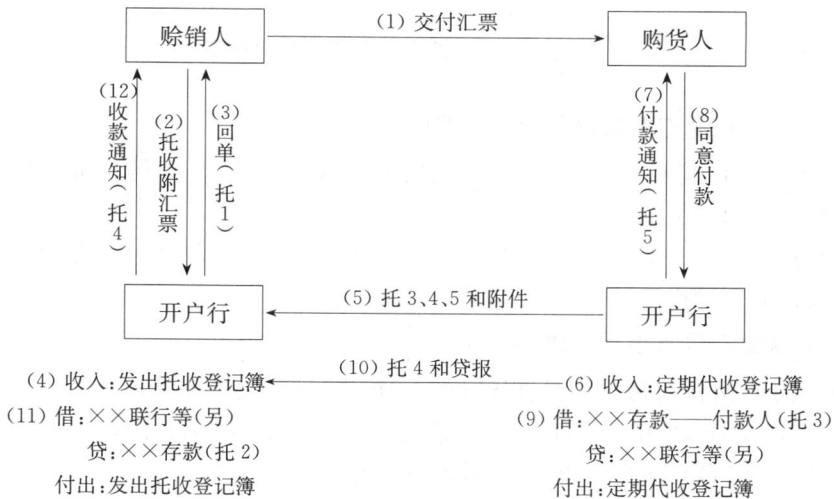

注:托 1 表示托收第 1 联凭证,托 2 表示托收第 2 联凭证,以此类推,后同。

图 4－7 商业承兑汇票的核算程序

### （二）银行承兑汇票的处理

银行承兑汇票一式三联,第一联卡片联,由承兑行留存备查,到期支付票款时作借方凭证附件;第二联正联,由收款人开户行随托收凭证寄付款行作借方凭证附件;第三联存根联,由出票人存查。其核算程序如图 4－8 所示。

赊销人 ←（5）持汇票赊购— 赊购人

（6）托收附汇票 （8）回单 （14）收款通知

（1）申请承兑 （4）承兑汇票

开户行 —（10）托3、4、5和汇票→ 承兑行 （2）信贷订协议
←（12）托4和贷报—

（3）收承兑手续费
　　借：××存款
　　　贷：手续费及佣金收入
　　　收入：银行承兑汇票
（11）借：应解汇款
　　　贷：××联行等

（9）收入：发出托收登记簿　　　（7）借：××存款
（13）借：××联行等　　　　　　　　　逾期贷款
　　　贷：××存款——存款人　　　　贷：应解汇款
　　　付出：发出托收登记簿　　　　付出：银行承兑汇票

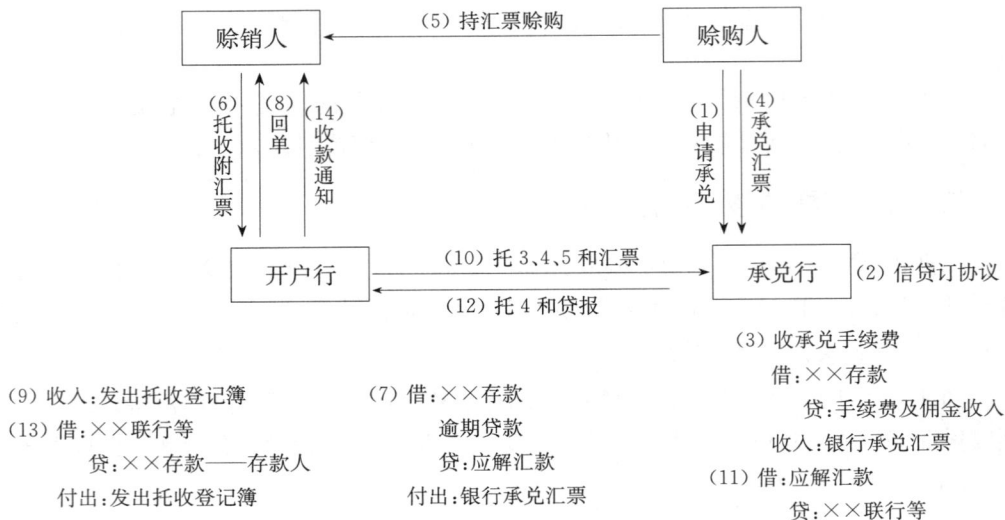

**图 4-8　银行承兑汇票的核算程序**

**（三）商业承兑汇票与银行承兑汇票的异同**

（1）相同：① 基本关系人相同；② 适用范围基本相同；③ 都是远期票据；④ 到期均通过托收凭证收回票款。

（2）不同：① 信用关系不同；② 银行充当的角色不同；③ 合同生效的时间不同；④ 到期无款支付的处理不同。

**（四）商业汇票与银行汇票的异同**

（1）相同：两者都属于票据业务，可流通转让，到期无条件付款。

（2）不同：① 适用范围不同；② 出票人的信用关系不同；③ 前者为远期票据，后者为即期票据；④ 前者必须是全额支付，后者可以部分兑付。

### 三、商业汇票的评价

（1）优点：① 有利于搞活经济，发展横向经济联系；② 有利于商业信用票据化，严格结算纪律和加强信用管理；③ 有利于保证再生产过程的正常运转，提高社会经济效益。

（2）缺点：① 风险较大；② 容易造成信用膨胀；③ 误导消费需求。

# 第六节　信用卡业务的核算

### 一、信用卡的主要规定

（1）信用卡按使用对象分为单位卡和个人卡；按信誉等级分为金卡和普通卡。单位卡的申领人必须开立基本存款账户，个人卡的申请人必须具有完全民事行为能力。发卡

银行可根据申请人的资信程度,要求其提供担保。

(2) 商业银行、非银行金融机构未经中国人民银行批准不得发行信用卡。非金融机构、境外金融机构的驻华代表机构不得发行信用卡和代理收单结算业务。

(3) 单位卡账户的资金一律从其基本存款账户转入,不得交存现金,不得将销货收入的款项存入其账户。个人卡账户的资金以其持有的现金存入或以其工资性款项及属于个人的劳务报酬收入转账存入。严禁将单位的款项存入个人卡账户。

(4) 单位或个人申领信用卡,应按银行要求交存一定金额的备用金,备用金存款利息按中国人民银行规定的活期存款利率及计息办法计算。

(5) 持卡人可持信用卡和身份证件在特约单位购物、消费。单位卡不得用于 10 万元以上的商品交易、劳务供应款项的结算。

(6) 特约单位不得向持卡人收取附加费用,不得通过压卡、签单和退货等方式支付持卡人现金。单位卡一律不得支取现金。

(7) 信用卡透支额,金卡最高不得超过 1 万元,普通卡最高不得超过 5 000 元。信用卡透支期限最长 60 天。透支利息,自签单日或银行记账日起 15 日内按日息 5‰计算,超过 15 日按日息 10‰计算,超过 30 日或透支金额超过规定限额的,按日息 15‰计算。透支计息不分段,按最后期限或最高透支额的最高利率档次计息。

(8) 信用卡仅限于合法持卡人本人使用,不得出租或转借。如信用卡丧失,持卡人应立即持有关证件向发卡银行或代办银行申请挂失。

## 二、信用卡的开户、续存及销户

### (一) 信用卡开户的处理

#### 1. 单位卡发卡的处理手续

单位申请使用信用卡,应按发卡银行规定向发卡银行填写申请表。发卡银行审查同意后,应及时通知申请人前来办理领卡手续,并按规定向其收取备用金和手续费。申请人从其基本存款账户交存备用金的,分别按以下两种情况处理。

(1) 申请人在发卡银行机构开户的,发卡银行接到申请人送来的支票和三联进账单,经审查无误后,支票作借方凭证,第二联进账单作贷方凭证,另填一联特种转账贷方凭证办理转账。其会计分录如下:

借:××存款——××单位基本存款账户

　　贷:单位信用卡存款

　　　　手续费收入——××手续费户

第一联进账单加盖转讫章作回单交给出票人,第三联进账单留作传票附件。

(2) 申请人不在发卡银行机构开户的,发卡银行接到申请人送来的支票和进账单,经审查无误后,在进账单上加盖"收妥后入账"的戳记,将第一联进账单加盖转讫章交持票人。支票按规定及时提出交换。待退票时间过后,第二联进账单作贷方凭证,另填一张特种转账贷方凭证办理转账。其会计分录如下:

借:同城票据清算

贷:单位信用卡存款

　　手续费收入——××手续费户

2. 个人卡发卡的处理手续

个人申请使用信用卡,应按发卡银行规定填写申请表。发卡银行审查同意后,应及时通知申请人前来办理领卡手续,并按规定向其收取备用金和手续费。填制一联特种转账贷方凭证,作收取手续费贷方凭证,分别按以下两种情况处理。

(1)申请人交存现金的,银行收妥现金,办好其他手续后,发给其信用卡。其会计分录如下:

借:库存现金

　　贷:个人信用卡存款

　　　　手续费收入——××手续费户

(2)申请人转账存入的,银行接到申请人交来的支票和进账单,应按照有关个人卡账户资金来源的规定,认真审查后办理转账手续。

发卡银行在办理信用卡发卡手续时,应登记信用卡账户开销户登记簿和发卡清单,并在发卡清单上记载领卡人身份证件号码,并由领卡人签收。

**(二) 信用卡续存的处理**

1. 收存现金银行的处理手续

(1)参加同城票据交换和联行往来银行机构的处理手续。参加同城票据交换和联行往来的代理行对持卡人凭个人卡存入现金的,经审查无误后压制存款单。存款单一式四联,第一联回单,第二联贷方凭证,第三联贷方凭证附件,第四联存根。在存款单上填写持卡人存入的金额和本行的名称及其代号等内容,交由持卡人签名,然后核对其签名与信用卡签名是否相符。代理行对个人卡持卡人的代理人交存现金的,在接到代理人填明持卡人的卡号、姓名和存款金额等内容的存款单时,经审查无误,填写本行的名称及其代号等内容,并交由代理人签名。无误后办理收款手续,将第一联存款单加盖现金收讫章作回单连同信用卡交给持卡人或将第一联存款单交给代理人。

根据第二联存款单上压印或填注的全国联行行号、分辖行号和同城票据交换号或是否为跨系统银行发行的信用卡,分别按照不同情况处理。

在同一城市和对异地跨系统银行发行的信用卡存入现金的,填制一联特种转账贷方凭证,第三联存款单作附件,第四联存款单留存备查。其会计分录如下:

借:库存现金

　　贷:个人信用卡存款

将第二联存款单加盖业务公章向持卡人开户行或代理行所在地的跨系统发卡银行通汇行提出票据交换,另填制一联特种转账借方凭证。其会计分录如下:

借:个人信用卡存款

　　贷:同城票据清算(或辖内往来)

在异地存入现金的,应另填一联特种转账贷方凭证,作收取手续费的贷方传票。其会计分录如下:

借:库存现金

　　贷:个人信用卡存款

借:个人信用卡存款

　　贷:联行往来——往户

　　　　其他应付款——××手续费户

代理行所在地的发卡银行通汇行接到跨系统代理行交换来的存款单,随联行贷方报单寄持卡人开户行。其会计分录如下:

借:同城票据清算

　　贷:联行往来——往户

(2) 未参加同城票据交换的代理行的处理手续。未参加同城票据交换的代理行对持卡人或代理人存入现金的,除按照上述有关规定审查处理外,应将第三联存款单加盖转讫章连同第二联存款单于营业终了随内部往来凭证划管辖行。

管辖行收到划来的内部往来凭证和第二、第三联存款单,经审核无误后,如为同城的,将第二联存款单加盖业务公章向持卡人开户行提出交换,第三联存款单作贷方凭证的附件;如为异地的,将第二联存款单加盖联行专用章后,随联行贷方报单寄持卡人开户行;对异地跨系统银行发行的信用卡,将第二联存款单加盖业务公章向本管辖行所在地的发卡银行通汇行提出票据交换。

2. 持卡人开户行的处理手续

持卡人开户行收到同城交换来的第二联存款单,联行划来的报单及第二联存款单时,经审查无误后,第二联存款单作贷方凭证。其会计分录如下:

借:联行往来(或同城票据清算)

　　贷:个人信用卡存款

### (三) 信用卡注销的处理

发卡银行在确认持卡人具备销户条件时,应通知持卡人办理销户手续,并收回信用卡。有效卡无法收回时,应予以止付。发卡银行核对账务无误后,按以下情况处理:

(1) 个人卡销户时,银行压制转账单。转账单一式四联,第一联回单,第二联借方凭证,第三联贷方凭证,第四联收账通知或取现单。按规定计付利息,由持卡人签名后,结清账户。第一联转账单加盖转讫章交给持卡人,第二联转账单作借方凭证,退付现金的第三联转账单作其附件,另填制一联特种转账借方凭证作利息支出借方凭证,第四联转账单加盖现金付讫章或加盖转讫章交给持卡人。其会计分录如下:

借:个人信用卡存款

　　存款利息支出——××利息支出户

　　贷:库存现金等科目

(2) 单位卡销户时,持卡人应向发卡银行提交授权单位的销户证明和基本存款账户开户许可证及单位卡,经银行审查无误后,压制转账单,并按规定计付利息,由持卡人签名后,结清账户。第一联转账单加盖转讫章交给收款人,第二联转账单作借方凭证,另填制一联特种转账借方凭证作利息支出借方凭证,第三联转账单作贷方凭证,第四联转账单加盖转讫章交给申请人。其会计分录如下：

借：单位信用卡存款

　　存款利息支出——××利息支出户

贷：××存款——申请人基本存款户

申请人与持卡人不在同一银行开户的，应将第三、四联转账单通过内部往来或同城票据交换划转申请人的基本存款户。

## 三、信用卡的现金支出

### （一）参加同城票据交换和联行往来银行机构的处理手续

参加同城票据交换和联行往来的代理行，对持卡人持信用卡支取现金的，应要求其提交身份证件，并应审查：① 信用卡的真伪及有效期；② 持卡人身份证件的照片或卡片上的照片是否与其本人相符；③ 该信用卡是否被列入止付名单。经审查无误后，在取现单上办理压（刷）卡。取现单一式四联，第一联回单，第二联借方凭证，第三联贷方凭证附件，第四联存根。在取现单上填写持卡人取现的金额、身份证件号码、代理行名称和代号等内容，交由持卡人签名，然后核对其签名与信用卡的签名是否一致，是否与身份证件的姓名相同。持卡人取现金额超过规定限额的，应办理索权手续，并将发卡银行所给的授权号填入取现单有关栏内。

发现取现单内容不清或填写错误时，应在取现单上注明"作废"字样，经持卡人确认后重新办理。根据第二联取现单上压印的全国联行行号或填注的分辖行号和同城票据交换号或是否为跨系统银行发行的信用卡，分别按照不同情况处理。

在同一城市和对异地跨系统银行发行的信用卡支取现金的，第一联取现单加盖现金付讫章作回单连同信用卡交给持卡人；填制一联特种转账贷方凭证，第三联取现单作附件；将第二联取现单加盖业务公章向持卡人开户行或代理行所在地的跨系统发卡银行通汇行提出票据交换；第四联取现单留存备查。其会计分录如下：

借：同城票据清算等科目

贷：应解汇款及临时存款——持卡人户

支付现金另填制一联现金借方凭证。其会计分录如下：

借：应解汇款及临时存款——持卡人户

贷：库存现金

在异地支取现金的，比照以上在同一城市支取现金的有关手续处理，并将第二联取现单加盖转讫章随联行借方报单划持卡人开户行，另填制一联特种转账贷方凭证作收取手续费的贷方凭证。其会计分录如下：

借：联行往来——往户

贷：应解汇款及临时存款——持卡人户

借：应解汇款及临时存款——持卡人户

贷：库存现金

　　其他应付款——手续费户

代理行所在地的发卡银行通汇行接到跨系统代理行交换来的取现单，随联行借方报单寄持卡人开户行。其会计分录如下：

借：联行往来——往户

　　贷：同城票据清算

**（二）未参加同城票据交换的代理行的处理手续**

未参加同城票据交换的代理行，对持卡人持信用卡支取现金的，应按照有关规定审核并压（刷）卡，再办理现金支付的处理手续。然后将第三联取现单加盖转讫章连同第二联取现单于营业终了随内部往来凭证划付管辖行。

管辖行收到寄来的内部往来凭证及第二、第三联取现单，审核无误后，如为同城的，应将第二联取现单上加盖业务公章，然后向持卡人开户行提出交换，第三联取现单作贷方凭证的附件；如为异地的，将第二联取现单加盖转讫章，随联行借方报单划持卡人开户行；对异地跨系统银行发行的信用卡，将第二联取现单加盖业务公章，向本管辖行所在地的发卡银行通汇行提出票据交换，并清算资金。

**（三）持卡人开户行的处理手续**

持卡人开户行收到同城票据交换来的第二联取现单或联行划来的报单及第二联取现单时，应认真审查：① 取现单上压印、填注的联行行号或同城票据交换号是否为本行行号或本行交换号；② 取现单上的内容是否清晰、完整；③ 取现单上是否加盖业务公章；④ 大、小写金额是否相符；⑤ 超过交易限额的，有无授权号码。经审查无误后，第二联取现单作借方凭证。其会计分录如下：

借：××信用卡存款

　　贷：联行往来（或同城票据清算等）

持卡人开户行收到取现单，发现持卡人信用卡账户不足支付的，其不足部分纳入"其他短期贷款"科目核算。按规定计收透支利息。本金或利息未还清又透支的，透支日期连续计算。

## 四、信用卡的消费性支出

**（一）特约单位开户行的处理手续**

特约单位受理信用卡时，应认真审查：① 确为本单位可受理的信用卡；② 信用卡在有效期内，未列入"止付名单"；③ 签名条上没有"样卡"或"专用卡"等非正常签名的字样；④ 信用卡无打孔、剪角、毁坏或涂改的痕迹；⑤ 持卡人身份证或卡片上的照片与持卡人相符；⑥ 卡片正面的拼音姓名与卡片背面的签名和身份证件上的姓名一致。经审查无误后，在签购单上压卡，签购单一式四联，第一联回单，第二联借方凭证，第三联贷方凭证附件，第四联存根。填写实际结算金额、用途、持卡人身份证件号码、特约单位名称和编号。如超过支付限额的，应向发卡银行索权并填写授权号码，交持卡人签名确认，同时核对其签名与卡片背面签名是否一致。无误后，对同意按经办人填写的金额和用途付款的，由持卡人在签购单上签名确认，并将信用卡、身份证件和第一联签购单交还给持卡人。每日营业终了，特约单位应将当日受理的信用卡签购单汇总，计算手续费和净计金额，填写汇（总）计单一式三联，第一联作交费收据，第二联作贷方凭证附件，第三联作存根。

特约单位开户行收到特约单位送来的两联进账单和三联汇计单及第二、第三联签购单时,应认真审查:① 签购单及其压印的内容是否为本行可受理的信用卡;② 签购单上有无持卡人签名、身份证件号码、特约单位名称和编号;③ 签购单的大、小写金额是否相符;④ 是否超过压印的信用卡有效期限;⑤ 超过规定交易限额的,有无授权号码;⑥ 汇计单和签购单的内容、金额是否一致;⑦ 手续费的计算是否正确。审核无误后,根据第二联签购单上压印的行号,分别按以下不同情况处理:

(1) 特约单位与持卡人在同一城市不同银行机构开户和异地跨系统银行发行的信用卡,第一联进账单加盖转讫章作收账通知和第一联汇计单加盖业务公章作交费收据,退给特约单位;第二联进账单作贷方凭证,第三联签购单作其附件,根据第二联汇计单的手续费金额(内扣)填制一联特种转账贷方凭证作其附件;将第二联签购单加盖业务公章连同第三联汇计单向持卡人开户行或特约单位所在地的跨系统发卡银行通汇行提出票据交换,对跨系统银行发行的信用卡需待款项收妥办理转账。其会计分录如下:

借:同城票据清算等
　　贷:××存款——特约单位户
　　　　手续费收入——××手续费户

(2) 特约单位与持卡人不在同一城市的,第二联进账单作贷方凭证,第三联签购单作其附件,根据第二联汇计单的手续费金额填制一联特种转账贷方凭证作其附件;第二联签购单加盖转讫章连同第三联汇计单随联行借方报单寄持卡人开户行。其会计分录如下:

借:联行往来——往户
　　贷:××存款——特约单位户
　　　　手续费收入——××手续费户

第一联进账单加盖转讫章作收账通知和第一联汇计单加盖业务公章作交费收据,退给特约单位。

特约单位所在地的跨系统发卡银行通汇行接到特约单位开户的跨系统银行交换来的签购单和汇计单,随联行借方报单划持卡人开户行。其会计分录如下:

借:联行往来——往户
　　贷:同城票据清算

**(二) 持卡人开户行的处理手续**

持卡人开户行收到同城票据交换或联行划来的第二联签购单和第三联汇计单,经审查无误后,以第二联签购单作借方凭证。其会计分录如下:

借:××信用卡存款
　　信用卡透支
　　贷:联行往来(或同城票据清算等)
　　　　手续费收入

**(三) 信用卡授权的处理手续**

持卡人在同城或异地支取现金或购物消费时,超过规定的支付金额,应向发卡银行索权。发卡银行收到付现代理行或特约单位的索权通知时,小额支付应作授权记录并根据情况做出相应授权答复;大额支付可根据授权金额填制两联特种转账借方凭证和两联特种转账贷方凭证,将一联特种转账借方凭证和一联特种转账贷方凭证加盖转讫章作收、付款通知交给持卡人。其会计分录如下:

借:××信用卡存款

贷:信用卡保证金——××人信用卡户

转账后,予以授权。待收到划来的签购单或取现单后,应以第二联签购单或取现单作借方凭证。其会计分录如下:

借:信用卡保证金——××人信用卡户

贷:联行往来(或同城票据清算等)

### 五、信用卡的评价

#### (一) 优点

(1)对发卡银行来说,可以大量吸收持卡人的存款,收取一定的年费、手续费及透支利息。例如,参加信用卡集团和信用卡联营,结成金融同盟,会增强在国际金融市场中的竞争力和活力,提高发卡银行的信誉和知名度。

(2)对代办行来说,可以收取一定的手续费而不必承担风险,兑付国外信用卡还可以得到一笔无息的外汇备用金存款。

(3)对持卡人来说,可借助信用卡获得购买商品或享受服务的方便,不必随身携带现金,并且可以经常使用他们的信用,而免去通常借款每次都要申请的手续和调查的麻烦,充分发挥消费贷款的功能。

(4)对特约单位来说,可以及时收回贷款,免于资金积压,不必调查客户的信用,而由发卡银行提供保证,同时又扩大了销售面,增加了特约单位的社会知名度。

#### (二) 缺点

信用卡的使用还存在一定问题。除伪造外,还有可能出现遗失被盗、冒名顶替等问题。所以,支付结算办法对此做了一些限制性规定,采取了一定的补救措施来保护持卡人的权利。

# 第七节　汇兑业务的核算

### 一、汇兑的主要规定

(1)汇兑是汇款人委托银行将其款项支付给收款人的结算方式。适用于单位和个人的各种款项结算。

(2)汇兑分为信汇、电汇两种,由汇款人选择使用。

(3)签发汇兑凭证必须记载的事项有:表明"信汇"或"电汇"的字样;无条件支付的委托;确定的金额;收款人名称;汇款人名称;汇入地点、汇入行名称;委托日期;汇款人签章。

缺少其中之一的,银行不予受理。

(4) 汇款人和收款人均为个人,需在汇入银行支取现金的,应在信、电汇凭证的"汇款金额"大写栏,先填写"现金"字样,后填写汇款金额。

(5) 汇款回单只能作为汇出银行受理汇款的依据,不能作为该笔汇款转入收款人账户的证明。

(6) 汇兑按解付方式不同,分为直接入账和不直接入账两种。不直接入账的款项应先贷记"应解汇款"科目,然后按收款人的意见办理解付。但严禁转入储蓄和信用卡账户。

(7) 对于收款人要求分次支付的汇款,应开立临时存款户,该户只付不收,付完清户,不计利息。

(8) 汇入银行对于收款人拒收汇款或经过两个月无法支付的汇款,应主动办理退汇。

## 二、信汇的核算程序

信汇凭证一式四联,第一联回单联,为汇出行给汇款人的回单;第二联借方凭证联,由汇出行作借方传票;第三联贷方凭证联,由汇入行作贷方传票;第四联收账通知联,是汇入行给收款人的收账通知。其核算程序如图 4-9 所示。

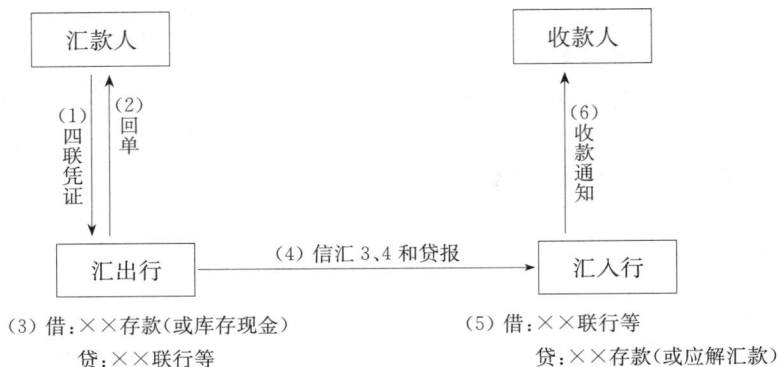

图 4-9　信汇的核算程序

对于不直接入账的处理,先贷记"应解汇款及临时存款",登记应解汇款登记簿,然后通知收款人取款。收款人持通知取款时,分别按以下情况处理:

(1) 全部取现。

借:应解汇款及临时存款

　　贷:库存现金

(2) 部分取现。

另开临时存款户,再支取。

(3) 要求转账。

贷记"××存款或同城票据清算"。

(4) 要求转汇。

贷记"联行往账或开出汇票"。

应解汇款科目是汇入行收到不直接入账的汇款时使用的会计科目,该科目下要设立"应解汇款登记簿"和有关临时存款户进行核算。收到汇款时,记贷方;解付汇款时,记借方,但在登记应解汇款登记簿时,须在贷方金额后批注解付日期。它采取逐笔记账、逐笔核销的满收满付办法,如发生分次支付,应从应解汇款登记簿中一次转销,另设临时存款户进行核算,以便及时反映和监督客户的汇款解付情况。

### 三、电汇与信汇的异同

(1) 相同:二者都是付款人主动要求银行划付款项给指定收款人的一种结算方式,其处理手续、资金关系和会计分录基本相同。

(2) 不同:① 凭证传递的方式不同;② 编制密押的规定不同;③ 汇入行的记账依据不同。

### 四、退汇的处理手续

退汇就是将原汇出款项退回原汇款人的一种行为。但退汇仅限于不直接入账,且未解付的汇款。它分为汇款人要求退汇和汇入行主动退汇两种情况。

#### (一)汇款人要求退汇的处理手续

1. 汇出行承办的处理手续

汇款人要求退汇时,对收款人在汇入行开立账户的,由汇款人与收款人自行联系退汇;对收款人不在汇入行开立账户的,应由汇款人备函或本人身份证件连同原信、电汇回单交汇出行办理退汇。

汇出行接到退汇函件或身份证件以及回单,应填制四联"退汇通知书",在第一联上批准"×月×日申请退汇,待款项退回后再办理退款手续"字样,交给汇款人,第二、第三联寄交汇入行,第四联与函件和回单一起保管。

如汇款人要求用电报通知退汇时,只需填两联退汇通知书,比照信汇退汇通知书第一、第四联的手续处理,并凭退汇通知书通知汇入行。

2. 汇入行的处理手续

汇入行接到汇出行划来的第二、第三联退汇通知书或通知退汇的电报,如该笔汇款已转入应解汇款科目,尚未解付的,应向收款人联系索回便条,以第二联退汇通知书代借方凭证,第四联汇款凭证作附件。其会计分录如下:

借:应解汇款及临时存款——收款人户

　　贷:联行往来——往户

第三联退汇通知书随同邮划贷方报单寄原汇出行。如电报通知退汇的,应另填一联特种转账借方凭证,并填制电划贷方报单,凭以通知汇出行。

如该笔汇款业已解付,应在第二、第三联退汇通知书或电报上注明解付情况及日期后,将第二联退汇通知书或电报留存,以第三联退汇通知书(或拍发电报)通知汇出行。

3. 汇出行收到的处理手续

汇出行接到汇入行划来的邮划贷方报单及第三联退汇通知书或退汇通知时,应以第三联退汇通知书或第三联电划贷方补充报单代贷方凭证(第三联电划补充报单作贷方凭证附件)办理转账。其会计分录如下：

借：联行往来——来户

　　贷：××存款——原汇款人户

如汇款人未在银行开立账户，应另填制一联现金借方凭证。其会计分录如下：

借：联行往来——来户

　　贷：其他应付款——原汇款人户

借：其他应付款——原汇款人户

　　贷：库存现金

在原第二联汇款凭证上注明"此款已于×月×日退汇"字样，以备查考，已留存的第四联退汇通知书注明"退汇款汇回已代进账"字样，加盖转讫章后作为收账通知交给原汇款人。

如接到汇入行划回的第三联退汇通知书或发来的电报注明汇款业已解付时，应在留存的第四联退汇通知书上批注解付情况，通知原汇款人。

### （二）汇入行主动退汇的处理手续

#### 1. 汇入行的处理手续

汇款超过两个月，收款人尚未来行办理取款手续或在规定期限内汇入行已寄出通知，但因收款人住址迁移或其他原因，以至该笔汇款无人受领时，汇入行可以主动办理退汇，退汇时应填制一联特种转账借方凭证和两联特种转账贷方凭证，并在凭证上注明"退汇"字样，第四联汇款凭证作借方凭证附件。其会计分录如下：

借：应解汇款及临时存款——原收款人户

　　贷：联行往来——往户

一联特种转账贷方凭证加盖联行专用章连同另一联特种转账贷方凭证随同邮划贷方报单划原汇出行。

#### 2. 原汇出行的处理手续

原汇出行接到原汇入行划来的邮划报单及所附两联特种转账贷方凭证，以加盖原汇入行联行专用章的一联特种转账贷方凭证代贷方凭证。其会计分录如下：

借：联行往来——来户

　　贷：××存款——原汇款人户

另一联特种转账贷方凭证加盖转讫章代收账通知交给原汇款人。

如汇款人未在银行开立账户，则通过"其他应付款"科目过渡，再通知原汇款人来行办理取款手续。

## 五、汇兑的评价

（1）优点：手续简便、过程简单、使用灵活、适用范围广，很多商品交易和非商品交易的款项支付，都可以采用。

（2）缺点：① 缺乏有力的监督机制；② 容易造成尾款拖欠；③ 大额汇款容易拖延压汇。

## 六、汇兑与银行汇票的区别

（1）凭证传递方式不同；

（2）核算方法不同；

（3）结算尾欠不同；

（4）期限规定不同；

（5）签发人及信用关系不同；

（6）凭证的重要性不同；

（7）资金安全不同；

（8）使用的报单不同。

## 七、速汇款业务

速汇款业务是指单位、个人客户通过全功能银行系统，以转账或现金方式将人民币、外币款项汇给指定收款人，由收款人凭有效证件、支付依据在银行营业网点或协议代办点支取款项的业务。

### （一）基本规定

（1）经办机构或签订协议的代理机构办理速汇款的币种为当地本币和可自由兑换货币。

（2）速汇款业务分别对单位客户和个人客户设置汇款金额级别限制。未指定收款人账号的，对公客户人民币单笔上限 20 万元（含），外币 5 万美元；个人人民币上限 10 万元，外币 1 万美元。指定收款账户的，对公客户人民币上限 50 万元，外币 20 万美元；个人人民币上限 20 万元，外币 2 万美元。

（3）办理速汇款业务应在系统内建立电子登记簿，办理汇出、解付、退汇、修改业务时，须核对相关信息，并在登记簿中登记。

（4）受理速汇款业务的机构应严格按照反洗钱的相关规定，做好大额、可疑汇款的记录、监控工作，按规定程序和时间报告。

（5）速汇款解付期限为自汇款日起 2 个月内，到期日为节假日则顺延，未按时解付的做退汇处理。

### （二）速汇款业务处理要点

1. 汇款

汇款人办理速汇款业务时应向汇出机构提交一式三联"业务委托书"，在附加信息栏填写联系电话，在业务类型栏其他栏注明"速汇款"字样。汇款人为个人提交现金汇款的，应留下身份证复印件。汇出机构审核无误后，在回单左上角注明业务编号。

没有指明收款人账号的速汇款，汇款人必须在系统中自设款项支取密码，并自行通知取款人。如因收款人信息有误导致无法解付，汇款人可以申请修改相关信息，修改时持修改申请、函件或身份证件及原速汇款回单，修改后收回原回单，出具新回单。不能出具原回单的，按退汇处理。

在"业务委托书"上应加盖核算用章,回单给客户。然后分以下两种情况做会计分录:

(1)客户使用现金或其提供办理速汇款银行结算账户的开户行与受理行属同一核算网点的,其受理行会计分录如下:

借:库存现金或××存款

    贷:营业机构往来

业务处理中心的会计分录为:

借:营业机构往来

    贷:应解汇款

(2)客户提供办理速汇款银行结算账户的开户行与受理行属不同核算网点的,其银行结算账户开户行的会计分录如下:

借:××存款

    贷:营业机构往来

受理行的会计分录如下:

借:营业机构往来

    贷:营业机构往来

业务处理中心的会计分录为:

借:营业机构往来

    贷:应解汇款

2. 解付

速汇款解付业务由收款人主动填写一式两联"速汇款取款单"申请办理。指明收款人账号的速汇款,直接到收款人开户行办理解付;未指明收款人账号的,可以到任意速汇款业务受理机构办理解付手续。

解付机构操作人员应核对速汇款登记簿中该笔速汇款状态是否正常,登记簿信息与收款人提交的取款单内容是否相符;如已预留密码,系统校验是否准确。无误后,在"速汇款取款单"上加盖核算用章,第一联作记账凭证,第二联交客户。

解付行解付现金或与收款人开户行属同一核算网点,其会计分录如下:

借:营业机构往来

    贷:库存现金或××存款

解付行与收款人开户行属不同核算网点,解付行的会计分录为:

借:营业机构往来

    贷:营业机构往来

账户开户行的会计分录为:

借:营业机构往来

    贷:××存款

汇出行业务处理中心的会计分录为:

借:应解汇款

    贷:上存总行备付金

关于速汇款业务的退汇、密码修改和重置等,比照前述有关内容和具体发生情况处理。

### 八、汇款直通车和即时通业务

汇款直通车业务是指汇款人通过银行营业网点柜面渠道，以转账或现金方式将本外币款项汇给境内指定收款人的个人汇款业务。它可分为有账号（卡号）汇款和无账号（卡号）汇款。

有账号（卡号）汇款是指汇款人向银行提供收款人户名、账号（卡号）办理的汇款。根据收款人户名、账号（卡号）是否开立在本行，有账号（卡号）汇款可以分为同行汇款（含同行同城，同行异地汇款）和跨行汇款（含跨行同城，跨行异地汇款）。无账号（卡号）汇款是指汇款人向银行提供收款人姓名，不提供收款人账号（卡号），由收款人凭本人有效身份证件、汇款密码、汇款业务编号等到银行办理款项解付的汇款。其基本规定和业务处理要点比照汇兑办理。

即时通业务是指通过银行对公营业网点办理的人民币单位银行结算账户同城、异地通存通兑业务。它主要是通过网络和现代化支付系统、票据影像系统或实时清算系统运行。通存通兑，快速转移，其基本规定和业务处理要点比照速汇款业务办理。至于速汇款业务，是指国际速汇款公司利用其安装的速汇款业务系统，通过其全球代理网点或电话确认，为个人客户办理汇出汇款和解付汇出汇款的一种境外快速汇款业务。

# 第八节　托收承付与委托收款业务的核算

托收承付结算方式于 1953 年从苏联引进，中途已修改了 6 次，1989 年 8 月 1 日停止使用，但 1990 年 4 月 1 日修改恢复使用。

### 一、托收承付结算方式的主要规定

（1）使用托收承付结算方式的单位，必须是国有企业、供销合作社以及经营管理较好，并经开户银行审查同意的城乡集体所有制工业企业。未经开户行批准使用托收的城乡集体工业企业，收款人开户行不得受理；付款人开户行除对其承付的款项应按规定支付款项外，还要对该付款人按结算金额处以 5％罚款。

（2）办理托收承付结算的款项，必须是商品交易，以及因商品交易而产生的劳务供应的款项。代销、寄销、赊销商品的款项，不得办理托收承付结算。

（3）收付双方使用托收承付结算，必须重合同、守信用。收款人对同一付款人发货托收累计 3 次收不回货款的，收款人开户行应暂停收款人向该付款人办理托收；付款人累计 3 次提出无理拒付的，付款人开户行应暂停其向外办理托收。

（4）收款人办理托收，必须具有商品确已发运的证件（包括铁路、航运、公路等运输部门签发运单、运单副本和邮局包裹回执）。没有发运证件，如商品调拨、自备运输工具、军用物资、大修、就地转厂加工、使用铁路集装箱等。可凭其他有关证件办理托收。

（5）托收承付结算每笔的金额起点为 1 万元。新华书店系统每笔的金额起点为

1 000 元。其款项的划回方法,分邮寄和电划两种,由收款人选用。

(6) 签发托收承付凭证必须记载的事项有:表明托收承付的字样;确定的金额;付款人名称及账号;收款人名称及账号;付款人开户行名称;收款人开户行名称;托收时附寄单证张数或册数;合同名称、号码;委托日期;收款人签章。欠缺其中之一的,银行不予受理。收款人开户行的审查时间最长不得超过次日。

(7) 付款人的承付期限分为验单付款和验货付款两种,由收付双方商量选用,并在合同中明确规定。验单付款的承付期为 3 天,从付款人开户行发出承付通知的次日算起(期内遇法定休假日顺延);验货付款的承付期为 10 天,从运输部门向付款人发出提货通知的次日算起。

(8) 根据付款的情况不同,托收承付可以分为按期承付、提前承付、多承付、逾期付款、部分付款和拒绝付款等多种情况。

拒绝付款的七条合法事项包括:① 没有签订购销合同或购销合同未订明使用托收;② 未经双方事先达成协议,收款人提前交货或因逾期交货付款人不再需要该项货物;③ 未按合同规定的到货地址发货;④ 代销、寄销、赊销的商品;⑤ 验单付款,发现所列货物的品种、规格、数量、价格与规定不符;⑥ 验货付款,经查验货物与合同规定或与发货清单不符;⑦ 货款已经支付或计算有错误。

## 二、按期全额承付结算方式的核算程序

托收凭证一式五联,第一联受理回单联,是收款人开户银行给收款人的受理回单;第二联贷方凭证联,由收款人开户银行作贷方传票;第三联借方凭证联,由付款人开户银行作借方传票;第四联汇款依据或收账通知联,是付款人开户银行凭以汇款或收款人开户银行作收账通知;第五联付款通知联,由付款人开户银行给付款人按期付款通知。其核算程序如图 4 - 10 所示。

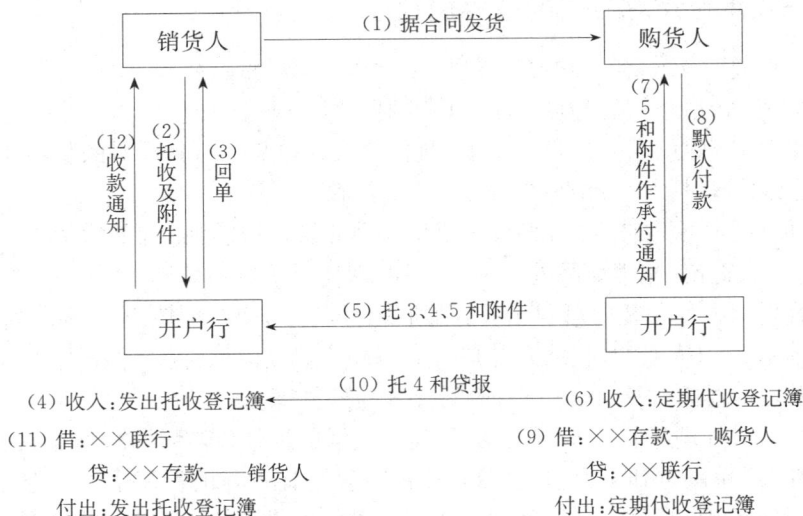

图 4 - 10  按期全额承付结算方式的核算程序

### 三、赔偿金的计算方法

$$赔偿金＝逾期全额×逾期天数×5‰$$

（1）承付期满日，银行营业终了时无款支付，即算一天赔偿金。哪怕第二天一大早存款也照算。

（2）期满的次日，银行营业终了时无款支付，再算一天赔偿金，加起来为两天。余类推。

（3）期满的次日，如为法定公休假日，计算赔偿金的天数顺延，但以后遇公休假日照算。

（4）如"某日上午开业时划款"，说明先一天晚上有款支付。

（5）如"某日营业终了才有足额款项划转"，说明先一天晚上无款支付（实际工作中前面少算一天，后面多算一天，结果相同）。

### 四、托收承付结算方式与委托收款的异同

托收承付与委托收款两者都是收款人主动向付款人收取款项的一种结算方式。其核算程序、使用凭证的名称、联次与归宿、登记簿设置与登记方法、资金划转与会计分录均相同。但也有以下不同之处：

（1）适用范围不同。托收承付只适用于异地国有企业、供销合作社以及经营管理好，并经开户行审查同意的城乡集体所有制工业企业，它们之间的商品交易以及由于商品交易而产生的劳务供应的款项结算；而委托收款不仅同城异地共用，而且可以用于非商品交易。

（2）收款依据不同。办理托收承付结算，必须有合同、有发运证件（特殊情况除外）和信用较好，才能办理。而委托收款不强调经济合同和发运证件，只要有已承兑的汇票、债券、存单等付款人的债务证明即可办理。

（3）金额起点不同。托收承付的结算金额起点规定为 10 000 元，新华书店系统为 1 000 元；而委托收款的结算无金额起点限制。

（4）付款期限规定不同。付款期限是付款人开户银行给付款人审查单据（或验货）和筹措资金的准备天数。托收承付分为验单付款和验货付款两种；而委托收款则没有此规定。

（5）银行承担的责任不同。托收承付承担着审查拒付理由和代扣款项 3 个月的责任；而委托收款则不审查拒付理由，不办理分次扣款。

### 五、托收承付结算方式的评价

#### （一）优点

银行的监督作用发挥得比较充分，能够保证货款的按期收回。它一方面要监督销货单位确实发出了商品才能办托收；另一方面又要监督购货单位按期付款，不得延付和无理拒付。这样，销货单位可以掌握发货的主动权，可取得按时收回货款的信用保证。对购货方来说，既可以靠银行信用保证取得所需物资，又可省去自提自运的麻烦，减少采购在途

资金占用。因此,有利于加速商品流通和资金周转,购销双方皆乐于采用。

**(二) 缺点**

(1) 容易助长货款拖欠,不利于钱货两清。它采取先货后钱,银行既不掌握物资,付款人又没有向银行提供确有支付的保证,其主动权掌握在购方手里,银行处于被动地位,容易出现拖欠。

(2) 容易成为掩盖经济活动中矛盾的工具。购货方没有资金可以到处签订合同,取得物资,占用别人资金,继续生产,继续积压;销货方采用它可以发售一些积压呆滞商品,货款有银行包收,还可以取得高于贷款利息的赔偿金,从而掩盖企业经营管理中的矛盾。

(3) 银行承担的责任超过了结算力所能及的范围。银行办理结算主要是根据凭证的文义进行审查,但是购销双方的交易情况十分复杂,特别是购货方拒绝付款的理由千差万别,货物的质量标准多种多样。对于银行如何掌握,缺乏权威性和可操作性。

总之,上述结算办法供开户人根据不同的交易方式予以选择,如钱货两清的,可选择支票、本票、银行汇票、汇兑等办法结算;赊购赊销的,可选择商业承兑汇票和银行承兑汇票结算;先货后款的,可选择托收承付和委托收款结算;客户要求票随人走、自带凭证结算的,可选择银行汇票;未在银行开户的客户,只能选择本票、银行汇票、汇兑和委托收款结算等。这些结算办法,可以满足各种各样的货款和往来款项的结算需要。

随着科技的进步和互联网技术、信息通信技术的不断突破,结算的手段和方式也发生了深刻变化。传统的支付工具和结算办法呈现出萎缩趋势,取而代之的是各种移动支付、银行卡、预付卡、公务卡、网络支付、电子支付、微 POS、手机支付、电话支付、高频电视支付等支付工具如雨后春笋,给人们的生活带来了极大方便,从而大大提高了人们的工作效率和生活质量。

## 复习思考题

1. 如何理解票据的基本制度和具体制度?
2. 支付结算的原则、纪律和种类有哪些?
3. 支票的主要规定有哪些? 转账支票的核算分为几种情况?
4. 银行本票和转账支票有何区别?
5. 银行汇票有何特点?
6. 商业汇票和银行汇票有何异同?
7. 各行争办信用卡有何好处?
8. 简述不直接入账的核算程序。
9. 委托收款与托收承付有何异同?
10. 企业购货时,可以选择哪些结算办法结清货款?

# 练习题

**习题 4-1**

一、目的:掌握支票、银行本票业务的核算。

二、资料:

1. 开户单位玻璃厂(账号302046)作为出票人于3月15日(星期二)向开户银行提交三联进账单和转账支票一份。经审查,支票的出票日期为3月3日,出票金额为2 000元,出票人存款余额为5 000元,其他内容经审核无误,请做出付款人的处理。

2. 收到本行开户单位百货批发部(账号304067)提交的进账单及本行开户单位百货商场(账号304023)签发的转账支票一份,金额880元。经审查无误,立即处理。

3. 该行从票据交换中心提回一张由本行开户单位先锋织布厂(账号302096)签发的转账支票一份。该支票的出票金额为8 000元,出票人存款账户余额为6 980元。其他均无误,请做出本行的处理。

4. 该行接到开户单位光华公司(账号310123)提交的进账单和他行开户单位签发的转账支票一份,金额3 000元。经审查,该支票的背书为经手人张明签字盖章,其他无误,请做出该行的处理。

5. 接到开户单位向阳化工厂(账号302008)提交的转账支票和进账单一份,该支票日期为贰零零零年拾月伍日,出票金额4 000元,收款人百货商场(账号304002)在他行开户,其他无误,请做出本行的处理。

6. 接到开户单位振兴印刷厂(账号302165)提交的"不定额本票申请书"一份,金额5 000元,要求签发本票。经审查无误,请做出本行的处理。

7. 收到百货商场(账号304023)提交的进账单和他行签发的不定额本票一份,金额9 000元。经审查无误,请做出本行的处理。

8. 从票据交换中心提回由本行签发的不定额本票一份,金额6 000元。经审查无误,请做出本行的处理。

9. 接到开户单位光明制药厂(账号302007)提交的进账单和不定额银行本票一份,金额6 800元。经审查,该本票为本行签发,其他无误,请做出兑付和结清的会计分录。

10. 收到个体户李伟提交的注明"现金"字样的不定额本票一份,金额2 000元,要求支取现金。经审查,该本票为本行签发,其他无误,请做出本行的处理。

三、要求:

根据资料先进行审查,然后再做出处理(写出不受理的理由或受理的会计分录)。

**习题 4-2**

一、目的:掌握银行汇票、商业汇票业务的核算。

二、资料与要求:

1. 工行武昌支行开户单位中华内衣厂(账号302015)于1月20日提交"银行汇票申请书"一份,金额17 500元,申请签发银行汇票。经银行审查无误,当即开出银行汇票,请做出出票人出票时的会计分录。

2. 1月25日广州工行营业部收到白云商场(账号304006)提交的进账单和二、三联银行汇票,实际结算金额为17500元,与出票金额相同。经审查无误后办理转账,请做出兑付汇票时的会计分录。

3. 2月3日工行武昌支行收到广州工行营业部寄来邮划借方报单及第三联汇款解讫通知。经审查,其出票金额和实际结算金额均为17500元,请做出签发行结清银行汇票的会计分录。

4. 本行收到北京和平里分理处填发的全国联行借方报单和汇票解讫通知,报单金额34800元,汇票的出票金额为35000元。经审查,该汇票系本行签发,原汇款人于丹未在本行开户,经通知原申请人当日来行支取现金。请做出本行结清汇票和退付现金的会计分录。

5. 工行洪山支行于1月8日收到上海市工行虹口支行寄来委托收款凭证和所附商业承兑汇票一份,金额30万元。经审查,购货人中南机电公司(账号304132)在本行开户,到期日承兑人存款账户余额为50万元,收款人上海机电厂(账号302009)。请做出洪山支行和虹口支行划款时的会计分录。

6. 4月5日,工行洪山支行接到开户单位音像器材厂(账号302113)提交的银行承兑汇票一张,金额25万元,要求申请承兑,承兑期限两个月。经审查无误后,予以承兑,但到期日承兑申请人账户只能划转20万元。请做出洪山支行专户存储的会计分录。

7. 6月5日,洪山支行收到上海南京路支行寄来委托收款和所附银行承兑汇票一份,金额25万元。经审查该汇票属于本行承兑的,款项已专户存储,收款人上海音像公司(账号304003)在南京路支行开户。请做出洪山支行划转款项和南京路支行收到报单的会计分录。

**习题4-3**

一、目的:掌握信用卡业务的核算。

二、资料与要求:

1. 某信用卡业务部收到卫红提交的申请表和现金1020元,其中手续费20元,申请办理信用卡。经审查无误后,予以办理。请做出该业务部的会计分录。

2. 某行接到客户提交的本系统信用卡和取现单一份,要求支取现金500元,经审查,该信用卡为本系统同城信用卡业务部签发。请做出该行的会计分录。

3. 某信用卡业务部从票据交换中心提回第二联取现单,金额3000元。经审查,持卡人存款账户为2000元。请做出该业务部的会计分录。

4. 某行接到开户单位黄鹤大厦(账号304042)提交的进账单和签购单一份,金额20000元,手续费率2%,手续费与发卡行五五分成。经审查,该信用卡为本系统异地他行签发。请做出特约单位开户行的会计分录。

5. 某信用卡业务部于7月20日收到持卡人万军提交的存现单和现金4000元。经审查持卡人于4月18日因购物透支3000元。请计算透支利息,并做出相应的会计分录。

**习题 4－4**

一、目的:掌握汇兑业务的核算。

二、资料与要求:

工行某支行于 5 月 15 日发生如下业务,请逐笔编制会计分录,并登记"应解汇款登记簿"。

1. 光明机械厂(账号 302005)提交电汇凭证一份,金额 36 000 元,要求汇到广州制药厂购置药品。经审查无误后予以办理。

2. 财经书店(账号 304016)提交电汇凭证一份,金额 4 500 元,要求汇差旅费给住在北京市西单宾馆 304 室的推销员尚国。

3. 收到湖南长沙同系统行拍来电报一份,金额 26 900 元,系付兴昌机电(账号 302048)的货款。经审查无误后转账。

4. 收到广州同系统行拍来电报一份,金额 15 000 元,收款人为柴林,为采购资金,要求留行待取。

5. 收到浙江宁波工行拍来电报一份,金额 800 元,系付大成路 280 号李永存的退休金。

6. 河南驻马店制药厂王军接收账通知、有关证件和"银行汇票申请书"一份,来行要求将汇入款 10 000 元转汇到上海黄浦路办事处。经审查后,予以办理。

7. 客户王充持汇款解讫通知来行,要求将汇入款 5 000 元,全部取现。经银行审查予以办理。

8. 收款人张华持汇款解讫通知来行,要求将汇入款 7 500 元,支取 2 500 元,其余暂存。该银行审查无误后办理。

9. 经查,成都营业部汇给迎宾旅馆 450 室的刘华差旅费 4 000 元,因两月以上无人支取,现办理退汇手续。

10. 收款人柴林持汇款解讫通知和进账单来行,要求将汇入款 15 000 元,转入在本行开户的利华商场(账号 304092)。经审核后办理转账。

**应解汇款登记簿**

| 记账年月日 | | 编号 | 汇出行行名 | 原汇出日期月日 | | 收款单位或收款人全称 | 汇入笔数 | 金额 | 销账月日 | | 转入应解汇款或分户账 | 解付笔数 | 金额 | 未解笔数 | 金额 |
|---|---|---|---|---|---|---|---|---|---|---|---|---|---|---|---|
| 5 | 1 | | | | | 承前页 | | | | | | | | 8 | 2 308 |
| 5 | 4 | 84 | 驻马店支行 | 4 | 27 | 王军 | 1 | 10 000 | | | | | | 9 | 12 308 |
| 5 | 5 | 85 | 青岛支行 | 4 | 26 | 王允 | 1 | 5 000 | | | | | | 10 | 17 308 |
| 5 | 6 | 86 | 重庆分行 | 4 | 28 | 张华 | 1 | 7 500 | | | | | | 11 | 24 808 |
| 5 | 10 | 87 | 成都营业部 | 5 | 1 | 刘华 | 1 | 4 000 | | | | | | 12 | 28 808 |
| | | | | | | | | | | | | | | | |

续　表

| 记　账 | | 编号 | 汇出行行名 | 原汇出日期 | | 收款单位或收款人全称 | 汇　入 | | 销　账 | | 转入应解汇款或分户账 | 解　付 | | 未　解 | |
|---|---|---|---|---|---|---|---|---|---|---|---|---|---|---|---|
| 年 | | | | | | | 笔数 | 金额 | 月 | 日 | | 笔数 | 金额 | 笔数 | 金额 |
| 月 | 日 | | | 月 | 日 | | | | | | | | | | |
| | | | | | | | | | | | | | | | |
| | | | | | | | | | | | | | | | |
| | | | | | | | | | | | | | | | |
| | | | | | | | | | | | | | | | |
| | | | | | | | | | | | | | | | |
| | | | | | | | | | | | | | | | |

**习题 4-5**

一、目的:掌握托收承付业务的核算。

二、资料与要求:

1. 某行于 9 月 29 日(星期一)向购货单位(账号 302002)发出承付通知,金额 50 万元,验单付款。付款期满日付款单位存款户无款支付,延到 10 月 13 日上午开业时全部划清。请确定承付期满日,计算赔偿金,并做出划款时的会计分录。

2. 某开户单位(账号 302005)于 4 月 28 日(星期五)到期应付货款 100 万元,当日该存款账户只能划转 20 万元。到 5 月 10 日上午开业时划转 50 万元。其余延到 5 月 15 日营业终了才有足够款项划清。请分别计算赔偿金,并做出相应的会计分录。

# 第五章 贷款和贴现业务的核算

通过本章学习,要求了解贷款业务的意义、种类和核算要求;熟悉信用贷款、担保贷款票据贴现和呆账计提的主要规定和账务处理;掌握各种贷款和贴现的利息计算。

## 第一节 贷款业务概述

贷款是贷款人(商业银行)对借款人(企事业法人和自然人)提供的并按照约定的利率和期限还本付息的一种信用活动。商业银行作为经营货币资金的特殊企业,贷款是其重要的资金运用形式,是金融企业的主要资产,也是取得收入的主要途径。贷款业务的核算是商业银行会计核算工作的重要内容。

### 一、贷款的意义

贷款是银行的主要业务之一,银行运用信用方式动员社会闲置资金,根据国家批准的信贷计划,按照信贷原则和经济效益的要求,通过贷款来支持和满足商品生产发展、商品流通扩大以及社会经济发展和科学技术进步对资金的需要,促进国民经济健康有序地发展;同时,银行通过信贷监督,可以促使企业改善经营管理,加强经济核算,加速资金周转,提高资金使用的经济效益;此外,银行还可以通过调整贷款的投向和规模,协调和调节经济结构。

### 二、贷款业务核算的要求

#### (一)贯彻贷款政策和原则

金融企业贷款实行倾斜政策。有重点支持的,有限制贷款的,有只收不贷的和严格掌握的。重点支持的有:① 高产优质高效的农业生产,关系国计民生的粮、棉、油等主要农副产品的生产和收购。农业科技开发,农田水利建设以及乡镇企业的发展。② 能源、交通运输、原材料等基础工业的发展。③ 继续保持在多种流通中发挥主导作用的商业企业。④ 出口创汇的外向型企业。⑤经济效益好、风险小、信誉好的一、二类企业及第三产业的大力发展。

限制贷款的有(五不贷):① 盲目布点、重复建设以及未经国家和省、自治区、直辖市批准的建设项目。② 生产和收购没有销路,耗能高、质量差、成本高的产品及超过限产计划的长线产品。③ 超过计划和计划外亏损及经营性亏损在限期内不能扭亏的企业。

④ 已经列入淘汰项目的产品,国家限期改进,而不予执行的企业。⑤ 国家已经确定关、停、并、转,仍然照旧生产不执行上级决定的企业。还有只收不贷和严格掌握的贷款等。

贷款原则是:贯彻区别对待、择优扶持和效益性、安全性、流动性的原则。

**(二) 正确反映信贷资金运行情况**

在贷款业务核算过程中,应正确使用会计科目,以便全面反映银行对国民经济各部门的资金投向和规模,同时要按照贷款种类和借款人分别开立分户账,以正确反映和监督贷款的发放和使用情况,为检查、考核信贷计划的执行情况和领导决策提供可靠依据。

**(三) 根据不同类型贷款的要求,制定不同的核算手续。**

贷款种类很多,应根据不同的贷款种类,采取不同的贷款核算方式。目前,我国金融企业的贷款方式主要有逐笔核贷、定期调整、活存透支、贴现等。会计人员应按照信贷部门批准的贷款额度,采取适当方式发放贷款;正确计算贷款利息;及时收回贷款的本息;对不能按期收回的贷款及时转作逾期贷款,并注意随时扣收;准确计提贷款损失准备和核销贷款损失。

### 三、贷款的种类

**(一) 按照贷款期限进行划分**

贷款按发放的期限可分为短期贷款、中期贷款和长期贷款。短期贷款是指期限在 1 年以下(含 1 年)的各种贷款;中期贷款是指期限在 1 年以上 5 年(含 5 年)以下的各种贷款;长期贷款是指期限在 5 年以上的各种贷款。

**(二) 按照贷款的保证方式划分**

贷款按保证的方式可分为信用贷款、担保贷款和票据贴现。信用贷款是指凭借款人的信誉发放的贷款。担保贷款按担保方式又分为保证贷款、抵押贷款和质押贷款。保证贷款是指按《担保法》规定的保证方式,以第三人承诺在借款人不能偿还贷款时,按约定承担一般保证责任或者连带责任为前提而发放的贷款。抵押贷款是指按《担保法》规定的抵押方式,以借款人或第三人的财产作为抵押物发放的贷款。质押贷款是指按《担保法》规定的质押方式,以借款人或第三人的动产或权利作为质押物发放的贷款。票据贴现是指贷款人以购买借款人未到期商业票据的方式而发放的贷款。

**(三) 按照贷款质量划分**

贷款按照质量将贷款划分为正常贷款和有问题贷款。有问题贷款是指"一逾两呆"贷款,即逾期贷款、呆滞贷款和呆账贷款。

**(四) 按照贷款主体划分**

贷款按照主体分为自营贷款和委托贷款。自营贷款是指贷款人以合法方式筹集的资金自主发放的贷款;委托贷款是指由委托人提供资金,由受托人根据委托人确定的贷款对象、用途、金额、期限、利率等而发放的贷款。

**(五) 按照贷款的风险程度划分**

按照风险程度,可将贷款质量分为五级:正常类贷款、关注类贷款、次级类贷款、可疑类贷款和损失类贷款(有的银行将前两类再细分,概括为 10 级评级法)。

### (六) 按照利率性质划分

贷款按照利率性质可分为固定利率贷款、浮动利率贷款和优惠利率贷款。

### (七) 按照借款人的用途划分

贷款按照借款人用途可分为固定资产贷款、流动资产贷款、消费贷款和其他贷款等。

# 第二节　信用贷款的核算

信用贷款是指完全凭借款人的信用发放的贷款。借款人需要资金时逐笔向银行提出借款申请,经过银行批准以后逐笔签订借款合同,逐笔立据审查,逐笔发放,约定借款期限,到期还款。

## 一、信用贷款的发放和收回核算

### (一) 贷款发放时的会计处理

单位申请贷款时,除填写申请书外,还应填写一式五联的借款借据,在借据的第一、二联上加盖预留银行印鉴,送交银行信贷部门。银行有关部门审核批准后,送交会计部门办理贷款手续。会计部门接到借款凭证后,应审查凭证各栏填写是否正确、完整,大小写是否一致,印鉴是否相符,有无有关部门审批意见等。经审核后,为借款单位开立贷款分户账,并将贷款款项转入借款单位存款科目,以借款凭证第二、第三联代转账借方、贷方传票,办理转账,其会计分录如下:

借:××贷款——×单位短期(或中长期)贷款户

　　贷:××存款——×单位活期存款户

转账后,第一联为备查联,由银行信贷部门留存,第四联(借款正联)按贷款到期日先后顺序专夹保管,第五联借款凭证盖章后作回单交借款单位。

【例 5-1】　某银行于 4 月 15 日向大明灯具厂发放流动资金贷款 100 000 元,期限 3 个月,年利率为 5.35%。根据有关凭单编制如下会计分录:

借:工业短期贷款——大明灯具厂短期贷款户　　　　　　　　　　100 000

　　贷:工业活期存款——大明灯具厂活期存款户　　　　　　　　　　　100 000

### (二) 贷款到期收回的会计处理

贷款到期后,借款人应按照合同的约定及时足额归还贷款本息。借款人按时归还贷款时,应填写一式四联还款凭证或签发转账支票送借款银行,办理还款手续,第一联为贷款收账通知,第二联为转账借方传票,第三联为转账贷方传票,第四联信贷部门留存。会计部门收到凭证后,应同贷款账户进行核对,审核印章与预留银行印鉴是否相符等。审核无误后,以还款凭证第二、第三联作转账借、贷方传票,办理贷款收回手续。有关会计分录如下:

借:××存款——××单位户

　　贷:××贷款——××单位短期(或中长期)户

利息收入

贷款到期借款人未主动归还的,可由银行与借款人联系后填制特种转账借、贷方传票主动扣收。其会计处理与借款人主动归还手续相同。

【例 5－2】 接上题,7 月 15 日贷款到期,如数收回全部贷款,同时收回利息 1 337.50元。有关会计分录如下:

| | | |
|---|---|---|
| 借:工业活期存款——大明灯具厂活期存款户 | 101 337.50 | |
| 贷:工业短期贷款——大明灯具厂短期贷款户 | | 100 000 |
| 利息收入 | | 1 337.50 |

## 二、信用贷款的展期与逾期核算

### (一)信用贷款展期的核算

贷款到期,借款人如因正当原因不能按期还款时,可向银行申请贷款展期,提交贷款展期申请书,经信贷部门审查批准后交会计部门凭以在原借据上批注展期期限,将展期申请书附在原借据后一并保管,借据按展期后的到期日顺序排列保管。展期时不需另外办理转账手续。同时注意:短期贷款的展期不能超过原贷款期限;中期贷款的展期不能超过原期限的一半;长期贷款的展期不能超过 3 年。

### (二)信用贷款逾期的核算

逾期贷款是指到期应收回而未能收回的贷款。贷款逾期时银行应将原贷款转入逾期贷款账户,编制特种转账借、贷方传票办理转账。其会计分录如下:

借:逾期贷款——×单位逾期户

　　贷:××贷款——×单位短期贷款户

对于逾期贷款,自转入逾期贷款科目之日起,按规定的罚息利率计收罚息。

【例 5－3】 接【例 5－1】,如 7 月 15 日贷款到期,只收回 60 000 元,利息 802.50 元;余款40 000元逾期至 7 月 28 日收回,利息 795 元。有关会计分录如下:

7 月 15 日:

| | | |
|---|---|---|
| 借:工业活期存款——大明灯具厂活期存款户 | 60 802.50 | |
| 贷:工业短期贷款——大明灯具厂短期贷款户 | | 60 000 |
| 利息收入 | | 802.50 |
| 借:逾期贷款——大明灯具厂逾期贷款户 | 40 000 | |
| 贷:工业短期贷款——大明灯具厂短期贷款户 | | 40 000 |

7 月 28 日:

| | | |
|---|---|---|
| 借:工业活期存款——大明灯具厂活期存款户 | 40 795 | |
| 贷:逾期贷款——大明灯具厂逾期贷款户 | | 40 000 |
| 利息收入 | | 795 |

逾期贷款超过一定期限后转为呆滞贷款,经过批准以后及时核销,会计分录为:

借:呆滞贷款——×单位呆滞贷款户

　　贷:逾期贷款——×单位逾期贷款户

# 第三节　担保贷款的核算

担保贷款按照贷款的不同形式可以分为抵押贷款、保证贷款和质押贷款三种。

## 一、抵押贷款

抵押贷款是指按照《担保法》规定的抵押方式以一定财产作为抵押物而发放的贷款。借款人到期不能归还贷款时,贷款银行有权依法处置抵押物,从所得款项中优先收回贷款本息或以抵押物折价充抵。

### (一)抵押物的种类

按照《担保法》的规定,借款人申请抵押贷款时可以充当抵押物的必须是借款人所有的、有价值的、可保存的、易变现的财产。包括:① 抵押人所有的房屋和其他地上定着物;② 抵押人所有的机器、交通运输工具和其他财产;③ 抵押人依法有权处分的国有土地使用权、房屋和其他地上定着物;④ 抵押人依法有权处分的国有机器、交通运输工具和其他财产;⑤ 抵押人依法承包并经发包人同意抵押的荒山、荒沟、荒丘、荒滩等荒地的土地使用权;⑥ 其他可以抵押的财产。

### (二)抵押贷款的申请和审批

抵押贷款由借款人向商业银行提出申请,并向银行提供以下资料:① 借款人的法人资格证明;② 抵押物清单及符合法律规定的所有权证明;③ 需要审查的其他资料。

商业银行收到借款申请后要对借款人的资格、贷款目的和抵押物进行审查。审批同意后可签订抵押借款合同,按照抵押物价值的 50%～70%发放贷款。

$$贷款额度＝抵押物作价金额×抵押率$$

### (三)抵押物的保管

抵押合同签订、贷款发放后,抵押物依据合同要移交给债权银行。动产抵押中体积小而金额高的抵押物一般由银行保管;不动产的抵押由银行和借款人双方封存后由借款人保管。银行收到抵押物后要给借款人以抵押物收据。对于保管技术性强的抵押物也可以委托第三方保管。办理抵押贷款的各种费用由借款人承担。

### (四)抵押贷款的发放和收回

抵押贷款经信贷部门审批同意后,会计部门审查借款凭证和随附的抵押物清单无误后,办理贷款的发放,核算手续可参照信用贷款办理,其会计分录如下:

借:××贷款——×单位抵押贷款户

　　贷:××存款——×单位户

同时对抵押物进行表外登记。收入:待处理抵押品——×单位户

贷款到期时,借款人主动向银行归还贷款时,银行根据还款凭证收回贷款本息,会计分录如下:

借:××存款——×单位户

　　　贷:××贷款——×单位抵押贷款户
　　　　　利息收入——贷款利息收入

　　贷款本息收回后,注销表外科目,同时将抵押物及有关单据退回借款人。如果借款人到期不能归还贷款,应转作逾期贷款处理。同时向借款人发送"处理抵押品通知单",逾期超过规定的期限(一个月)银行有权处置抵押物,处置所得扣除抵押物的保管费用后,应先归还贷款本金,再收利息。若变卖收入高于贷款本息,其多余部分应退还给借款人;如果变卖收入不足以偿还贷款本息,其不足部分向借款人追偿。作价入账的会计分录如下:

　　　借:库存现金(或其他科目)
　　　　贷:××贷款——×单位逾期户
　　　　　　利息收入——贷款利息收入(或应收利息)

## 二、保证贷款

　　保证贷款是指按照《担保法》规定的保证方式由第三人承诺在借款人无力还款时,按照约定的承诺承担一般保证责任或连带责任而发放的贷款。注意下列单位或组织不能担任保证人:① 国家机关;② 学校、幼儿园、医院等以公益为目的的事业单位、社会团体;③ 企业法人的分支机构、职能部门;但如果有法人授权的,其分支机构可以在授权范围内提供保证。

　　借款人申请借款时应向银行提供由保证人签署的保证书,经银行审查同意后与保证人签订保证合同,填制借款凭证,由会计部门发放贷款,其会计核算手续比照信用贷款。会计分录如下:

　　　借:××贷款——×单位户
　　　　贷:××存款——×单位户

　　贷款到期后,借款人主动归还或由银行主动扣收款项,会计分录如下:

　　　借:××存款——××单位户
　　　　贷:××贷款——×单位户
　　　　　　利息收入——贷款利息收入

## 三、质押贷款

　　质押贷款是指以借款人或者第三者的动产或权利作为质押物而发放的贷款。质押贷款的关系人为借款人、出质人和质权人,出质人可以是借款人、借款人以外的第三人,质权人是发放贷款的商业银行。质押贷款的质押物主要包括:① 动产质押:如机动车、黄金珠宝、电器、钟表、字画等;② 权利质押:如汇票、支票、本票、债券、存款单、仓单、提单、可转让的基金份额、股权等。

　　质押贷款的发放和收回与抵押贷款基本相同,贷款到期不能收回时银行可以以所得质押物的价款来偿还贷款本息及其他相关费用。

# 第四节　票据贴现业务的核算

票据贴现是商业汇票的持票人为获得资金，以未到期的票据或证券向银行贴付一定利息，所做的票据转让行为。它是商业银行发放贷款的一种方式，是商业信用与银行信用相结合的融资手段。

## 一、票据贴现的意义

票据贴现这种信用形式能把一定日期以后的现金收入转化为即日的现金收入，以缓解企业当前资金紧缺的矛盾。我国票据贴现的主要承办机构是商业银行，相对于银行的其他业务而言，票据贴现业务具有独特的优势。一是以票据贴现发放的贷款，可以根据银行的资金状况，随时通过转贴现或再贴现的渠道收回，操作灵活，变现能力强，具有较强的流动性；二是票据的承兑银行由于掌握企业保证金，在票据到期日可以无条件兑付，与传统的信贷业务相比，票据贴现具有更加可靠的安全性；三是贴现银行无论是赚取贴现利息，还是通过转贴现或再贴现赚取利差，都是在短期内最现实的利润增长点，具有明显的收益性。

## 二、银行受理票据贴现的核算

持票人持已经过承兑、未到期的商业汇票向银行申请贴现时，应填制一式五联的贴现凭证，第一联代申请书，银行作贴现借方传票；第二联作贴现申请人贷方传票；第三联作贴现利息贷方传票；第四联作收账通知；第五联为到期卡。持票人在第一联上按照规定签章后，连同汇票一并送交银行。银行信贷部门按照信贷管理办法和支付结算办法的有关规定进行审查。符合条件的，在贴现凭证上签注"同意"字样，并由有关人员签章后送交会计部门。

会计部门收到汇票和贴现凭证除要审查汇票是否真实、内容填写是否完整外，还应审查贴现凭证与汇票是否相符。审核无误后计算贴现利息和实付贴现金额。计算公式为：

$$贴现利息＝汇票金额×贴现天数×（月贴现率/30）$$
$$实付贴现金额＝汇票金额－贴现利息$$

（注：贴现天数是从贴现日到票据到期日前一日为止的实际天数，若承兑人在异地的另加 3 天划款期；按支付贴现利息的角色不同，分为卖方付息、买方付息、第三方付息和协议付息贴现。）

计算完毕后将结果填入贴现凭证中的贴现率、贴现利息和实付贴现金额栏内，以贴现凭证的第一联、第二和第三联分别作为转账借方和贷方传票办理转账，其会计分录为：

借：贴现——商业承兑汇票或银行承兑汇票
　　贷：××存款——×单位户
　　　　利息收入——贴现利息收入

转账后，第四联加盖银行业务公章后连同有关单证退还贴现申请人，第五联及汇票按照到期日顺序专夹保管。

【例 5-4】 4 月 15 日,华元商场持一份银行承兑汇票到建设银行申请贴现,该汇票金额为 180 000 元,于 4 月 10 日出票,9 月 15 日到期,由异地某商业银行承兑。经信贷部门审核同意,当天办理贴现手续,年贴现率为 4.5%。计算贴现利息和实付贴现额,并做出相应的会计分录。

贴现利息 = 180 000 × 156 × 4.5% ÷ 360 = 3 510(元)

实付贴现额 = 180 000 - 3 510 = 176 490(元)

借:贴现——银行承兑汇票                                        180 000
　　贷:××存款——华元商场                                    176 490
　　　　利息收入——贴现利息收入                                  3 510

### 三、汇票到期收回的核算

贴现的汇票到期后,贴现银行作为新的汇票持票人应及时收回票款,防止资金被占用。银行应根据不同的情况分别处理。

#### (一)商业承兑汇票贴现到期收回的核算

对于同城的商业汇票在到期日办理收款;对于异地的商业汇票应匡算邮程,提前填制托收凭证连同汇票寄交承兑人开户银行向承兑人收取票款。承兑人开户银行收到托收凭证和汇票后,于到期日将票款从承兑人账户划转贴现银行,其会计分录为:

借:××存款——×承兑人户
　　贷:联行往来——往户(或有关科目)

贴现银行收到划回的款项后,转销贴现账户,其会计分录为:

借:联行来账(或有关科目)
　　贷:贴现——×汇票户

如果承兑人的账户资金不足,收到退回的有关凭证后,商业银行对已贴现的汇票款项向贴现申请人收取款项,其会计分录为:

借:××存款(或有关科目)
　　贷:贴现——×汇票户

如果贴现申请人账户无足够资金,则转为逾期贷款处理。

借:××贷款——持票人逾期户
　　贷:贴现——×汇票户

【例 5-5】 某商业银行受理鼓楼商厦为贴现申请人的一份金额为 150 000 元的商业承兑汇票到期,经向付款人托收,未获付款,今向鼓楼商厦收取票款,但该单位存款不足,仅能支付 80 000 元。该商业银行收回贴现票款时的会计分录如下:

借:商业活期存款——鼓楼商厦                                    80 000
　　逾期贷款——鼓楼商厦逾期户                                  70 000
　　贷:贴现——商业承兑汇票                                   150 000

#### (二)银行承兑汇票贴现到期收回的核算

由于银行承兑汇票的承兑银行于汇票到期日从出票人的账户中扣收汇票款专户储

存,即使出票人账户资金不足也由承兑银行承担付款责任,所以银行承兑汇票一般不会发生退票。贴现银行的具体会计处理手续参照商业承兑汇票,分为同城和异地进行处理。承兑银行收到托收凭证和汇票后,经审查无误,从汇票专户将款项转出,划转贴现银行。其会计分录为:

借:应解汇款——出票人户

　　贷:联行往来——往户

贴现银行收到划回的款项后,按照托收承付的手续办理,其会计分录为:

借:联行往来——来户

　　贷:贴现——银行承兑汇票

**【例5-6】** 接【例5-4】,该建设银行到期收回贴现票款时的会计分录如下:

借:联行往来——来户　　　　　　　　　　　　　　　　180 000

　　贷:贴现——银行承兑汇票　　　　　　　　　　　　　　　180 000

# 第五节　贷款利息的核算

利息是使用资金所支付的价款,贷款利息是商业银行重要的收入来源。准确核算贷款利息是商业银行会计核算的重要内容。贷款利息的计算有定期结息和利随本清两种方式。

## 一、定期结息

定期结息一般按季度或按月结息一次,按季度结息的每季末月20日为结息日,按月结息的,月末或月中20日为结算日。它主要适用于信用较好、贷款符合国家产业政策,银行采取充分供应资金办法的企业。计息方法,一般采用计息余额表或者账页计息法,按实际天数计算累计计息积数,再乘以日利率得到当期的利息,其计算公式和计息方法同存款利息。

**【例5-7】** 某银行根据贷款协议,对长江化工厂采取充分供应资金的办法,2019年5月12日向长江化工厂发放贷款50万元;5月20日归还20万元;6月5日贷款30万元;6月11日贷款40万元。如利率为5.35%,规定季末20日计息。请计算该单位第二季度的贷款利息,并做出会计分录。

| 月 | 日 | 摘　要 | 借　方 | 贷　方 | 借或贷 | 余　额 | 日　数 | 积　数 | 备　注 |
|---|---|---|---|---|---|---|---|---|---|
| 5 | 12 | 贷款 | 50 | | 借 | 50 | 8 | 400 | |
| 5 | 20 | 还款 | | 20 | 借 | 30 | 16 | 480 | |
| 6 | 5 | 贷款 | 30 | | 借 | 60 | 6 | 360 | |
| 6 | 11 | 贷款 | 40 | | 借 | 100 | 10 | 1 000 | |
| 6 | 20 | 合计 | | | | | 40 | 2 240 | |

6月20日应计利息(5月12日—6月20日)为:

22 400 000×(5.35‰÷360)=3 328.89(元)

借:××存款——长江化工厂　　　　　　　　　　　　　　　　3 328.89

　　贷:利息收入　　　　　　　　　　　　　　　　　　　　　　　　3 328.89

## 二、利随本清

利随本清,又叫逐笔结息法,指银行在借款人还款时根据归还的本金来计算贷款利息的方法。文件规定,贷款满年的按年利率计算,满月的按月利率计算,有整年(月)又有零头天数的可全部化成天数计算,整年按360天计算,整月按30天计算,零头按实际天数计算,算至还款前一天为止(但在实际工作中一般按实际天数计息)。计算公式为:

全是整年整月的:

$$利息=本金×时期(年或月)×年或月利率$$

全部化成天数的:

$$利息=本金×时期(天数)×日利率$$

利随本清的计息可以分为:① 到期还贷;② 提前部分还贷;③ 逾期还贷;④ 整数(本利和)还贷等多种。

**【例5-8】** 某公司于2023年8月3日向银行申请借款50万元,批准发放日为8月10日,期限1年,利率为月息7.2‰,双方约定采用利随本清的方法计算利息,公司于2024年8月10日签发转账支票归还贷款。则:

如按整年整月计算利息为:500 000×7.2‰÷30×360=43 200(元)

如按实际天数计算利息为:500 000×7.2‰÷30×365=43 800(元)

借:××存款——×单位户　　　　　　　　　　　　　　　　　43 800

　　贷:利息收入——×贷款利息收入　　　　　　　　　　　　　　43 800

如贷款期限跨会计期限(季、年),按照权责发生制的原则确认利息收入,在会计期末确认当期的应收利息,实际收到时冲减应收利息,期末结算利息时的会计分录为:

借:应收利息——×单位户

　　贷:利息收入——×贷款利息收入

实际收到已经确认的应收利息时,冲减已确认的应收利息,会计分录为:

借:××存款——×单位户

　　贷:应收利息——×单位户

应收利息计入表内的时间为90天,即当贷款的本金或者应收利息逾期超过90天尚未收回的,应冲减原已计入表内的应收利息和利息收入,转作表外核算。会计分录为:

借:利息收入——×贷款利息收入

　　贷:应收利息——×单位户

同时登记表外科目(收)“应收利息——×单位户”。对停止计提或冲减的应计利息,应在实际收到该款项时再计入当期的利息收入。银行对不能按期收回而形成的应收利息要计收复利,但不计入损益,通过表外科目核算,待实际收到时再计入损益。

### 三、分期还贷

分期还贷是指一次借入本金,分次偿还本息(或本金)的一种贷款。它主要适用于个人住房贷款、汽车贷款等提前消费的贷款。其还款方式包括等额本息还款法、等额本金还款法、等比累进还款法、等额累进还款法和组合还款法等多种形式。实际工作中一般采用前两种。

#### (一)等额本息还款法

等额本息还款法是指贷款期内每月以相等的额度平均偿还贷款本息的方法。每月还款额计算公式为:

$$每月还款额=[月利率×(1+月利率)^{还款期数}]÷[(1+月利率)^{还款期数}-1]×贷款本金$$

【例5-9】　某个人申请住房贷款20万元,期限5年,利率6‰,等额本息还款,请计算每月还款额。

$$
\begin{aligned}
每月还款额 &=[6‰×(1+6‰)^{60}]÷[(1+6‰)^{60}-1]×200\,000 \\
&=(0.006×1.431\,788\,412)÷0.431\,788\,412×200\,000 \\
&=3\,980.21(元)
\end{aligned}
$$

五年共还款$=3\,980.21×60=238\,812.72(元)$

#### (二)等额本金还款法

等额本金还款法是指贷款期内每月偿还贷款本金,贷款利息随本金逐月递减。每月还款额计算公式为:

$$每月还款额=贷款本金÷还款次数+(贷款本金-已归还贷款本金累计额)×月利率$$

【例5-10】　接【例5-9】,某个人申请住房贷款20万元,期限5年,利率6‰,等额本金还款,请计算每月还款额。

二月还款额$=200\,000÷60+(200\,000-3\,333.33)×6‰=4\,513.33(元)$

五月还款额$=200\,000÷60+(200\,000-3\,333.33×4)×6‰=4\,453.33(元)$

等额本金还款法的特点是定期、定额还本。每月还本额固定,所以其贷款余额以等额逐渐减少,每月付款及每月贷款余额也逐渐减少,但借款人前期还款压力较大,对于经济尚未稳定而且是初次贷款的借款人来说是不利的。因此,在实际工作中,不论是借款人还是贷款人,更倾向于采用等额本息还款法。

### 四、承诺费的概念与计算

承诺费指借款人就贷方承诺提供资金而支付的费用,即借款人在用款期间,对已用金额要支付利息;而对未提用部分,因为银行要准备出一定的资金以备借款人的提款,所以借款人应按未提贷款金额向贷款人支付承诺费,作为对贷款人因承担贷款责任而受利息损失的补偿。

承诺费是银行向客户出具承诺书,承诺在一定额度内提供贷款,如果客户日后并没有动用这笔资金,为弥补银行因承诺贷款而不能随意使用该笔资金的损失。银行向客户收取的费用为承诺费。承诺费率一般为0.125%~0.4%。承诺费按未支用金额和实际未支用天数计算,每季、每半年支付一次。

借款企业应付承诺费＝(周转信贷额度－企业实际借款额)×时期×承诺费率

**【例 5－11】** 为期一年的周转信贷额为 1 000 万元,承诺费率为 0.4％,1 月 1 日借入 500 万元,8 月 1 日又借入 300 万元,年利率 8％,请计算承诺费和利息各为多少?

承诺费＝200×0.4％＋300×7×0.4％/12＝0.8＋0.7＝1.5(万元)

一年没用的:200 万元,7 个月没用的:300 万元,剩下的 500 万元从年初就开始使用了,不用付承诺费。

利息＝500×1×8％＋300×5×8％÷12＝40＋10＝50(万元)

# 第六节 贷款损失准备的核算

## 一、贷款损失准备的核算

### (一) 贷款损失准备提取的范围

贷款损失准备是指银行按承担风险和损失的贷款的一定比例提取所形成的一种专项补偿金,用于弥补银行的贷款损失,以增强自身抵御风险的能力。即贷款损失准备的计提范围为承担风险和损失的资产,具体包括:贷款(含抵押、质押、保证等贷款)、银行卡透支、贴现、银行承兑汇票垫款、信用证垫款、担保垫款、进出口押汇、拆出资金等。银行不承担风险和还款责任的委托贷款和代理贷款,不计提损失准备。

### (二) 贷款损失准备金的种类及提取方法

银行应当按照谨慎会计原则,合理估计贷款可能发生的损失,及时计提贷款损失准备。贷款损失准备应根据借款人的还款能力、贷款本息的偿还情况、抵押品的市价、担保人的支付力度和商业银行内部信贷管理情况,分析贷款的风险和回收的可能性,合理提取。

贷款损失准备包括一般准备、专项准备和特种准备。一般准备是根据全部贷款余额的一定比例计提的、用于弥补尚未识别的可能性损失的准备;专项准备是指对贷款风险分类后,按每笔贷款损失的程度计提的用于弥补专项损失的准备;特种准备是指针对某一国家、地区、行业或某一类贷款风险计提的准备。

贷款损失专项准备,由银行根据贷款资产的风险程度和收回的可能性合理确定。一般情况下,专项准备的期末余额最高为提取贷款损失准备资产期末余额的 100％,最低余额为提取贷款损失准备资产期末余额的 1％。

### (三) 贷款损失准备金的会计核算

1. 贷款损失准备金的提取

商业银行根据应提取贷款损失准备金的贷款期末余额和规定的比例,计算一般准备金的期末余额,与现有的一般准备金的余额进行比较,采用差额计提的方法。当期应计提的贷款损失准备高于已提损失准备账面余额时,应按差额补提损失准备。其会计分录为:

（1）一般准备。

借：利润分配——提取一般准备金户

　　　贷：一般准备金

（2）专项准备和特种准备。

借：资产减值损失

　　　贷：贷款损失准备——××户

如果原有余额高于本期末应有余额，则应按照差额冲减，会计分录与补提时相反。

**2. 贷款损失的核销**

银行对符合下列条件的债权和股权，可认定为损失：

（1）借款人和担保人依法宣告破产、关闭、解散，并终止法人资格，经对借款人和担保人进行追偿后，未能收回的债权。

（2）借款人死亡，或依法宣告失踪或死亡，经依法对其财产或遗产清偿，并对担保人进行追偿后，未能收回的债权。

（3）借款人遭受重大自然灾害或意外事故，损失巨大且不能获得保险赔偿，或以保险赔偿后，确实无力偿还的部分或全部债务，经对其财产进行清偿和对担保人进行追偿后，未能收回的债权。

（4）借款人和担保人虽未依法宣告破产、关闭、解散，但已完全停止经营活动，被县级及以上工商管理部门依法注销、吊销营业执照，终止法人资格，经对借款人和担保人进行追偿后，未能收回的债权。

（5）借款人触犯刑律，依法受到制裁，其财产不足以归还所借债务，也无其他债务承担者，经追偿后确实无法收回的债权。

（6）由于借款人和担保人不能偿还到期债务，银行诉诸法律，经法院对其强制执行而又无财产可执行，法院裁定终结执行后，仍无法收回的债权。

（7）由于上述原因借款人不能偿还到期债务，银行对依法取得的抵债资产按评估确认的市场公允价值入账后，扣除抵债资产接收费用，小于贷款本息的差额，经追偿后仍无法收回的债权。

（8）开立信用证、办理承兑汇票、开具保函等发生垫款时，凡开证申请人和保证人由于上述原因，无法偿还垫款，经追偿后仍无法收回的垫款。

（9）按照国家法律法规规定具有投资权的银行的对外投资，由于被投资单位依法宣告破产、关闭、解散、已完全停止经营活动，被终止法人资格的，经清算和追偿后仍无法收回的股权。

（10）经国务院专案批准核销的债权。

银行对下列债权或股权不得作为贷款损失核销：

（1）借款人或担保人有经济偿还能力，不论何种原因，未按期归还的银行债权。

（2）违反法律法规的规定，以各种形式、借口逃废或者悬空的银行债权。

（3）行政干预逃废或者悬空的银行债权。

（4）银行未向借款人和担保人追偿的债权。

（5）其他不应当核销的银行债权或股权。

银行对于核销的贷款损失,应本着"严格认定条件,提供确凿证据,严肃追究责任,逐户逐级上报审核和审批,对外保密,账销案存"的原则,保留对贷款的追索权。按规定的程序办理核销。对符合条件的贷款损失经核销后,作冲减贷款损失准备处理,其会计分录为:

借:贷款损失准备——专项准备金
　　贷:××贷款——×单位逾期贷款户(或其他科目)

对上述经批准核销贷款损失的表内应收利息,已经纳入损益核算的,均作冲减利息收入处理。其会计分录为:

借:应收利息　　　　　　　　　　　　　　　　　　　　　　　(红字)
　　贷:利息收入　　　　　　　　　　　　　　　　　　　　　　(红字)

3. 已核销贷款的收回

对于已经核销的贷款,如果以后又收回的话,商业银行仍然应通过"贷款损失准备——专项准备金"账户进行核算,会计分录为:

借:××贷款——×单位逾期户
　　贷:贷款损失准备——专项准备金

然后再转销逾期贷款,根据收回的形式借记相关账户,其会计分录为:

借:××存款——×单位(或相关科目)
　　贷:××贷款——×单位逾期户

【例5-12】 债务人农机厂因破产,其一笔逾期贷款50 000元、应收利息(已列入损益)1 895元经报批予以核销。请做出相应的会计分录。

借:贷款损失准备——专项准备金　　　　　　　　　　　50 000
　　贷:贷款——农机厂逾期户　　　　　　　　　　　　　　50 000
同时:
借:利息收入——×贷款利息收入　　　　　　　　　　　1 895
　　贷:应收利息——农机厂　　　　　　　　　　　　　　　1 895

## 二、坏账准备的核算

### (一)坏账损失及坏账准备

坏账是指企业无法收回或收回可能性极小的应收款项(银行主要是应收利息)。由于发生坏账而产生的损失,称为坏账损失。

坏账准备是指企业为及时处理因应收账款无法收回、形成的坏账损失而设立的专项补偿金。企业可选用应收利息余额百分比、销货百分比和账龄分析法实行差额提取坏账准备,用来核销企业发生的坏账损失,以保证企业能正确计算企业损益。

企业应收款项符合下列条件之一的,应确认为坏账:因债务人破产或死亡,以其破产财产或遗产偿债后,确实不能收回;因债务单位撤销、资不抵债或现金严重不足,确实不能收回;因发生严重的自然灾害等导致债务单位停产而在短时间内无法偿付债务,确实无法收回;因债务人逾期未履行偿债义务超过3年,经核查确实无法收回。

### （二）坏账准备的核算

为了核算银行提取的坏账准备,银行应设置"坏账准备"科目,该科目的贷方登记每期坏账准备的提取数和收回已核销的坏账准备数,借方登记实际发生的坏账损失数和冲减的坏账准备数,期末余额一般在贷方,反映企业已经提取但尚未转销的坏账准备数。本期应提取的坏账准备可按以下公式计算:

$$\begin{array}{l}\text{本期应提取的}\\\text{坏账准备}\end{array} = \begin{array}{l}\text{本期按应收款项计算}\\\text{应提取坏账准备金额}\end{array} \pm \begin{array}{l}\text{"坏账准备"}\\\text{科目的余额}\end{array}$$

具体应分以下三种情况进行处理:

第一,本期按应收款项计算应提坏账准备金额大于"坏账准备"科目的贷方余额,应按其差额提取坏账准备;

第二,本期按应收款项计算应提坏账准备金额小于"坏账准备"科目的贷方余额,应按其差额冲减已计提的坏账准备;

第三,如果"坏账准备"科目为借方余额,应按两者之和提取坏账准备。

提取坏账准备时,借记"资产减值损失——计提坏账准备"科目,贷记"坏账准备"科目,冲减已提的坏账准备时,做相反的会计分录。发生坏账损失时,借记"坏账准备"科目,贷记"应收利息""其他应收款"科目。已确认并转销的坏账损失以后又收回时,借记"应收利息""其他应收款"科目,贷记"坏账准备"科目。同时,借记有关科目,贷记"应收利息""其他应收款"科目。

【例 5 - 13】　某单位 2023 年采用备抵法核算坏账损失。该年应收款项余额为 1 000 000 元,该单位确定的坏账提取比例为 1‰。2024 年年末提取坏账准备的会计分录为:

借:资产减值损失——计提坏账准备(1 000 000×1‰)　　　　10 000
　　贷:坏账准备　　　　　　　　　　　　　　　　　　　　　　　　10 000

该单位 2024 年实际发生坏账损失 3 000 元,年末应收款项余额为 1 200 000 元。确认坏账损失时,应做如下会计分录:

借:坏账准备　　　　　　　　　　　　　　　　　　　　　　　　3 000
　　贷:应收利息等　　　　　　　　　　　　　　　　　　　　　　　3 000

2024 年年末该单位"坏账准备"科目应保持的贷方余额为 12 000 元(＝1 200 000×1‰),计提坏账准备前,"坏账准备"科目的实际余额为贷方 7 000 元(＝10 000－3 000),所以本年年末应提 5 000 元(＝12 000－7 000),做如下会计分录:

借:资产减值损失——计提坏账准备　　　　　　　　　　　　　5 000
　　贷:坏账准备　　　　　　　　　　　　　　　　　　　　　　　5 000

## 复 习 思 考 题

1. 贷款与贴现有何区别?

2. 贷款的种类有哪些?

3. 银行如何审批抵押贷款?

4. 如何确认贷款损失?

5. 银行对哪些债权或股权不得作为贷款损失核销?

## 练 习 题

**习题 5－1**

一、目的:掌握银行信用贷款、担保贷款业务的核算。

二、资料:

工行某支行的有关业务如下:

1. 3 月 10 日,工行某支行向开户机械厂发放 6 个月期限的信用贷款 100 万元,利率 5.4%,9 月 10 日按期收回本息。

2. 1 月 5 日,向机床厂发放贷款一笔,该厂以价值 100 万元的设备申请抵押贷款,银行按 70% 的比例发放,期限半年,利率 6%;贷款到期后,该厂无力偿还,银行变卖该设备。9 月 10 日,同城农业银行开户的某公司以 80 万元买走该设备,变卖费用 5 000 元(收款人本行开户),逾期利率万分之三。

3. 5 月 8 日,向东方百货商场发放信用贷款 30 万元,期限 1 年,利率 6.3%;贷款到期,借款人的存款账上只能划出 20 万元,剩余部分延迟 25 天还清(逾期按每日 3‰ 计息)。

4. 某借款人与该行签订协议,规定银行采取充分供应资金的办法,向借款人提供贷款,约定每季末月 20 日计息,利率 6%,如 3 月 21 日的贷款余额为 150 万元,3 月 25 日借款 80 万元,4 月 2 日归还 70 万元,4 月 10 日归还 30 万元,4 月 20 日借款 90 万元,5 月 5 日归还 40 万元,5 月 16 日借款 60 万元,5 月 23 日归还 100 万元,6 月 8 日借款 50 万元。请计算该单位第二季度的贷款利息。

三、要求:

做出该工行支行办理上述业务的全部会计分录,需要计息的请列出算式。

**习题 5－2**

一、目的:掌握银行票据贴现、贷款呆账准备金的核算。

二、资料与要求:

工商银行某支行发生如下业务:

1. 6 月 5 日,为开户单位电子器材厂贴现一张 50 万元的银行承兑汇票,该汇票的承兑人为省外同系统某行,贴现率为 4.5%,汇票到期日为 10 月 20 日。该笔贴现款按期收回。请列出算式计算贴现息与实付贴现额,并做出贴现和收回贴现票款的会计分录。

2. 6 月 8 日,为开户单位宏力公司贴现一张 358 000 元的商业承兑汇票,该汇票的承兑人为省外同系统他行开户,贴现率为 4.8%,汇票到期日为 11 月 18 日。汇票到期,承兑人无款支付,当即退票。该行即向宏力公司索回贴现票款。请列出算式计算贴现息与实付贴现额,并做出贴现和收回贴现票款的会计分录。

3. 该行按贷款总额每半年计提一次一般贷款损失准备,其资料如下:

2023 年 12 月 31 日贷款余额为 2 000 亿元,贷款损失准备余额为 23 亿元。2024 年

1—6 月份核销贷款呆账 8 亿元,2024 年 6 月 30 日贷款余额为 1 800 亿元。请计算该行 2024 年 1 月和 7 月一般贷款损失准备的调整数,并做出相应的会计分录。

4. 该行按贷款五级分类方法计提专项贷款损失准备,其资料如下:

2024 年 6 月 30 日贷款余额为 1 800 亿元,其中正常类贷款 1 400 亿元,关注类贷款 300 亿元,次级类贷款 60 亿元,可疑类贷款 30 亿元,损失类贷款 10 亿元。该行专项贷款损失准备余额为 27 亿元。请计算该行 2024 年 7 月专项贷款损失准备的调整数,并做出相应的会计分录。

# 第六章　银行间往来业务的核算

## 学 习 要 点 提 示

通过本章学习,要求了解银行间往来的意义、种类和核算要求;掌握联行往来基本原理和日常核算;懂得金融机构往来的账务处理;熟悉同城票据交换的处理方法。

# 第一节　银行间往来业务概述

## 一、银行间往来业务的意义

银行是国民经济各部门资金活动的枢纽,各单位因商品交易、劳务供应而发生的货币资金结算,以及银行系统内部资金的划拨、拆借等,一般都要进行资金的划拨清算。这些资金的划拨清算既有在同一行处办理的,也有在同一地区或不同地区的银行之间进行的,这就涉及银行间业务的往来和账务处理。由此可见,银行间往来业务与国民经济各个部门有着广泛的联系,它是清算和划拨各种资金的工具,科学地组织银行间凭证的传递和账务处理,对加速单位资金周转,活跃商品经济,促进国民经济发展,以及正确、及时地实现银行的有关业务,真实、完整地反映银行往来情况,都有着重要的意义。

## 二、银行间往来业务的种类

银行间往来业务的种类很多,概括起来主要有:

(1) 联行往来。联行往来是指同一银行系统内各个行处之间由于办理结算、款项缴拨、内部资金调拨等业务引起的资金账务往来,包括全国联行、省辖联行和县辖联行等业务。

(2) 同业往来。同业往来是指商业银行之间,因办理结算、代收代付款项以及相互融通资金所发生的资金账务往来,包括跨行转汇、同业拆借和转贴现等业务。

(3) 同城票据交换。同城票据交换是指在同一票据交换区域内的各商业银行,按照规定的时间和指定的场所,相互交换代收、代付票据,轧计差额,清算应收应付资金的办法。

(4) 中央银行往来。中央银行往来是指各商业银行与人民银行之间,由于领缴现金、办理缴存存款、再贷款、再贴现和资金清算等业务所引起的资金账务往来。

### 三、银行间往来业务的核算要求

银行间往来是资金在各银行之间的横向流动与融通,为了保证各项资金流动的及时和顺畅,银行间往来业务应当按照人民银行统一的规定或银行间协商的办法办理,遵照以下主要核算要求。

**(一) 树立全局观念**

银行往来的各银行之间不仅要保证本身账务处理正确及时,而且还要关心对方行的核算工作。填写凭证要清晰正确,对银行间发生的问题要及时查询、查复并联系解决,不能自行其是、擅自退凭证,更不能一方自行作废报单,以免造成账务错误。

**(二) 及时处理凭证,加速资金周转**

同城的各家银行要共同制定清算办法,对跨系统银行间的汇入、汇出款项和相互代收、代付的结算凭证,定时定点按一定程序迅速传递,及时办理转账,以加速资金周转。

**(三) 相互清算资金,按期计算利息**

各商业银行之间的资金占用,要及时清算;同业资金拆借,到期应及时归还,并支付利息。

**(四) 遵守各项规定,维护金融秩序**

人民银行对商业银行的存款账户,应严格控制在存款余额内,不得透支;计划内借款不得超过人民银行核定的贷款额度;商业银行间的短期拆借,应通过双方在人民银行的账户办理,不得支取现金;商业银行跨系统 50 万元以上的汇划款项,应通过人民银行办理转汇并清算资金。

# 第二节　联行往来业务的核算

### 一、联行往来概述

**(一) 联行往来的意义**

联行往来是指同一银行系统内各行处之间由于办理结算和资金调拨等业务而发生的资金账务往来。它是办理结算业务和资金划拨的重要工具。由于联行往来和国民经济各部门具有广泛的联系,而且发生时间、地点和办理的行处不同。因此,做好联行往来的凭证传递和账务处理,对加速资金周转,活跃商品经济,促进生产发展,都具有重要意义。

**(二) 联行往来的管理体制**

联行往来采取"统一领导、分级管理、各行自成联行系统"的管理办法,在同一系统银行内划分总行、分行、支行三级管理的联行往来体制,分别采取全国联行往来、分行辖内往来、支行辖内往来三种核算方式。

全国联行往来适用于不同省、市、自治区各行处之间的资金账务往来。参加全国联行往来的行处,由总行发给全国联行行号和专用章,按总行制定的全国联行往来制度办理联行业务,由总行负责监督结清。省辖往来又称分行辖内往来,适用于同一省、市、自治区范围内各行处之间的资金账务往来。参加省辖往来的行处,由管辖分行发给省辖往来行号和专用章,按省辖往来制度办理联行账务,由分行负责监督结清。县辖往来又称支行辖内往来,适用于县、市支行范围内各行处之间的资金账务往来。参加县辖往来的行处,由管辖行发给县辖往来行号和专用章,按县辖往来制度办理联行账务,由支行负责监督结清。

之所以要搞三级管理体制,是由于联行往来业务量大,分支机构多,关系到全国、全省、全县的各个行处,如果全部集中由总行组织监督,必然负担过重,也不利于加速企业资金周转。因而必须在集中统一的原则下,进行分级管理,分级监督,层层负责,使大量的联行往来业务得到及时的转账与核对。

**(三) 联行往来两大系统划分**

联行往来无论采用哪一级往来,均应划分往账和来账两个系统分别核算。开始填发联行报单,最先使用联行科目,凭以处理联行业务的银行,称为发报行、签发行、往账行,简称甲行;收受联行报单,凭以处理联行业务的银行,称为收报行、收受行、来账行,简称乙行。

当联行往来发生时,由发报行编制报单,处理往账,记载发出报单的内容并直接寄发报单给收报行;收报行按照报单所列内容处理来账,记载收到报单内容。联行往来账务处理划分往账和来账两个系统,发报行和收报行直接往来,各自用往账和来账进行核算。这样有往有来,有借有贷,方向相反,金额一致,构成了联行账务处理的对应关系。各个办理联行往来的行处,就一笔业务而言,一个行,要么是甲行,要么是乙行;但就整个业务而言,它有时充当发报行,有时又充当收报行,既要处理往账又要处理来账,这就要求往账和来账必须严格划分清楚,分别进行核算。因为联行往来是由两个以上的行处构成的,资金的发生必然有往有来,这样划分便于联行账务的登记、清理和核对,以保证联行之间错综复杂的业务和账务有秩序地进行,同时便于查清未达,结平账户。所以,要划分为往账和来账两大系统。

**(四) 联行科目设置**

三级联行分别设置联行往来、省辖往来(又称分行辖内往来)和县辖往来(又称支辖往来)不同科目核算。下面仅以全国联行往来为例进行说明。

"联行往来"科目下设"联行往来——往户"(联行往账)和"联行往来——来户"(联行来账)两个账户核算,属于共同类科目。"联行往来——往户"(联行往账)由甲行专用。当甲行代付资金时,填发借方报单,记"联行往来——往户"的借方;当甲行代收资金时,填发贷方报单,记"联行往来——往户"的贷方,余额一般在贷方。"联行往来——来户"(联行来账)由乙行专用。当乙行收到借方报单,属于代收资金,记"联行往来——来户"的贷方;当乙行收到贷方报单时,属于代付资金,记"联行往来——来户"的借方,余额一般在借方。当联行未达账结清后,该账户余额才能结平转销。

但也有部分股份制商业银行使用"存放联行款项"或"存放系统内款项"和"联行存放款项"或"系统内存放款项"科目核算。"存放联行款项"科目属于资产类,该科目下设往户和来户两个分户账。当甲行填发借方报单和乙行收受贷方报单时,记"存放联行款项"往户的借方。该科目平时无转销数额,余额只能在借方。"联行存放款项"科目属于负债类,该科目下设往户和来户两个分户账。当甲行填发贷方报单和乙行收受借方报单时,记"联行存放款项"来户的贷方。该科目平时无转销数额,余额只能在贷方。

"存放联行款项"往户核算的内容加上"联行存放款项"往户核算的内容就是联行往账核算的内容;"存放联行款项"来户核算的内容加上"联行存放款项"来户核算的内容就是联行来账核算的内容。

### (五) 联行报单

联行报单是银行之间代收代付资金的报告单,是联行往来的基本凭证,是资金划拨和账务核算的重要依据,贯穿整个联行往来核算过程。联行报单是由总行统一规定格式,并统一编号印发,它的联次和用途都有严格的规定,不能互相代用。由于寄递方式不同,联行报单分为邮划报单和电划报单两类。又由于划拨款项的性质不同,邮划报单分为邮划借方报单和邮划贷方报单,电划报单分为电划借方报单和电划贷方报单,以及电划借方补充报单和电划贷方补充报单。以上六种报单除电划借方(或贷方)补充报单由收报行根据发报行电报译电编制外,其余都由发报行填制。

邮划借方(或贷方)报单一般为一式四联:第一联来账卡片,寄收报行转账后作来账卡片;第二联来账报告卡,随来账报告表寄管辖分行;第三联往账报告卡,随往账报告表寄管辖分行;第四联往账卡片,发报行留作往账卡片账。

电划借方(或贷方)报单一式两联:第一、第二联缺,第三联往账报告卡,随往账报告表寄管辖分行;第四联往账卡片,发报行留作往账卡片账。

电划借方(或贷方)补充报单一式四联:第一联来账卡片,收报行转账后作来账卡片;第二联来账报告卡,随来账报告表寄管辖分行;第三联转账借、贷方凭证,收报行作转账借、贷传票;第四联收付款通知,收报行给单位的收付款通知。

联行报单应严格按规定适用,不准相互串用,也不能任意更改。联行报单要按重要空白凭证妥善保管,报单号码和份数每天必须在"联行报单使用登记簿"上进行登记,以控制报单使用情况。

## 二、联行往来的基本环节

随着网络和现代信息技术的发展,各银行联行往来的核算系统不断更新,承载业务量不断加大,资金划拨速度不断提高,账务核对更加及时严密,在途资金明显减少,资金清算更加及时。但不论哪种联行往来核算方法,其处理过程一般都可以划分为四个环节。

### (一) 日常往来

从联行往来核算方法发展的历史过程来看,其核算形式主要有横向往来和纵向往来两种方式。特别是随着网络和信息技术的飞速发展,纵向往来成为一种普遍形式。横向往来是发报行直接向收报行填发报单;纵向往来是业务发生后,发报行向联行往来的管理行填发报单,报告资金汇划信息,由管理行将资金汇划信息转发给收报行。不论采用哪种形式,其报单填制和审核内容是相同的,所不同的主要是传递手段和资金清算方式。

1. 发报行往账的核算

发报行是联行往账的发生行。它的任务是正确、及时地填发联行报单;按期向管辖分行编报联行往账报告表,以便管辖分行对联行账务逐笔监督。

(1) 报单的编制。联行业务发生时,发报行应以已办妥资金收付手续的有关结算凭证和业务凭证为依据,并根据"联行往来——往户"账户的记账方向填制联行报单。"联行往来——往户"账户的记账方向为借方(代对方行付款),应编制借方报单;"联行往来——往户"账户的记账方向为贷方(代对方行收款),应编制贷方报单,同时根据单位要求和通信条件确定邮划报单或电划报单。

代对方行付款时,其会计分录为:

借:联行往来——往户

　　贷:吸收存款——×存款人户

代对方行收款时,其会计分录为:

借:吸收存款——×付款人户

　　贷:联行往来——来户

发报行编制联行报单必须一次套写或打印,报单上的日期、行号、行名、收(付)款单位账号或名称以及金额,都要填写正确清晰、字体端正、易于识别。收(付)款单位的账号、名称填错,可以更改,但要加盖联行专用章证明。金额填错不得更改,应另行编制报单。

联行报单按每笔业务编制,但为了减少报单份数,对同一收报行性质相同的多笔邮划凭证,可以并笔填制邮划报单(应编和免编密押的不得填在同一份报单内);全额承付同一收款人而且每笔均有托收号的,可并笔填制电划贷方报单。报单需加编密押的,应按总行规定编制密押。

(2) 报单的审查与寄发。为了防止可能发生的差错,联行报单必须经过复核才能寄发。复核时要认真核对报单的日期填写是否正确;收报行和发报行的行号与行名是否正确;收付款人名称或账号以及金额与附件是否一致;并笔填制的报单、各笔金额相加是否与合计金额一致;应编密押的是否齐全正确,以及报单是否用错等。对电划报单,还要注意电稿内容是否与报单相符,是否已加盖"业务电报专用章"。复核后的报单第一联和规定的结算凭证应加盖联行专用章。核对无误后,将邮划报单第一联和第二联连同附件装入联行专用挂号信封内,寄交收报行。电划报单则凭以拍发电报或通过网络传送。

(3) 联行往账的结束工作。每日营业终了,发报行将留存的第四联报单按借、贷方分别加计总数,汇总编制"联行往来"科目的转账借方、贷方传票,再根据传票编制"联行往来"科目日结单,据以登记总账,结出余额,同联行往账报告表余额核对相符。第四联报单附第二联联行往账报告表,定期装订保管。

2. 收报行来账的核算

收报行是联行报单的收受行。它的任务是认真审核报单;迅速办理转账;正确编制联行来账报告表寄管辖分行。在整个联行往来过程中,做好收报行工作是正确处理联行往来账务,及时办理异地资金划拨的关键。

(1) 审查联行报单。收报行收到发报行寄来的联行专用信封后,应先根据邮电部门送交的收信记录单,逐件验收。经检查无误签收拆封后,根据信封上所填报单笔数与信封内实装报单份数进行核对。如有不符,除在信封上注明实收报单笔数和报单号码外应立即向发报行查询。同时,为了防止漏拆信封、漏抽报单等差错发生,收报行应指定专人认真检查。收到联行电划报单,应认真审查电报挂号及内容,对编有密押的电报应核对密押,确认无误后,再编制电划借方(或贷方)补充报单。收报行对邮划报单和电划补充报单,应注意审查收报行行名、行号是否相符,是否为本行受理的报单;报单与附件的收、付款人名称或账号、金额是否一致;联行专用章与密押是否正确等。

(2)办理转账。联行报单经过收报行审核后,有的是完整的、正确的报单;有的是有缺陷的但可以转账的报单;有的是不能转账的错误报单。应按照不同情况,采取不同的处理方法。

① 完整的、正确的报单的处理。

收报行收到完整的、正确的报单,应根据邮划报单附件和电划补充报单及时办理转账手续,并在联行报单转账日期栏上加盖转账日期戳记。具体账务处理如下:

如收受发报行寄来的借方报单,其会计分录为:

借:开出汇票(或其他账户)

　　贷:联行往来——来户

如收受发报行寄来的贷方报单,其会计分录为:

借:联行往来——来户

　　贷:吸收存款——×收款人户

② 有缺陷的报单的处理。

有缺陷的报单是指这类报单填写不完整,但能肯定其正确性,因而是可以转账的报单。它包括:报单上的行号是本行,附件是他行的;行号是他行,附件是本行的;行号及附件是本行,行名是他行;或者报单内容清楚但缺少附件等情况。对于前两种情况,收报行应坚持以报单上收报行行号和附件为准进行处理,以便管辖行集中核对账务。其处理方法如下:

第一,行号是本行,附件是他行的。经收报行审查,发现报单上的收报行行名、行号是本行的,但附件内容是他行的,应将报单留下按本行报单处理,同时发出查询,对于非本行的附件上所列收报行,另填同方向报单办理划转手续。

【例6-1】　武汉市洪山支行收到广州分行营业部的邮划贷方报单一份,金额10万元,经审查行号、行名均为本行,但所附托收凭证是上海虹口支行的。武汉市洪山支行办理划转手续时,根据附件内容向上海虹口支行填发贷方报单,并在备注栏注明"广州分行营业部报单误划本行,现转你行"。原附托收凭证作为转划报单的附件一并寄上海虹口支行。同时还应填制联行往来查询书分别寄原发报行和正确的收报行。武汉市洪山支行的会计分录如下:

借:联行往来——来户　　　　　　　　　　　　　　　　100 000

　　贷:联行往来——往户　　　　　　　　　　　　　　　　100 000

如收到的缺陷报单是借方报单,其会计分录与上例相反。

第二,行号是他行,附件是本行的。经收报行审查,发现报单上的收报行行号非本行,但附件内容肯定是本行的,应将报单留下先向发报行查询,要求更改原收报行行号。待查复后,按正确的行号代为更正,按本行报单处理。同时编制查询查复书,随来账报告表抄报管辖分行,注明"请按解付行行号×××××对账"字样。

如果收报行收到非本行行号的报单,而联行行名行号簿上查无此行号,收报行如能肯定该笔业务确属本行时,可以按本行行号代为更正。更正后,必须通知管辖行和发报行,以便做相应的更正。

第三,收到报单仅收报行行名非本行,行号及附件均是本行的,收报行可以更正行名后,按本行的报单处理。同时向发报行发出查询,以便防止今后出现同类错误。

第四,收报行收到报单内容清楚具体,仅缺附件,收报行可以代为补制报单抄本,办理转账。

③ 不能转账的错误报单的处理。

不能转账的错误报单是指收报行收到报单后发现:收付款单位账号、户名不清楚;报单与附件金额不符;漏编密押或密押不符;漏盖联行专用章等。收报行对不能转账的错误报单,应登记"未转账错误报单登记簿",并及时发出查询。错误报单连同附件专夹保管,待接到查复后,再按照不同情况处理,并销记登记簿。但如遇防汛、救灾、抢险等特殊情况,经领导批准,也可以一面转账,一面查询,并在报单上注明错误报单情况及查询日期。

(3)联行来账的结束工作。每日营业终了,收报行应将留存的第一联报单按借、贷分别加计总额,汇总编制"联行往来"的转账借方、贷方转票,再根据传票编制"联行往来"科目日结单,据以登记总账,结出余额,同联行来账报告表余额核对相符。第一联报单附第二联联行来账报告表,定期装订保管。

**(二)往来账核对**

往来账核对是确保联行往来账务核算正确性的关键环节,核对往来账可以及时发现发报行、收报行在联行往来核算中出现的错误与问题。联行往来的监督对账方法,由各级联行往来管辖行根据自身联行的使用范围、业务量以及通信技术的特点自行确定。概括起来,其联行往来的对账类型主要有:

(1)集中监督,分散对账。即传统手工联行做法。

(2)集中监督,集中对账。即过去工行、农行、中行、建行等行的做法。

(3)集中监督,当时对账。即现行人行的电子联行。

(4)实存资金,同步清算,头寸控制,集中监督。即现行工行、储蓄银行等银行的做法。

(5)互设往来户,逐笔核对与定期复对相结合。即现行境外联行和过去建行的做法。

(6)集中监督,定日报告,总行对账。即过去中国银行的做法和省辖、县辖的做法。

现行联行往来账的对账,一般是根据上繁下简的原则设置的,无论是横向往来还是纵向往来,有集中对账和逐笔对账,但都离不开联行管辖行的集中监督。

**(三)划分资金**

联行往来发生后,必然发生行与行之间的代收代付和资金存欠。不同的行处发生联行往来时,往来资金并没有实际划拨,而是采取相互记账的方法。在银行实务过程中,对各行处由于联行往来发生的资金存欠的清偿有逐笔清偿和轧差清偿两种方式。采用逐笔清偿资金存欠方式的,由各个经办行在上级管辖行或联行往来的清算行实际开立清算账户并存入资金。资金不足时,应强制拆入。每发生一笔业务,对该清算账户进行相应的核算处理,资金存欠逐笔得到清偿。采用轧差清算资金存欠方式的,各联行往来经办行将一定时间内(一般为每天)同级别联行往来的发生额或余额进行汇总轧计差额,然后通过人民银行的电汇,采用实拨资金的方式进行清算,从而结清联行之间的资金存欠关系。现实工作中,多数银行主要采取实存资金、同步清算的做法。

**(四) 年度结平**

联行往来就其全过程来看,发报行记往账,收报行记来账,往账与来账之间必然是相互对应而平衡一致的。但由于往账与来账发生的时间、地点不同,发报行发出的报单,收报行不可能在同一时间转账,加之工作上的差错,从而出现发报行已经记往账,而收报行尚未记来账的现象,称之为未达账项。再由于联行往来账务是连续不断发生,如果不划分时间界线,那么联行未达账项将永远无法结清。因此,为了划清联行账务在新旧年度之间的界线,保持同一年度内往账与来账的平衡和统一,以年终 12 月 31 日为界线,划分上下年度,进行年度范围内的联行账务平衡和结清。

新年开始,将上年度"联行往来——往户"和"联行往来——来户"账户的余额转入"上年联行往来——往户"和"上年联行往来——来户"账户,继续核算上年度的联行账项。新年度发生的联行往来记入"联行往来——往户"和"联行往来——来户"账户,以区分新旧年度的联行账务,便于结清上年度的联行账务。

收报行新年度开始后,处理来账账务时,必须严格划分上、下年度,分别记入上年联行账户和本年联行账户。

上年联行账务在达到联行账务查清标志以后,即表示上年度联行账项已全部核对相符。至此,就可进行上年度联行账务的划转结平。

经办行将"上年联行往来——往户"和"上年联行往来——来户"账户逐级上划总行或反方结平。

总行根据往账和来账两大系统各账户余额反其方向划转结平。

### 三、联行电子汇划业务的核算

**(一) 商业银行电子联行汇划往来业务的核算**

商业银行电子联行汇划往来是指有电子联行行号的行与行之间,通过电子计算机网络进行异地资金划拨的资金账务往来。它将传统的系统内的发报行、收报行之间的横向资金往来转换成纵向资金汇划,从而使联行之间的资金划拨速度大大提高,资金清算也更为及时。

1. 电子联行汇划往来的基本做法

(1) 实存资金,是以联行清算行为单位在上级行清算中心开立的备付金存款账户,用于汇划账项时资金的清算。

(2) 同步清算,是指发报经办行通过其清算行经上级清算中心将款项划至收报经办行的同时,上级清算中心办理清算行之间的资金清算。

(3)头寸控制,是指各清算行在上级清算中心应保留足够余额,不得透支,便于及时集中清算。

(4)集中监督,是指上级清算中心对汇划往来数据发送、资金清算、备付金存款账户资信情况和行际间查询查复事宜进行管理和监督。

在联行电子汇划中,通过计算机网络系统,采取"汇划数据实时发送,各清算行控制进出,上级清算中心即时处理,汇划资金按时到达"的办法。汇划数据实时发送是指发报经办行录入汇划数据后,全部及时发送到发报清算行;各清算行控制进出是指清算行辖属所有经办行的资金汇划、查询查复等事宜全部通过清算行进出,清算行控制辖属经办行内资金清算;上级清算中心即时处理是指上级清算中心对发报清算行传输来的汇划数据及时传输到收报清算行,实时业务由收报清算行及时传输到收报经办行,批量业务由收报清算行次日传输到收报经办行,管辖行清算中心当日更新各清算行备付金存款;汇划资金按时到达是指实时业务即时处理、及时到达,批量业务批量处理次日到达收报经办行。

2. 电子联行汇划往来的科目设置和基本流程

(1)"上存系统内款项"科目,属于资产类科目,用于核算和反映下级行(清算行、省分行)存放在上级行的资金。凡各清算行和省分行在总行开立的备付金存款账户,以及二级分行在省分行开立的调拨资金账户都使用本科目核算。实际上存资金时记借,减少上存资金时记贷,余额一般在借方。

(2)"系统内款项存放"科目,属于负债类科目,用于核算和反映各上级行(总行、省分行)收到辖属下级行备付金存款和调拨资金时使用的会计科目。收到下级行实际上存资金时记贷,下级行实际减少上存资金时记借,余额一般在贷方。

(3)"待清算辖内往来"科目,属于共同类科目,用于核算和反映各发报经办行、收报经办行与清算行之间的资金汇划往来与清算情况。发生代收资金时记贷,发生代付资金时记借,余额轧差反映。

电子联行汇划往来业务的基本流程如图6-1所示。

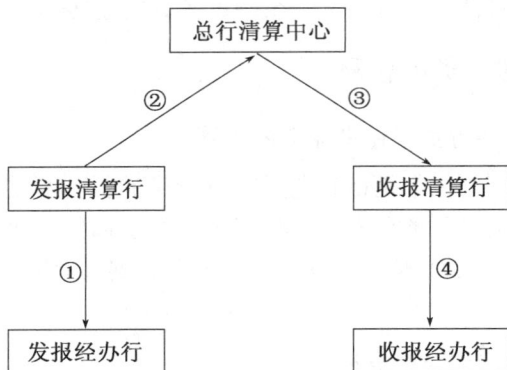

图6-1 电子联行汇划往来业务的基本流程

3. 电子联行汇划往来业务的具体核算

（1）发报经办行的账务处理。发报经办行按汇划业务种类，由经办人员根据汇划凭证录入有关内容。若为贷报业务，其会计分录如下：

借：××存款等

　　贷：待清算辖内往来

若为借报业务，则会计分录相反。

业务数据经过复核，按规定权限授权无误后，产生有效汇划数据发送至清算行。

每日营业终了，发报经办行应打印"待清算辖内往来汇总记账凭证"和"资金汇划业务清单"，并将后者作为前者的附件。然后就当天原始汇划凭证的笔数、金额合计与"资金汇划业务清单"的发送笔数、金额数及"待清算辖内往来"发送汇总借贷方凭证笔数及发生额核对一致，这样就保证了原始凭证、电子凭证和会计账户的一致。

（2）发报清算行的账务处理。发报清算行收到发报经办行传输来的汇划业务后，电子汇划系统自动记载"上存系统内款项"和"待清算辖内往来"科目有关账户。如发报清算行收到发报经办行传输来的汇划数据为贷报业务，其会计分录如下：

借：待清算辖内往来

　　贷：上存系统内款项——上级行备付金户

若为借报业务，则会计分录相反。

经过按规定权限授权、编押及账务处理后，由计算机联网系统自动传送至总行清算中心。

每日营业终了，发报清算行要进行记录的核对工作，即核对发报经办行传输的数据和经过本发报清算行账务处理后的有关数据是否相符。

（3）总行清算中心的账务处理。总行清算中心收到各发报清算行汇划数据，由计算机自动登记有关账户后，将款项传送至收报清算行。每日营业终了更新各清算行在总行开立的备付金存款账户。如为贷报业务，其会计分录如下：

借：系统内款项存放——发报清算行存放备付金

　　贷：系统内款项存放——收报清算行存放备付金

若为借报业务，则会计分录相反。

（4）收报清算行的账务处理。收报清算行收到总行清算中心传来的汇划业务数据，计算机联网系统自动检测到收报经办行是否为辖属行处，并经核对无误后自动进行账务处理。实时业务即时处理并传至收报经办行；批量业务批量处理后次日传至收报经办行。无论是实时业务还是批量业务，均有集中式和分散式两种处理模式。

① 集中式处理模式。在集中式处理模式下，收报清算行作为业务处理中心，负责所辖汇划收报的集中处理及汇出汇款、应解汇款等内部账务的集中处理。

第一，收报清算行收到总行清算中心传来的实时汇划数据后，及时代辖属经办行记账。如为贷报汇划业务，其会计分录如下：

借：上存系统内款项——上级行备付金户

　　贷：待清算辖内往来

同时，代理辖属经办行记账，其会计分录如下：

借:待清算辖内往来

　　贷:××存款等

第二,收报清算行收到总行清算中心传来的批量汇划数据后,日终进行挂账处理。如为贷报汇划业务,其会计分录如下:

借:上存系统内款项——上级行备付金户

　　贷:其他应付款——待处理汇划款项户

若为借方汇划款项,则会计分录相反(同时,"其他应付款"改为"其他应收款")。

次日清算行代经办行确认后冲销"其他应付款",同时代经办行记账。如仍为贷方汇划业务,其会计分录如下:

借:其他应付款——待处理汇划款项户

　　贷:待清算辖内往来

代经办行记账的会计分录为:

借:待清算辖内往来

　　贷:××存款等

若为借方汇划款项,则会计分录相反。

② 分散式处理模式。在采用分散式处理模式下,收报清算行收到总行清算中心传来的汇划数据后,要传至收报经办行进行相应的账务处理,即不代辖属经办行记账。

第一,收报清算行收到总行清算中心传来的实时汇划数据后,要及时传至收报经办行记账。如为贷报汇划业务,其会计分录如下:

借:上存系统内款项——上级行备付金户

　　贷:待清算辖内往来

若为借方汇划款项,则会计分录相反。

第二,收报清算行收到总行清算中心传来的批量汇划数据后,先进行挂账处理。如为贷报汇划业务,其会计分录如下:

借:上存系统内款项——上级行备付金户

　　贷:其他应付款——待处理汇划款项户

次日收报经办行确认后冲销"其他应付款"(如为借方汇划业务,则为"其他应收款"),并传至收报经办行进行账务处理。如仍为贷方汇划业务,其会计分录如下:

借:其他应付款——待处理汇划款项户

　　贷:待清算辖内往来

若为借方汇划款项,则会计分录相反。

(5) 收报经办行的账务处理。收报经办行的账务处理是在分散式模式下进行的。当收报经办行收到清算行传来的批量或实时汇划数据,经检查无误后,进行相应的账务处理。如为贷方汇划业务,其会计分录如下:

借:待清算辖内往来

　　贷:××存款等

若为借方汇划款项,则会计分录相反。

收报经办行的日终处理与发报经办行的日终处理相同。

### （二）人民银行电子联行业务的核算

人民银行电子联行业务是运用电子计算机网络和卫星通信技术，为人民银行和各商业银行提供资金划拨清算的资金账务往来。它的开通，有利于实现汇划款项与资金同步清算，减少在途资金；有利于加强联行资金管理，提高资金周转速度和使用效益；有利于加强中央银行宏观调控的职能。

1. 人民银行电子联行业务的基本做法

人民银行电子联行是在人民银行总行设立资金清算总中心，在人民银行各省分行和地（市）分行设立资金清算分中心，采取"星形结构、纵向往来、随发随收、当时核对、每日结平、存欠反映"的做法。首先，在全国各地根据条件，设置若干个发射站和接收站。当各分中心受理其他金融机构提交的联行汇划业务时，用计算机形成数据包，直接通过一号卫星发送到总中心，由总中心转发给接收汇划业务的分中心，各分中心之间不再横向往来。总中心与各分中心之间的信息交换，必须经过当时确认之后才可作为有效信息。每日营业终了，总中心与各分中心应在核对全天账务后，结平当日电子联行账务，并以上存或借用的形式反映各行资金的存欠关系。

电子联行划分为往账和来账两个系统。办理电子联行往账的人民银行机构称为电子发报行，而办理电子联行来账的人民银行机构称为电子收报行，清算中心称为电子转发行。各商业银行及其他金融机构受理资金汇划业务时，发出汇划业务信息的行称为汇出行，收到汇划业务信息的行称为汇入行。汇出行应将汇划的资金划转至其所在地发报行，由发报行通过转发行划转收报行，再由收报行划转到汇入行。汇划资金与资金清算同步进行。

2. 人民银行电子联行业务的科目设置和基本流程

人民银行电子联行往来业务主要设置以下几个科目：

（1）"电子联行往账"，属于共同类科目。发报行通过转发行向收报行进行资金汇划业务时，使用本科目核算。当发报行代收资金时，编制贷方报单，记贷方；当发报行代付资金时，编制借方报单，记借方；余额双方反映，不得轧差。在正常情况下与转发行核对后，当日结平。

（2）"电子联行来账"，属于共同类科目。收报行收到转发行转来发报行的资金汇划业务时，使用本科目核算。当收报行收到贷方报单，表明要代付资金，记借方；当收报行收到借方报单，表明要代收资金，记贷方；余额双方反映，不得轧差。在正常情况下，收报行与转发行核对后，当日结平。

（3）"电子清算资金往来"，属于共同类科目。各清算分中心和总中心之间的电子联行存欠，使用本科目核算。每日电子联行往账、电子联行来账科目余额分别核对后，全额转入本科目。余额轧差反映，在中央银行会计报表全国汇总后，本科目借、贷余额应相等。

人民银行电子联行往来业务的基本流程如图 6-2 所示。

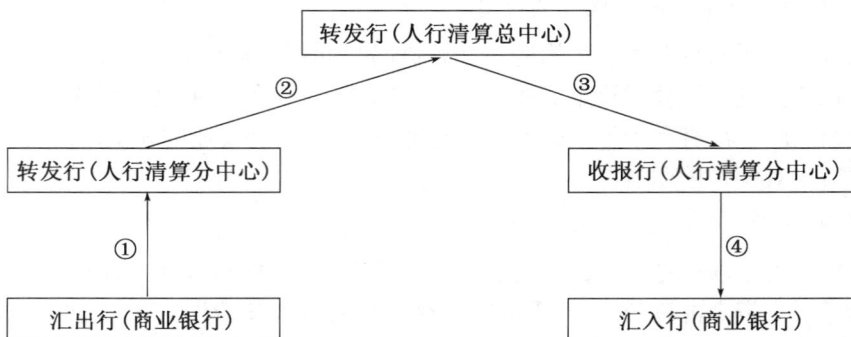

图 6-2　人民银行电子联行往来业务的基本流程

3. 人民银行电子联行业务的具体核算

（1）汇出行的账务处理。汇出行收到开户单位提交的应转汇的有关凭证,经审核无误后,即填制电子联行转汇清单一式三联,转汇清单每十笔填一份,然后汇总填制两联划拨凭证,通过人民银行往来,将转汇资金划转电子联行发报行。如果是代联行收款业务开户单位为付款单位,汇出行的会计分录如下:

借:××存款等

　　贷:存放中央银行准备金

如果是代付款业务,其会计分录相反。

汇出行转账后,将第一联划款凭证连同三联转汇清单一并提交开户的发报行。

（2）发报行的账务处理。发报行收到汇出行提交的划拨凭证、转汇清单及有关业务凭证,经审核无误并确认汇出行账户有足够存款支付后,在第三联转汇清单上盖章并退回汇出行,同时办理转账。如为代收款业务,人民银行发报行的会计分录如下:

借:××银行存款——汇出行

　　贷:电子联行往账

如果是代付款业务,其会计分录相反。

转账后,第一、第二联转汇清单须逐笔加填收报行行号并加编密押。转汇清单第一联交录入员,凭以逐笔输入电子联行计算机系统,每十笔打印一份电子联行往账代收清单。录入计算机的往账信息经审核无误后,由计算机自动逐笔加编密押,通过一号卫星通信网络发往转发行。转发行及时反馈,收到转发行发回的收电回执后,由电子计算机系统对已发的往账借方、贷方笔数和金额进行累加。每日营业终了,发报行发出往账结束包与转发行对清当日往账的笔数及累计金额,在收到对账正确回执后,即填制转账传票办理转账。如为代收款业务,其会计分录如下:

借:电子联行往账

　　贷:电子清算资金往来

如果是代付款业务,其会计分录相反。

（3）转发行的账务处理。转发行收到发报行发来的往账信息,经确认无误后向发报行发送收电回执,然后分批按收报行行号整理出各行的笔数、金额,并汇总平衡无误后,向各收报行转发汇划信息,待收报行发回收电回执后予以验证。

每日营业终了,通过往账、来账结束包与发报行、收报行核对当日账务。核对后,打印电子联行往来平衡表,并汇总各联行的应收、应付资金。汇总后的各行应收、应付资金余额合计相符。

每月,由转发行同收报行和发报行用电传或邮寄对账表方式核对"电子清算资金往来"科目余额。若发现不符,应立即查明更正。

(4) 收报行的账务处理。收报行收到电子联行来账信息,经审核无误后,向转发行发送收电回执,并根据来账信息按汇入行打印电子联行来账清单,经逐笔核押后,按总数填制两联划款凭证办理转账。如为代收款业务,其会计分录如下:

借:电子联行来账
　　贷:××银行存款——汇入行

如果是代付款业务,其会计分录相反。

转账后,将有关凭证转交汇入行。

每日营业终了,收报行通过转发行发来的来账结束包对清当日来账的笔数及累计金额,并打印电子联行来账科目日结单,据此编制转账传票,办理转账,将电子联行来账科目余额转入电子清算资金往来科目。如为代收款业务,其会计分录如下:

借:电子清算资金往来
　　贷:电子联行来账

(5) 汇入行的账务处理。汇入行接到收报行转来的电子联行来账清单第三联及划款凭证,经审核无误,编制转账传票和收(付)款通知,进行相应的账务处理。如收报行转来的是发报行代收款业务,汇入行的会计分录如下:

借:存放中央银行准备金
　　贷:××存款等

转账后,将收款通知送给客户。如果是代付款业务,其会计分录相反。

# 第三节　同业往来业务的核算

## 一、同业往来的意义、管理体制和科目设置

### (一) 同业往来的意义

同业往来,是指商业银行之间由于办理跨系统汇划款项、相互拆借资金等业务所引起的资金账务往来。由于各企、事业单位在不同的商业银行开户,彼此之间的货款结算和资金往来必然会引起银行之间的业务往来,从而导致银行间跨系统的同城、异地结算以及资金账务往来。此外,各商业银行之间调剂资金余缺,进行相互拆借,也会形成同业往来间的借贷关系。具体来说,同业往来核算的内容主要包括:同城同业往来、异地跨系统汇划款项、同业拆借和票据的相互融通。

### (二)同业往来的管理体制

人民银行统一管理和各行自行管理相结合,包括跨系统资金汇划、同城票据交换、同业拆借和转贴现或重贴现。商业银行之间的资金往来,在不违背人民银行统一规定的前提下,可以经双方协商,签订相互往来协议,明确规定资金往来流程、资金清算时间、占用资金利率以及其他违约事项,并报上级行和当地人民银行批准。

### (三)同业往来的科目设置

为了便于同业往来的核算,除了设置存放中央银行准备金、存放同业款项、同业存放款项、联行往来、同城票据清算等科目以外,还要设置拆出资金、拆入资金、转贴现、利息收入、利息支出等科目进行核算。

## 二、异地跨行转汇业务的核算

异地跨行转汇业务,即各商业银行跨系统的汇划款项,可以采取商业银行相互转汇和通过人民银行办理转汇两种做法。

### (一)跨系统汇划款项"相互转汇"的核算

跨系统汇划款项由商业银行"相互转汇"核算,一般应根据汇出地和汇入地的机构设置情况,分别选择三种不同的转汇方式。

1. 汇出地为双设机构地区的转汇,采取"先横后直"的方式办理

汇出地为双设机构是指同一地区设有跨系统汇入行的银行分支机构。在这种情况下,办理异地跨系统转汇时,必须采取"先横后直"的方式办理转汇。即由汇出行根据客户提交的汇款凭证,按照不同系统的汇入行逐笔填制转汇清单,并根据转汇清单汇总编制划款凭证,通过同城票据交换划转汇入行在当地的转汇行,转汇行再通过系统内联行或电子汇划清算系统将款项划入收款人开户行。

(1)汇出行的核算。汇出行根据客户提交的汇款凭证,按不同系统的汇入行逐笔填制转汇清单,汇总后通过同城票据交换,提交同城跨系统转汇行。其划收款项的会计分录为:

借:××存款——×付款人户
　　贷:存放中央银行准备金

(2)同城转汇行的核算。同城转汇行收到汇出行的转汇清单和转汇凭证,经审核无误后,据以编制联行报单,通过本系统联行将款项划往异地的汇入行。其划收款项的会计分录为:

借:存放中央银行准备金
　　贷:联行往来——往户

(3)汇入行的核算。汇入行收到同系统转汇行通过联行划转的款项,为收款人办理转账手续。其划收款项的会计分录为:

借:联行往来——来户
　　贷:××存款——×收款人户等

如系划付款项,其会计分录与划收款项的会计分录相反。

2. 汇出地为单设机构地区的转汇,采取"先直后横"的方式办理

汇出地为单设机构是指同一地区没有跨系统的汇入行系统的银行机构,但汇入地有汇出行系统的分支机构。在这种情况下,可以采取"先直后横"的方式在汇入地办理转汇。即由汇出行将款项通过本系统联行或电子汇划清算系统办理划转,汇入地联行机构(转汇行)收到有关凭证后通过同城票据交换提交汇入行。

(1)汇出行的核算。汇出行根据客户提交的汇款凭证填制联行报单,通过本系统联行往来将款项划转至汇入地本系统的转汇行。其划收款项的会计分录为:

借:××存款——×付款人户
　　贷:联行往来——往户

(2)异地转汇行的核算。异地转汇行收到同系统的汇出行划来的转汇款项,应通过同城票据交换,向跨系统汇入行办理转汇。其划收款项的会计分录为:

借:联行往来——来户
　　贷:存放中央银行准备金

(3)汇入行的核算。汇入行收到跨系统转汇行划转的款项,为收款人入账。其划收款项的会计分录为:

借:存放中央银行准备金
　　贷:××存款——×收款人户

如系划付款项,其会计分录与划收款项的会计分录相反。

3. 汇出地、汇入地均为单设机构地区的转汇采取"先直后横再直"的方式办理

汇出地、汇入地均为单设机构的地区,必须采取"先直后横再直"的方式办理转汇。即要选择就近设有双系统银行机构的地区作为转汇地,首先通过本系统联行或电子汇划清算系统将款项划至转汇地的本系统联行机构(代转行),由其通过同城票据交换将汇划款项转至当地的跨系统转汇行,再由其通过系统内联行或电子汇划清算系统将款项汇至跨系统的汇入行。

(1)汇出行的核算。汇出行根据客户提交的汇款凭证填制联行报单,通过本系统联行往来将款项划转至转汇地区的本系统联行机构。其划收款项的会计分录为:

借:××存款——×付款人户
　　贷:联行往来——往户

(2)代转行的核算。代转行收到本系统汇出行划来的款项,通过同城票据交换,向转汇行办理转汇。其划收款项的会计分录为:

借:联行往来——来户
　　贷:存放中央银行准备金

(3)转汇行的核算。转汇行收到本地区跨系统代转行划转的款项,应通过本系统联行往来将款项划转汇入行。其划收款项的会计分录为:

借:存放中央银行准备金
　　贷:联行往来——往户

(4)汇入行的核算。汇入行收到同系统的转汇行划转的款项,为收款人入账。其划

收款项的会计分录为：

借：联行往来——来户

贷：××存款——×收款人户

如系划付款项，其会计分录与划收款项的会计分录相反。

**（二）跨系统汇划款项通过人民银行转汇的核算**

各商业银行之间的汇划款项业务也可以通过人民银行转汇，商业银行内部的汇划款项在规定的金额限额以上（按现行规定 10 万元以上），应通过人民银行转汇。其主要核算环节为：

（1）汇出行的处理。根据开户单位提交的结算业务凭证，经审核，收款人为异地跨系统商业银行开户，汇出行则应填制转汇清单，联同原结算凭证一起报送当地人民银行。汇出行的会计分录为：

借：××存款——×付款人户

贷：存放中央银行准备金

（2）发报行的处理。所在地人民银行收到商业银行提交的转汇清单和有关结算凭证，经审核，收款人开户行为异地跨系统商业银行，即填制报单，办理转账。其会计分录如下：

借：××银行存款

贷：电子联行往账

（3）收报行的处理。异地人民银行收到联行报单和有关结算业务信息，经审核，收款人在当地某商业银行开户，应及时将款项转入汇入行账户，并将凭证送交汇入行。其会计分录如下：

借：电子联行来账

贷：××银行存款

（4）汇入行的处理。汇入行根据人民银行交来的有关结算业务凭证，经审核无误后，办理转账。其会计分录如下：

借：存放中央银行准备金

贷：××存款——×收款人户

## 三、同业拆借的核算

同业拆借是指商业银行之间临时融通资金的一种短期资金借贷行为。拆借资金主要用于解决清算票据交换差额、系统内调拨资金不及时等原因引起的临时性资金不足。通过相互融通资金，充分发挥横向调剂作用，有利于搞活资金，提高资金的使用效益。

同业拆借可以在人民银行组织的资金市场进行，也可以在同城商业银行间进行，或在异地商业银行间进行，但都必须在 1996 年建立的全国银行间同业拆借系统内运行，实行交易双方公开报价、格式化询价、确认成交的交易方式，双方应在规定时间内主动通过电子联行系统办理资金划拨和清算。拆出与拆入的商业银行，应商定拆借条件，如拆借金额、利率、期限等，并签订协议，由双方共同履行。

### (一) 资金拆借的核算

资金的拆借涉及拆出行、人民银行和拆入行,具体核算如下:

拆出行根据拆借合同签发人民银行转账支票并填制进账单,办理资金划转手续。其会计分录为:

> 借:拆出资金——×拆入行户
>
> 　　贷:存放中央银行款项

转账后,将支票连同进账单一并交给人民银行或拆入行。

人民银行收到拆出行签发的转账支票和进账单,据以办理转账。其会计分录为:

> 借:××银行准备金存款(拆出行户)
>
> 　　贷:××银行准备金存款(拆入行户)

以进账单回单联作收账通知交给拆入行。

拆入行收到进账单回单联,据以办理转账。其会计分录为:

> 借:存放中央银行款项
>
> 　　贷:拆入资金——×拆出行户

### (二) 归还拆借资金的核算

拆借资金到期,原拆入行签发人民银行转账支票并填制进账单,办理本息划转手续。其会计分录为:

> 借:拆入资金——×拆出行户
>
> 　　利息支出——拆借利息支出户
>
> 　　贷:存放中央银行款项

转账后,将转账支票和进账单一并交给人民银行。

人民银行收到原拆入行签发的转账支票和进账单,据以办理转账。其会计分录为:

> 借:××银行准备金存款(拆入行户)
>
> 　　贷:××银行准备金存款(拆出行户)

以进账单回单联作收账通知交给原拆出行。

原拆出行收到进账单回单联,据以办理转账。其会计分录为:

> 借:存放中央银行款项
>
> 　　贷:拆出资金——×拆入行户
>
> 　　　利息收入——拆借资金利息收入户

## 四、转贴现的核算

转贴现又称重贴现,指商业银行持已办理贴现、未到期的商业汇票向其他商业银行融通资金的行为。它是解决商业银行因办理票据贴现而引起资金不足这一问题的又一条途径。

### (一) 办理转贴现的核算

商业银行持未到期的商业汇票向其他商业银行申请转贴现时,应根据汇票填写一式五联转贴现凭证,在第一联上签章后,连同汇票一并送交转贴现银行信贷部门。

转贴现银行会计部门接到信贷部门转来审批同意的转贴现凭证和作成背书转让的商业汇票,经审查确认无误后,其余手续比照一般贴现办理。其会计分录为:

借:贴现资产——汇票转贴现户
　　贷:存放中央银行款项
　　　　利息收入——转贴现利息收入

转贴现申请银行收到转贴现银行交给的转贴现收账通知书,应填制二借一贷的特种转账传票,将收账通知书作为存放中央银行款项借方传票的附件,办理转账。其会计分录为:

借:存放中央银行款项
　　利息支出——转贴现利息支出
　　贷:贴现资产——×汇票户

**(二)转贴现到期收回的核算**

转贴现银行作为持票人向付款人办理收款,可比照贴现到期收回贴现票款处理。在收到款项划回时,其会计分录为:

借:联行往来——来户(或其他科目)
　　贷:贴现资产——×汇票转贴现户

转贴现票据到期,对向承兑人收款而不获付款的情形,应向转贴现申请银行进行追索。

# 第四节　同城票据交换

## 一、同城票据交换的意义和基本做法

同城票据交换是指在同一票据交换区域内的各银行,按照规定的时间,集中到指定的场所,相互交换代收、代付票据,轧计差额,清算应收应付资金的办法。同城票据交换使得同一票据交换区域的各行处之间不必逐笔划转款项和分头传递结算凭证,从而可以简化核算手续,加快凭证传递,加速资金周转。

参加票据交换的银行均应在中央银行开立备付金存款账户,由中央银行负责对各银行之间的资金存欠进行清算。票据交换分为提出行和提入行两个系统。向他行提出票据的是提出行,提回票据的是提入行。而参加票据交换的银行一般既是提出行也是提入行。各行提出交换的票据可分为代收票据和代付票据两类。凡是由本行开户单位付款,他行开户单位收款的各种结算凭证,称为代收票据(贷方票据);凡是由本行开户单位收款,他行开户单位付款的各种结算凭证,称为代付票据(借方票据)。提出行提出代收票据则表示为本行应付款项,提出代付票据则表示为本行应收款项;提入行提入代收票据则表示为本行应收款项,提入代付票据则表示为本行应付款项。各行在每次交换中当场加计应收和应付款项,最后由票据交换所汇总轧平各行处的应收、应付差额,由中央银行办理转账,清算差额。

## 二、同城票据交换的主要规定

### (一)参加行申请,人民银行统一核定交换行号

交换行号是人民银行准入有关商业银行参加同城票据交换的代号。各行应主动提出书面申请,人民银行进行核准同意后,应通报全市所有参加票据交换的行处。实际票据交换时,必须在票据上印有交换行号。

### (二)交换场次和时间规定

在支付业务量较大的城市,由人民银行组建票据交换所或清算所,清算所每天上、下午各进行一次交换,小城市和大多数县城清算所每天上午只进行一次票据交换。上午交换的叫午场,一般规定 11∶30 左右进行;下午交换的叫晚场,一般规定在 18∶30 左右进行。

### (三)提出交换的票据和凭证种类

提出交换的票据包括借方票据和贷方票据,借方票据一般包括支票、银行汇票、本票、汇兑等支付凭证;贷方票据一般包括商业汇票、进账单、签购单、托收凭证等收款凭证。

### (四)使用计算机处理的操作流程

第一,严格统一交换票据格式,用打码机处理提出票据。交换票据为特别打制的统一格式,由于提出票据和凭证仍系签发人手工填写,所以需经打码机处理后才能提出交换。同时,为便于分批处理提出交换,在每批(不超过 100 张)经打码机处理后,另打制一张"批控卡"以控制分批金额。第二,填制"交换提出报告单",连同票据凭证一起提出交换。提出行根据"批控卡"的借方(贷方)总额填入"交换提出报告单",合计总数,并与打码机的总数核对相符,连同本场交换提出的全部票据一并送至交换场。第三,在交换场清分、打印及提回交换凭证。交换场工作人员在柜面与提出交换行对送达的票据凭证办理交接手续,然后将交换票据凭证送交机房,由工作人员陆续投入计算机运行,自动按提回行进行清分、读数、打出明细清单,直至最后把提回票据凭证输进各提回行箱夹,整个交换工作才告完成。第四,根据提出提回票据、凭证的借方、贷方总金额轧差,填制"交换差额报告单",送人民银行会计部门办理转账。

### (五)提入行将票据及凭证处理入账

提入行提回的票据及凭证,通过终端机输入,记入各单位存款账户。票据、凭证的输入总金额应与提回清单的总金额相符。

## 三、同城票据交换的核算

商业银行提出和提入票据的资金,均应通过人民银行的存款账户进行清算。在实际工作中,提出和提入的票据并非每笔都直接通过"存放中央银行款项"账户核算,而是先通过相应的过渡性账户列账,如"其他应收款""其他应付款"账户或"同城票据清算"等账户,最终以交换差额从过渡账户转入"存放中央银行款项"账户。

### (一)票据交换的处理

进行票据交换时,票据提出行根据提出的借方和贷方传票,分别逐笔填制票据交换清

单,然后根据交换清单汇总编制两联借方凭证或贷方凭证,将一联借方或贷方凭证代传票办理转账。

1. 票据提出行的处理

(1) 提出借方(即提出的支票、本票等付款凭证,说明付款人在他行开户),就是本行代付资金,即应收款项。其会计分录为:

借:同城票据清算
　　贷:××存款等

(2) 提出贷方(即提出的进账单、托收等收款凭证,说明付款人在本行开户),就是本行代收资金,即应付款项。其会计分录为:

借:××存款等
　　贷:同城票据清算

办理转账后,将另一联借方或贷方凭证连同有关提出凭证交票据交换中心进行票据交换。

2. 票据提入行的处理

(1) 提入借方(即提入的支票、本票等付款凭证,说明付款人在本行开户),本行代收资金,即应付款项。其会计分录为:

借:××存款等
　　贷:同城票据清算

(2) 提入贷方(即提回的进账单、托收等贷方凭证,说明收款人在本行开户),本行代付资金,即应收款项。其会计分录为:

借:同城票据清算
　　贷:××存款等

**(二) 票据交换差额清算的处理**

参加票据交换的各银行于每日营业终了,须计算当日的应收或应付差额,为票据交换差额清算做好准备。清算差额时,由参加票据交换的各银行根据应付或应收差额向人民银行填制有关凭证,办理划款手续。

提出借方＋提入贷方＝代付资金(即应收资金);提出贷方＋提入借方＝代收资金(即应付资金)。前者大为应收差额,后者大为应付差额。如某行为应付差额,其会计分录如下:

应付差额行:
借:同城票据清算
　　贷:存放中央银行款项
人民银行:
借:××银行准备金存款——应付资金行户
　　贷:××银行准备金存款——应收资金行户
应收差额行:
借:存放中央银行款项

贷:同城票据清算

票据交换业务要坚持"先付后收,收妥抵用,银行不垫款"的原则。当提入行提入有错误的票据,如账号与户名不符、大小写金额不一致、付款人账户资金不足支付等,均要办理退票。

# 第五节　中央银行往来的核算

## 一、中央银行往来的意义和科目设置

中央银行往来是指商业银行向中央银行领缴现金、办理缴存存款、再贷款、再贴现以及必须通过在中央银行开立的存款户进行资金清算所引起的资金账务往来。中国人民银行作为中央银行,集中保管全国银行的存款准备金,负责全国各银行之间最后的资金清算,所有金融机构都必须在人民银行开立账户,并接受宏观监督和管理。

各个商业银行与中央银行往来,都必须设置"存放中央银行款项""缴存中央银行财政性存款""缴存中央银行一般存款""向中央银行借款"和"再贴现"等科目,用来分别反映各商业银行向人民银行发行库领取现金和缴存现金;各商业银行吸收的国家金库款以及财政性存款全部缴存中央银行;各商业银行吸收的一般存款按比例缴存中央银行;各商业银行营运资金不足时,向中央银行申请再贷款、再贴现等。

## 二、向人民银行存取款项的核算

根据货币发行制度的规定,商业银行需核定各行处业务库必须保留的现金限额,并报开户人民银行发行库备案。当现金超过规定的库存现金限额时,需缴存中央银行发行库;当需用现金时签发现金支票到开户人民银行发行库提取。

商业银行存入现金时,其会计分录为:

借:存放中央银行款项

　　贷:库存现金

人民银行收到商业银行存入款项时,根据有关凭证处理账务,其会计分录为:

借:发行基金往来

　　贷:××银行准备金存款

　　　　(收入)发行基金——直属库户

支取现金时做相反的会计分录。

## 三、向中央银行缴存存款的核算

缴存存款是中央银行进行宏观控制的四大法宝之一。为了缴存存款准备金和提取现金、资金清算的需要,所有金融机构都需在中国人民银行开设存款账户。1998年之前,金融机构除了在中国人民银行开立准备金存款账户以外,还要开立一般存款账户,用以办理各项资金收付业务。1998年3月,中国人民银行决定改革存款准备金制度,实行法定准备金账户与支付准备金账户合二为一，以商业银行法人为单位，统一向中国人民银行总行或法人所在地中国人民银行分支行缴纳准备金，而商业银行外地分支行还在当地中国人民银行开立准备金存款账户，办理现金存取和资金清算业务。金融机构在中国人民银行开立的存款账户统称为准备金存款账户。

**（一）缴存存款的一般规定**

1. 缴存存款的范围和比例

第一，财政性存款。商业银行吸收的财政性存款主要包括中央预算收入、地方预算收入、代理发行债券和待结算财政款项等。其缴存范围为：集中上交中央财政资金，集中上交地方财政资金，待结算财政款项（轧差后贷方余额），代收个人购买国库券款项（减代付个人国库券本息款项），代收单位购买国库券款项（减兑付单位国库券本息款项），代收国家其他债券款项（减兑付国家其他债券本息款项、兑付国家投资公司债券本息款项）。财政性存款属于中央银行的信贷资金，商业银行不得占用，应100%全额缴存。

第二，一般性存款。商业银行吸收的一般性存款主要包括机关团体存款、财政预算外存款、企事业单位存款、个人储蓄存款和其他存款。其缴存范围为：企事业单位存款，储蓄存款，基建单位存款，机关团体存款，财政预算外存款，委托存款轧减委托贷款、委托贷款后的差额，其他一般存款等。缴存比例（即商业银行缴存的存款准备金占其吸收的一般性存款总额的比例），目前为17%左右，该比例可由中央银行根据货币政策的运用，适时加以调整。

2. 向中央银行缴存存款的时间

各商业银行缴存存款的时间，除第一次按规定时间缴存外，现在都是以法人为单位，法定准备金缴存实行按旬考核的办法，于旬后五日内办理。中国人民银行会计营业部门根据商业银行法人机构"一般存款余额表"或会计报表计算出本期应缴存款准备金的数额，并将此数额设定为该行准备金存款账户的余额控制线。每旬营业终了，如存款余额低于此控制限额，则应计算罚息，并通知商业银行补足存款。应缴存款准备金限额，只允许在金融机构发生严重支付困难并报经中国人民银行批准动用法定准备金的情形下才可突破。

3. 向中央银行缴存存款的金额起点

划缴或调整缴存存款时，应区别财政性存款和一般性存款，将本旬末各科目余额总数与上期同类各科目旬末余额总数相对比，按实际增加或减少数进行调整，计算应缴存金额。缴存（调整）金额以千元为单位，千元以下四舍五入。

4. 向中央银行缴存存款的凭证

各商业银行按规定时间向人民银行缴存（调整）存款的时间，应根据有关存款科目余额，填制"缴存财政性存款科目余额表""缴存一般性存款科目余额表"一式两份，并按规定比例分别计算出财政性存款和一般性存款应缴存金额，填制"缴存（或调整）财政性存款划拨凭证""缴存（或调整）一般性存款划拨凭证"一式四联。发生欠缴时，填制欠缴凭证一式四联。第一、第二联由商业银行留存记账，第三、第四联交人民银行记账处理。

**（二）缴存存款的账务处理**

1. 首次缴存的核算

首次向中央银行缴存存款时,应分别填制"缴存财政性存款科目余额表""缴存一般性存款科目余额表"一式两份,按各自规定比例计算出应缴存金额,据以填制"缴存财政性存款划拨凭证""缴存一般性存款划拨凭证"一式四联,以第一、第二联做账务处理,其会计分录如下:

借:缴存中央银行财政性存款
　　缴存中央银行一般性存款
　　贷:存放中央银行准备金

转账后,分别将各自缴存存款划拨凭证第三、第四联和一份存款科目余额表送交人民银行。

人民银行收到商业银行送交的划拨凭证第三、第四联和存款科目余额表,经过核对无误后,办理转账。其会计分录如下:

借:××银行存款
　　贷:××银行划来财政性存款
　　　　××银行划来一般性存款

2. 调整缴存款的核算

各商业银行按规定时间对已缴存的存款进行调整时,应该填制"缴存(调整)财政性存款科目余额表""缴存(调整)一般性存款科目余额表"一式两份,按规定比例分别计算出应缴存金额,然后与已缴存金额进行比较。如果应缴大于已缴,则应调增缴存存款,反之之为调减缴存存款。调增(即补缴)缴存存款时的会计分录与首次缴存分录相同;调减(即退回)缴存存款时的会计分录如下:

借:存放中央银行准备金
　　贷:缴存中央银行财政性存款
　　　　缴存中央银行一般性存款

3. 欠缴存款的核算

欠缴存款是指商业银行法人在规定调整缴存日,其在人民银行的存款低于应缴存款金额。发生欠缴是这家商业银行占用了中央银行财政性存款。如果人民银行存款余额不足,应先缴存财政性存款,有剩余再缴存一般存款。

发生欠缴时,应该填制"财政性(一般性)存款欠缴凭证"一式四联,另外填制表外科目收入传票,进行表外登记。

收入:待清算凭证

人民银行也做相应的表外处理。

对于欠缴的款项,人民银行采取一次性主动扣收的办法处理。当欠缴存款的商业银行有足够款项一次扣收时,人民银行以欠缴凭证第三、第四联办理转账。其会计分录如下:

借:××银行存款

贷：××银行划来财政性存款

　　××银行划来一般性存款

同时销记表外科目，付出——待清算凭证。

对于超过缴存时间，计算欠缴的天数，填制特种转账借贷传票收取罚金。其会计分录为：

借：××银行存款

　　贷：营业外收入

欠缴的商业银行收到付款通知，应以原来保管的欠缴凭证第一、第二联作借贷传票办理转账。其会计分录为：

借：××银行存款

　　贷：××银行划来财政性存款

　　　　××银行划来一般性存款

填制表外科目付出传票销记待清算凭证表外科目。

同时，根据人民银行送来的欠缴罚款通知，做如下会计分录：

借：营业外支出

　　贷：存放中央银行准备金

### 四、再贷款的核算

商业银行在经营中发生营运资金不足，可向人民银行借款。人民银行通过对商业银行发放再贷款，可以支持商业银行的业务发展，又可以通过放松或缩紧贷款起到调节社会信用规模，影响市场货币供给量，实现对信贷资金宏观调控的作用。

**（一）再贷款的概念与种类**

再贷款是指人民银行向商业银行或其他金融机构以多种方式融通资金的总称。它是解决商业银行资金不足，发挥人民银行宏观控制作用的工具。再贷款按照贷款期限划分为以下三种。

1. 年度性贷款

年度性贷款是指人民银行为解决商业银行因经济合理增长引起的资金不足而发放的一种贷款。该种贷款的期限一般为 1 年或 1 年以上。

2. 季节性贷款

季节性贷款是指人民银行为解决商业银行因信贷资金先支后收或存款季节性下降、贷款季节性上升等原因引起的资金短缺而发放的一种贷款。该种贷款的期限一般为 2 到 4 个月。

3. 日拆性贷款

日拆性贷款是指人民银行为了解决商业银行因汇划款项而引起的未达和清算资金不足等原因而引起的临时性资金短缺而发放的贷款。该种贷款的期限最长不超过 20 天。

**（二）再贷款发放的核算**

再贷款的发放，由商业银行向人民银行提出申请，经人民银行审核同意后办理。商业银行在向人民银行申请再贷款时,应填制一式五联的借款借据送交人民银行计划部门。

1. 人民银行的核算

借款借据经人民银行计划部门核准签批后,留存第四联作贷款记录卡,其余四联送交会计部门。会计部门收到借款借据并审查无误后,以借款借据的第一、第二联分别作转账借方和贷方传票,办理转账。其会计分录为:

借:××银行贷款
　　贷:××银行准备金存款

第三联借款借据盖章后退还借款的商业银行,第五联借款借据按到期日顺序排列妥善保管,并定期与贷款分户账核对,以保证账据一致。

2. 商业银行的核算

商业银行收到人民银行退回的第三联借款借据后,凭以编制转账借、贷方传票办理转账。其会计分录为:

借:存放中央银行款项
　　贷:向中央银行借款

**(三) 再贷款收回的核算**

贷款到期,商业银行应主动办理贷款归还手续,由会计部门填制一式四联再贷款还款凭证提交人民银行。

1. 人民银行的核算

人民银行收到商业银行提交的再贷款还款凭证,经审查无误后,以第一、二联还款凭证分别代转账借方、贷方传票,原借款借据第五联作贷方传票的附件,办理转账。其会计分录为:

借:××银行准备金存款
　　贷:××银行贷款

转账后,将还款凭证第三联送计划部门保管,第四联盖章后作支款通知退还借款的商业银行。人民银行再贷款实行定期计息,利息通过"利息收入——金融机构利息收入"账户核算。

2. 商业银行的核算

商业银行收到人民银行退回的还款凭证第四联,以其代人民银行存款户的贷方传票,同时另编制转账借方传票办理转账。其会计分录为:

借:向中央银行借款
　　贷:存放中央银行款项

再贷款利息由人民银行扣收后,通过"利息支出——人民银行往来利息支出"账户核算。

## 五、再贴现的核算

再贴现是指商业银行由于办理票据贴现引起资金不足,而将未到期的已办理贴现的票据向人民银行融通资金的一种方式。人民银行通过这一货币政策的实施,可以促进商业银行票据贴现业务的开展,搞活资金,引导资金流向,提高资金使用效益。

**(一)受理再贴现的核算**

商业银行持未到期的商业汇票向人民银行申请再贴现时,应根据汇票填制一式五联再贴现凭证,在第一联上签章后,连同汇票一并送交人民银行资金计划部门。

1. 人民银行的核算

人民银行会计部门接到计划部门转来审批同意的再贴现凭证和作成背书转让的商业汇票,经审查无误后,按规定的贴现率计算出再贴现利息和实付再贴现金额,将其填在再贴现凭证中,以第一、第二、第三联再贴现凭证代传票办理转账。其会计分录为:

借:再贴现——×银行汇票户
    贷:××银行准备金存款
        利息收入——再贴现利息收入户

将再贴现凭证第四联作收账通知退还商业银行,第五联后附汇票按到期日顺序排列,妥善保管,并定期与"再贴现"账户余额核对相符。

2. 商业银行的核算

商业银行收到人民银行交给的再贴现收账通知后,应填制二联特种转账借方传票、一联特种转账贷方传票,收账通知作存放中央银行款项借方传票的附件。其会计分录为:

借:存放中央银行款项
    利息支出——再贴现利息支出户
    贷:贴现资产——×汇票户

**(二)再贴现到期收回款项的核算**

再贴现到期,由人民银行作为持票人填制委托收款凭证连同再贴现的票据向付款人办理收款。收到款项划回时,其会计分录为:

借:联行往来——来户(或其他有关科目)
    贷:再贴现——×银行汇票户

**(三)再贴现到期未收回款项的核算**

人民银行收到付款人开户行或承兑银行退回的委托收款凭证、汇票和拒付款理由书或未付票款通知书后,可以向再贴现申请银行追索票款,从再贴现申请银行的准备金账户中直接扣除。

1. 人民银行的核算

人民银行编制特种转账借方传票两联,以其中一联借方传票与再贴现凭证办理转账。其会计分录为:

借:××银行准备金存款
    贷:再贴现——×银行汇票户

转账后,将另一联借方传票连同汇票和拒付款理由书或付款人未付票款通知书交给再贴现申请银行。

2. 商业银行的核算

商业银行收到人民银行从其存款账户中收取再贴现票款的通知后,填制特种转账传票进行账务处理。其会计分录为:

借:贴现资产——×汇票户或汇票转贴现户

　　贷:存放中央银行款项

商业银行对人民银行退回的票据,可以继续向贴现申请人追索票款。其账务处理见本书第五章贷款业务的核算。

# 第六节　中国人民银行现代支付系统

人民银行已建立起了一个以现代化支付系统为核心,各商业银行行内系统并存,辅以同城票据交换和资金清算系统的中国现代支付系统,推动支付领域的开拓创新,以应对银行电子化发展的需要。从而,彻底取代了传统手工联行,逐步实现了电子联行。

## 一、中国现代化支付系统的意义与参与者

### (一) 中国现代化支付系统的意义

中国现代化支付系统是中国人民银行按照我国支付清算需要,利用现代计算机技术和通信网络开发建设的,能够高效、安全处理各银行办理的异地、同城各种支付业务及其资金清算和货币市场交易资金清算的应用系统。它主要包括大额实时支付系统(HVPS)和小额批量支付系统(BEPS)两个业务应用系统以及清算账户管理系统(SAPS)和支付管理信息系统(PMIS)两个辅助支持系统。

中国现代化支付系统是我国重要的金融基础设施;是中央银行履行支付清算职能,改进金融服务的重要核心系统;是连接国内银行的重要枢纽和桥梁;是适应现代科技发展,促进网上银行、电子商务发展的重要基础平台;是连接商品交易和社会经济活动的"大动脉"。

### (二) 中国现代化支付系统的参与者

(1) 直接参与者,是指直接与支付系统城市处理中心连接并在中国人民银行开设清算账户的银行机构以及中国人民银行地市级(含)以上中心支行(库)。各政策性银行、商业银行以其省级分行作为直接参与者接入 CCPC,并逐步适应其集中一点接入;中国人民银行会计集中核算系统(ABS)、国家金库会计核算系统(TBS)分别以地市为直接参与者远程接入 CCPC,ABS 和 TBS 正实施数据集中,逐步实现其集中接入。

(2) 间接参与者,是指未在中国人民银行开设清算账户而委托直接参与者办理资金清算的银行和非银行金融机构以及中国人民银行县(市)支行(库)。

(3) 特许参与者,是指经中国人民银行批准通过大额支付系统办理特定业务的机构,如中央国债登记公司。中央国债登记结算有限责任公司和中国银联股份有限公司作为特许参与者与 NPC 连接,实现了债券交易的"券款对付(DVP)"清算和银联卡跨行业务的

即时转账清算。城市商业银行资金清算中心、外汇交易中心作为特许参与者与上海CCPC连接,办理城市商业银行银行汇票和外汇交易、银行间同业拆借的资金清算。香港人民币清算行、澳门人民币清算行作为特许参与者分别与深圳CCPC、广州CCPC连接,办理个人人民币汇款及存款、兑换和银行卡业务的资金清算。

## 二、支付系统的结构及其与有关系统的连接

### (一) 中国现代化支付系统的体系结构

为了有效地支持各方面支付清算的需要,中国现代化支付系统建有两级处理中心,即国家处理中心(NPC)和全国32个城市(包括31个省会城市和深圳市)处理中心(CCPC)。NPC分别与各CCPC连接,其通信网络采用专用网络,以地面通信为主,卫星通信备份。

鉴于商业银行绝大多数银行建立了行内汇兑系统,商业银行与支付系统的连接可以由商业银行总行与支付系统连接。为了便于城市处理中心对所在地各商业银行办理的小额支付业务接受、发送和轧差的处理,以及人民银行当地分支行会计营业部门对同城票据交换净额清算、存取款等业务的处理和账务平衡,商业银行各分支行应在人民银行当地分支行开设清算账户,并与当地城市处理中心实行连接。但商业银行处理业务的路径是开放的,既可以通过行内汇兑系统由其总行提交支付系统,也可以由其支行直接提交支付系统城市处理中心。

现代化支付系统的体系结构图如图6-3所示。

为有效支持公开市场操作、债券发行及兑付、债券交易和外汇交易的资金清算,公开市场业务交易系统、债券发行系统、中央债券簿记系统和外汇交易系统与支付系统国家处理中心直接相连,处理其交易的即时转账清算。

### (二) 各系统与支付系统的连接

中央银行会计核算系统(ABS)与支付系统同步建设,第一步集中到地级以上城市,与城市处理中心(CCPC)连接,办理支付业务。

中央银行国库业务处理系统:地级以上城市国库部门的业务处理系统与CCPC连接,处理国库资金的借贷记业务;县级国库业务提交中央银行会计核算系统县级工作站处理。

商业银行行内汇兑系统与其总行所在地CCPC连接。

商业银行分支行的综合业务系统与其所在地CCPC连接。

中央银行公开市场业务交易系统、中央银行债券发行系统、中央债券簿记系统、全国银行间外汇交易系统与NPC连接。NPC为其分别设置虚拟CCPC,办理发起的"即时转账"支付业务,并提供给中央银行公开市场操作室和全国外汇交易中心访问交易者清算账户余额的查询功能。

同城清算系统与其所在地的CCPC连接,处理同城清算净额和异地支付业务。

城市商业银行汇票处理系统直接与当地CCPC连接,处理银行汇票的资金移存和兑付的资金清算。

农村商业银行联社系统直接与所在地的CCPC连接,处理有关支付清算业务。

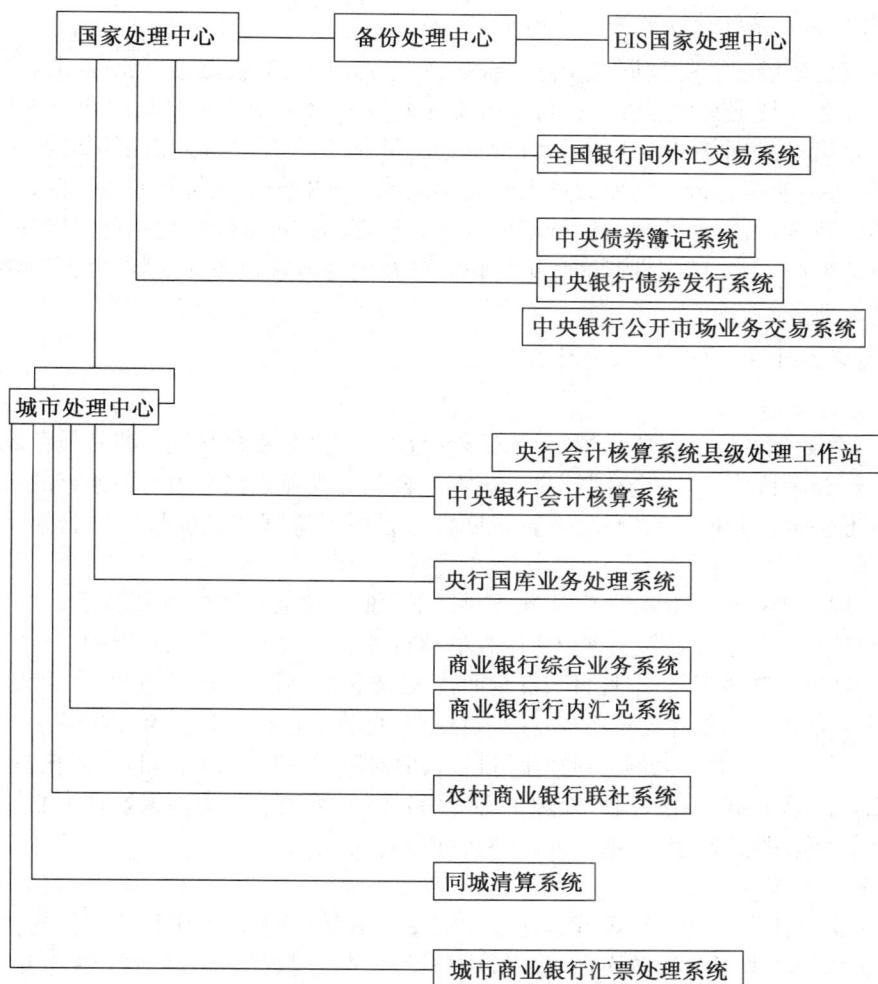

图 6-3 现代化支付系统的体系结构图

## 三、支付系统支付清算与对账的路径

### (一) 大额实时支付系统业务的处理

商业银行的分支行可以通过所在地 CCPC 办理支付清算业务,也可以通过行内汇兑系统向支付系统发起支付业务。发起行的支付清算和对账处理路径相同。通过所在地 CCPC 直接办理业务的,在分支行清算账户进行资金清算,对账信息通过所在地 CCPC 发回;通过行内汇兑系统向支付系统发起支付业务的,在总行的清算账户清算资金,对账信息通过总行所在地的 CCPC 发回。NPC 接收支付业务、清算资金后,按照业务报文中的接收行所在地的收报中心代码,向 CCPC 转发支付业务。对账信息也直接向接收行所在地 CCPC 发送。

1. 大额支付系统处理业务的范围

大额支付系统主要处理同城和异地金额在 2 万元以上的贷记支付业务和紧急的小额贷记支付业务。贷记支付业务是指付款人委托其开户行主动将款项划给收款人的业务。具体范围是指：规定金额起点以上的跨行贷记支付业务；规定金额起点以下的紧急跨行贷记支付业务；商业银行行内需要通过大额支付系统处理的贷记支付业务；特许参与者发起的即时转账业务；城市商业银行银行汇票资金的移存和兑付资金的汇划业务；中国人民银行会计营业部门、国库部门发起的贷记支付业务及内容转账业务；中国人民银行规定的其他支付清算业务。

2. 大额支付系统会计科目与账户设置

（1）会计科目。

第一，存款类科目。主要设置"××银行（金融机构）准备金存款"和"其他存款"科目。"××银行（金融机构）准备金存款"科目核算各金融机构存放在中国人民银行的法定准备金和超额准备金；"其他存款"科目核算特许参与者用于清算的资金和支付业务收费的归集、划拨等。

第二，联行类科目。主要设置"大额支付往来"和"支付清算资金往来"科目。"大额支付往来"科目核算支付系统发起清算行和接收清算行通过大额支付系统办理的支付结算往来款项，余额轧差反映。年终，本科目余额全额转入"支付清算资金往来"科目，余额为零。"支付清算资金往来"科目核算支付系统发起清算行和接收清算行通过大额支付系统办理的支付结算汇差款项。年终，"大额支付往来"科目余额对清后，结转至本科目，余额轧差反映。

第三，"汇总平衡"科目（国家处理中心专用），该科目用于平衡国家处理中心代理人民银行分支行（库）账务处理，不纳入人民银行（库）的核算。

（2）账户设置。

"大额支付往来""支付清算资金往来""汇总平衡"科目按人民银行分支行的会计营业部门、国库部门和电子联行转换中心等机构分设账户；存款类科目按直接参与者（不包括人民银行机构）、特许参与者分设清算账户。

**（二）小额批量支付系统**

小额批量支付系统（简称"小额支付系统"）是继大额实时支付系统之后中国人民银行建设运行的又一重要应用系统，是中国现代化支付系统的主要业务子系统和组成部分。小额支付系统主要处理同城和异地纸质凭证截留的借记支付业务和金额在规定起点以下的贷记支付业务，支付指令批量发送，轧差净额清算资金，旨在为社会提供低成本、大业务量的支付清算服务。小额支付系统实行 7×24 小时连续运行，能支撑多种支付工具的使用，满足社会多样化的支付清算需求，成为银行业金融机构跨行支付清算和业务创新的安全高效的平台。

1. 小额支付系统的业务处理程序

小额支付系统处理的同城贷记支付业务，其信息从付款行发起，经付款清算行、城市处理中心、收款清算行，至收款行止。小额支付系统处理的异地贷记支付业务，其信息从付款行发起，经付款清算行、付款行城市处理中心、国家处理中心、收款行城市处理中心、收款清算行,至收款行止。小额支付系统处理的同城借记支付业务,其信息从收款行发起,经收款清算行、城市处理中心、付款清算行、付款行后,付款行按规定时限发出回执信息原路径返回至收款行止。小额支付系统处理的异地借记支付业务,其信息从收款行发起,经收款清算行、收款行城市处理中心、国家处理中心、付款行城市处理中心、付款清算行、付款行后,付款行按规定时限发出回执信息原路径返回至收款行止。

2. 小额支付系统的业务类型

(1) 普通贷记业务,是指付款人通过其开户银行办理的主动付款业务,主要包括规定金额(2万元)以下的汇兑、委托收款(划回)、托收承付(划回)、网上银行支付以及财税库汇划等业务。

(2) 定期贷记业务,是指付款人开户银行依据当事各方事先签订的合同(协议),定期向指定的收款人开户银行发起的批量付款业务,如代付工资、养老金、保险金、国库各类款项的批量划拨等,其特点是单个付款人同时向多个收款人发起付款指令。

(3) 普通借记业务,是指收款人通过其开户银行向付款人开户银行主动发起的收款业务,包括人民银行机构间的借记业务、国库借记汇划业务和支票截留业务等。

(4) 定期借记业务,是指收款人开户银行依据当事各方事先签订的合同(协议),定期向指定的付款人开户银行发起的批量收款业务,如收款人委托其开户银行收取水、电、煤气等公用事业费用,其特点是单个收款人向多个付款人同时发起收款指令。

(5) 实时贷记业务,是指付款人委托其开户银行发起的,将确定款项实时划拨到指定收款人账户的业务,主要包括跨行个人储蓄通存、国库实时缴税等业务。

(6) 实时借记业务,是指收款人委托其开户银行发起的,从指定付款人账户实时扣收确定款项的业务,主要包括跨行个人储蓄通兑、国库实时扣税等业务。

(7) 信息服务业务,是指支付系统参与者间相互发起和接收的,不需要支付系统提供资金清算服务的数据信息,如清算组织提交给商业银行的代收付信息和支票圈存信息等。

3. 小额支付系统会计科目与账户设置

(1) 会计科目。

第一,存款类科目,主要设置"××银行(金融机构)准备金存款"和"其他存款"科目。"××银行(金融机构)准备金存款"科目核算金融机构存放在人民银行的法定准备金和超额准备金;"其他存款"科目核算特许参与者用于支付业务收费的归集、划拨等。

第二,联行类科目,主要设置"小额支付往来"和"支付清算资金往来"科目。"小额支付往来"科目核算支付系统发起清算行和接收清算行通过小额支付系统办理的支付结算往来款项,余额轧差反映。年终,本科目余额全额转入"支付清算资金往来"科目,余额为零。"支付清算资金往来"科目核算支付系统发起清算行和接收清算行通过小额支付系统和大额支付系统办理的支付结算汇差款项。年终,"小额支付往来"科目余额核对准确后,结转至本科目,余额轧差反映。

第三,"汇总平衡"科目(国家处理中心专用),本科目用于平衡国家处理中心代理人民银行分支行(库)账务处理,不纳入人民银行(库)的核算。

(2) 账户设置。

"小额支付往来""支付清算资金往来""汇总平衡"科目按人民银行分支行的会计营业部门、国库部门等机构分设账户;存款类科目按直接参与者(不包括人民银行机构)、特许参与者分设账户。

### (三) 清算账户管理系统

清算账户管理系统(SAPS)是支付系统的支持系统,集中存储清算账户,处理支付业务的资金清算,并对清算账户进行管理。

### (四) 支付管理信息系统

支付管理信息系统(PMIS)是支付系统的支持系统,集中管理支付系统的基础数据,负责行名行号、应用软件的下载,提供支付业务的查询查复、报表统计分析和计费服务等。

# 复习思考题

1. 什么是联行往来? 联行往来的意义是什么?
2. 什么是再贷款? 再贷款的种类有哪些?
3. 通过商业银行进行异地跨系统转汇有哪几种方式?

# 练习题

习题 6-1

一、目的:掌握联行往来业务的核算。

二、资料与要求:

1. 工商银行武汉市某支行 3 月 16 日发生下列各笔联行业务,请逐笔做出会计分录。

(1) 照相机三厂到期承付北京王府井分理处开户单位北京百货商店货款 125 000 元。

(2) 东风拉链厂信汇长春市分行开户单位为民医药商店货款 25 000 元。

(3) 收到北京汇来应解汇款 10 笔,金额 65 600 元,当天均未解付。

(4) 新华书店电汇深圳市支行货款 92 040 元。

(5) 合成树脂研究所信汇上海分行采购资金沈大同差旅费 5 000 元。

(6) 收到北京市分行划来委托收款结算货款 147 560 元,收款单位为电影机械厂。

(7) 收到广州市分行寄来借方报单汇票解讫通知一份,计货款 1 566.70 元,系结清本行开户单位中国伞厂前开银行汇票款 20 000 元。

(8) 新光机器厂邮划南京市分行的委托收款金额 150 000 元。

(9) 武汉茶叶公司以进账单连同杭州市百货商店委托其开户行签发的银行汇票第二、第三联,结算货款 30 000 元,办理入账。

(10) 第八百货商店提交进账单附贵阳市支行签发的汇票结算凭证一份办理转账,实际结算金额 12 800 元,多余款 220 元。

(11) 收到苏州市支行发来贷方报单一份附信汇凭证,汇款金额 125 000 元,收款单位为本行开户的市百货日用品批发部。

（12）收到杭州市支行发来贷方报单一份附委托收款凭证，金额 14 200 元，收款单位为本行开户单位五金交电批发部。

（13）收到宜昌市支行汇来给儿童医院医药费 48 050 元。

（14）收到安徽蚌埠支行发来借方报单一份附银行汇票解讫通知书一联，汇票金额 180 000 元，实际结算金额 168 000 元，经审核汇票申请人本行开户单位市化剂站。

（15）收到嘉兴市支行发来借记报单一份，附银行汇票解讫通知书一联，汇票金额 250 000 元，实际结算金额 248 000 元。经审核汇票申请人本行开户单位交通器材供应站。

（16）求精锁厂到期承付沙市支行开户单位电机厂委托货款 65 150 元。

（17）收到天津市支行发来贷方报单一份，附信汇凭证，金额 8 926 元，经审核发现收报行行号是本行的，而附件内容是异地南市支行的。

（18）收到异地江苏省分行，贷方报单一份附委托收款凭证，金额 12 000 元，经审核发现报单附件内容是本行开户单位交电商店，而报单上行号是他行的，当即更改行号行名办理转账，并通知发报行及总行对账中心。

2. 根据以上业务登记"联行往来"科目"往户"和"来户"并计算出余额。

**"联行往来"——往户**

| 日　　期 | | 发生额 | | 余　额 | |
|---|---|---|---|---|---|
| | | 借方 | 贷方 | 借方 | 贷方 |
| 3 | 15 | 略 | 略 | | 1 880 500.00 |
| 3 | 16 | | | | |
| | | | | | |
| | | | | | |
| | | | | | |
| | | | | | |
| | | | | | |

**"联行往来"——来户**

| 日　　期 | | 发生额 | | 余　额 | |
|---|---|---|---|---|---|
| | | 借方 | 贷方 | 借方 | 贷方 |
| 3 | 15 | 略 | 略 | 2 526 660.00 | |
| 3 | 16 | | | | |
| | | | | | |
| | | | | | |
| | | | | | |
| | | | | | |
| | | | | | |

**习题 6-2**

一、目的:掌握同业往来。

二、资料与要求:

1. 武汉市工商银行开户单位灯泡厂提交信汇凭证一份,金额 65 000 元,收款单位系广州市中国银行开户单位机械厂。请分别做出汇出行、转汇行和汇入行的会计分录。

2. 宜昌市工商银行,开户单位电池厂,提交信汇凭证一份,金额 35 000 元,汇往长沙市民生银行,开户单位化工厂,宜昌市无民生银行机构。请分别做出汇出行、转汇行和汇入行的会计分录。

3. 洪湖市建设银行拆借给该市农业银行的 800 万元资金到期,拆借利率 5.36%,拆借时间为 16 天。农业银行签发转账支票将本息一并归还。请分别做出农行、建行和人民银行的会计分录,并列出算式计算同业拆借利息。

4. 武汉市工商银行受理开户单位佐梅服装厂提交的银行汇票申请书一份,金额为684 000元,收款单位意民纺织厂在上海市浦东开发银行开户。按规定,应由人民银行签发银行汇票办理结算。请分别做出武汉市工商银行、人民银行和上海市人民银行、浦东开发银行的会计分录。

5. 某日票据交换完毕后,各行交换差额为:工行应收差额 60 万元;农行应付差额为80 万元;中行应收差额为 40 万元;建行应付差额为 20 万元。各行分别填交转账支票或进账单,由人民银行据以转账清算。请分别做出工、农、中、建四家商业银行和人民银行的会计分录。

# 第七章　现金出纳业务的核算

通过本章学习,要求了解现金出纳工作的任务、原则和纪律;掌握现金收付业务的核算和出纳错款的处理;熟悉票币的整点与挑剔;懂得损伤票币的兑换规定。

## 第一节　现金出纳业务概述

现金是指具有现实购买力或清偿力的货币,我国法定的货币为人民币。银行通过支付工资、奖金、个人劳务报酬和其他零星支出等将现金付出,又通过单位将商品销售和劳务收入款项缴存银行以及财政回笼和储蓄等方式将流向社会各界的现金收回。这样,银行一方面付出现金,另一方面又将现金收回,构成了银行的现金出纳活动。

### 一、现金出纳工作的任务

银行的现金出纳工作,是实现银行基本职能的重要环节,它的工作任务是:

(1) 按照国家金融法规和银行制度,办理现金的收付、整点、调运以及损伤票币的回收兑换和回笼。

(2) 根据市场货币流通的需要,调节市场各种票币的比例,做好现金回笼和供应工作。

(3) 办理有价证券的监制、发行和销毁业务。

(4) 按照金银管理的要求,办理金银收购、配售业务,开展金银回收和节约代用工作。

(5) 保管现金、金银、外币和有价单证,做好现金运送的安全保护。

(6) 负责人民币票样管理,宣传爱护人民币,组织反假票、反破坏人民币的工作。

### 二、现金出纳工作的原则

现金出纳工作有着特殊的性质,为确保现金出纳工作任务的完成,必须建立手续严密、责任分明、准确及时、库款安全的制度,并坚持以下原则:

(1) 钱账分管原则。钱账分管原则就是指管钱的不管账,管账的不管钱。从组织上做到分工明确、责任清楚,有利于会计、出纳各自发挥不同的专业职能,并便于相互核对和制约,确保账款相符和库款安全。

(2) 双人经办原则。双人经办原则就是指在日常现金及库款调运中,要坚持双人调款、双人押运;在日常库房管理中,要坚持双人管库、双人守库。这样,可以相互复核、互相监督,防止差错事故的发生。

(3) 收付分开原则。收付分开原则就是指收款业务与付款业务分开经办,收付两条线,不能由一人既管收款又管付款,避免以收抵支及舞弊现象的发生。并且坚持现金收入业务应先收款后记账,现金付出业务应先记账后付款。

(4) 换人复核原则。换人复核原则就是指无论收款还是付款都必须换人复核。收款人员收款后必须交复核人员复点。付款人员配好款项后必须在复核人员复点后才能付款。这样可以避免发生差错,不至于给银行信誉和财产造成损失。

(5) 交接手续和查库原则。交接手续和查库原则就是指款项交换或出纳人员调换时,须办理交接手续,分清责任。对库房管理除坚持双人守库、双人管库外还必须坚持定期或不定期查库,确保账款相符。

# 第二节　现金收付业务的核算

在业务量较多的行处,现金收付业务应分设收款和付款专柜分别办理;在业务量较少的行处,也可实行专人办理,但要与会计进行交叉复核。出纳人员在办理现金收付时,必须做到操作定型、用具定位、手续清楚、责任分明、准确迅速。

## 一、现金收入的核算

### (一) 向人民银行提取现金的处理

商业银行到人民银行提取现金,必须填写人民银行的现金支票,在人民银行开立存款账户余额内提现,不得透支。会计分录为:

借:库存现金

　　贷:存放中央银行款项

### (二) 客户缴存现金的处理

缴款人向银行缴送现金时,应填制一式两联现金缴款单(或存款凭证),连同现金一并交银行出纳部门。收款员接到缴款单(或存款凭证)和现金后,应认真审查凭证日期、账号、户名、款项来源等填写是否齐全,大小写金额是否一致,凭证是否真实等,审核无误后,当面点收款项。收款要按各类券别先点大数后点细数,先点主币后点辅币,一笔款项未点清不得接受第二笔业务,做到一笔一清,严防各笔款项之间串户混淆。对于经常缴存较多现金的单位,如当面点清有困难,可以通过协商签订协议,采取当面点大数、卡把和零头,事后点细数,多退少补的办法。款项收妥后,收款员在缴款单(或存款凭证)上加盖名章,连同现金一并交复核员复点。复核员先复核凭证后复点现金。复点现金时按大小金额先卡大数后点细数,做到一户一清。经复点无误后,复核员应在缴款单(或存款凭证)上加盖名章及现金收讫章,凭以登记现金收入日记簿,然后将回单联退还缴款人,另一联通过交接手续交会计部门。会计部门以已收讫的缴款单(或存款凭证)代现金收入传票,记入缴款人分户账。其会计分录为:

借:库存现金
　　贷:吸收存款——缴款人户

【例 7 - 1】　居民张华将 5 000 元存入其在工商银行开户的个人活期储蓄存款户中。经审核无误后,经办人员为其办理了相关手续,会计分录如下:

借:库存现金 5 000
　　贷:吸收存款——活期储蓄存款(张华) 5 000

## 二、现金付出的核算

### (一)向人民银行缴存现金的处理

商业银行将超过库存限额的现金缴存人民银行时,应填写人民银行的现金缴款单,连同现金交人民银行。然后根据人民银行退还的第一联回单(已加盖现金收讫章)记账,会计分录为:

借:存放中央银行款项
　　贷:库存现金

### (二)客户提取现金的处理

为了保证营业时间的现金支付,每日营业开始前,出纳付款员应匡算当日现金需要数,填写出库票,向库房管理员领取一定数量的备付现金,以便向客户办理付款。在向库房管理员领取现金时,双方都应将金额登记在各自掌管的交接登记簿中,并互相签章证明,对领用的现金则应会同复核员共同验收。

客户在提取现金时,应填写本行的现金支票或其他现金付款凭证到银行有关专柜办理手续。经办人员收到付款凭证后,应审查日期、账号、户名以及背书是否齐全,款项用途是否符合有关规定,大小写金额是否相符等。经审核无误后,向出纳部门领取款项,支付现金并在凭证上加盖"现金付讫章"和出纳员名章。然后,以现金支票(或其他付款凭证)代替现金付出传票进行账务处理。会计分录为:

借:吸收存款——取款人户
　　贷:库存现金

## 三、营业终了的账款核对

每日营业终了,现金收款员应将当日所收的现金,按票币种类进行汇总,计算出现金收款总额,与现金收入日记簿的收入合计数及会计部门的现金账户借方发生额核对无误,并填制现金入库票,登记款项交接登记簿后,将款项交给库房管理员审核入库。

现金付款员根据当日领取备用现金的数额,减去未付的剩余现金,轧计出当日实付现金总额,与现金付出日记簿的付出合计数及会计部门的现金账户贷方发生额核对相符;再填制现金入库票,登记款项交接登记簿后,将剩余款项交给库房管理员审核入库。

库房管理员收到现金收款员和现金付款员交来的现金,经清点无误并与现金收付日记簿和入库票款核对无误后,将现金入库保管,同时登记现金库存簿。将昨日现金库存数,加本日现金收入数,减本日现金付出数,结计出本日现金库存数。并与业务库的现金实际库存核对相符,与会计部门的现金账户总账余额核对相符。

### 四、出纳错款的核算

出纳错款是指在办理现金收付过程中发生的现金余缺,导致账款不符的现象。出纳错款处理原则是:长款不得溢库,短款不得空库,长短款不能互补;长款不报以贪污论处,短款不报以违反制度论处。因此,发生长款应及时查明原因,退还原主。如确实无法查明原因,也应按规定记入其他应付款待查,不能侵占。发生短款不能自补上报,应及时查找收回,力求挽回损失。如确实无法收回,应根据实际情况区别对待,正确处理。

#### (一) 出纳长款的处理

发生出纳长款,当天应及时查找原因,力争退还原主。如当天未能查明原因,应先由出纳部门出具证明,经会计主管批准后,由会计部门填制现金收入传票暂列"其他应付款"账户。其账务处理的会计分录如下:

借:库存现金
　　贷:其他应付款——待处理出纳长款户

查明原因后,若系客户多交或银行少付的,应及时退还失主,会计分录为:

借:其他应付款——待处理出纳长款户
　　贷:库存现金

若经查找,该长款确系无法归还,经批准后,可将此款作银行收益处理。其会计分录为:

借:其他应付款——待处理出纳长款户
　　贷:营业外收入

【例 7 - 2】　出纳员刘艳本日发生出纳长款 100 元,未能查明原因,经批准暂挂账处理。有关会计分录如下:

借:库存现金　　　　　　　　　　　　　　　　　　　　　　　100
　　贷:其他应付款——待处理出纳长款户　　　　　　　　　　　　　100

上述长款无法查找,经批准转作银行收入。会计分录为:

借:其他应付款——待处理出纳长款户　　　　　　　　　　　　100
　　贷:营业外收入　　　　　　　　　　　　　　　　　　　　　100

#### (二) 出纳短款的处理

若发生出纳短款,银行应及时查找收回。如当天未能查清收回的,可先由出纳部门出具证明,经批准,会计部门填制现金付出传票,通过"其他应收款"账户处理,其账务处理的会计分录为:

借:其他应收款——待处理出纳短款户
　　贷:库存现金

经查明原因,收回短款时,会计分录为:

借:库存现金
　　贷:其他应收款——待处理出纳短款户

若确实无法查明原因,无法收回的,属一般责任事故的,按规定的审批手续予以报损,作银行损失处理,会计分录为:

借:营业外支出——出纳短款支出

　　贷:其他应收款——待处理出纳短款户

如属有章不循、玩忽职守而造成短款,应追究责任,给以适当的纪律处分;如属监守自盗、侵吞巨款,应按贪污论处,并追回全部赃款。其会计分录为:

借:库存现金

　　贷:其他应收款——待处理出纳短款户

**【例 7-3】**　出纳员张米本日发生出纳短款 20 元,未能查明原因,经批准暂挂账处理。有关会计分录如下:

借:其他应收款——待处理出纳短款户　　　　　　　　　　　　20

　　贷:库存现金　　　　　　　　　　　　　　　　　　　　　　　　20

### 五、票币的整点挑剔与损伤票币的兑换

#### (一) 票币的整点与挑剔

为了节约现金使用,提高现金收入的抵用率,保证付出票币的准确、整洁,按人民银行的制度规定投放市场的票币必须做到七成新,对日常收入的票币,银行出纳部门要随时做好整点与挑剔。发现挖补、拼凑、揭去一面等票币,须及时追查,并向有关部门报告;如确系交款单位误收的,按规定予以兑换。发现票样,是误收的可以兑换,并按票样编号报人民银行追查。发现假币,应予以没收并报告有关部门。发现疑点钞券,不能肯定真伪的,应提出具体疑点,报上级行或当地人民银行鉴定。

对在流通过程中因长期使用磨损或由于自然灾害等特殊原因,以致不能再继续流通的票币即作为损伤票币,应将其剔出。挑剔损伤票币,既要考虑市场票币的整洁,又要贯彻节约的原则。挑剔时,按以下标准掌握:

(1) 票面短少一块,损及行名、花边、字头、号码、国徽之一者;

(2) 裂口超过 1/3 者或票面裂口损及花边图案者;

(3) 纸质较旧,四周或中间有裂缝,或票面断开又粘补者;

(4) 票面由于油浸、墨渍造成脏污的,面积较大或涂写字迹过多,妨碍票面整洁者;

(5) 票面变色严重影响图案清晰者;

(6) 硬币破缺、穿孔、变形或磨损,氧化腐蚀破坏部分花纹者。

整点票币必须做到点数准确、残钞挑净、平铺整齐、捆把扎紧、盖章清晰。收入票币经过整点,按不同券别平铺捆扎,每 100 张为 1 小把,用纸条结扎腰间。每 10 小把为 1 捆,用线绳以双十字捆紧;硬币每 100 枚或 50 枚为一卷,10 卷为 1 捆。每把(卷)须加盖带行号和经手人的名章,每捆应在其绳头结扣处粘贴封签,注明券别、金额、封捆日期以及经办人名章。整点票币结束后,填写一式两联的入库票,按数办理交接入库手续。

#### (二) 损伤票币的兑换

损伤票币的兑换,应按照国家公布的《残缺人民币兑换办法》办理。凡票面残缺不超过

1/5,其余部分的图案、文字能照原样连接者;票面残缺污损、熏焦、水湿、变色,但能辨别真假;票面完整或残缺不超过 1/5,票面其余部分的图案、文字能照原样连接者,均可按原票面额给予全额兑换。如果票面残缺超过 1/5 以上至 1/2 者,其余部分图案、文字能照原样连接者,可照原面额半额兑换。凡票面残缺 1/2 以上者,或者票面污损、熏焦、水湿、油浸、变色不能辨别真假者,以及故意挖补、涂改、剪贴、拼凑、揭去一面者,均不予兑换。

损伤票币的兑换需经两人共同鉴定,并当着顾客的面在损伤票币上加盖"全额"或"半额"戳记。如遇特殊原因的损伤票币需放宽标准的,兑换时需经有关领导批准。兑换后将有关证明与被鉴定票币一起装封入袋,以备查考,鉴别人签章封口,交当地人民银行发行库销毁。

### (三) 残缺人民币兑换的会计处理

客户来银行兑换残缺票币,基层经办行经办人员应该坚持先收后付,并按《残缺人民币兑换办法》以及内部掌握兑换标准兑换。经兑换的残币除加盖全额、半额章外,还应加盖兑换人名章。当向人民银行存款时,将残缺票币交存人民银行,由人民银行统一组织销毁。会计分录为:

借:存放中央银行款项
  贷:发行基金往来
  (付出)发行基金——直属库户

## 复习思考题

1. 简述出纳工作的任务和原则。
2. 如何核算出纳长、短款?
3. 简述损伤票币的兑换方法。

## 练习题

一、目的:练习现金出纳业务的核算。
二、资料:某市工商银行 4 月 8 日发生下列业务。
1. 五化交公司(账号 302001)交来销售收入 6 354 元;
2. 饮食店(账号 304002)交来服务收入 4 812 元;
3. 农机公司(账号 301003)签发现金支票,提取备用金 600 元;
4. 机床厂(账号 302004)签发现金支票,提取差旅费 1 000 元;
5. 棉纺厂(账号 302005)签发现金支票,提取职工工资 20 424 元;
6. 解付孙德元应解汇款 500 元;
7. 营业终了收款柜发现长款 20 元,原因未查明,经批准列入有关科目处理。
三、要求:根据资料,逐笔做出会计分录。

# 第八章 外汇业务的核算

## 学习要点提示

通过本章学习,要求熟悉外汇汇率和外汇分账制;掌握外汇买卖的处理;了解外汇资金往来业务的核算;懂得外汇存款、贷款和结算业务的处理。

## 第一节 外汇业务概述

### 一、外汇的概念

外汇是指以外币表示的用于国际结算的支付手段和资产。根据我国《外汇管理条例》的规定,外汇包括:

(1) 外国货币,含纸币和铸币;

(2) 外币有价证券,如政府债券、公司债券、股票等;

(3) 外币支付凭证,如票据、银行存款凭证、邮政储蓄凭证等;

(4) 在国际货币基金组织的特别提款权;

(5) 其他外币资产。

根据我国对外结算制度规定,作为国际支付手段的外汇,可分为现汇和记账外汇两种。

#### (一) 现汇

现汇,一般称自由兑换外汇或多边结算外汇。它是指在国际金融市场上可以自由买卖,在国际结算中能够偿付并可自由兑换成其他国家货币的外汇,如美元、英镑、欧元、日元等。不是所有国家的货币都是现汇,一些国家的货币,如泰国的泰铢、古巴的古巴比索、波兰的兹罗提以及我国的人民币等,因为政府实行严格的外汇管理,不能随意携带出境,也不能自由兑换成其他国家货币,属不可自由兑换货币。因此,这些国家的货币就不是现汇。但是,我国的人民币有一种是现汇,称为外汇人民币,它是将外贸出口所收的货款兑换成人民币存入,或是将现汇兑换成人民币存入。外汇人民币账户的资金可用于支付外贸进口货款或兑换成其他现汇后汇往国外。因此,这种外汇人民币在我国视同自由兑换外币或现汇。

#### (二) 记账外汇

记账外汇,一般称为协定外汇或双边外汇。它是根据两国政府有关贸易和清算协定所开立账户下的外汇。该账户的外币,不经货币发行国家管理当局批准,不能自由兑换成其他国家货币,它只能根据两国间的有关协定使用。这种外汇只限于两个协定国家之间支付贸易货款及其从属费用和双边同意的其他付款(如外交、文化、社会团体费用)等。两国政府在进行贸易结算时,相互只是在开立的账户中记载,经双方约定定期或超过一定额度再进行资金清算,所以称记账外汇。记账外汇仅限于两国政府级的贸易。例如,我国政府与泰国政府签订了一个支付协定,用于双方贸易或非贸易支付结算,并规定了双方计价结算的货币。这个货币,可以用我国的人民币或用泰国的泰铢,也可以用第三国货币或复合货币(如特别提款权)。但无论确定使用哪国货币,都必须同时确定它们之间的汇率。通过双方银行所确定的货币和汇率,记录双方进出口贸易或非贸易的往来账。

## 二、外汇业务核算的特点

银行外汇业务核算的特点是由银行经营外汇业务的特点所决定的。银行经营外汇业务,其资金往来不仅涉及国内各银行机构,还涉及国外各分支机构和外国银行;使用的货币既有本国货币又有外国货币;在办理国际结算中,除执行国家的有关规定外,还要遵循国际惯例。并且随着经济全球化的发展,我国银行外汇业务正在进一步向国际化、全球化方向发展,这就决定了银行外汇业务核算除具有一般银行业务核算的性质外,还必然具有其自身的特点,可概括如下。

### (一)实行外汇分账制

外汇分账制又称为原币记账法,是对外汇业务直接以各种原币来记账的核算方法。其基本要求是:

第一,对各种外币的收付凡有人民币牌价的,平时都按原币填制凭证,登记账簿,编制报表;

第二,各种外币分别设置一套独立的、完整的会计账簿和会计报表体系,分账核算,以全面、系统地反映各种外币资金的收支和结存情况;

第三,设置"外汇买卖"科目,当买入或卖出外汇时,通过此科目进行核算,以联系和平衡不同货币间的账务;

第四,年终决算时,先按人民币和各种外币分别编制资产负债表,然后按决算汇率,将各种外币资产负债表的各科目发生额和余额折成人民币,与人民币资产负债表的相同科目对口合并,以全面反映银行一个会计年度资产负债状况。

### (二)设置"外汇买卖"专用科目

"外汇买卖"科目是外汇分账制下的专用科目。银行在核算外汇业务的时候,用原币也就是直接用外币记账。当发生外币与人民币或一种外币与另一种外币的资金转换时,给核算带来一定的困难,且外币和人民币都不能各自平衡。为此,根据复式记账原理,为达到各自账务的平衡,设置了"外汇买卖"科目。即凡是外汇业务涉及两种或两种以上货币相互兑换时,就必须通过"外汇买卖"这个特定科目作为桥梁,在人民币账和外币账上同时等值反映。这样,才能使人民币账和外币账都符合复式记账原理,实现各自的账务平衡,使外币资金活动和人民币资金活动占用情况有机地联系起来。

### (三) 使用或有资产、或有负债账户反映权责关系

或有资产、或有负债账户是一种反映权责关系的对应账户,当权责关系产生时,同时记增加;权责关系了结时,同时记减少。银行在办理国际结算业务过程中,当两个国家距离较远时,货物运送时间和资金清算时间就比较长,银行与代理行之间、与联行之间以及与客户之间虽然没有发生资金往来关系,但会发生大量的权责关系。为了能在账上了解银行外汇资金在某一时点上的权责关系,银行外汇核算使用了很多或有资产、或有负债科目来反映。

### (四) 联行、代理行账务往来关系复杂

为了顺利开展和迅速发展外汇业务,必须在境外设立许多分支机构,即境外联行,办理外汇资金清算和调拨业务。但这些境外联行还不能满足银行外汇业务的需要。因此,银行又与许多国家和地区的外国银行建立了代理行关系,进行外汇资金的汇划往来。在这些账户往来中,不同的层次要使用不同的科目和核算方法;资金清算有贸易的,还有非贸易的;往来清算的货币,不同的国家要使用不同的货币,而汇率又处于不断变化之中。所有这些都使得银行外汇资金的清算关系错综复杂,不同一般。

## 第二节　外汇买卖业务的核算

当一个国家与其他国家或地区之间进行政治、经济、文化等各方面交往时,就会产生国家间的债权债务关系,而在清偿这些债权债务关系时,由于各个国家所使用的货币名称、单位、价值各不同,就需要将一种货币兑换成另一种货币进行清偿。这种按一定汇率买入一种货币或者卖出一种货币的业务,就称为外汇买卖。它包括以外币兑换本国货币、以本国货币兑换外币,以及以一种外币兑换另一种外币三种买卖方式。外汇买卖是银行主要的外汇业务之一。

### 一、外汇汇率

外汇汇率是指一个国家货币的比价,也就是两种货币兑换的比率。银行经营外汇买卖所用的外汇汇率主要有两种:现汇汇率和现钞汇率。

#### (一) 现汇汇率

现汇汇率有两种,单档汇率和双档汇率。单档汇率是指一种货币兑换成另一种货币只用一个汇率。银行在使用单档汇率进行外汇买卖时,因无汇差,须向客户逐笔计收一定的手续费,作为银行外汇买卖的业务收入。双档汇率是指一种货币兑换成另一种货币的汇率有两个,一个是"买入汇率",即银行买进外汇时所使用的汇率,简称"汇买价";另一个是"卖出汇率",即银行卖出外汇时使用的汇率,简称"汇卖价"。双档汇率的标价方法有直接标价法和间接标价法两种。间接标价法是以一定单位的本币为标准,折算成若干单位的外币,如英国就是采用这种标价方法。直接标价法是以一定单位的外币为标准折算成

若干单位的本币(世界上绝大多数国家和地区都采用此标价法,我国也是如此),买价低,卖价高,买价与卖价相差的幅度,国际上规定一般在1‰~5‰,两者之间的差额就是银行买卖外汇的手续费。

## (二)现钞汇率

现钞汇率是银行在柜台上买卖外币现钞的汇率,属于银行柜台上零售业务。当今世界上各国交往日益频繁,国际旅游业越来越兴旺,银行兑换各种现钞的业务也随着旅游业的发展不断扩大。由于外币现钞在兑入国境内不能立即充当支付手段,亦不能在兑入国内流通,所以银行买入后,必须将所买入的现钞运至该现钞的发行国或运至某个国际金融市场出售后,转成现汇才能作为国际支付手段运用。因此,银行需负担的贮存、运输、保险等费用和利息都要从买入现钞汇率中扣除。因此,买入外币的现钞买入汇率(简称钞买价)要低于同货币的汇买价,按国际惯例约为1%~3%,现钞卖出价与现汇卖出价相同,汇率表如表8-1所示。

表8-1 汇率表

| 货币名称 | 现汇买入价 | 现钞买入价 | 卖出价 |
| --- | --- | --- | --- |
| 英镑 | 971.51 | 937.37 | 983.76 |
| 港元 | 82.25 | 81.45 | 82.63 |
| 美元 | 637.33 | 631.23 | 640.44 |
| 瑞士法郎 | 655.97 | 642.84 | 660.96 |
| 新加坡元 | 450.71 | 440.08 | 454.76 |
| 日元 | 5.33 | 5.194 1 | 5.381 7 |
| 加拿大元 | 485.07 | 471.05 | 490.71 |
| 澳大利亚元 | 447.64 | 434.83 | 452.52 |
| 欧元 | 712.27 | 691.08 | 720.34 |

## 二、外汇买卖科目传票

外汇买卖科目传票分为外汇买卖借方传票、外汇买卖贷方传票和外汇买卖套汇传票三种。

当银行卖出外汇时填写外汇买卖借方传票。外汇买卖借方传票由两联套写传票构成:第一联为借方传票,作为借记外币的传票;第二联为贷方传票,作为贷记人民币的传票(其格式如表8-2所示)。

表 8－2

① **外汇买卖借方传票(外币)**

(借)外汇买卖　　　　　　　　年　　月　　日　　　　(对方科目)＿＿＿＿　第　号

| 外汇金额 | 牌　价 | 人民币金额 |
|---|---|---|
|  |  |  |
| 摘　要 |  |  |

会计　　　　　　　　　　　　复核　　　　　　　　　　　　记账

② **外汇买卖贷方传票(人民币)**

(贷)外汇买卖　　　　　　　　年　　月　　日　　　　(对方科目)＿＿＿＿　第　　号

| 外汇金额 | 牌　价 | 人民币金额 |
|---|---|---|
|  |  |  |
| 摘　要 |  |  |

会计　　　　　　　　　　　　复核　　　　　　　　　　　　记账

　　当银行买入外汇时填写外汇买卖贷方传票。外汇买卖贷方传票由两联套写传票构成:第一联为贷方传票,作为贷记外币的传票;第二联为借方传票,作为借记人民币的传票(其格式如表 8－3 所示)。

表 8－3

① **外汇买卖贷方传票(外币)**

(贷)外汇买卖　　　　　　　　年　　月　　日　　　　(对方科目)＿＿＿＿　第　　号

| 外汇金额 | 牌　价 | 人民币金额 |
|---|---|---|
|  |  |  |
| 摘　要 |  |  |

会计　　　　　　　　　　　　复核　　　　　　　　　　　　记账

### ② 外汇买卖借方传票(人民币)

(借)外汇买卖　　　　　　年　月　日　　　　(对方科目)_____ 第　号

| 外汇金额 | 牌　价 | 人民币金额 |
|---|---|---|
|  |  |  |
| 摘　要 |  |  |

会计　　　　　　　　　　复核　　　　　　　　　　记账

当发生套汇业务,即银行买入一种外币与卖出另一种外币相结合时,填写外汇买卖套汇传票。该传票为四联套写传票,其中两联分别用于登记不同外币的外汇买卖科目账,另外两联用于登记相应的人民币。套汇传票的折合率栏应填明套汇时使用的两个价格,一般规定左上方填写买入价,右下方填写卖出价(其格式如表8-4所示)。

表8-4

### ① 外汇买卖套汇贷方传票(外币)

(贷)外汇买卖　　　　　　年　月　日　　　　(对方科目)_____ 第　号

| 外币金额 | 折合人民币金额 | 折合率 | 外币金额 |
|---|---|---|---|
|  |  |  |  |

会计　　　　　　　　　　复核　　　　　　　　　　记账

## 三、外汇买卖业务的核算

银行在办理外汇买卖业务时,须审核其是否符合国家外汇管理的规定。1997年1月14日,中华人民共和国国务院令第211号发布了《国务院关于修改〈中华人民共和国外汇管理条例〉的决定》,实现了人民币经常项目下自由兑换,其规定如下:

(1)内地机构的经常项目外汇收入,按国务院关于结汇、售汇及付汇管理的规定卖给外汇指定银行,或者经批准在外汇指定银行开立外汇账户。

(2)经常项目用汇,可持有效凭证和商业单据向外汇指定银行购汇支付。

(3)属于个人所有的外汇,可以自行持有,也可以存入银行或者卖给外汇指定银行。

(4)个人因私用汇,在规定限额以内购汇,超过规定限额,应向外汇管理机关提出申请,外汇管理机关认为其申请属实的,可以购汇。

(5)驻华机构和来华人员,由港澳地区或国外汇入或者携带入境的外汇,可以自行保存,也可以存入银行或卖给外汇指定银行;驻华机构和来华人员的合法人民币收入,需要汇往港澳地区或国外,可持有关证明材料和凭证到外汇指定银行兑付。

资本项目外汇仍实行管理制度,即内地机构的资本项目外汇收入,应按照国家有关规定在外汇指定银行开立外汇账户;卖给外汇指定银行的,须经外汇管理机关批准;内地机构向港澳地区或国外投资,在向审批主管部门申请前,由外汇管理机关审查其外汇资金来源;经批准后,按有关规定办理相关资金的汇出手续;外汇指定银行的结算周转外汇实行比例幅度管理,具体幅度由中国人民银行根据实际情况核定。

### (一) 买入外汇

银行买入"外汇收兑牌价表"范围内的外汇,应根据兑入的外币金额,按该外汇或外钞买入价折算人民币金额,并编制外汇买卖科目贷方传票一式两联:一联为该科目的外币金额传票,反映在贷方;一联为相应的人民币金额传票,反映在借方。其会计分录如下:

借:库存现金或其他科目 　　　　　　　　　　　　　　　　　　外币
　　贷:外汇买卖 　　　　　　　　　　　　　　　　　　　　　　外币
借:外汇买卖 　　　　　　　　　　　　　　　　　　　　　　　人民币
　　贷:库存现金或其他科目 　　　　　　　　　　　　　　　　人民币

### (二) 卖出外汇

银行卖出"外汇收兑牌价表"范围内的外汇,根据人民币金额按卖出外汇价折算外币金额,需编制外汇买卖科目借方传票一式两联:一联为该科目的外币金额传票,反映在借方;一联为相应的人民币金额传票,反映在贷方。其会计分录如下:

借:库存现金或其他科目 　　　　　　　　　　　　　　　　　人民币
　　贷:外汇买卖 　　　　　　　　　　　　　　　　　　　　　人民币
借:外汇买卖 　　　　　　　　　　　　　　　　　　　　　　　外币
　　贷:库存现金或其他科目 　　　　　　　　　　　　　　　　外币

### (三) 套汇

套汇是利用两个或两个以上外汇市场某些货币在汇率上的差异进行的外汇买卖。这常见于西方的外汇市场。我国的套汇是指因办理业务需要,而发生的两种外币之间的兑换。由于在柜台业务上两种不同的外币之间没有直接的汇率,因此两种货币的套汇业务要通过人民币换算。即对买入的一种外币,按汇买价折算成人民币,然后将折成的人民币按照另一种外币的汇卖价套出外汇金额。因此,套汇业务实际上是一笔外汇买入和另一笔外汇卖出业务连接在一起的业务活动。

例如,某外资企业以其美元存款,要求汇往英国伦敦,支付某公司 150 000 英镑货款,银行受理该笔业务时,可视同买入一笔美元外汇和卖出一笔英镑外汇(假定当日美元汇买价777.26%,英镑汇卖价 1 536.84%)。对于两种外币之间的套汇业务,银行需填制美元和英镑四联式的套汇外汇买卖传票,分别记载美元和英镑的外汇买卖科目账。其会计分录如下:

借:吸收存款——××活期存款 　　　　　　　　　USD296 588.01
　　贷:外汇买卖 　　　　　　　　　　　　　　　　USD296 588.01
借:外汇买卖 　　　　　　　　　　　　　　　　　¥2 305 260
　　贷:外汇买卖 　　　　　　　　　　　　　　　　¥2 305 260
借:外汇买卖 　　　　　　　　　　　　　　　　　GBP150 000
　　贷:汇出汇款 　　　　　　　　　　　　　　　　GBP150 000

### （四）外汇买卖科目分户账

外汇买卖科目分户账按每一种外币分别立账（其格式如表8-5所示），从格式中可以看到，它的账页采用"买入""卖出""结余"三栏式格式。在"买入""卖出"栏，同一笔业务涉及的外币金额、人民币金额和外汇牌价并列，"结余"栏设借或贷、外币、借或贷、人民币四小栏，是与外汇买卖科目传票相配套的。

**表8-5　外汇买卖科目分户账**

货币：

| 年 | | 摘　要 | 买　入 | | | 卖　出 | | | 结　余 | | | |
|---|---|---|---|---|---|---|---|---|---|---|---|---|
| 月 | 日 | | 外币（贷）金额 | 牌价 | 人民币（借）金额 | 外币（借）金额 | 牌价 | 人民币（贷）金额 | 借或贷 | 外币（金额） | 借或贷 | 人民币（金额） |
| | | | | | | | | | | | | |
| | | | | | | | | | | | | |
| | | | | | | | | | | | | |

当买入外汇时，根据外汇买卖传票将外币金额和当日牌价折合成人民币金额分别记入"买入"栏的有关栏内；当卖出外汇时，则根据外汇买卖传票将外币金额和按当日牌价折合成的人民币金额分别记入"卖出"栏的有关栏内；然后结出外币及人民币的余额，分别记入"结余"栏。

# 第三节　外汇资金往来业务的核算

## 一、全国联行外汇往来

全国联行外汇往来是指国内行与行之间外汇资金的账务往来。凡是有全国联行行号的行处，办理国内外汇异地结算和银行内部外汇资金划拨，都属于全国联行外汇往来业务。因此，它是全国总、分、支行间进行外汇资金账务往来的重要工具。

### （一）基本做法

全国联行外汇往来采取集中制核算形式，其主要内容是：

（1）集中审批。参加全国联行外汇往来的行处，由总行集中审批，联行行号、专用章、密押均由总行颁发使用，以利全国统一执行。

（2）账务划分为往账与来账两个系统，两个关系行直接往来。以总行名义开立账户，通过划款报单进行核算。

（3）总行集中对账销账。总行根据发报行、收报行寄送的全国联行外汇往来报告表和报单销账联集中对账，进行逐笔监督和管理，并由各管辖分行对所辖行处进行管理和监督。

（4）全国联行外汇往来账务,不分发报行和收报行均用"全国联行外汇往来"科目核算。

（5）对于集中清算资金的行处,不存在汇差资金清算问题,外汇资金集中总行统一管理。对于外汇资金不集中总行统一管理的行处按规定进行汇差资金清算。

**（二）凭证的使用及报告表的编制**

1. 全国联行外汇往来的基本凭证

全国联行外汇往来的基本凭证分别是:外汇邮划借方报单、外汇邮划贷方报单、外汇电划借方报单、外汇电划贷方报单、外汇电划借方补充报单、外汇电划贷方补充报单六种。每种报单名称均冠以外汇字样,以便与人民币联行往来报单相区别。

全国联行外汇往来报单种类及各联用途如表8-6所示。

表8-6　全国联行外汇往来报单种类及各联用途

| 类　别 | | 联　次 | 各种报单的用途 | 填制行 |
|---|---|---|---|---|
| 邮划报单 | 外汇邮划借方报单 | 6联 | 第一联报单:收报行代"全国联行外汇往来"传票<br>第二联报单:收报行代"全国联行外汇往来"卡片账<br>第三联报单:收报行对账联,随外汇联行报告表寄总行<br>第四联报单:发报行对账联,随外汇联行报告表寄总行<br>第五联报单:发报行代"全国联行外汇往来"卡片账<br>第六联报单:发报行代"全国联行外汇往来"传票 | 发报行 |
| | 外汇邮划贷方报单 | | | |
| 电划报单 | 外汇电划借方报单 | 3联 | 第一联报单:缺<br>第二联报单:缺<br>第三联报单:缺<br>第四联报单:发报行对账联,随外汇联行报告表寄总行<br>第五联报单:发报行代"全国联行外汇往来"卡片账<br>第六联报单:发报行代"全国联行外汇往来"传票 | 发报行 |
| | 外汇电划贷方报单 | | | |
| 电划补充报单 | 外汇电划借方补充报单 | 3联 | 第一联报单:收报行代"全国联行外汇往来"传票<br>第二联报单:收报行代"全国联行外汇往来"卡片账<br>第三联报单:收报行对账联,随外汇联行报告表寄总行<br>第四联报单:缺<br>第五联报单:缺<br>第六联报单:缺 | 收报行 |
| | 外汇电划贷方补充报单 | | | |

2. 全国联行外汇往来报告表的编制

全国联行外汇往来报告表是各联行行处接受总行监督管理的专门报表,也是总行对账销账的依据。各行应于营业终了后,根据本行填制的和他行寄来的报单对账联,按货币分借方、贷方,电划在前、邮划在后进行排列整理,合并编制"全国联行外汇往来报告表"

（其格式如表8-7所示）一式两份，一份连同报单对账联寄总行，一份留存。业务量较少的行处，可以每五日合并报送一次。

表8-7　全国联行外汇往来报告表

第　　号　　　填制日期　　　　年　　月　　日　　　　　　　　填制行公章

| 货币名称 | 货币符号 | 借方发生额 | | 贷方发生额 | | 余　额 | |
|---|---|---|---|---|---|---|---|
| | | 笔数 | 金额 | 笔数 | 金额 | 借方 | 贷方 |
| 人民币 | ¥ | | | | | | |
| 美元 | USD | | | | | | |
| 英镑 | GBP | | | | | | |
| 港元 | HKD | | | | | | |
| 欧元 | EUR | | | | | | |
| 日元 | JPY | | | | | | |
| 瑞士法郎 | CHF | | | | | | |
| 澳大利亚元 | AUD | | | | | | |
| 加拿大元 | CAD | | | | | | |
| 新加坡元 | SGD | | | | | | |
| | | | | | | | |
| | | | | | | | |

报告表的编制方法：报告表的发生额由业务发生行按各货币的发生情况，根据同方向记账的报单金额加计填列，如表8-8所示。

表8-8　全国联行外汇往来报告表填制方法表

| 借　方 | 贷　方 |
|---|---|
| 本行填制的邮划、电划借方报单<br>第四联 | 本行填制的邮划、电划贷方报单<br>第四联 |
| 他行寄来的邮划贷方报单<br>第三联 | 他行寄来的邮划借方报单<br>第三联 |
| 本行填制的电划贷方补充报单<br>第三联 | 本行填制的电划借方补充报单<br>第三联 |

报告表的余额应根据上日报告表余额，按"上日余额加减本日借贷方发生额等于本日余额"计算填列。当日无发生额的货币，照抄上日报告表余额。报告表按年连续编号，新年度开始，自1号起重新编列本年户报告表。各货币余额只能单向反映，切勿借贷双方反映。

全国联行外汇往来报告表是总行进行逐笔对账、销账的依据，任何疏忽都会给总行监督工作带来困难，故应按内部控制原理认真复核后才能寄发。复核的主要内容包括：报告表上的借、贷方笔数和发生额,是否与所附对账联的笔数和金额相符;余额结计是否正确,是否与该货币"全国联行外汇往来"科目总账余额完全相符;报告表填制日期、顺序号是否与上期相衔接。经复核无误,复核员盖章后寄发。

全国联行外汇往来的日常核算以及年度终了的核算,与人民币联行往来的核算基本相同。在这里不再赘述。

## 二、港澳及国外联行往来

港澳及国外联行往来是指我国境内总、分、支行与港澳地区以及国外分支机构之间,因资金划拨、国际结算而发生的资金账务往来,也称为境外联行往来。为了适应我国对外经济交往和国际贸易不断增长的要求,经营外汇的银行有必要在港澳地区及国外开立分支机构,如中国银行除在中国香港、澳门地区设立分行外,还在纽约、伦敦、悉尼、法兰克福、东京和新加坡等设有分行。这些在港澳地区及国外的分支机构,为我国经济组织参与国际经济竞争与合作提供了优质服务,为我国及时、安全地收付外汇资金起到了重要作用。

### (一)基本做法

港澳及国外联行往来采用的核算形式是分散制,即联行之间建立账务往来是互以对方行名义开立账户。两个关系行,一个为申请开户行,简称开户行;另一个为接受开户行,简称账户行。国内内地联行与港澳及国外联行开立境外联行所在地货币(一定是可自由兑换货币)账户,如在香港地区开港元账户,在伦敦开英镑账户,在纽约开美元账户等;或者开立其他可自由兑换货币,如在香港地区开立美元账户,在新加坡开立英镑账户等,都以国内内地联行为申请开户行,港澳及国外联行为接受开户行。国内内地联行与港澳及国外联行如以外汇人民币开户,则反之,国内内地联行为接受开户行,港澳及国外联行为申请开户行。

账户的开立应统一由总行与港澳及国外联行以正式公函或加押电报商议和确认账户为条件,并办理开户手续和通知使用账户。未经总行批准,国内内地分支行一律不得以任何名义在境外联行开立任何种类的账户;港澳及国外联行也不得直接受理国内内地分支行开立的任何种类的账户。

### (二)科目与凭证

1. 科目

境外联行往来使用"港澳及国外联行往来"科目核算,该科目为资产负债共同性质的科目。在该科目下分账户核算,如为申请开户行时,该账户为资产账户,其账户余额在借方;如为接受开户行时,该账户为负债账户,其余额在贷方。

2. 凭证

港澳及国外联行往来的基本凭证称为报单,根据业务性质不同,分为借记报单和贷记报单两种;根据传递方式的不同又分为邮划和电划两种。两个关系行均可填发报单,申请开户行填发报单时,应在报单上注明"请借记"或"请贷记"字样;接受开户行填发报单时,应在报单上注明"已借记"或"已贷记"字样。

邮划报单一式两联,一联经有权签字人员签章后寄对方行,由对方行作记账传票;另一联由签发行作记账传票。电划报单也是一式两联,凭第一联向对方行拍发加押电报后,在报单上加盖"已电报通知"的戳记作为电报证实书寄对方行,第二联报单作记账传票。

### (三)日常核算

#### 1. 申请开户行的处理

申请开户行根据付汇业务填发"请借记"报单,一联寄对方行,另一联作贷方传票,记入"港澳及国外联行往来"科目分户账的贷方;根据收汇业务填发"请贷记"报单,一联寄对方行,另一联作借方传票,记入"港澳及国外联行往来"科目分户账的借方。申请开户行如收到接受开户行寄来的"已借记"报单,即作为贷方传票,记入"港澳及国外联行往来"科目分户账的贷方;如收到接受开户行寄来的"已贷记"报单,即作为借方传票,记入"港澳及国外联行往来"科目分户账的借方。

#### 2. 接受开户行的处理

接受开户行根据付汇业务填发"已贷记"报单,一联寄对方行,另一联作贷方传票,记入"港澳及国外联行往来"科目分户账的贷方;根据收汇业务填发"已借记"报单,一联寄对方行,另一联作借方传票,记入"港澳及国外联行往来"科目分户账的借方。接受开户行如收到申请开户行寄来的"请借记"报单,即作为借方传票,记入"港澳及国外联行往来"科目分户账的借方;如收到申请开户行寄来的"请贷记"报单,即作为贷方传票,记入"港澳及国外联行往来"科目分户账的贷方。

### (四)账务核对

港澳及国外联行往来的对账工作由两个关系行自行处理。

#### 1. 对账

对账是接受开户行按月发对账单给申请开户行,由申请开户行根据对账单记载情况与其对应的账页相互核对,以接受开户行记账日期为准,逐笔进行对账。即接受开户行对账单的贷方发生额与申请开户行相应账户的借方发生额核对;接受开户行对账单的借方发生额与申请开户行相应账户的贷方发生额核对。凡对方已记账各笔,应将记账金额、接受开户行报单日期、有关摘要内容核对无误后,在接受开户行的对账单上相应金额后注明申请开户行记账日期;在申请开户行的账页上相应金额后注明接受开户行记账日期,有起息日的要注明起息日。对报单日期和有关摘要栏相符,而金额不一致的,以及金额相同,而有关摘要和报单日期不一致的各笔均不能对销,必须查实后,再确定是否对销。

#### 2. 编制对账平衡表

申请开户行根据接受开户行的对账单逐笔核对账务后,即使双方记账都没有错误,但双方的余额也往往是不一致的。这种不一致是由于存在未达账造成的。所谓未达账是指由于双方取得的凭证时间不同,导致记账时间的不一致,发生业务的一方已取得凭证并登记入账,而另一方由于尚未取得凭证以至于未能记账。未达账项的发生有四种情况:① 账户行已收,开户行未收;② 账户行已付,开户行未付;③ 开户行已收,账户行未收;④ 开户行已付,账户行未付。上述任何一项未达账的存在,都会使双方余额不符。因此,对账后,发现有未达账,必须编制"对账平衡表"(其格式如表8-9所示)对未达账项进行调整,以确认双方记账的准确性。

表8-9　对账平衡表

对账单记账总笔数：

货币：　　　　户名：　　　　　　　　　年　　月份

| 摘　要 | 借　方 | 贷　方 | 摘　要 | 借　方 | 贷　方 |
|---|---|---|---|---|---|
| (1) 你行对账单上余额 | | | (4) 我行账上余额 | | |
| (2) 我行已记账你行尚未转账各笔 | | | (5) 你行已记账我行尚未转账各笔 | | |
| | | | | | |
| | | | | | |
| | | | | | |
| | | | | | |
| (3) 你行下月转账数 | | | (6) 我行下月转账数 | | |
| 本户实际存欠 | | | 本户实际存欠 | | |

　　对账平衡表的填列方法：① 对账平衡表左边。a. 你行对账单上余额：按账户行对账单月底贷方余额,同方向填列；b. 我行已记账你行尚未转账各笔：按开户行已记账,账户行尚未记账各笔未达账,借贷方发生额反方向填列,要求按账户记账日期先后逐笔填列；c. 你行下月转账数：按开户行当月已记账,而账户行在下月记账的总数填列。② 对账平衡表的右边。a. 我行账上余额：按开户行账上借方余额,同方向填列；b. 你行已记账我行尚未记账各笔：按账户行已记账,而开户行尚未记账各笔未达账,借贷方发生额反方向填列,要求按对账单上记账日期先后逐笔填列；c. 我行下月转账数：按账户行当月已记账,而开户行在下月记账总数填列。然后将平衡表左右两边数字分别加总轧平验对。

　　对账平衡表上左右两边的"本户实际存欠数"应是金额相等,方向相反。如双方实际存欠数不相符,则说明账务核对过程中尚有错、漏,必须查明轧平。

　　3. 填制对账回单

　　对账回单是开户行核对账目后填制寄给账户行的。开户行核对账目后,按每个账户,分货币填制对账回单,以确认账户余额。无未达账的账户填一式两联,一联经本行有权签字人签字后寄账户行,另一联留底。有未达账的账户,填一式三联,并逐笔列明账户未达账目,第一联经本行有权人签字后,连同第二联一并寄账户行,第三联留底。账户行收到开户行对账回单后,对所列各笔未达账应查实,在对账回单第二联上批注并附有关资料的影印件,寄还开户行。

### 三、国外代理行往来

#### （一）存放国外同业

存放国外同业是指我国银行存放在外国代理行的外汇资金。

1. 账户的管理

银行为了贯彻执行国家对外汇资金的统一管理、统一经营、统一调度的方针，对国内各行在国外代理行开立"存放国外同业"账户，必须严格管理。管理的原则如下：

第一，开立国外同业存款账户，必须根据业务需要，从便利国际收付，有利于加速资金周转及灵活调拨，保障资金安全和效益的原则出发，慎重开立账户。

第二，国内各分行如具备开户条件，要求对外开立账户时，必须报经总行审批。由总行统一对外商定账户条件，签订账户协议。未经总行批准，各分行不得与国外代理行开立任何外汇账户。

第三，国内各分行经总行批准在国外代理行开立的分账户、专户的头寸调拨权均属总行，国内任何分行无权调拨头寸。

2. 核算形式

目前存放国外同业的核算形式有总行集中记账和分行开立分户记账两种。

（1）总行集中记账。总行集中记账是指总行在国外代理行开立现汇账户，供国内各分支行共同使用。国内各分支行在业务上可以和国外代理行直接往来，但在账务上不得设置"存放国外同业"账户核算，一切账务由总行记账和销账。在与国外代理行汇划资金时，可以由总行逐笔下划；也可以由各分支行逐笔上划。

（2）分行开立分户记账。分行开立分户记账是指业务量较大的分行，报经总行同意，可以在国外代理行开立与总行往来账户头寸挂钩的分账户。所谓头寸挂钩是总行考虑外汇资金不宜分散，头寸须相对集中。因此，一般总行与账户行均有类似协议，按规定的时间，或小数或大数，将各分账户上的余额拨转到总行的往来账户，以期集中外汇头寸，统一管理和运用外汇资金。

开立分账户的分行，可以使用"存放国外同业"账户核算。一切代收代付业务都可以直接通过该分账户记账，不必逐笔上划总行或由总行下划资金，但存欠头寸仍由总行集中管理和调拨。

存放国外同业采用的核算体制是分散制，其处理手续与港澳及国外联行往来的核算形式相同。

#### （二）国外同业存款

国外同业存款是指境外代理行在我国银行存入的外汇存款。凡与我国银行已建立代理行关系的境外银行，经审核认定其资金信誉好，并接受我国银行制定的有关开户条件，均可接受其开户申请。国外同业存款分普通户和专户两种。

1. 普通户

境外代理行申请在我国银行总行开立的外汇人民币和其他可自由兑换货币的往来账

户,称为普通户。普通户统一由总行受理境外银行申请,国内分行不得受理开户事宜。

普通户是境外银行在我国银行总行开立的一般往来户,一切贸易和非贸易(信用卡业务除外)往来资金的结算均通过普通户收付。普通户的核算形式是统一由总行集中记账,国内各分行使用该账户时,必须通过国内联行外汇往来,由业务发生行上划总行记账,或由总行记账后下划业务发生行办理资金结算。

2. 专户

所谓专户,是指专门用于核算某项业务而设置的账户。如境外银行或公司发行信用卡,委托我方外汇银行在国内各行处代兑其发行的信用卡,境外发行信用卡的银行为委托行,我方银行代兑信用卡为代办行。为了使这项业务顺利开展,我方银行办理代兑时不垫付款项,委托行需在我方有关银行开立信用卡备用金户,这个账户就称为专户。此类账户存款只限于兑付信用卡时使用,不能移作其他贸易和非贸易款项结算时支用,以保证专款专用。专户原则上不准透支,一旦出现透支时应按双方约定的协议规定办理清偿。

代办国外信用卡业务的各分行,根据业务需要,可直接与委托行协商,经总行批准后开立。信用卡备用金专户亦在"国外同业存款"科目项下按委托行立户,分行辖属各分支机构代兑该种信用卡后统一由分行在该专户中进行结算。专户的特点是一切账务均由分行(账户行)与委托行(开户行)直接办理,无须再通过总行清算。

国外同业存款也采用分散制核算,其处理手续与港澳及国外联行往来的核算形式相同。

# 第四节　外汇存款业务的核算

## 一、外汇存款的意义和种类

### (一) 外汇存款的意义

外汇存款是银行经营外汇的一项主要业务,它是单位和个人将其所有的外汇资金,包括国外汇入汇款、外币以及其他外币票据等存入银行,并于以后随时或约期支取的一种存款。

外汇存款是银行存款业务的重要组成部分。它是外汇信贷资金的主要来源,是银行适应市场经济需要,扩大贷款规模的重要保证,是各单位间办理转账结算的前提。任何单位的转账支付,都必须在银行存款账户中拥有足够的余额才能实现。因此,从某种意义上来讲,没有存款就没有结算,没有存款就没有贷款,对银行来说,具有最重要意义的始终是存款。银行要发挥更多的金融杠杆作用,必须积极吸收外汇存款,扩大外汇信贷资金来源,支持国内经济建设的发展。

外汇是国际间经济活动的产物,是国际间债权债务清算的重要手段,也是国际经济和金融往来顺利进行的重要保证。因此,在市场经济体制下,正确有序地组织外汇存款业务,不仅有利于充实外汇信贷资金来源,而且也有利于扩大我国外贸进出口业务和加强我国与世界各国和地区的经济合作与交流,这对于国家经济建设,促进国民经济持续稳定发展有着十分重要的意义。

### (二)外汇存款的种类

外汇存款分为甲、乙、丙三种。甲种存款主要对象是外国驻华机构和在中国境内的侨资、外资、合资机构等;乙种存款主要对象是外国人、华侨、港澳同胞等;丙种存款主要对象是境内居民。甲、乙、丙三种外汇存款均分定期和活期两种。甲种活期外汇存款经银行同意可使用支票,亦可使用存折,一般是开立外汇账户。乙、丙两种活期外汇存款,只能使用存折,但可开立外汇账户,也可开立外钞账户。

## 二、外汇活期存款的核算

### (一)单位外汇活期存款的核算

单位外汇活期存款是指不受存款期限限制,可以随时办理存取的一种存款。单位外汇活期存款分存折户和支票户两种。支票户存款时凭缴款单存入,取款时凭支票支取;存折户凭存折存取款项。单位活期存款起存金额不低于人民币 1 000 元的等值外币。

(1)外汇存款的存入。单位活期外汇存款一般开立的是现汇户,如存入现钞,应通过外汇买卖科目进行钞买汇卖处理。

【例 8-1】 例如,某外交机构开立港元外汇户,存入港元现钞 8 000 元(当日港元钞买价 98.87%,汇卖价 100.05%)。其会计分录如下。

借:库存现金　　　　　　　　　　　　　　　HKD8 000.00
　　贷:外汇买卖　　　　　　　　　　　　　　　HKD8 000.00
借:外汇买卖　　　　　　　　　　　　　　　￥7 909.60
　　贷:外汇买卖　　　　　　　　　　　　　　　￥7 909.60
借:外汇买卖　　　　　　　　　　　　　　　HKD7 905.65
　　贷:吸收存款——××活期存款　　　　　　　HKD7 905.65

存款单位存入现汇,即将国外汇入汇款存入,如存入同种货币,则可以直接存入。

【例 8-2】 上述存款单位以国外汇入汇款 10 000 港元存入。其会计分录如下:

借:汇入汇款　　　　　　　　　　　　　　　HKD10 000
　　贷:吸收存款——××活期存款　　　　　　　HKD10 000

如存入其他可自由兑换货币,则应通过套汇办理。

【例 8-3】 上述存款单位以国外汇入汇款 20 000 英镑存入(当日英镑汇买价 1 524.59%,港元汇卖价 100.05%)。其会计分录如下:

借:汇入汇款　　　　　　　　　　　　　　　GBP20 000.00
　　贷:外汇买卖　　　　　　　　　　　　　　　GBP20 000.00
借:外汇买卖　　　　　　　　　　　　　　　￥304 918.00
　　贷:外汇买卖　　　　　　　　　　　　　　　￥304 918.00
借:外汇买卖　　　　　　　　　　　　　　　HKD304 765.61
　　贷:吸收存款——××活期存款　　　　　　　HKD304 765.61

（2）外汇存款的支取。单位外汇活期存款可以支取人民币现金；可以用原币或折成其他可自由兑换货币汇往国内及世界各地；可以酌情支取现钞。

【例8－4】　上述存款单位开出支票提取港元3 000元，兑取人民币现金（当日汇买价99.67％）。其会计分录如下：

借：吸收存款——××活期存款　　　　　　　　　　　HKD3 000.00
　贷：外汇买卖　　　　　　　　　　　　　　　　　　HKD3 000.00
借：外汇买卖　　　　　　　　　　　　　　　　　　　￥2 990.10
　贷：库存现金　　　　　　　　　　　　　　　　　　￥2 990.10

【例8－5】　上述存款单位向国外汇出50 000港元，则可直接汇出。其会计分录如下：

借：吸收存款——××活期存款　　　　　　　　　　　HKD50 000.00
　贷：汇出汇款　　　　　　　　　　　　　　　　　　HKD50 000.00

【例8－6】　上述存款单位要求汇出30 000美元（当日港元汇买价99.67％，美元汇卖价780.37％）。其会计分录如下：

借：吸收存款——××活期存款　　　　　　　　　　　USD234 886.12
　贷：外汇买卖　　　　　　　　　　　　　　　　　　USD234 886.12
借：外汇买卖　　　　　　　　　　　　　　　　　　　￥234 111.00
　贷：外汇买卖　　　　　　　　　　　　　　　　　　￥234 111.00
借：外汇买卖　　　　　　　　　　　　　　　　　　　USD30 000.00
　贷：汇出汇款　　　　　　　　　　　　　　　　　　USD30 000.00

（3）外汇存款的计息。单位外汇活期存款不论是支票户还是存折户均需计息，于每季末月的20日为结息日结计利息。其利息计算方法通常采用积数法，与人民币活期存款利息计算方法相同。对于计付的利息，以原币入账，加入余额生息。

**（二）个人外汇存款的核算**

个人外汇存款分现汇户和现钞户。凡从港澳地区或国外汇入、携入和国内居民持有的可自由兑换的外汇，均可存入。对不能立即付款的外币票据，经银行托收，收妥后方能存入。个人外汇存款可以支取外汇现钞或人民币现金；也可以汇往港澳地区或国外。

（1）开户。存款人填写"外币存款开户申请书"，写明户名、地址、存款种类、金额等，连同外汇或现钞一并交存银行。银行认真审核申请书、外币票据或清点外币现钞，同时按规定审查开户人的有关证件，如身份证、护照等。经核对无误后，即为其办理开户手续。

【例8－7】　以外币现钞存入，其会计分录如下：

借：库存现金　　　　　　　　　　　　　　　　　　　外币
　贷：吸收存款——活期储蓄存款　　　　　　　　　　外币

如以国外汇入汇款存入，其会计分录如下：

借：汇入汇款　　　　　　　　　　　　　　　　　　　外币
　贷：吸收存款——活期储蓄存款　　　　　　　　　　外币

客户如来行续存，其会计分录与开户时相同。

（2）支取。存款人从外币现钞户支取同币种现钞，可以直接支取。其会计分录如下：

借:吸收存款——活期储蓄存款 外币
　　贷:库存现金 外币

由于银行无外币的辅币,如支取的外币中有辅币,则要将辅币兑换成人民币支付。

**【例8-8】** 某客户来行支取外钞金额为256.68美元,银行没有美元辅币,因此要将0.68美元按当日钞买价771.16%折成人民币5.24元支付给客户。其会计分录如下:

借:吸收存款——活期储蓄存款 USD256.68
　　贷:库存现金 USD256.00
　　　　外汇买卖 USD0.68
借:外汇买卖 ￥5.24
　　贷:库存现金 ￥5.24

如存款人要求从现汇户或现钞户取款并兑换成人民币现金,应按当日牌价折算。其会计分录如下:

借:吸收存款——活期储蓄存款 外币
　　贷:外汇买卖 外币
借:外汇买卖 人民币
　　贷:库存现金 人民币

(3)计息。外币活期储蓄存款结息日为每年的12月20日,全年按实际天数计算,以结息日挂牌的活期储蓄存款利率计算利息,其方法与人民币活期储蓄存款计息方法相同。

### 三、外汇定期存款的核算

#### (一)单位外汇定期存款的核算

(1)存入的处理。客户办理活期存款转定期时,须填制外汇支付凭证一式两联交经办行,经办行审核无误后,一联记账,一联作为客户回单,并填制外汇定期存单一式三联:第一联为定期存款存单,盖章后交给单位;第二联为卡片账,专夹保管;第三联为贷方凭证,以单位支付凭证代替借方凭证。其会计分录如下:

借:吸收存款——××活期存款 外币
　　贷:吸收存款——单位定期存款 外币

客户也可以将境外汇入的外汇汇款直接存定期存款。其会计分录如下:

借:汇入汇款 外币
　　贷:吸收存款——单位定期存款 外币

(2)到期支取的处理。单位定期存款到期,银行抽出专夹保管的卡片账,经核对无误,填制利息计算清单和特种转账凭证,将到期的利息和定期存款一并转入该单位的活期存款账户。其会计分录如下:

借:吸收存款——单位定期存款 外币
　　利息支出 外币
　　贷:吸收存款——××活期存款 外币

(3)单位外汇定期存款的利息计算与人民币定期储蓄存款的利息计算方法相同。

**（二）个人外汇定期存款的核算**

（1）开户。存款人申请开立外汇存款账户,其要求和手续与开立活期外汇存款账户相同,经银行审核后,开立定期存款存折或外汇定期存款存单一式三联。经复核后,将存折或第二联存单交存款人;第三联存单代替分户账,凭以登记"开销户登记簿"后专夹保管;第一联代转账贷方传票凭以记账。其会计分录如下:

① 如开立现钞户。

借:库存现金　　　　　　　　　　　　　　　　　　　　外币
　　贷:吸收存款——定期储蓄存款　　　　　　　　　　　　　　外币

② 如开立现汇户。

借:汇入汇款　　　　　　　　　　　　　　　　　　　　外币
　　贷:吸收存款——定期储蓄存款　　　　　　　　　　　　　　外币

（2）支取。存款人凭存单或存折支取到期外汇存款,经银行审核无误后,办理付款手续。其会计分录如下:

借:吸收存款——定期储蓄存款　　　　　　　　　　　　外币
　　利息支出　　　　　　　　　　　　　　　　　　　　外币
　　贷:应交税费——应交利息税　　　　　　　　　　　　　　外币
　　　　库存现金或其他科目　　　　　　　　　　　　　　　外币

（3）计息。个人外汇定期存款的利息计算与人民币定期储蓄存款的利息计算方法相同。

# 第五节　外汇贷款业务的核算

## 一、外汇贷款的意义和种类

### （一）外汇贷款的意义

外汇贷款是指银行办理的以外币为计量单位的放款,是银行外汇资金的主要运用形式之一。外汇贷款在国家的方针、政策和贷款原则、贷款风险管理办法的指导下,根据国民经济建设的需要,把吸收的外汇存款和从国外引进的外汇资金,以有偿的方式发放给需要用汇的企业,支持国家重点建设和企业引进国外先进技术设备或购买国内紧缺的原材料,或以办理买方信贷的方式支持机械、船舶和专有技术的进出口,以此促进技术改造,发展生产,扩大对外经济技术交流,提高产品质量、改善包装装潢和增加产品在国际市场上的竞争能力,扩大出口和增加外汇收入。因此,外汇贷款是加速经济增长的一个重要的资金注入渠道,对于加速企业资金周转,发展外向型经济,促进企业改善经营管理等都具有重要意义。

### （二）外汇贷款的种类

外汇贷款按照不同的标准可以划分为不同的种类。

（1）按贷款的期限划分，可分为短期外汇贷款和中长期外汇贷款。短期贷款是指期限在一年以内（含一年）的外汇贷款，主要包括打包放款、进出口押汇和票据融资。中长期外汇贷款是指其期限在一年（不含一年）以上的外汇贷款。

（2）按贷款的性质和用途划分，可分为固定资产贷款和流动资金贷款。前者是用于企业引进国外技术、设备或科技开发的外汇贷款；后者是用于生产储备、营运、结算融资的贷款和临时贷款。

（3）按贷款的发放条件，可分为信用贷款、担保贷款和抵押贷款。信用贷款是指单凭借款人的信誉发放的贷款。担保贷款是指必须经担保人出具承担偿还贷款责任的担保书发放的贷款。抵押贷款是指银行要求借款人提供一定的抵押品作为物质保证发放的贷款。

（4）按贷款的资金来源，可分为现汇贷款、"三贷"贷款和银团贷款（后两者又称转贷贷款）。现汇贷款可按利率不同分为浮动利率贷款、固定利率贷款、优惠利率贷款、贴息贷款、特优利率贷款、短期周转外汇贷款等；"三贷"贷款包括买方信贷、政府贷款和混合贷款；银团贷款是国际金融机构贷款的一种形式，亦称辛迪加贷款。

## 二、现汇贷款

### （一）短期外汇贷款

短期外汇贷款是银行将外汇资金贷给有偿还能力并具备贷款条件的企业单位，用以进口国内短缺的原材料和先进技术设备，发展出口商品生产，并以外汇收入归还的一种贷款。

凡生产出口商品，有偿还外汇能力的企业，都可以申请短期外汇贷款。短期外汇贷款使用美元、英镑、港元、日元和欧元五种货币为记账单位。对外支付和偿还贷款需用其他外汇时，按套汇处理。

1. 贷款的发放

短期外汇贷款的发放与借款单位实际对外支付外汇同时进行。借款单位无论是通过信用证、进口代收和汇款方式办理结汇，均需填具短期外汇借款凭证，由银行核准后，予以发放。其会计分录如下：

借：贷款——短期外汇贷款　　　　　　　　　　　　　　　　外币
　　贷：港澳及国外联行往来或其他科目　　　　　　　　　　　外币

如用不同贷款对外付汇时，其会计分录如下：

借：贷款——短期外汇贷款　　　　　　　　　　　　　　　　外币
　　贷：外汇买卖　　　　　　　　　　　　　　　　　　　　外币
借：外汇买卖　　　　　　　　　　　　　　　　　　　　　　外币
　　贷：外汇买卖　　　　　　　　　　　　　　　　　　　　外币
借：外汇买卖　　　　　　　　　　　　　　　　　　　　　　外币
　　贷：港澳及国外联行往来或其他科目　　　　　　　　　　　外币

2. 贷款的利息计算

短期外汇贷款利率实行浮动利率，由总行按期调整公布。短期外汇贷款浮动利率的浮动期有一个月、三个月、六个月三种。短期外汇贷款按季计息,即每季末月的 20 日计息一次,按浮动利率的变动时期分段计息。贷款期限按实际天数计算,有一天算一天,算头不算尾。银行每季向借款单位计收利息时,应填制"贷款结息凭证"一式两联,并通知借款单位,如借款单位不能立即支付利息,则直接转入贷款账户核算,相应增加贷款余额。其会计分录如下:

借:贷款——短期外汇贷款　　　　　　　　　　　　　　　外币
　　贷:利息收入　　　　　　　　　　　　　　　　　　　　　　外币

如借款单位每季按时偿还贷款利息,其会计分录如下:

借:吸收存款——单位外汇活期存款　　　　　　　　　　外币
　　贷:利息收入　　　　　　　　　　　　　　　　　　　　　　外币

**3. 贷款的偿还**

短期外汇贷款必须按期偿还,也可提前全部或分批偿还。银行收回贷款时,须将最后一个结息期至还款日尚未计算的利息与本金一并收回。如借款单位以现汇偿还,其会计分录如下:

借:吸收存款——单位外汇活期存款　　　　　　　　　　外币
　　贷:贷款——短期外汇贷款　　　　　　　　　　　　　　　外币
　　　　利息收入　　　　　　　　　　　　　　　　　　　　　　外币

如借款单位用人民币购买外汇偿还,其会计分录如下:

借:吸收存款——进出口企业活期存款　　　　　　　　　人民币
　　贷:外汇买卖　　　　　　　　　　　　　　　　　　　　　人民币
借:外汇买卖　　　　　　　　　　　　　　　　　　　　　　外币
　　贷:贷款——短期外汇贷款　　　　　　　　　　　　　　　外币
　　　　利息收入　　　　　　　　　　　　　　　　　　　　　　外币

### (二) 出口押汇

出口押汇是指出口商于发运商品后,以提货单据作抵押,签发向进口商或其委托承兑银行为付款人的汇票,向银行融通资金的一项业务。

出口押汇是银行垫款先行买入一笔尚未收妥的外汇,银行担负一定的风险。因此,审核单证时一定要注意国外银行的资信,有选择地承做出口押汇。承做出口押汇时,从出口单位应收外汇金额(即票面金额)中扣收押汇利息后,对出口单位办理结汇。

$$押汇利息＝票面金额×估计收到票款所需日数×日利率$$
$$实际结汇金额＝票面金额－押汇利息$$

上式中,日利率参照国际市场有关利率拟定,估计收到票款所需日数参照过去议付日起至结汇日止所需天数。其会计分录如下:

借:出口押汇　　　　　　　　　　　　　　　　　　　　　　外币
　　贷:利息收入　　　　　　　　　　　　　　　　　　　　　　外币
　　　　外汇买卖　　　　　　　　　　　　　　　　　　　　　　外币
借:外汇买卖　　　　　　　　　　　　　　　　　　　　　　人民币

贷:吸收存款——进出口企业活期存款　　　　　　　　　　　　　人民币

当收到国外联行或代理行"已贷记"报单或"请借记"报单时,即转销出口押汇,其会计分录如下:

借:港澳及国外联行往来或其他科目　　　　　　　　　　　　　外币
　　贷:出口押汇　　　　　　　　　　　　　　　　　　　　　　外币

### (三) 进口押汇

进口押汇是指进口商申请银行开发信用证,通知出口商所在地的联行或代理行按规定条件,购进出口商签发的,以进口商为付款人的跟单汇票,再由开证银行转向进口商收回汇票本息的一种业务。进口押汇是企业以物权作抵押向银行申请的短期周转资金融通。因此,银行必须按信贷资产风险管理原则实施风险控制。

进口商申请进口押汇时,必须在提交"开证申请书"的同时提交"进口押汇申请书",经开证行审核同意后,按规定先由进口商交存一定比例的保证金,然后再由开证行对外开证,其会计分录如下:

借:吸收存款——单位外汇活期存款　　　　　　　　　　　　　外币
　　贷:存入保证金　　　　　　　　　　　　　　　　　　　　　外币
借:应收开出信用证款项　　　　　　　　　　　　　　　　　　外币
　　贷:应付开出信用证款项　　　　　　　　　　　　　　　　　外币

当开证行收到国外议付行寄来的信用证项下汇票、单据及报单,经核对单单一致、单证一致后,需做信用证项下进口押汇,即对外付款,其会计分录如下:

借:进口押汇　　　　　　　　　　　　　　　　　　　　　　　外币
　　存入保证金　　　　　　　　　　　　　　　　　　　　　　外币
　　利息支出——保证金利息　　　　　　　　　　　　　　　　外币
　　贷:港澳及国外联行往来　　　　　　　　　　　　　　　　　外币

同时转销应收、应付开出信用证款项科目。

借:应付开出信用证款项　　　　　　　　　　　　　　　　　　外币
　　贷:应收开出信用证款项　　　　　　　　　　　　　　　　　外币

当进口单位来行偿付押汇本息,赎取单据时,银行要计收自进口押汇日起至单位赎单还款日止的利息,即:

$$进口押汇利息＝押汇金额×押汇天数×日利率$$

如进口单位用现汇偿还,其会计分录如下:

借:吸收存款——单位外汇活期存款　　　　　　　　　　　　　外币
　　贷:进口押汇　　　　　　　　　　　　　　　　　　　　　　外币
　　　　利息收入　　　　　　　　　　　　　　　　　　　　　　外币

如进口单位用人民币购买外汇偿还,其会计分录如下:

借:吸收存款——进出口企业活期存款　　　　　　　　　　　　人民币
　　贷:外汇买卖　　　　　　　　　　　　　　　　　　　　　　人民币
借:外汇买卖　　　　　　　　　　　　　　　　　　　　　　　外币
　　贷:进口押汇　　　　　　　　　　　　　　　　　　　　　　外币

利息收入　　　　　　　　　　　　　　　　　　　外币

### 三、买方信贷的核算

买方信贷是出口方银行直接向进口商或进口方银行提供的贷款,是出口国政府为了支持该国商品出口而提供的,以便进口企业利用这项贷款向提供贷款的国家购买技术设备,以及支付有关劳务费用。

买方信贷项下向国外银行的借入款,由总行集中开户,使用"借入买方信贷款"科目核算。各地分行对使用贷款的企业发放买方信贷外汇贷款,由有关分行开户,使用"买方信贷外汇贷款"科目核算。买方信贷项下向国外借入款的本息,由总行负责偿还,各分行发放的买方信贷外汇贷款的本息,由分行负责按期收回。

#### (一) 对外签订协议

买方信贷总协议,由总行统一对外签订后,通知分行和有关部门。在总协议下,每个项目具体信贷协议或贸易合同可由总行对外签订,亦可由总行授权分行对外谈判签订,不论总行或分行对外谈判签订,均由总行按协议商定的金额,用"买方信贷用款限额"表外科目进行控制。其表外登记如下:

(收入)买方信贷用款限额　　　　　　　　　　　　外币

使用贷款时,逐笔转销此表外科目。

#### (二) 支付定金

根据买方信贷协议的规定,进口单位需要以现汇支付不低于贷款金额 5% 的定金。支付时,按照不同的情况分别进行处理。

(1) 进口单位以自有外汇支付,其会计分录如下:

借:吸收存款——单位外汇活期存款　　　　　　　外币
　　贷:港澳及国外联行往来或其他科目　　　　　　外币

(2) 进口单位用人民币购汇支付,其会计分录如下:

借:吸收存款——进出口企业活期存款　　　　　　人民币
　　贷:外汇买卖　　　　　　　　　　　　　　　　人民币
借:外汇买卖　　　　　　　　　　　　　　　　　　外币
　　贷:港澳及国外联行往来或其他科目　　　　　　外币

(3) 进口单位申请短期外汇贷款支付,其会计分录如下:

借:贷款——短期外汇贷款　　　　　　　　　　　外币
　　贷:港澳及国外联行往来或其他科目　　　　　　外币

#### (三) 贷款的使用

(1) 进口单位有现汇,用现汇办理付汇手续,由银行利用买方信贷资金,承担买方信贷项下利息。

如进口单位在总行营业部开户,其会计分录如下:

借:吸收存款——单位外汇活期存款　　　　　　　外币
　　贷:借入买方信贷款——国外银行户　　　　　　外币

　　　　　　（付出）买方信贷用款限额　　　　　　　　　　　　　　　外币

　　如进口单位在分行开户，分行的会计分录如下：

　　借：吸收存款——单位外汇活期存款　　　　　　　　　　　　　　外币

　　　　贷：资金清算往来——联行外汇往来　　　　　　　　　　　　外币

　　总行收到分行上划报单后，其会计分录如下：

　　借：资金清算往来——联行外汇往来　　　　　　　　　　　　　　外币

　　　　贷：借入买方信贷款——国外银行户　　　　　　　　　　　　外币

　　　　　　（付出）买方信贷用款限额　　　　　　　　　　　　　　外币

　　（2）进口单位无现汇，向银行取得买方信贷外汇贷款，到期由进口单位偿还贷款本息。

　　　　如进口单位在总行营业部开户，其会计分录如下：

　　借：买方信贷外汇贷款——借款（即进口）单位户　　　　　　　　外币

　　　　贷：借入买方信贷款——国外银行户　　　　　　　　　　　　外币

　　　　　　（付出）买方信贷用款限额　　　　　　　　　　　　　　外币

　　如进口单位在分行开户，分行的会计分录如下：

　　借：买方信贷外汇贷款——借款（即进口）单位户　　　　　　　　外币

　　　　贷：资金清算往来——联行外汇往来　　　　　　　　　　　　外币

　　总行收到分行上划报单后，其会计分录如下：

　　借：资金清算往来——联行外汇往来　　　　　　　　　　　　　　外币

　　　　贷：借入买方信贷款——国外银行户　　　　　　　　　　　　外币

　　　　　　（付出）买方信贷用款限额　　　　　　　　　　　　　　外币

**（四）贷款本息的偿还**

　　向国外借入的买方信贷外汇贷款本息的偿还，由总行统一办理。总行对国外寄来的计息清单进行核对后，办理买方信贷款本息的偿还手续，其会计分录如下：

　　借：借入买方信贷款——国外银行户　　　　　　　　　　　　　　外币

　　　　利息支出　　　　　　　　　　　　　　　　　　　　　　　　外币

　　　　贷：存放国外同业或其他科目　　　　　　　　　　　　　　　外币

　　对国内借款单位，按照借款契约规定计算借款利息并按期收回贷款本息。如借款单位用人民币买汇偿还贷款本息时，其会计分录如下：

　　借：吸收存款——进出口企业活期存款　　　　　　　　　　　　　人民币

　　　　贷：外汇买卖　　　　　　　　　　　　　　　　　　　　　　人民币

　　借：外汇买卖　　　　　　　　　　　　　　　　　　　　　　　　外币

　　　　贷：买方信贷外汇贷款——借款单位户　　　　　　　　　　　外币

　　　　　　利息收入　　　　　　　　　　　　　　　　　　　　　　外币

　　如借款单位不能按期归还贷款本息，应将贷款本息转入"短期外汇贷款"科目进行核算，并按短期外汇贷款利率计息。转入短期外汇贷款科目后，借款单位逾期未能偿还贷款本息的，应采取有效措施，督促借款单位还款。

### 四、银团贷款的核算

银团贷款是一种由一家或几家银行牵头,多家国际商业银行作为贷款人,向某个企业或政府提供一笔金额较大的中期贷款,期限一般为 7～10 年,这是一种结构较为复杂,并具有一定规模的商业贷款业务。这种融资方式的优点是使借款人在相对较快的时间内筹到金额较大的、单位成本较低的资金,使贷款人在每笔业务中共享权益,分担风险。

参加银团贷款的银行,按其在银团中发挥的作用,可分为牵头行、副牵头行、代理行、参加行。以下介绍的是我行为牵头行或代理行的账务处理。

发放银团贷款必须遵守国家的如下规定:

(1) 银团贷款代理行负责银团贷款协议签订后的组织与实施工作。代理行必须对银团贷款的使用情况进行认真的检查和监督,落实各项措施,核实经济效益和还款能力等有关情况,定期向成员行通报贷款使用情况,按时通知还本付息等有关事项,并接受各成员行的咨询与核查。

(2) 牵头行要协助代理行跟踪了解项目的进展,及时发现银团贷款项目可能出现的问题,并尽快以书面形式通报成员行,召开银团会议共同寻求解决办法。

(3) 银团贷款成员行要严格按照贷款协议的规定,及时足额划付贷款款项;按照贷款协议履行其职责和义务。

(4) 借款人必须按照银团贷款协议的有关规定,保证贷款用途,及时向代理行划转贷款本息,如实向银团贷款成员行提供有关情况。

(5) 银团贷款协议签订后,代理行必须将银团贷款协议的副本送所在地人民银行分支机构备案。

银团贷款费用包括管理费、代理行费、安排行费、法律费、杂费、承担费、利息等,这些费用均按协议规定收取和支付。

为了单独反映银团贷款资金往来的收付情况,应设置"银团贷款资金往来"科目核算。该账户余额应借贷双方反映,借方余额反映银行对借款单位的债权,贷方余额反映银行对参加银团贷款各存行的负债。该科目按银团贷款协议规定的借款单位和参加银团贷款各存款行分设账户。凡银行办理银团贷款所得的利息、手续费、承担费等均用"手续费收入——银团贷款收益"账户核算,收到借款单位的利息及费用时记贷方,支付参加银团贷款各存款行利息和费用时记借方。

银团贷款的账务处理如下:

(1) 牵头行或代理行收到各参加行拨来资金时,其会计分录如下:

借:存放国外同业或其他科目         外币
 贷:银团贷款资金往来——××银行      外币

(2) 牵头行或代理行向借款单位收取各项费用,然后再按份额分配给各参加行,其会计分录如下:

借:吸收存款——单位外汇活期存款——借款单位户  外币
 贷:手续费收入——银团贷款收益户      外币
借:手续费收入——银团贷款收益户      外币

  贷:存放国外同业——××银行             外币

  (3)牵头行或代理行按贷款合约发放银团贷款给借款单位时,其会计分录如下:

借:银团贷款资金往来——借款单位户          外币

  贷:吸收存款——单位外汇活期存款——借款单位户    外币

  (4)牵头行或代理行按贷款合约规定收回银团贷款后,将本金分拨退还给银团贷款参加行,其会计分录如下:

借:吸收存款——单位外汇活期存款——借款单位户    外币

  贷:银团贷款资金往来——借款单位户         外币

借:银团贷款资金往来——××银行           外币

  贷:存放国外同业或其他科目           外币

  牵头行或代理行按贷款合约规定收到贷款利息后,也应将利息按份额分配给各参加行。其账务处理与收取和分配费用时相同。

  如贷款合约规定利息与本金分数次收回时,应注意按合约规定的每次偿还的本金和利息金额,分别按上述方式处理。

# 第六节　国际结算业务的核算

## 一、国际结算业务核算的意义和种类

  国际结算是指不同国家(地区)之间,通过银行办理货币收支,以结清贸易与非贸易引起的债权债务的行为,是银行外汇业务的重要组成部分。

  银行办理国际结算有以下意义:第一,满足快速增长的国际贸易在金融服务方面的需要,为国际贸易提供迅速、安全的结算服务;第二,适应资金活动日益国际化的需要,为推动金融市场国际化服务;第三,国际结算业务的盈利一般高于国内业务盈利,所以,银行从事国际结算业务可以得到较丰厚的利润。银行经营国际结算业务的种类与国内结算基本一样,主要是汇票、本票、支票。但结算方式略有不同,概括起来,主要有以下三种方式:信用证、汇款和托收。信用证是银行向出口商开立的,出口商按照信用证的条款履行了自己的义务后,由开证银行保证支付信用证上规定的款项的一种书面保证文件,信用证结算是国际结算中一种主要的方式。汇款结算是付款人将款项交存银行,委托银行代其将款项支付给收款人的一种结算方式。汇款结算又分为电汇、信汇、票汇三种。托收结算,是债权人为向国外债务人收取款项而向其开出汇票,并委托银行代收的一种结算方式。托收结算又分为光票托收和跟单托收,前者凭不附带货运单据的汇票托收;后者指委托人将附有货运单据的汇票送交代收银行,请其代收款项的一种托收方式。

## 二、国际贸易结算业务的核算

  我国对外贸易进出口业务,采用记账结算和现汇结算两种方式。记账结算是按两国政府签订的支付协定的有关规定,双方贸易往来采取相互记账方式进行货款结算。现汇结算是以两国贸易部门签订的贸易合同为依据,双方贸易往来用现汇逐笔清算,现汇结算在资金运用上具有一定的优越性,即这种结算方式取得的外汇,可以自由转移、调拨、兑换和使用。所以,目前进出口贸易业务的结算以现汇结算为主。

### (一)信用证结算方式

信用证是由开证银行根据申请人(进口商)的要求和指示,向受益人(出口商)开立的具有一定金额,并在一定期限内凭规定的符合要求的单据付款或作付款承诺的书面保证文件。信用证结算是进出口商在贸易合同基础上,以信用证项下单据为依据办理进出口以后,清算双方债权债务的一种结算方式。信用证结算的基本特点主要有:第一,信用证是一种银行信用,是开证行以其信用做出有条件保证付款的承诺,一旦交易完成,只要单据符合信用证条件,开证行就必须对受益人承担第一性的付款责任;第二,信用证是银行一项独立文件,虽然开证时可能以贸易合同为依据,但信用证一旦开立,就不受贸易合同的约束,对贸易合同也不负担任何责任;第三,银行办理信用证业务,仅对信用证负责,只认单据不认商品,只要单据符合信用证条款规定,开证行就必须履行付款责任。所以,跟单信用证结算中,处理的是单据,而不是货物。

1. 信用证项下出口业务的处理

信用证项下的出口业务,是出口商根据国外进口商通过国外银行开立的信用证,按照条款规定,将出口单据送交开户银行,由银行办理审单议付,并向国外银行收取外汇后,向出口商办理结汇的一种结算业务。

(1)信用证的受证与通知。

对国外银行开来的信用证能否受理,取决于来证行的资信,以及信用证内容和能否安全收汇等。经审证并核对印鉴认为可以受理后,当即编列信用证通知流水号,并加盖通知章,将信用证通知有关出口商,然后根据信用证留底联,编制"国外开来保证凭信"记录卡,共四联:第一联系国外来证记录卡;第二、第三联分别代"国外开来保证凭信"表外科目收、付传票;第四联代"国外开来保证凭信"表外科目卡片账,按国家、地区登记。其表外登记如下:

(收入)国外开来保证凭信 外币

如接到国外开证行通知修改信用证金额或信用证受益人申请将信用证金额的部分或全部转往其他行时,除按规定办理信用证的修改通知或转证手续外,其增减的金额应通过"国外开来保证凭信"表外科目核算。如增加信用证金额时与受证相同,其表外登记如下:

(收入)国外开来保证凭信 外币

如减少或转出信用证金额时,采用同方向冲减办法用红字记入收入栏,以冲减原收方发生额。其表外登记如下:

(收入)国外开来保证凭信 外币 (红字)

由于国外开来的信用证,一般都是不可撤销的信用证,所以国外开证行要求撤销尚未逾期的信用证,必须征得受益人同意后,才能办理退证手续。只有当信用证逾期而又未办理展期手续时,才可自动注销。退证和注销信用证时,亦用红字记入收入栏,以冲销原信用证金额。

"国外开来保证凭信"表外科目余额,反映一定时期出口业务情况,是匡计待收外汇资金的重要依据,对大额来证到期日和出运日期,需经常检查,联系有关出口商处理货物出口事宜。对已逾期的信用证要及时进行核销,使"国外开来保证凭信"表外科目能正确反映出口业务预计收汇的情况。

按照国际惯例,国外开来信用证是凭借其银行信用,一般不预收押金,但在特定情况下,可要求国外银行开出信用证时,预先汇入信用证项下全部或部分押金,当受益人向国内议付行交单议付时,将预收的押金直接抵扣出口款项,如不足,再向国外开证行索偿其差额。国内议付行收到押金时,其会计分录如下:

借:存放国外同业或其他科目 　　　　　　　　　　　外币
　　贷:存入保证金 　　　　　　　　　　　　　　　　外币

国内出口商受证后,在备货出运时如遇资金不足,可持信用证正本按规定手续向国内议付行申请打包放款。打包放款是一种融资性的出口前期短期贷款,是用以缓解受益人在备货出运时资金不足的临时困难。因此,放款金额须视受益人在备货中的实际需要以及受益人的资信等情况综合核定,一般只能按来证金额的30%以内发放等值本币(人民币)贷款。发放贷款时,其会计分录如下:

借:打包放款 　　　　　　　　　　　　　　　　　　人民币
　　贷:吸收存款——××活期存款 　　　　　　　　　人民币

(2)审单议付。

国内出口商根据信用证条款将货物出运,并备妥单据交银行审单议付时,银行应按信用证条款认真逐项审核,做到单证一致、单单一致,以保障及时安全收汇。银行审核无误后,应在信用证上批注议付日期,并计算向国外开证行收取的手续费,如受益人申请办理出口押汇,还应编列出口押汇编号,然后填写套写格式的"出口议付寄单通知书",将通知书有关各联连同全套单据寄送国外开证行,索偿货款及银行费用,通知书其余各联按地区、币别,分即期、远期,或按出口押汇编号顺序排列,归档备查。

议付行向国外开证行寄出代表物权的货运单据后,议付行和开证行之间便构成债权债务关系。因此,在核销表外科目的同时,应通过有关表内科目进行核算。其表外登记如下:

(付出)国外开来保证凭信 　　　　　　　　　　　　外币
借:应收即期(或远期)信用证出口款项 　　　　　　外币
　　贷:代收即期(或远期)信用证出口款项 　　　　　外币

"应收即期(或远期)信用证出口款项"与"代收即期(或远期)信用证出口款项"两科目互为对应科目,前者属资产类科目,反映议付行对国外开证行所拥有的权益;后者属负债类科目,反映议付行对国内出口商所负的责任。

(3)出口结汇。

所谓出口结汇,就是议付行在收妥出口货款外汇的同时,对出口商办理人民币结汇。也即是议付行按当日汇买价买入外汇,再折成相应的人民币支付给出口商,以结清代为收妥的出口外汇。转账时须凭国外联行或代理行的已贷记报单、电报或请借记授权书办理。其会计分录如下:

借:存放国外同业或其他科目 　　　　　　　　　　　　　　　　外币
　　贷:手续费收入——国外银行费用收入 　　　　　　　　　　　外币
　　　　外汇买卖 　　　　　　　　　　　　　　　　　　　　　　外币
借:外汇买卖 　　　　　　　　　　　　　　　　　　　　　　　　人民币
　　贷:吸收存款——××活期存款 　　　　　　　　　　　　　　人民币
借:代收即期(或远期)信用证出口款项 　　　　　　　　　　　　外币
　　贷:应收即期(或远期)信用证出口款项 　　　　　　　　　　外币

**【例8-9】** 某分行收到美国某代理行(设该行在总行开有"国外同业存款"美元账户)开来不可撤销即期信用证 USD 300 000.00,其付款方式为"单到国外授权借记",购买纺织品进出口公司地毯。该出口公司在备货出运前,由于资金不足,于4月5日持信用证正本按规定手续向该分行取得"打包放款"人民币 500 000 元,利率为 5.73%。该公司备货出运后,交来跟单汇票 USD 300 000.00,该分行经审单相符,并加计通知议付费 USD 250.00 一并寄单索汇。开证行收到信用证项下单据,经审核单证相符,即授权总行借记该行账户。总行收到授权书后,当即通过"联行外汇往来"下划议付行。议付行于5月10日对该出口公司结汇(设结汇日美元汇买价777.26%)。

议付行和总行会计分录如下。

(1) 议付行。

来证通知时:

(收入)国外开来保证凭信 　　　　　　　　　　　　　　　USD 300 000.00

办理打包放款时:

借:打包放款 　　　　　　　　　　　　　　　　　　　　¥500 000.00
　　贷:吸收存款——进出口企业活期存款 　　　　　　　　　　¥500 000.00

审单议付,寄单索汇时:

(付出)国外开来保证凭信 　　　　　　　　　　　　　　　USD 300 000.00

借:应收即期信用证出口款项 　　　　　　　　　　　　　USD 300 250.00
　　贷:代收即期信用证出口款项 　　　　　　　　　　　　　USD 300 250.00

(2) 总行收到国外开证行授权借记通知书下划分行时。

借:国外同业存款 　　　　　　　　　　　　　　　　　　USD 300 250.00
　　贷:资金清算往来——联行外汇往来 　　　　　　　　　　USD 300 250.00

议付行收到总行下划报单,对出口公司办理结汇时,首先要计算打包放款利息,然后从结汇款项中收回打包放款本息。其处理手续如下:

打包放款计息天数从4月5日至5月10日,共计35天(按实际天数计算)。

打包放款利息=500 000×35×5.73%÷360=2 785.42(元)

借:资金清算往来——联行外汇往来 　　　　　　　　　　USD 300 250.00
　　贷:手续费收入 　　　　　　　　　　　　　　　　　　　USD 250.00
　　　　外汇买卖 　　　　　　　　　　　　　　　　　　　USD 300 000.00
借:外汇买卖 　　　　　　　　　　　　　　　　　　　　¥2 331 780.00
　　贷:打包放款 　　　　　　　　　　　　　　　　　　　　¥500 000.00

　　　利息收入　　　　　　　　　　　　　　　　　¥2 785.42
　　　吸收存款——进出口企业活期存款　　　　　　¥1 828 994.58
借:代收即期信用证出口款项　　　　　　　　　USD300 250.00
　　贷:应收即期信用证出口款项　　　　　　　　USD300 250.00

2. 信用证项下进口业务的处理

信用证项下进口业务,是银行同意国内进口商的要求,向国外出口商开立信用证,凭国外银行寄来信用证项下规定的单据,审核后,对国外付款并向国内进口商办理结汇的一种结算方式。

(1)信用证的开立。

国内进口商对外签订进口合同后,应在合同规定的时间内,根据合同中有关条款填制开证申请书,向银行申请开立信用证。开证申请书构成进口商与开证银行之间的契约关系,它是银行开立信用证的依据。银行收到开证申请书,经审核后,即根据开证申请书内容开立信用证,并由对外有权签字人员双签后寄发,然后凭信用证留底联编制传票进行转账。其会计分录如下:

借:应付开出信用证款项　　　　　　　　　　　　　外币
　　贷:应收开出信用证款项　　　　　　　　　　　　外币

"应收开出信用证款项"属资产类科目,反映开证行对国内进口商拥有的权益;"应付开出信用证款项"属负债类科目,反映开证行对国外议付行所负的责任。

转账后,应办理信用证卡片账的立卡、销卡及整卡手续,按进口单位分货币设立登记簿加以控制和管理。同时应向开证申请人按开证金额收取等值人民币开证费(一般按1.5‰计收)。其会计分录如下:

借:吸收存款——××活期存款　　　　　　　　　人民币
　　贷:手续费收入　　　　　　　　　　　　　　　　人民币

按照国际惯例,银行在开出信用证时,除凭保函免交保证金的进口单位外,一般须向开证申请人收取一定数额的进口保证金,收取保证金的比例视开证申请人的资信情况而定。开证申请人以原币交存保证金,其会计分录如下:

借:吸收存款——单位外汇活期存款　　　　　　　外币
　　贷:存入保证金　　　　　　　　　　　　　　　　外币

开证申请人用人民币交存保证金,为了避免汇率浮动的风险,以开证日汇率结汇交存保证金,其会计分录如下:

借:吸收存款——××活期存款　　　　　　　　　人民币
　　贷:外汇买卖　　　　　　　　　　　　　　　　人民币
借:外汇买卖　　　　　　　　　　　　　　　　　外币
　　贷:存入保证金　　　　　　　　　　　　　　　　外币

(2)信用证的修改和注销。

银行开出信用证后,进口商有时因种种原因,或应受益人的请求,需要对原开信用证条款加以适当修改,可向开证银行提出书面申请,经银行审核后方能办理。如系增减信用证额度,须经有关部门批准后办理,增额时会计分录同开证;减额时,其会计分录如下:

借:应付开出信用证款项　　　　　　　　　　　　　　　　　　外币
　贷:应收开出信用证款项　　　　　　　　　　　　　　　　　　　外币

同时将修改或增减金额情况在开出信用证款项卡片账上逐项记载。

开出信用证逾期时,注销逾期未付金额,应经进口商确认后转销,会计分录与减额时相同。

（3）进口单据的审核和付款。

进口单据是否与信用证规定的条款一致,是银行对外履行付款责任的主要依据,当国内开证行接到国外议付行寄来的单据,经审核后,只要单证一致、单单一致,就应该按约定的支付方式,对外履行付款责任。

信用证付款方式主要分为即期信用证项下单到国内审单付款、即期信用证项下国外审单主动借记、远期信用证项下承兑和付款三种。

① 即期信用证项下单到国内审单付款。单到国内,经进口单位审查相符确认付款,于证行按信用证条款规定,以信汇或电汇对国外付款时,须填应收、应付开出信用证款项科目传票,以及付款报单办理转账。如进口单位已经预交外汇保证金,则将保证金本息抵扣进口货款,剩余款项用人民币买汇付款,其会计分录如下:

借:吸收存款——××活期存款　　　　　　　　　　　　　　人民币
　贷:外汇买卖　　　　　　　　　　　　　　　　　　　　　　人民币
借:外汇买卖　　　　　　　　　　　　　　　　　　　　　　外币
　　存入保证金　　　　　　　　　　　　　　　　　　　　　外币
　　利息支出　　　　　　　　　　　　　　　　　　　　　　外币
　贷:港澳及国外联行往来或其他科目　　　　　　　　　　　　　外币
借:应付开出信用证款项　　　　　　　　　　　　　　　　　　外币
　贷:应收开出信用证款项　　　　　　　　　　　　　　　　　　外币

② 即期信用证项下国外审单主动借记。采用国外审单主动借记我行账户这种支付方式,是受益人将其出口单据交由议付行审单后,主动借记我行在该行所开立的账户,并将单据连同借记报单一并寄开证行。开证行收到国外寄来已借记报单及单据,审核无误后,即可凭以向进口商办理结汇,但须加计国外议付行借记我行账户之日起到向国内进口商收取货款日之间的外币垫款利息。其结汇分录除与上述单到国内审单付款分录相同外,对计收的外币垫款利息,如进口商用外汇存款支付,其会计分录如下:

借:吸收存款——单位外汇存款　　　　　　　　　　　　　　外币
　贷:利息收入——外币垫款利息收入　　　　　　　　　　　　　外币

如进口商用人民币买汇支付,其会计分录如下:

借:吸收存款——××活期存款　　　　　　　　　　　　　　人民币
　贷:外汇买卖　　　　　　　　　　　　　　　　　　　　　　人民币
借:外汇买卖　　　　　　　　　　　　　　　　　　　　　　外币
　贷:利息收入——外币垫款利息收入　　　　　　　　　　　　　外币

③ 远期信用证项下承兑和付款。远期信用证是进口商为了获得远期付款的条件,对国外出口商提供银行担保,保证国外出口商提交远期跟单汇票时,国内开证行在单证与信

用证相符后才承兑,并承担所开立的信用证到期付款的责任。

银行在办理远期汇票承兑手续时有两种通知方式:一种是将已承兑的汇票寄给国外议付行,对方应在汇票到期日前一个邮程寄还承兑行,以便在汇票到期日凭以付款。另一种方式是经双方约定,承兑时不寄汇票,承兑行另行编制"承兑通知书"寄发国外,确认远期汇票已经承兑并到期付款。

已承兑的远期信用证项下单据应通过"应收承兑汇票款"和"承兑汇票"科目核算,并转销应收、应付开出信用证款项科目。其会计分录如下:

借:应付开出信用证款项 外币
　贷:应收开出信用证款项 外币
借:应收承兑汇票款 外币
　贷:承兑汇票 外币

远期承兑汇票到期付款。在远期汇票承兑到期日,即应办理对国外付款和对进口商结汇的手续。其会计分录与上述即期信用证付汇相同,所不同的是应转销"应收承兑汇票款"和"承兑汇票"两科目。

**【例8-10】** 总行营业部应某进口商的申请,于7月12日向香港汇丰银行(该行在总行开有"国外同业存款"港元账户)开出不可撤销即期信用证 HKD 800 000.00,预收50%的外币保证金,保证金利率2.25%,并按开证金额的1.5‰计收等值人民币开证费。货款的支付方式为:单到国内审单付款。总行营业部收到汇丰银行寄来的进口单据,货款连同通知议付费共计 HKD 801 560.00一并向进口商索汇。总行营业部经审单相符,于8月21日对外付汇同时对进口商办理结汇,除将保证金本息扣抵货款外,剩余款项用人民币买汇支付。(设结汇日港元汇卖价100.05%。)

其全套会计分录如下。

收取保证金:

借:吸收存款——单位外汇活期存款 HKD400 000.00
　贷:存入保证金 HKD400 000.00

收取开证费:

开证费=800 000×1.5‰×1.000 5=1 200.60(元)

借:吸收存款——进出口企业活期存款 ￥1 200.60
　贷:手续费收入 ￥1 200.60

对外开证:

借:应收开出信用证款项 HKD800 000.00
　贷:应付开出信用证款项 HKD800 000.00

付汇并结汇:

保证金天数从7月12日至8月21日,共计40天。

保证金利息=400 000×40×2.25%÷360=1 000(元)

借:吸收存款——进出口企业活期存款 ￥400 760.28
　贷:外汇买卖 ￥400 760.28
借:外汇买卖 HKD400 560.00

|                        |                  |
| ---------------------- | ---------------- |
| 　　存入保证金          | HKD400 000.00    |
| 　　利息支出            | HKD1 000.00      |
| 　　贷:国外同业存款     | HKD801 560.00    |
| 借:应付开出信用证款项   | HKD800 000.00    |
| 　　贷:应收开出信用证款项 | HKD800 000.00  |

### (二) 托收及代收结算方式

托收是债权人签发汇票,委托银行向国外的债务人代为收取款项的一种结算方式,分光票托收和跟单托收两种。光票托收是指债权人签发不附带任何货运单据的汇票,委托银行收款的托收方式。这种方式主要用于非贸易结算,在贸易结算方面一般用于收取货款尾数、代垫费、佣金、样品费及其他贸易从属费用。跟单托收是出口商根据贸易合同规定发货后,签发以进口商为付款人的汇票,连同货运单据一并交当地银行,由当地银行委托国外银行代向进口商收取货款的一种结算方式。由于跟单托收没有信用证作保证,通常又称为无证托收,是无证出口结算的一种主要方式。

托收方式属于商业信用,代收银行接受托收银行的委托,只按照"托收委托书"载明的条件向进口商办理交单和收款事宜,不承担保证付款责任,进口商能否按照规定付款、赎单,全靠其本身的信用。因此,用托收方式办理国际贸易结算,进出口双方都要冒很大的风险,其中出口方风险尤甚。但是与信用证结算方式相比,它具有手续简便,结算金额不受限制,而且费用支出较少等优点,因此在贸易结算中,若进出口双方信用比较了解,进口商为了节约银行开证费和避免预交保证金,要求出口商接受托收方式。从发展趋势看,由于通过网络传递信息,进出口双方情况沟通便捷,加之出口保险业务的兴起,跨国公司单一地依赖于银行信用减少,而贸易项下的票据又可以进入票据市场流通及贴现,解决了进出口双方的资金问题。因此,托收方式在国际贸易结算中越来越被普遍采用。

#### 1. 出口托收

出口托收是出口商根据贸易合同的规定,在货物发运后委托银行向国外进口商收取货款的一种结算方式。银行受理国内出口商委托后,其处理手续分为交单寄单和收妥结汇两个阶段核算。

(1) 交单、寄单。出口商备妥单据,填制"出口托收申请书"连同出口单据一并送交银行办理托收。银行审单后,根据出口托收申请书的内容打印"出口托收委托书",编列出口托收号码,经复核无误后随附全套单据寄代收银行委托收款。

托收银行发出委托书及有关跟单汇票后,代表"物权"的单据已寄出,但货款尚未收妥,托收银行对出口单位(委托人)承担代收货款的责任;同时,对代收银行拥有收取货款的权利。因此,应通过有关或有资产、或有负债账户进行记录,以明确权责关系,其会计分录如下:

|                        |      |
| ---------------------- | ---- |
| 借:应收出口托收款项     | 外币 |
| 　　贷:代收出口托收款项 | 外币 |

另外还应向出口商收取托收手续费,其会计分录如下:

|                        |      |
| ---------------------- | ---- |
| 借:吸收存款——××活期存款 | 人民币 |

  贷:手续费收入                  人民币

  (2)收妥结汇。出口托收一律实行收妥结汇方式。根据代收行的代收报单或授权借记书办理结汇。其会计分录如下:

  借:存放国外同业或其他科目            外币

    贷:外汇买卖               外币

  借:外汇买卖               人民币

    贷:手续费收入             人民币

      吸收存款——××活期存款       人民币

  **【例8-11】** 广州分行3月12日收到土畜产进出口公司交来托收申请书及有关单证一份,金额EUR 58 600,向法国一家公司收取货款,付款条件为"付款交单,进口代收费用由出口商承担"。分行审核后随即填制托收委托书连同有关单证一并寄法国巴黎银行委托代收款项。巴黎银行收妥款项,扣减进口代收费用EUR 86.25后,将净额贷记广州分行在该行的存款分账户。广州分行于4月5日收到已贷记报单,按托收金额的2.5‰计收托收手续费后,对土畜产进出口公司办理结汇(设结汇日欧元汇买价为1 004.94%)。其会计分录如下:

  3月12日:

  借:应收出口托收款项         EUR58 600.00

    贷:代收出口托收款项       EUR58 600.00

  4月5日:

  借:存放国外同业           EUR58 515.75

    贷:外汇买卖          EUR58 513.75

  借:外汇买卖            ¥588 028.08

    贷:手续费收入          ¥1 472.24

      吸收存款——进出口企业活期存款  ¥586 555.84

  借:代收出口托收款项        EUR58 600.00

    贷:应收出口托收款项      EUR58 600.00

  2.进口代收

  进口代收是指国外出口商根据贸易合同规定,不经银行开立信用证,于货物装运出口后,通过国外托收银行寄来单据,委托国内银行代向进口公司收款的一种结算方式。

  进口代收一般都附有单据。通常分为付款交单和承兑交单两种方式。付款交单,就是代收银行只有在进口商付清票款后,才能将货运单据交给进口商。承兑交单,就是在进口商承兑汇票后,代收银行即可将货运单据交给进口商。承兑交单一般只适用远期汇票托收。

  (1)收到进口代收单据。银行收到国外寄来的进口代收单据后,须按委托书上单据类别与份数认真清点、审核和编制顺序号,缮打进口代收单据通知书,通知进口公司。同时通过或有资产、或有负债账户反映代收行与进口商以及托收行之间的权责关系。其会计分录如下:

  借:应收进口代收款项            外币

    贷:进口代收款项           外币

（2）确认付款及对外划款。经进口公司审核进口单据同意确认付款后，由其填妥贸易进口付汇核销单及提交有关的报关单供银行审查，代收行审查无误当即办理对外划款手续。其会计分录如下：

借：吸收存款——××活期存款        人民币
 贷：外汇买卖           人民币
借：外汇买卖           外币
 贷：手续费收入          外币
   存放国外同业或其他科目     外币
借：进口代收款项          外币
 贷：应收进口代收款项        外币

进口商付款后，即可拿到正本单据，凭以提货。

【例8－12】 上海分行6月12日收到香港分行寄来的进口代收单据一份，金额HKD 800 000，支付方式为交单付款，委托向上海机电设备进出口公司收取货款，上海分行接到单据审核后即通知机电公司，该公司于6月15日确认付款，银行当即办理售汇手续，从货款中扣收代收手续费HKD 800后，将净额划给委托行（设售汇日港元汇卖价100.05％）。其会计分录如下：

6月12日：
借：应收进口代收款项      HKD800 000.00
 贷：进口代收款项       HKD800 000.00
6月15日：
借：吸收存款——进出口企业活期存款  ¥800 400.00
 贷：外汇买卖         ¥800 400.00
借：外汇买卖        HKD800 000.00
 贷：手续费收入        HKD800
   港澳及国外联行往来    HKD799 200
借：进口代收款项       HKD800 000.00
 贷：应收进口代收款项     HKD800 000.00

（3）汇款结算方式。汇款结算，是进出口双方通过银行以汇款来结算货款的一种结算方式。根据货款汇付和货物运送时间的先后不同，先付款后交货称为预付货款，先交货后付款称为货到付款。

预付货款是指进口商预先将货款在出口商发运货物前，将款项汇交出口商，出口商收到货款后，按合约规定立即或在一定时间内备货出运的一种结算方式。预付货款有利于出口商，不利于进口商。因为预付货款不但积压进口商资金，而且担负出口商不交货的风险。因此，进口商为了保障权益，就规定了解付汇款的条件，如收款人取款时须提供书面保证，保证在一定期间内将货运单据交银行，转寄汇款人等。

货到付款，是出口商先发货，进口商收到货物后，按规定的价格、期限将货款通过银行汇付出口商的一种结算方式。这种结算方式在国际贸易上有售定和寄售两种。售定是买卖双方成交条件已商妥，合同已签订，进口商收到货物后，将货款汇给出口商。寄售是出口商将货物运至国外,委托国外特约商人在当地市场代为销售,货物出售后,委托人将货款扣除佣金后汇交出口商。货到付款,不但积压了出口商的资金,而且具有进口商收货后不按期付款的风险。因此,在国际贸易上除非特殊需要,一般很少采用这种结算方式。

汇款结算的处理手续将在非贸易结算中的国际汇兑中讲述。

### 三、国际非贸易结算业务的核算

国际非贸易结算涉及面广,业务范围大,其主要项目包括国际汇兑、买入外币票据、外币票据托收等业务。

#### (一)国际汇兑

国际汇兑结算是银行通过国外联行或同业相互间款项的划拨,以结算不同国家间债权债务或款项接受的一种业务,是外汇业务中的一项主要业务。

国际汇兑一般分为"顺汇"和"逆汇":顺汇是银行受付款人或债务人的委托,汇款给收款人或债权人的汇款方式;逆汇是银行应债权人的申请,将其对债务人所签发的汇票交银行,向债务人索回款项的汇款方式。这里所述汇款均指顺汇。顺汇方式主要有电汇、信汇、票汇、旅行信用证和旅行支票等。

1. 汇出国外汇款的处理

(1)电、信、票汇的处理。电汇是银行用电传委托付款地的银行解付的汇款。信汇是银行邮寄委托付款地的银行解付的汇款。票汇是汇款人向银行购买该行开出的由付款地的银行付款的汇票,持票人凭此向付款地指定的银行取款的一种汇款。

① 汇款的申请。汇款单位或个人要求汇出国外汇款时,必须符合国家管汇规定,填具汇款申请书一式两联,一联银行作传票附件,一联加盖业务公章退汇款人作为汇款回单。

② 填制汇款凭证。银行根据汇款单位或个人的不同要求,分别填制不同的汇款凭证。如系电汇,则套写"电汇证实书",经加编密押后凭以电传,"电汇证实书"另寄国外付款行。如系信汇,则填制"信汇委托书",经有权人签章后,邮寄国外付款行。如系票汇,则应填制汇票,经签章后交汇款人,另将"汇票通知书"寄付款行。

③ 汇出汇款。银行接受汇款人的申请,按汇款人的要求套写汇款凭证后,办理有关手续,进行转账。如以人民币买汇汇出时,其会计分录如下:

借:吸收存款——××活期存款　　　　　　　　　　　　　　人民币
　　贷:手续费收入　　　　　　　　　　　　　　　　　　　人民币
　　　　外汇买卖　　　　　　　　　　　　　　　　　　　　人民币
借:外汇买卖　　　　　　　　　　　　　　　　　　　　　　外币
　　贷:汇出汇款　　　　　　　　　　　　　　　　　　　　外币

如以原币存款汇出时,其会计分录如下:

借:吸收存款——××活期存款　　　　　　　　　　　　　　外币
　　贷:汇出汇款　　　　　　　　　　　　　　　　　　　　外币

如以外币现钞办理汇款时,须按钞买、汇卖牌价折算成外汇汇出。

④ 结清汇款。汇出行接到国外联行或代理行借记报单时,办理有关销账手续进行转账。其会计分录如下:

借:汇出汇款　　　　　　　　　　　　　　　　　　　　　　外币
　　贷:存放国外同业或其他科目　　　　　　　　　　　　　外币

(2) 旅行信用证的处理。旅行信用证是银行为了便利国外旅行者,为避免携带现钞的不便和风险,以本国货币交与银行兑换成外汇,委托银行开出旅行信用证,旅行者至外国各地,可凭旅行信用证向指定的银行在限定金额内填具收据交银行提取现款的一种业务。

汇款人申请开出旅行信用证时,应填具申请书,填明支款地点及金额等项,据以计算汇费和填制旅行信用证。为了便于国外付款行验付,汇款人通常应在"印鉴证明书"上预留印章样本,经开证行有权签字人员在"印鉴证明书"上签字后,与旅行信用证正本一并交汇款人收执。如对国外付款行已约定或信用证上已注明可以凭护照付款的,可以不填"印鉴证明书"。如以原币申请办理旅行信用证时,其会计分录如下:

借:吸收存款——××活期存款　　　　　　　　　　　　　外币
　　贷:手续费收入　　　　　　　　　　　　　　　　　　　外币
　　　　汇出汇款　　　　　　　　　　　　　　　　　　　　外币

接到国外联行或代理行支付旅行信用证款项的报单时,其会计分录如下:

借:汇出汇款　　　　　　　　　　　　　　　　　　　　　　外币
　　贷:存放国外同业或其他科目　　　　　　　　　　　　　外币

(3) 代售旅行支票的处理。旅行支票是银行为了便利旅行者发售的一种定额的不指定国外付款地点、付款银行付款的一种银行票据。旅行支票实质上是一种票汇汇款。因此,国外银行委托我国银行代为出售的旅行支票,也是一种汇款业务。

国外银行委托我行代为出售旅行支票,在收到空白旅行支票时,以"代保管的有价值品"表外科目核算。其记账如下:

(收入)代保管的有价值品　　　　　　　　　　　　　　　外币

售出旅行支票使用"汇出汇款"科目核算,同时核销"代保管的有价值品"表外科目。其会计分录如下:

借:吸收存款——××活期存款　　　　　　　　　　　　　外币
　　贷:手续费收入　　　　　　　　　　　　　　　　　　　外币
　　　　汇出汇款　　　　　　　　　　　　　　　　　　　　外币
　　　　(付出)代保管的有价值品　　　　　　　　　　　　外币

同时将头寸贷记委托行账,其会计分录如下:

借:汇出汇款　　　　　　　　　　　　　　　　　　　　　　外币
　　贷:存放国外同业或其他科目　　　　　　　　　　　　　外币

2. 国外汇入汇款的处理

国外汇入汇款是指港澳和国外联行及代理行委托解付的汇入款。国外汇入汇款分为贸易项下汇款和非贸易项下汇款。

国外汇入汇款,原则上一般应以汇款头寸收妥后解付。如代理合约规定,汇入行在接到汇出行委解通知时,不论是否已收到汇出行汇来的头寸,经批准可先垫款解付。

(1)电汇、信汇的处理。接到汇出行的汇款电传或信汇支付委托书正本时,应核对密押或验对印鉴,无误后填制汇款通知书,通知收款单位或收款人领取汇款。

如汇款头寸已收到或根据协定、代理合约规定即可借记汇款行账户时,其会计分录如下:

借:存放国外同业或其他科目　　　　　　　　　　　　　　　　外币
　　贷:汇入汇款　　　　　　　　　　　　　　　　　　　　　　　　外币

如汇款头寸尚未收到,但需要提前解付时,其会计分录如下:

借:其他应收款　　　　　　　　　　　　　　　　　　　　　　　外币
　　贷:汇入汇款　　　　　　　　　　　　　　　　　　　　　　　　外币

待收到汇款头寸时,其会计分录如下:

借:存放国外同业或其他科目　　　　　　　　　　　　　　　　外币
　　贷:其他应收款　　　　　　　　　　　　　　　　　　　　　　外币

汇款解付时,如收款人要求存外币存款,其会计分录如下:

借:汇入汇款　　　　　　　　　　　　　　　　　　　　　　　　外币
　　贷:吸收存款——××活期(定期)存款　　　　　　　　　　　外币

(2)票汇的处理。汇入行收到票汇通知书,经核对印鉴及各项内容无误后,凭以转入"汇入汇款"科目,待持票人前来兑取。其会计分录如下:

借:存放国外同业或其他科目　　　　　　　　　　　　　　　　外币
　　贷:汇入汇款　　　　　　　　　　　　　　　　　　　　　　　　外币

当持票人持已背书的汇票来行取款时,经核对出票印鉴、签发有效期、付款金额及收款人背书等各项内容无误,并与票汇通知书核对相符后,办理结汇。其会计分录如下:

借:汇入汇款　　　　　　　　　　　　　　　　　　　　　　　　外币
　　贷:现金或其他科目　　　　　　　　　　　　　　　　　　　　外币

(3)转汇的处理。凡收到国外的汇入汇款,收款单位或收款人不在本地,应办理转汇,委托收款人所在地银行解付。如转汇外汇分账行,其会计分录如下:

借:存放国外同业或其他科目　　　　　　　　　　　　　　　　外币
　　贷:资金清算往来——联行外汇往来　　　　　　　　　　　　外币

如转汇非外汇分账行,其会计分录如下:

借:存放国外同业或其他科目　　　　　　　　　　　　　　　　外币
　　贷:外汇买卖　　　　　　　　　　　　　　　　　　　　　　　　外币
借:外汇买卖　　　　　　　　　　　　　　　　　　　　　　　　人民币
　　贷:清算资金往来——同城票据清算　　　　　　　　　　　　人民币

### (二)买入外币票据

买入外币票据也称买汇,是银行买入客户的由其他银行付款的票据,同时扣收利息并保留追索权的一种业务。为了加强外汇管理,增加国家外汇收入,并便利外币票据持有者的资金融通,促进国际交往,对符合下列三个条件的外币票据均可按买入票据处理:

(1)与我国国内银行建有往来关系的国外银行签发的外汇票据;

（2）签发的外汇票据属我国定有外汇牌价,票款可转入经办行账户的;

（3）经办行具有鉴别票据真伪的能力和核对印鉴的能力。

外币票据种类繁多,常见的有旅行支票、银行本票、国际限额汇票、养老金汇票、邮政汇票等。银行买入外币票据时,经审核无误后填制一式四联的"外汇兑换水单",第一联作为兑换证明交给顾客,第二联和第三联分别作外汇买卖贷方传票和借方传票,第四联则作银行买入外汇统计卡。

兑换水单按规定内容填写并在摘要栏内注明票据内容以及申请人的姓名、地址和有关证件名称及号码。除旅行支票、旅行信用证外,买入其他外币票据都须在水单上加盖"票据如发生退票,本行具有追索权"戳记,然后将第一联交顾客收执。其会计分录如下:

　　借:买入外币票据　　　　　　　　　　　　　　　　　　　外币
　　　贷:利息收入　　　　　　　　　　　　　　　　　　　　　外币
　　　　　外汇买卖　　　　　　　　　　　　　　　　　　　　　外币
　　借:外汇买卖　　　　　　　　　　　　　　　　　　　　　人民币
　　　贷:现金或其他科目　　　　　　　　　　　　　　　　　人民币

买入的外币票据要尽快寄往国外收款,办理托收时,填制一式四联的托收委托书,第一联正本随买入的外币票据寄国外代收行,第二联、第三联分别作买入外币票据科目借方传票和贷方传票,第四联留底。票据收妥后要进行销账。其会计分录如下:

　　借:存放国外同业或其他科目　　　　　　　　　　　　　　外币
　　　贷:买入外币票据　　　　　　　　　　　　　　　　　　　外币

### （三）外币票据托收

根据规定,凡不能以买入外币票据处理的各种外币票据;未列入外汇收兑牌价表内的各种外钞或是已列入外汇收兑牌价表内,但无法鉴别其真伪或残损破旧的外钞;代收港澳或国外的存款或有价证券本息等均按托收处理。

客户申请托收外币现钞或外币票据时,应填具"托收款项申请书"一式两联,写明有关内容,如委托人姓名、地址,并预留印鉴以收妥取款。第一联由银行留存,第二联银行盖章后退委托人作为托收依据,以备收妥时凭以取款。同时,应按规定收取托收手续费。其会计分录如下:

　　借:现金　　　　　　　　　　　　　　　　　　　　　　　人民币
　　　贷:手续费收入　　　　　　　　　　　　　　　　　　　人民币

银行受理业务后应填制"票据托收委托书",连同外钞或外币票据寄代收行。发出托收时其会计分录如下:

　　借:应收非贸易托收款项　　　　　　　　　　　　　　　　外币
　　　贷:代收非贸易托收款项　　　　　　　　　　　　　　　　外币

对于无牌价的外钞、外币票据、外币有价证券以及其他外汇托收均以登记簿登记。

银行收妥托收款项后,经审核无误,即通知委托人携带托收收据来行取款。其会计分录如下:

　　借:存放国外同业或其他科目　　　　　　　　　　　　　　外币
　　　贷:其他应付款　　　　　　　　　　　　　　　　　　　　外币

借:代收非贸易托收款项 外币

　　贷:应收非贸易托收款项 外币

委托人持托收收据来行取款时,抽出有关凭证批注付款日期办理付款手续。其会计分录如下:

借:其他应付款 外币

　　贷:现金或其他科目 外币

## 复习思考题

1. 为什么要采用外汇分账制?
2. 设置"外汇买卖"科目的作用是什么?
3. 外汇联行往来的种类和适应范围有哪些?
4. 外汇存贷款和人民币存贷款计息有何不同?
5. 出口押汇和进口押汇有何不同?

## 练习题

**习题 8－1**

一、目的:掌握银行外汇买卖业务的核算。

二、资料:某行 2 月 18 日发生外汇买卖业务如下:

1. 某客户持 1 000 英镑现钞来行,要求兑取人民币现金。
2. 某客户要求从其人民币活期储蓄存款中支款,兑换 500 英镑现钞。
3. 某客户持 2 000 加拿大元现钞来行,要求存入其活期外汇存款美元现汇户。
4. 某客户持 3 000 港元现钞来行,要求存入其活期外汇存款港元现汇户。
5. 某外资企业要求从其港元账户支款,汇出 20 000 美元。

**外汇买卖科目账**

货币:英镑

| ××年 | | 买　入 | | | 卖　出 | | | 结　余 | | | |
|---|---|---|---|---|---|---|---|---|---|---|---|
| 月 | 日 | 外币（贷） | 牌价 | 人民币（借） | 外币（借） | 牌价 | 人民币（贷） | 借或贷 | 外币 | 借或贷 | 人民币 |
| 2 | 17 | | | | | | | 贷 | 22 000 | 借 | 295 240 |
| | | | | | | | | | | | |

**外汇买卖科目账**

货币:美元

| ××年 | | 买　入 | | | 卖　出 | | | 结　余 | | | |
|---|---|---|---|---|---|---|---|---|---|---|---|
| 月 | 日 | 外币(货) | 牌价 | 人民币(借) | 外币(借) | 牌价 | 人民币(贷) | 借或贷 | 外币 | 借或贷 | 人民币 |
| 2 | 17 | | | | | | | 贷 | 2 000 | 借 | 16 800 |
| | | | | | | | | | | | |

**外汇买卖科目账**

货币:港元

| ××年 | | 买　入 | | | 卖　出 | | | 结　余 | | | |
|---|---|---|---|---|---|---|---|---|---|---|---|
| 月 | 日 | 外币(货) | 牌价 | 人民币(借) | 外币(借) | 牌价 | 人民币(贷) | 借或贷 | 外币 | 借或贷 | 人民币 |
| 2 | 17 | | | | | | | 贷 | 86 000 | 借 | 92 880 |
| | | | | | | | | | | | |

三、要求:

1. 根据以上业务逐笔做出会计分录(汇率见教材)。

2. 根据各笔业务登记外汇买卖有关货币分户账,并结出余额。

**习题 8－2**

一、目的:掌握银行外汇资金划拨业务的核算。

二、资料与要求:

(一)港澳及国外联行往来业务

1. 假设中国银行上海分行 3 月 18 日发生下列业务。

| 业务序号 | 业务内容 | 金　额 | 收款单位 | 付款单位 | 填发报单行 | 收受报单行 | 备　注 |
|---|---|---|---|---|---|---|---|
| 1 | 汇出 | USD 80 000 | | 外贸企业 | 上海分行 | 纽约分行 | 有账户关系 |
| 2 | 汇入 | HKD 45 000 | 外资企业 | | 香港分行 | 上海分行 | 有账户关系 |
| 3 | 汇票 | AUD 28 000 | 外贸企业 | | 澳洲分行 | 上海分行 | 无账户关系 |
| 4 | 汇出 | GPB 12 500 | | 外资企业 | 上海分行 | 伦敦分行 | 有账户关系 |
| 5 | 汇入 | EUR 21 800 | 外资企业 | | 巴黎分行 | 上海分行 | 无账户关系 |
| 6 | 汇出 | JPY 987 900 | | 外贸企业 | 上海分行 | 东京分行 | 有账户关系 |

2. 根据上述资料填妥下表。

| 业务序号 | 上海分行收到报单名称 | 上海分行签发报单名称 |
|---|---|---|
| | | |

3. 根据上述资料做出上海分行的会计分录。

（二）对账平衡表的编制

1. 假设上海分行收到纽约分行5月份的对账单如下：

户名：上海分行　　　　　　　　　　　　　　　　　　　　　　货币：美元

| ××年 | | 报单号码 | 借　方 | 贷　方 | 借或贷 | 余　额 |
|---|---|---|---|---|---|---|
| 月 | 日 | | | | | |
| 5 | 3 | a | | 100 000 | 贷 | 100 000 |
| | 10 | b | | 76 700 | 贷 | 176 700 |
| | 15 | c | 20 000 | | 贷 | 156 700 |
| | 17 | d | | 55 310 | 贷 | 212 010 |
| | 20 | e | | 50 500 | 贷 | 262 510 |
| | 25 | g | 180 500 | | 贷 | 82 010 |
| | 29 | h | | 100 200 | 贷 | 182 210 |

2. 该分行"港澳及国外联行往来"科目纽约分行分户账记录情况如下：

户名：纽约分行　　　　　　　　　　　　　　　　　　　　　　货币：美元

| ××年 | | 报单号码 | 借　方 | 贷　方 | 借或贷 | 余　额 |
|---|---|---|---|---|---|---|
| 月 | 日 | | | | | |
| 5 | 4 | a | 100 000 | | 借 | 100 000 |
| | 13 | b | 76 700 | | 借 | 176 700 |
| | 18 | d | 55 310 | | 借 | 232 010 |
| | 21 | e | 50 500 | | 借 | 282 510 |
| | 26 | g | | 180 500 | 借 | 102 010 |
| | 27 | f | 12 600 | | 借 | 114 610 |

3. 编制上海分行5月份对账平衡表。

### 对账平衡表

货币：美元　　　　　　　　　　户名：纽约分行　　　　　　　　　　××年5月

| 摘　要 | 借　方 | 贷　方 | 摘　要 | 借　方 | 贷　方 |
|---|---|---|---|---|---|
| （1）你行对账单上余额 | | | （4）我行账上余额 | | |
| （2）我行已记账你行尚未转账各笔 | | | （5）你行已记账我行尚未转账各笔 | | |
| （3）你行下月转账数 | | | （6）我行下月转账数 | | |
| 本户实际存欠 | | | 本户实际存欠 | | |

（三）代理行往来业务

1. 天津分行收到美国花旗银行(天津分行在花旗银行开有美元分账户)已贷记报单，金额为 USD382 000，系天津海岭冰箱厂出口货款，当即对该厂办理结汇。请做出天津分行的会计分录。

2. 总行收到日本驻友银行(总行在日本驻友银行开有日元账户)已贷记报单，金额为 JPY 7 560 000，系大连海产品公司出口货款，当即下划大连分行，大连分行收到后对海产品公司办理结汇。请做出总行和大连分行的会计分录。

3. 广州分行应福盛贸易公司的请求，向美国某公司(该公司在美国美洲银行开户)支付进口货款 USD155 000，广州分行审核无误后，当即办理售汇，将款项上划总行(美国美洲银行在总行开有美元账户)，总行收到后对美洲银行办理付款。请做出广州分行和总行的会计分录。

习题 8-3

一、目的：掌握银行外汇存款业务的核算。

二、资料与要求：

1. 某客户于 2022 年 4 月 26 日持日元现钞 295 000 要求存入，期限一年，利率 3.36%，该客户于存款到期，支取日元现钞本息。请做出存入、支取的会计分录并列出算式计算利息。利息税 20%(银行无日元辅币)。

2. 某客户于 2022 年 10 月 22 日持加拿大元现钞 3 500 要求兑换成美元现汇存入，期限一年，利率 2.86%，该客户于 2023 年 12 月 15 日来行要求将本金转存，利息支取人民币现金，当日活期利率 1.25%。请做出存入、支取的会计分录并列出算式计算利息(利息税 20%)。

3. 某客户于 2022 年 2 月 5 日来行要求将国外汇入的 15 000 澳元存入，期限半年，利率 2.58%，该客户于 2023 年 5 月 27 日来行要求将本息全部支取人民币现金。当日活期利率 1.35%。请做出存入、支取的会计分录并列出算式计算利息(利息税 20%)。

4. 某客户于 2021 年 9 月 5 日来行要求将国外汇入的 5 000 英镑存入，期限两年，利率 3.82%，该客户于 2023 年 4 月 8 日来行要求提前支取 1 000 英镑现钞本息，当日活期利率 1.56%，其余款项续存。2023 年 11 月 19 日该客户来行要求将本金转存，利息支取英镑现钞。当日活期利率 1.63%。请做出存入、提前支取、过期支取的会计分录并列出算式计算利息[利息税 20%(银行无英镑辅币)]。

习题 8-4

一、目的：掌握银行外汇贷款业务的核算。

二、资料与要求：

某公司于 2023 年 5 月 23 日借入短期浮动利率贷款美元 500 000，期限半年，利率按三个月浮动，总行在 2023 年 5 月至 2023 年 11 月公布的浮动利率为：5 月 16 日，5.23%；6 月 5 日，5.62%；8 月 12 日，5.84%；9 月 20 日，5.65%；10 月 27 日，5.79%；11 月 21 日，5.91%。该公司要求贷款到期一次用人民币买汇支付贷款本息。请做出贷款的发放、利息的收取和收回贷款的会计分录并列出算式计算贷款利息。

**习题 8-5**

一、目的:掌握信用证项下进出口业务的核算。

二、资料与要求:

1. 武汉分行于3月8日收到美国花旗银行(该分行在花旗银行开有美元分账户)开来的不可撤销即期信用证一份,金额 USD520 000,受益人为纺织品进出口公司,银行当天审证后即通知该公司备货出运。3月10日,该分行又接到开证行来电,要求增加信用证金额USD100 000,经受益人同意,当天复电。3月15日受益人取得打包放款人民币1 500 000元,利率4.56%,3月26日出口商交来全套出口单据,金额 USD620 000,经审单相符,当天寄出并计收通知费、议付费、修改费共 USD1 200 向开证行索偿。当日受益人要求办理出口押汇,该分行审核同意办理,押汇利率5.24%,并扣除打包放款本息后,对该公司结汇。4月8日该分行收到开证行已贷记报单后,即转销出口押汇。请按照业务发生的时间顺序做出会计分录,要计算的数据必须列出算式。

2. 青岛分行根据机电设备进出口公司要求于8月1日向法国巴黎国民银行开出即期信用证,向法国某公司购买设备,金额 EUR225 000,支付条款注明"国外审单相符,主动借记总行账"。该行开证时从该公司人民币存款账户中支款计收80%的等值人民币保证金,保证金利率为2.68%,并收取1.5‰的开证手续费。该公司因故要求减少开证金额EUR25 000.00,征得受益人同意后该分行于8月10日修改开证金额。9月5日总行收到信用证项下全套进口单据及巴黎国民银行借记报单,注明款项已于8月28日借记总行账户,借记金额为 EUR201 300,其中 EUR1 300 为议付行加收的议付费等银行费用。开证行9月8日收到总行下划报单后当即对该公司办理售汇付款,并按5‰的利率计算为期14天的垫款利息。请按照业务发生的时间顺序做出会计分录,要计算的数据必须列出算式。

**习题 8-6**

一、目的:掌握出口托收、进口代收业务的核算。

二、资料与要求:

1. 广州分行应土畜产进出口公司委托向中行伦敦分行托收出口货款一笔,该公司9月5日交来全套出口单据,金额 GBP12 020.00,交单方式为即期付款交单,分行接到出口托收单据后于当天向伦敦分行寄出出口托收委托书和全套出口单据,9月10日公司因故要求增加托收金额 GBP500.00,分行按规定手续办理;9月28日分行接到伦敦分行寄来的贷记报单及委托书回单内扣银行费用 GBP20.00,余款 GBP12 500.00,对该公司办理结汇,同时,分行按1.5‰向出口商计收等值人民币托收手续费。请按照业务发生的时间顺序做出会计分录,要计算的数据必须列出算式。

2. 南京分行8月20日收到香港汇丰银行寄来的进口代收单据,交单方式为即期付款交单,金额 HKD852 000,委托向南京化妆品进出口公司收取货款。该分行把单据签送进口商后,进口商于8月22日确认付款,款项由该公司人民币存款账户支付,分行按进口代收款项的1.25‰扣收等值人民币手续费后,将余款划委托行(该分行在汇丰银行开有港元分账户)。请按照业务发生的时间顺序做出会计分录,要计算的数据必须列出算式。

习题 8－7

一、目的：掌握外汇汇款业务的核算。

二、资料与要求：

1. 某客户 8 月 4 日来行要求从其人民币活期储蓄存款账户中支款，电汇 5 000 美元，银行按 3.26‰计收等值人民币汇费。8 月 6 日收到汇入行中行纽约分行的"已借记报单"，据以转销汇出汇款科目。请分别做出 8 月 4 日和 8 月 6 日的会计分录。

2. 中行某分行 5 月 12 日收到中行法兰克福分行电汇 2 000 欧元，汇款头寸未到，收款人要求提前解付，经批准当即办理提前解付手续，收款人要求全额兑取人民币现金。5 月 15 日收到汇款头寸，办理转销手续。

3. 某国外旅游者 6 月 25 日持加拿大元旅行支票 CAD5 500，来行要求兑取人民币现金，该行经鉴定认可，内扣 7.5‰贴息后，按当日牌价结付人民币现金。6 月 26 日将该旅行支票寄请中行纽约分行代收。7 月 2 日纽约分行按纽约市场汇率将加拿大元折成美元 USD4 752.50 划该行，该行按逐笔调整损益的方式转销买入外币票据。

4. 某客户 4 月 23 日持一张美元私人支票 USD3 000 来行要求存入其活期外汇存款账户，按规定不能买入，只能办理托收，征得持票人同意托收划回即存入其账户，当即收取托收手续费人民币 30 元现金。该行填具"票据托收委托书"连同私人支票一并寄美国花旗银行（该行在美国花旗银行开有美元分账户）托收。5 月 11 日该行收到美国花旗银行已贷记报单 USD3 000，当即转入该客户活期外汇存款账户。

# 第九章  投资及财产物资的核算

通过本章学习,要求了解投资业务的核算;掌握固定资产的核算;懂得无形资产和其他资产的核算方法。

## 第一节  投资业务的核算

### 一、投资的意义与种类

投资,是指为了将来获得更多现金流入而现在付出现金的行为。投资既包括对外投资,如购买其他企业股票或债券等;又包括对内投资,如投资于正常生产经营所需的金融性资产(现金、贷款和应收款项等),生产经营性有形资产(存货、厂房、设备和土地等)和无形资产(专利权、专有技术和商标权)等。然而,财务会计中所讲述的投资主要是对外投资。金融企业的对外投资,是指将企业的资产投放于其他单位,其主要目的是利用暂时闲置的资产获取较高的投资收益,或者为了长远利益影响,控制其他在经济业务上相关联的企业,或为将来扩大经营规模积蓄资金。

金融企业除了从事日常经营活动之外,有时进行投资经营也是获得良好经济效益的一个来源。通过恰当的投资,企业可以有效地利用其闲置资金,充分发挥企业资金的使用效益;或者企业可以通过投资影响或控制其他相关企业的经营政策及业务,为企业创造一个更有利的外部环境;甚至企业可以通过投资实现经营的多元化,实现企业经营战略的转移。总之,企业通过投资可以对原有经营形成一个有益的补充,从而为企业不断扩大生产经营创造更为有利的条件。

与一般企业的投资业务相似,金融企业的投资也按持有时间的长短不同分为短期投资和长期投资,按投资对象的性质不同分为股权投资和债权投资。

### 二、短期投资

短期投资是指各种能够随时变现,持有时间不准备超过一年的有价证券投资。

**(一) 交易性金融资产**

1. 交易性金融资产概述

交易性金融资产主要是指企业为了近期内出售而持有的金融资产。例如,企业以赚取差价为目的从二级市场购入的股票、债券、基金等。衍生工具不作为有效套期工具的，也应当划分为交易性金融资产或金融负债。为了核算交易性金融资产的取得、收取现金股利或利息、公允价值变动、处置等业务，企业应当设置"交易性金融资产""公允价值变动损益""投资收益"等科目。

"交易性金融资产"科目是资产类科目，核算企业为交易目的所持有的债券投资、股票投资、基金投资等交易性金融资产的公允价值。企业持有的直接指定为以公允价值计量且其变动计入当期损益的金融资产也在"交易性金融资产"科目核算。"交易性金融资产"科目的借方登记交易性金融资产的取得成本，资产负债表日其公允价值高于账面余额的差额等；贷方登记资产负债表日其公允价值低于账面余额的差额，以及企业出售交易性金融资产时结转的成本和公允价值变动损益。企业应当按照交易性金融资产的类别和品种，分别设置"成本""公允价值变动"等明细科目进行核算。

"公允价值变动损益"科目是损益类科目，核算企业交易性金融资产等公允价值变动而形成的应计入当期损益的利得或损失，贷方登记资产负债表日企业持有的交易性金融资产等的公允价值高于账面余额的差额；借方登记资产负债表日企业持有的交易性金融资产等的公允价值低于账面余额的差额。

"投资收益"科目是损益类科目，核算企业持有交易性金融资产等期间取得的投资收益以及处置交易性金融资产等实现的投资收益或投资损失，贷方登记企业出售交易性金融资产等实现的投资收益；借方登记企业出售交易性金融资产等发生的投资损失。

2. 交易性金融资产的取得

企业取得交易性金融资产，按其公允价值，借记"交易性金融资产——成本"科目；按发生的交易费用，借记"投资收益"科目；按已到付息期但尚未领取的利息或已宣告但尚未发放的现金股利，借记"应收利息"或"应收股利"科目；按实际支付的金额，贷记"银行存款""存放中央银行款项""结算备付金"等科目。

交易费用，是指可以直接归属于购买、发行或处置金融工具新增的外部费用。新增的外部费用，是指企业不购买、发行或处置金融工具就不会发生的费用。交易费用包括支付给代理机构、咨询公司、券商等的手续费和佣金及其他必要支出，不包括债券溢价、折价、融资费用、内部管理成本及其他与交易不直接相关的费用。

企业取得金融资产支付的价款中包含已宣告但尚未发放的现金股利或已到付息期但尚未领取的债券利息，这些价款应当单独确认应收项目（应收股利或应收利息）。

3. 交易性金融资产持有期间的股利或利息

交易性金融资产持有期间被投资单位宣告发放的现金股利，或在资产负债表日按分期付息、一次还本债券投资的票面利率计算的利息，借记"应收股利"或"应收利息"科目，贷记"投资收益"科目。

对于收到的属于取得交易性金融资产支付价款中包含的现金股利或债券利息，借记"银行存款"科目，贷记"应收股利"或"应收利息"科目。

【例9-1】 2023年1月1日，甲公司购入丙公司发行的债券，支付价款1 020 000元（含已到付息期但尚未领取的利息20 000元），另支付交易费用20 000元。该债券面值为

1 000 000 元,剩余期限为 2 年,票面年利率为 4%,每半年付息一次。甲公司将其划分为交易性金融资产。2023 年 1 月 5 日,收到该债券 2022 年下半年利息 20 000 元。2023 年 7 月 5 日,收到该债券上半年利息。

甲公司的账务处理如下:

(1) 2023 年 1 月 1 日,购入债券时。

| | | |
|---|---|---|
| 借:交易性金融资产——成本 | 1 000 000 | |
| 应收利息 | 20 000 | |
| 投资收益 | 20 000 | |
| 贷:银行存款 | | 1 040 000 |

(2) 2023 年 1 月 5 日,收到购买时支付价款中所含利息时。

| | | |
|---|---|---|
| 借:银行存款 | 20 000 | |
| 贷:应收利息 | | 20 000 |

(3) 2023 年 6 月 30 日,确认债券持有期间的投资收益时。

| | | |
|---|---|---|
| 借:应收利息 | 20 000 | |
| 贷:投资收益 | | 20 000 |

(4) 2023 年 7 月 5 日,收到该债券半年利息时。

| | | |
|---|---|---|
| 借:银行存款 | 20 000 | |
| 贷:应收利息 | | 20 000 |

4. 交易性金融资产的期末计量

资产负债表日,交易性金融资产应当按照公允价值计量,公允价值与账面余额之间的差额计入当期损益。交易性金融资产的公允价值高于其账面余额的差额,借记"交易性金融资产——公允价值变动"科目,贷记"公允价值变动损益"科目;公允价值低于其账面余额的差额做相反的会计分录。

【例 9-2】 承【例 9-1】,2023 年 6 月 30 日,该债券的公允价值为 1 150 000 元(不含利息);2023 年 12 月 31 日,该债券的公允价值为 1 100 000 元(不含利息)。

甲公司的账务处理如下:

(1) 2023 年 6 月 30 日,确认债券公允价值变动时。

| | | |
|---|---|---|
| 借:交易性金融资产——公允价值变动 | 150 000 | |
| 贷:公允价值变动损益 | | 150 000 |

该债券的公允价值为 1 150 000 元,账面余额为 1 000 000 元,公允价值大于账面余额 150 000 元,此时公允价值上升,增加交易性金融资产,增加公允价值变动损益。

(2) 2023 年 12 月 31 日,确认债券公允价值变动和投资收益时。

| | | |
|---|---|---|
| 借:公允价值变动损益 | 50 000 | |
| 贷:交易性金融资产——公允价值变动 | | 50 000 |
| 借:应收利息 | 20 000 | |
| 贷:投资收益 | | 20 000 |

2023 年 12 月 31 日,该债券的公允价值为 1 100 000 元,账面余额为 1 150 000 元,公允价值小于账面余额 50 000 元,此时公允价值下降,减少交易性金融资产,减少公允价值

变动损益。该债券下半年利息 20 000 元,应确认为投资收益。

5. 交易性金融资产的处置

企业出售交易性金融资产时,应当将该金融资产出售时的公允价值与其初始入账金额之间的差额确认为投资收益,同时调整公允价值变动损益。

企业应按实际收到的金额,借记"银行存款""存放中央银行款项""结算备付金"等科目,按该金融资产的账面余额,贷记"交易性金融资产"科目,按其差额,贷记或借记"投资收益"科目。同时,将原计入该金融资产的公允价值变动转出,借记或贷记"公允价值变动损益"科目,贷记或借记"投资收益"科目。

【例 9-3】 承【例 9-2】,2023 年 1 月 5 日,收到该债券 2022 年下半年利息;2023 年 3 月 31 日,甲公司将该债券出售,取得价款 1 180 000 元(含 1 季度利息 10 000 元)。假定不考虑其他因素。

甲公司的账务处理如下:

(1) 2023 年 1 月 5 日,收到该债券 2022 年下半年利息时。

| | |
|---|---|
| 借:银行存款 | 20 000 |
| 　　贷:应收利息 | 20 000 |

(2) 2023 年 3 月 31 日,将该债券出售时。

| | |
|---|---|
| 借:应收利息 | 10 000 |
| 　　贷:投资收益 | 10 000 |
| 借:银行存款 | 1 170 000 |
| 　　贷:交易性金融资产——成本 | 1 000 000 |
| 　　　　　　　　——公允价值变动 | 100 000 |
| 　　　　投资收益 | 70 000 |

同时,

| | |
|---|---|
| 借:公允价值变动损益 | 100 000 |
| 　　贷:投资收益 | 100 000 |
| 借:银行存款 | 10 000 |
| 　　贷:应收利息 | 10 000 |

## (二) 买入返售金融资产

买入返售金融资产是指金融企业按照返售协议约定先买入,再按固定价格返售的票据、证券、贷款等金融资产。

企业根据返售协议买入金融资产,应按实际支付的金额,借记"买入返售金融资产"科目,贷记"存放中央银行款项""结算备付金""银行存款"等科目。

资产负债表中,按照计算确定的买入返售金融资产的利息收入,借记"应收利息"科目,贷记"利息收入"科目。

返售日,应按实际收到的金额,借记"存放中央银行款项""结算备付金""银行存款"等科目;按其账面余额,贷记"买入返售金融资产""应收利息"科目;按其差额,贷记"利息收入"科目。

### 三、长期投资

长期投资是短期投资以外的投资。在一般企业的资产负债表上短期投资作为流动资产列示；而长期投资作为非流动资产列示。

#### （一）可供出售金融资产

##### 1. 可供出售金融资产概述

可供出售金融资产是指初始确认时即被指定为可供出售的非衍生金融资产，以及没有划分为持有至到期投资、贷款和应收款项、以公允价值计量且其变动计入当期损益的金融资产。通常情况下，划分为此类的金融资产应当在活跃的市场上有报价。因此，企业从二级市场上购入的、有报价的债券投资、股票投资、基金投资等，可以划分为可供出售金融资产。

##### 2. 可供出售金融资产的会计处理

为了进行可供出售金融资产的会计处理，企业应当设置"可供出售金融资产""资本公积""投资收益""应收股利""应收利息"和"资产减值损失"等科目。

"可供出售金融资产"科目，核算企业持有的可供出售金融资产的公允价值，包括划分为可供出售的股票投资、债券投资等金融资产。本科目按可供出售金融资产的类别和品种，分别设置"成本""利息调整""应计利息""公允价值变动"等明细科目进行核算。

（1）可供出售金融资产的取得。

企业取得可供出售金融资产时，按公允价值进行初始计量，交易费用计入初始确认金额，构成成本组成部分。企业取得可供出售的金融资产，应按其公允价值与交易费用之和，借记"可供出售金融资产——成本"科目，按支付的价款中包含的已宣告但尚未发放的现金股利，借记"应收股利"科目，按实际支付的金额，贷记"银行存款""存放中央银行款项""结算备付金"等科目。

企业取得可供出售金融资产为债券投资的，应按债券的面值，借记"可供出售金融资产——成本"科目，按支付的价款中包含的已到付息期但尚未领取的利息，借记"应收利息"科目，按实际支付的金额，贷记"银行存款""存放中央银行款项""结算备付金"等科目，按差额，借记或贷记"可供出售金融资产——利息调整"科目。

（2）可供出售金融资产持有期间的处理。

① 资产负债表日计算利息。

资产负债表日，可供出售债券为分期付息、一次还本债券投资的，应按票面利率计算确定的应收未收利息，借记"应收利息"科目，按可供出售债券的摊余成本和实际利率计算确定的利息收入，贷记"投资收益"科目，按其差额，借记或贷记"可供出售金融资产——利息调整"科目。

可供出售债券为一次还本付息债券投资的，应按票面利率计算确定的应收未收利息，借记"可供出售金融资产——应计利息"科目，按可供出售债券的摊余成本和实际利率计算确定的利息收入，贷记"投资收益"科目，按其差额，借记或贷记"可供出售金融资产——利息调整"科目。可供出售债券投资发生减值后利息的处理，比照"贷款"科目相关规定。

综上所述,资产负债表日,确认可供出售债券投资的利息收入时,一般账务处理如下:

借:应收利息(面值×票面利率)

(或可供出售金融资产——应计利息)

可供出售金融资产——利息调整(可借可贷)

贷:投资收益(期初摊余成本×实际利率)

② 资产负债表日公允价值变动。

资产负债表日,可供出售金融资产的公允价值高于其账面余额的,借记"可供出售金融资产——公允价值变动"科目,贷记"资本公积——其他资本公积"科目;公允价值低于其账面余额的差额做相反的会计分录。

【例9-4】 2023年1月1日,甲保险公司支付价款1028.244元,购入某公司发行的3年期公司债券,该公司债券的票面总金额为1000元,票面年利率为4%,实际利率为3%,利息每年末支付,本金到期支付。甲保险公司将该公司债券划分为可供出售金融资产。2023年12月31日,该债券的市场价格为1000.094元。假定不考虑交易费用和其他因素的影响,甲保险公司的账务处理如下:

(1) 2023年1月1日,购入债券时。

借:可供出售金融资产——成本        1000

      ——利息调整       28.244

 贷:银行存款          1028.244

(2) 2023年12月31日,收到债券利息、确认公允价值变动时。

实际利息＝1028.244×3%＝30.847 32≈30.85(元)

应收利息＝1000×4%＝40(元)

年末摊余成本＝1028.244+30.85-40＝1019.094(元)

借:应收利息         40

 贷:投资收益         30.85

  可供出售金融资产——利息调整   9.15

借:银行存款         40

 贷:应收利息         40

借:资本公积——其他资本公积    19

 贷:可供出售金融资产——公允价值变动  19

资产负债表日,可供出售金融资产的公允价值为1000.094元,账面余额为1019.094元,公允价值低于账面余额的差额19元计入"资本公积"科目借方。

③ 资产负债表日减值。

确定可供出售金融资产发生减值的,按应减记的金额,借记"资产减值损失"科目,按应从所有者权益中转出原计入资本公积累计损失的金额,贷记"资本公积——其他资本公积"科目,按其差额,贷记"可供出售金融资产——公允价值变动"科目。

减值损失转回时,应按原确认的减值损失,借记"可供出售金融资产——公允价值变动"科目,贷记"资产减值损失"科目;若可供出售金融资产为股票等权益工具投资,则借记"可供出售金融资产——公允价值变动"科目,贷记"资本公积——其他资本公积"科目。

（3）可供出售金融资产的出售。

企业将可供出售金融资产出售时，应按实际收到的金额，借记"银行存款""存放中央银行款项"等科目，按其账面余额，贷记"可供出售金融资产——成本、公允价值变动、利息调整、应计利息"科目，按应从所有者权益中转出的公允价值累计变动额，借记或贷记"资本公积——其他资本公积"科目，按其差额，贷记或借记"投资收益"科目。

**【例9-5】** 乙公司于2023年7月13日从二级市场购入股票1 000 000股，每股市价15元，手续费30 000元；初始确认时，该股票划分为可供出售金融资产。

乙公司至2023年12月31日仍持有该股票，该股票当时的市价为16元。

2024年2月1日，乙公司将该股票售出，售价为每股13元，另支付交易费13 000元。假定不考虑其他因素，乙公司的账务处理如下：

（1）2023年7月13日，购入股票时。

借：可供出售金融资产——成本　　　　　　　　　　　　　15 030 000
　　贷：银行存款　　　　　　　　　　　　　　　　　　　　15 030 000

（2）2023年12月31日，确认股票价格变动时。

可供出售金融资产的公允价值＝1 000 000×16＝16 000 000（元）

可供出售金融资产的账面余额＝15 030 000（元）

公允价值高于账面余额的差额＝16 000 000－15 030 000＝970 000（元）

借：可供出售金融资产——公允价值变动　　　　　　　　　970 000
　　贷：资本公积——其他资本公积　　　　　　　　　　　　970 000

（3）2024年2月1日，出售股票时。

借：银行存款　　　　　　　　　　　　　　　　　　　　　12 987 000
　　资本公积——其他资本公积　　　　　　　　　　　　　　970 000
　　投资收益　　　　　　　　　　　　　　　　　　　　　2 043 000
　　贷：可供出售金融资产——成本　　　　　　　　　　　15 030 000
　　　　　　　　　　　　——公允价值变动　　　　　　　　970 000

### （二）持有至到期投资

1. 持有至到期投资概述

持有至到期投资，是指到期日固定、回收金额固定和可确定，且企业有明确意图和能力持有至到期的非衍生金融资产。企业不能将下列非衍生金融资产划分为持有至到期投资：① 初始确认时即被指定为以公允价值计量且其变动计入当期损益的非衍生金融资产；② 初始确认时被指定为可供出售的非衍生金融资产；③ 符合贷款和应收款定义的非衍生金融资产。

通常情况下，企业持有的、在活跃市场上有公开报价的国债、企业债券、金融债券等，可以划分为持有至到期投资。

企业应于每个资产负债表日对持有至到期投资的意图和能力进行评价。发生变化的，应当将其重分类为可供出售金融资产进行处理。

2. 持有至到期投资的会计处理

为了进行持有至到期投资的会计处理,企业应当设置"持有至到期投资""应收利息""投资收益""持有至到期投资减值准备"等科目。"持有至到期投资"科目,核算企业持有至到期投资的摊余成本。本科目可按持有至到期投资的类别和品种,分别设置"成本""利息调整""应计利息"等明细科目进行核算。

(1) 持有至到期投资的取得。

企业取得持有至到期投资时,应按公允价值进行初始计量,交易费用计入初始确认金额。

取得的持有至到期投资,应按该投资的面值,借记"持有至到期投资——成本"科目,按支付的价款中包含的已到付息期但尚未领取的利息,借记"应收利息"科目,按实际支付的金额,贷记"银行存款"等科目,按其差额,借记或贷记"持有至到期投资——利息调整"科目。

(2) 持有至到期投资持有期间的处理。

① 资产负债表日计算利息。

持有至到期投资应以摊余成本进行后续计量。在持有期间应以摊余成本和实际利率计算确认利息收入,计入投资收益。

资产负债表日,持有至到期投资为分期付息、一次还本债券投资的,应按票面利率计算确定的应收未收利息,借记"应收利息"科目,按持有至到期投资摊余成本和实际利率计算确认利息收入,贷记"投资收益"科目,按其差额,借记或贷记"持有至到期投资——利息调整"科目。

持有至到期投资为一次还本付息债券投资的,其会计处理与分期付息、一次还本债券投资基本相同,只是将"应收利息"科目改为"持有至到期投资——应收利息"科目。

持有至到期投资发生减值后利息的处理,比照"贷款"科目相关规定。

总之,资产负债表日,确认持有至到期投资的利息收入时,一般账务处理如下:

借:应收利息(面值×票面利率)

　　(或持有至到期投资——应计利息)

　　持有至到期投资——利息调整(可借可贷)

　贷:投资收益(期初摊余成本×实际利率)

② 资产负债表日减值。

资产负债表日,持有至到期投资发生减值的,应按减值的金额,借记"资产减值损失"科目,贷记"持有至到期投资减值准备"科目。持有至到期投资价值以后又得以恢复,减值损失转回时,做相反的会计分录。

(3) 持有至到期投资重分类的处理。

将持有至到期投资重分类为可供出售金融资产的,应在重分类日按其公允价值,借记"可供出售金融资产"科目,按其账面余额,贷记"持有至到期投资——成本、利息调整、应计利息"科目,按其差额,贷记或借记"资本公积——其他资本公积"科目。已计提减值准备的,还应同时结转减值准备。

(4) 持有至到期投资的处置。

处置持有至到期投资时,应将所得价款与该投资账面价值之间的差额计入投资收益。

出售持有至到期投资,应按实际收到的金额,借记"银行存款"等科目,按其账面余额,贷记"持有至到期投资——成本、利息调整、应计利息"科目,按其差额,贷记或借记"投资收益"科目。已计提减值准备的,还应同时结转减值准备。

有关账务处理如下:

借:银行存款

  持有至到期投资减值准备

   贷:持有至到期投资——成本

        ——利息调整

        ——应计利息

   (或应收利息)

   投资收益(差额,可借可贷)

### (三)长期股权投资

1. 长期股权投资的概念与范围

长期股权投资是指能够取得并意图长期持有被投资单位股份的投资,包括股票投资和其他股权投资。

长期股权投资业务的具体范围如下:

(1)企业持有的能够对被投资单位实施控制的权益性投资,即对子公司投资。

(2)企业持有的能够与其他合营方一同对被投资单位实施共同控制的权益性投资,即对合营企业投资。

(3)企业持有的能够对被投资单位施加重大影响的权益性投资,即对联营企业投资。

(4)企业对被投资单位不具有控制、共同控制或重大影响,且在活跃市场中没有报价,公允价值不能可靠计量的权益性投资。

除上述情况外,企业持有的其他权益性投资,应当按照《企业会计准则第22号——金融工具确认和计量》的规定处理。

为了反映各类长期股权投资的增减变动及结算情况,应设置"长期股权投资"科目,并设置"股票投资"和"其他投资"二级科目,并按被投资单位进行明细核算。长期股权投资采用权益法核算的,还应当分别设置"成本""损益调整""其他权益变动"明细科目进行核算。

2. 长期股权投资的初始计量

长期股权投资在取得时,应按初始投资成本入账。长期股权投资的初始投资成本,应分别按企业合并和非企业合并两种情况确定。

(1)企业合并形成的长期股权投资的初始计量。

企业合并,是指将两个或者两个以上单独的企业合并形成一个报告主体的交易或事项,企业合并以合并方式为基础分类,分为控股合并、吸收合并和新设合并;企业合并以是否在同一控制下进行合并为基础分类,分为同一控制下的企业合并和非同一控制下的企业合并。

① 同一控制下的企业合并形成的长期股权投资。

同一控制下的企业合并,合并方以支付现金、转让非现金资产或承担债务方式作为合并对价的,应当在合并日按照取得被合并方所有者权益账面价值的份额作为长期股权投资的初始投资成本。长期股权投资初始投资成本与支付现金、转让的非现金资产以及所承担债务账面价值之间的差额,应当调整资本公积;资本公积(资本溢价或股本溢价)不足冲减的,调整留存收益。

合并方以发行权益性证券作为合并对价的,应当在合并日按照取得被合并方所有者权益账面价值的份额作为长期股权投资的初始投资成本。按照发行股份的面值总额作为股本,长期股权投资初始投资成本与所发行股份面值总额之间的差额,应当调整资本公积;资本公积(资本溢价或股本溢价)不足冲减的,调整留存收益。

相关账务处理如下:同一控制下的企业合并形成的长期股权投资,应在合并日按取得被合并方所有者权益账面价值的份额,借记"长期股权投资"科目,按享有被投资单位已宣告但尚未发放的现金股利或利润,借记"应收股利"科目,按支付的合并对价的账面价值,贷记有关资产或借记有关负债科目,按其差额,贷记"资本公积——资本溢价或股本溢价"科目;如为借方差额的,借记"资本公积——资本溢价或股本溢价"科目,资本公积(资本溢价或股本溢价)不足冲减的,借记"盈余公积""利润分配——未分配利润"科目。

【例9-6】　甲公司和乙公司同为A集团的子公司,2023年6月1日,甲公司以银行存款取得乙公司所有者权益的80%,同日乙公司所有者权益的账面值为1 000万元。

(1)若甲公司支付银行存款720万元:

| 借:长期股权投资 | 8 000 000 |
| 贷:银行存款 | 7 200 000 |
| 　　资本公积——资本溢价 | 800 000 |

(2)若甲公司支付银行存款900万元:

| 借:长期股权投资 | 8 000 000 |
| 　　资本公积——资本溢价 | 1 000 000 |
| 贷:银行存款 | 9 000 000 |

如资本公积不足冲减的,冲减留存收益。

【例9-7】　甲公司和乙公司同为A集团的子公司,2023年8月1日甲公司发行600万股普通股(每股面值1元)作为对价取得乙公司60%的股权,同日乙企业账面净资产总额为1 300万元。

| 借:长期股权投资(13 000 000×60%) | 7 800 000 |
| 贷:股本 | 6 000 000 |
| 　　资本公积——股本溢价 | 1 800 000 |

② 非同一控制下的企业合并形成的长期股权投资。

非同一控制下的企业合并,购买方在购买日应当区别下列情况确定合并成本,并将其作为长期股权投资的初始投资成本。

a. 一次交换交易实现的企业合并,合并成本为购买方在购买日为取得对被购买方的控制权而付出的资产、发生或承担的负债以及发行的权益性证券的公允价值。

b. 通过多次交换交易分步实现的企业合并,合并成本为每一单项交易成本之和。

c. 购买方为进行企业合并发生的各项直接相关费用也应当计入企业合并成本,该直接相关费用不包括为企业合并发行的债券或承担其他债务支付的手续费、佣金等,也不包括企业合并发行权益性证券发生的手续费、佣金等费用。

d. 在合并合同或协议中对可能影响合并成本的未来事项做出约定的,购买日如果估计未来事项很可能发生并且对合并成本的影响金额能够可靠计量的,购买方应当将其计入合并成本。

无论是同一控制下的企业合并还是非同一控制下的企业合并形成的长期股权投资,实际支付的价款或对价中包含的已宣告但尚未发放的现金股利或利润,应作为应收项目处理。

相关账务处理如下:非同一控制下企业合并形成的长期股权投资,应在购买日按企业合并成本,借记"长期股权投资"科目,按享有被投资单位已宣告但尚未发放的现金股利或利润,借记"应收股利"科目,按支付合并对价的账面价值,贷记有关资产或借记有关负债科目,按发生的直接相关费用,贷记"银行存款"等科目,按其差额,贷记"营业外收入"或借记"营业外支出"等科目。非同一控制下企业合并涉及以库存商品等作为合并对价的,应按库存商品的公允价值,贷记"主营业外收入"科目,并同时结转相关的成本。涉及增值税的,还应进行相应的处理。

【例 9-8】 2023 年 1 月 1 日,甲公司以一台固定资产和银行存款 200 万元向乙公司投资(甲公司和乙公司不属于同一控制下的两个公司),占乙公司注册资本的 60%,该固定资产的账面原价为 8 000 万元,已计提累计折旧 500 万元,已计提固定资产减值准备 200 万元,公允价值为 7 600 万元。不考虑其他相关税费。

甲公司的会计处理如下:

| | |
|---|---|
| 借:固定资产清理 | 73 000 000 |
| 累计折旧 | 5 000 000 |
| 固定资产减值准备 | 2 000 000 |
| 贷:固定资产 | 80 000 000 |
| 借:长期股权投资(2 000 000＋76 000 000) | 78 000 000 |
| 贷:固定资产清理 | 73 000 000 |
| 银行存款 | 2 000 000 |
| 营业外收入 | 3 000 000 |

(2) 以企业合并以外的方式取得的长期股权投资的初始计量。

除企业合并形成的长期股权投资以外,其他方式取得的长期股权投资,应当按照下列规定确定其初始投资成本:

① 以支付现金取得的长期股权投资,应当按照实际支付的购买价款作为初始投资成本。初始投资成本包括与取得长期股权投资直接相关的费用、税金及其他必要支出。企业取得长期股权投资,实际支付的价款或对价中包含的已宣告但尚未发放的现金股利或利润,应作为应收项目处理。

【例 9-9】 2023 年 4 月 1 日,甲公司从证券市场上购入丁公司发行在外 1 000 万股股票作为长期股权投资,每股8元(含已宣告但尚未发放的现金股利0.5元),实际支付价款8 000万元,另支付相关税费40万元。

甲公司的账务处理如下:

借:长期股权投资　　　　　　　　　　　　　　　　　　75 400 000
　　应收股利　　　　　　　　　　　　　　　　　　　　　5 000 000
　　贷:银行存款　　　　　　　　　　　　　　　　　　　　　　80 400 000

② 以发行权益性证券取得的长期股权投资,应当按照发行权益性证券的公允价值作为初始投资成本。为发行权益性证券支付的手续费、佣金等应自权益性证券的溢价发行收入中扣除,溢价收入不足的,应冲减盈余公积和未分配利润。

③ 投资者投入的长期股权投资,应当按照投资合同或协议约定的价值作为初始投资成本,但合同或协议约定价值不公允的除外。

④ 通过非货币性资产交换取得的长期股权投资,其初始投资成本应当按照《企业会计准则第7号——非货币性资产交换》确定。

⑤ 通过债务重组取得的长期股权投资,其初始投资成本应当按照《企业会计准则第12号——债务重组》确定。

3. 长期股权投资成本法核算

(1) 成本法的概念及其适用范围。

成本法,是指投资按成本计价的方法。

下列情况下,企业应运用成本法核算长期股权投资:① 投资企业能够对被投资单位实施控制的长期股权投资。投资企业对子公司的长期股权投资,应当采用成本法核算,编制合并财务报表时按照权益法进行调整。② 投资企业对被投资单位不具备共同控制或重大影响,并且在活跃市场中没有报价,公允价值不能可靠计量的长期股权投资。

(2) 成本法核算。

在成本法下,长期股权投资应当按照初始成本计价。追加或收回投资应当调整长期股权投资的成本。被投资单位宣告分派的现金股利或利润,确认为当期投资收益。投资企业确认投资收益,仅限于被投资单位接受投资后产生的累积净利润的分配额,所获得的利润或现金股利超过上述数额的部分作为初始投资成本收回。

通常情况下,投资企业在取得投资当年自被投资单位分得的现金股利或利润应作为投资成本收回;以后年度,被投资单位累计分派的现金股利或利润超过投资以后至上年末止被投资单位累计实现净利润的,投资企业应按照持股比例计算应享有的部分作为投资成本的收回,冲减投资的账面价值。

在成本法下,关于现金股利的处理涉及三个账户,即"应收股利"账户、"投资收益"账户和"长期股权投资"账户。在实际进行账务处理时,可先确定应记入"应收股利"账户和"长期股权投资"账户的金额,然后根据借贷平衡原理确定应记入"投资收益"账户金额。当被投资企业宣告现金股利时,投资企业按应得部分借记"应收股利"账户。"长期股权投资"账户金额的确定比较复杂,具体做法是:当投资后应收股利的累计数大于投资后应得净利的累计数时,其差额即为累计冲减投资成本的金额,然后再根据前期已累积冲减的投资成本调整本期应冲减或恢复的投资成本;当投资后应收股利的累计数小于或等于投资后应得净利的累计数时,若前期存有尚未恢复的投资成本,则首先将尚未恢复数额全额恢复,然后再确认投资收益。"应收股利"科目和"长期股权投资"科目发生额的计算公式如下:

"应收股利"科目发生额＝本期被投资单位宣告分派的现金股利×投资持股比例

"长期股权投资"科目发生额＝(投资后至本年末止被投资单位累计分派的利润或现金股利－投资后至上年末止被投资单位累积实现的净损益)×投资持股比例－投资企业已冲减的投资成本

或:

"长期股权投资"科目发生额＝(应收股利的累计数－投资后应得净利的累计数)－投资企业已冲减的投资成本

应用上述公式计算时,若计算结果为正数,则为本期应冲减的投资成本,在"长期股权投资"科目贷方反映;若计算结果为负数,则为本期应恢复的投资成本,在"长期股权投资"科目借方反映,但恢复数不能大于原冲减数。

【例9－10】 A公司2023年1月1日,以银行存款购入C公司10%的股份,并准备长期持有,采用成本法核算。C公司于2023年5月2日宣告分派2022年度的现金股利10万元,C公司于2023年实现净利润40万元。

2023年5月2日宣告发放现金股利时,投资企业按持股比例计算的份额应冲减投资成本。

会计分录如下:

借:应收股利                                                    10 000
　　贷:长期股权投资——C公司                                             10 000

(1)若2024年5月1日C公司宣告分派2018年现金股利30万元。

应收股利＝30×10%＝3(万元)

应收股利累计数＝1＋3＝4(万元)

投资后应得净利累计数＝0＋40×10%＝4(万元)

因应收股利累计数等于投资后应得净利累计数,所以应将原冲减的投资成本1万元恢复。

或:"长期股权投资"科目发生额＝(4－4)－1＝－1(万元)

应恢复投资成本1万元。

会计分录如下:

借:应收股利                                                    30 000
　　长期股权投资——C公司                                            10 000
　　贷:投资收益                                                        40 000

(2)若C公司2024年5月1日宣告分派2023年现金股利45万元。

应收股利＝45×10%＝4.5(万元)

应收股利累计数＝1＋4.5＝5.5(万元)

投资后应得净利累计数＝0＋40×10%＝4(万元)

累计冲减投资成本的金额为1.5万元(＝5.5－4),因已累计冲减投资成本1万元,所以本期应冲减投资成本 0.5 万元。

或:"长期股权投资"科目发生额＝(5.5－5)＝0.5(万元),应冲减投资成本 0.5 万元。

会计分录如下:

借:应收股利 45 000

　　贷:长期股权投资——C 公司 5 000

　　　投资收益 40 000

(3) 若 2024 年 5 月 1 日 C 公司宣告分派 2023 年现金股利 20 万元。

应收股利＝20×10％＝2(万元)

应收股利累计数＝1＋2＝3(万元)

投资后应得净利累计数＝0＋40×10％＝4(万元)

因应收股利累计数小于投资后应得净利累计数,所以应将原冲减的投资成本 1 万元恢复。注意这里只能恢复投资成本 1 万元。

或:"长期股权投资"科目发生额＝(3－4)－1＝－2(万元),因原冲减的投资成本只有 1 万元,所以本期应恢复投资成本 1 万元,不能盲目代公式恢复投资成本 2 万元。

会计分录如下:

借:应收股利 20 000

　　长期股权投资——C 公司 10 000

　　贷:投资收益 30 000

4. 长期股权投资权益法核算

(1) 权益法的概念及其适用范围。

权益法,是指投资以初始投资成本计量后,在投资持有期间根据投资企业享有被投资单位所有者权益份额的变动对投资的账面价值进行调整的方法。

投资企业对被投资单位具有共同控制或重大影响的长期股权投资,应当采取权益法核算。

(2) 权益法核算。

① 投资成本。

企业取得投资时,长期股权投资的初始投资成本大于投资时投资企业应享有被投资单位可辨认净资产公允价值份额的,不调整长期股权投资的初始投资成本。长期股权投资的初始投资成本小于投资时投资企业应享有被投资单位可辨认净资产公允价值份额的,其差额应当计入当期损益,同时调整长期股权投资的成本。

相关账务处理如下:

借:长期股权投资——××公司(成本)

　　(被投资单位可辨认净资产公允价值×投资持有比例)

　　贷:银行存款等(支付的全部价款)

　　　营业外收入(差额)

【例 9-11】　A 公司以银行存款 1 000 万元取得 B 公司 30％的股权,并对 B 公司有重大影响,取得投资时被投资单位可辨认净资产的公允价值为 3 000 万元。

(1) A 公司会计分录为:

借:长期股权投资——B公司(成本)         10 000 000

  贷:银行存款                10 000 000

注:商誉100万元(=1 000-3 000×30%)体现在长期股权投资成本中。

(2) 如果投资时B公司可辨认净资产的公允价值为3 500万元,则A公司的会计分录为:

借:长期股权投资——B公司(成本)         10 000 000

  贷:银行存款                10 000 000

借:长期股权投资——B公司(成本)         500 000

  贷:营业外收入               500 000

或者,

借:长期股权投资——B公司(成本)         10 500 000

  贷:银行存款                10 000 000

   营业外收入               500 000

② 损益调整。

投资企业取得长期股权投资后,应当按照应享有或应分担的被投资单位实现的净损益的份额,确认投资损益并调整长期股权投资的账面价值。投资企业按照被投资单位宣告分派的利润或现金股利计算应分得的部分,相应减少长期股权投资的账面价值。

a. 被投资单位实现净利润时,投资企业的基本会计分录为:

借:长期股权投资——××公司(损益调整)

  贷:投资损益(被投资单位实现的净利润或经调整的净利润×持股比例)

b. 被投资单位宣告分派利润或现金股利时,投资企业的基本会计分录为:

借:应收股利(被投资单位宣告分派的现金股利×投资企业持股比例)

  贷:长期股权投资——××公司(损益调整)

企业收到被投资单位宣告发放的股票股利,不进行账务处理,但应在备查簿中登记。

c. 被投资单位发生净亏损时,投资企业的基本会计分录为:

借:投资收益(被投资单位发生的净亏损×持股比例)

  贷:长期股权投资——××公司(损益调整)

投资企业确认被投资单位发生的净亏损,应当以长期股权投资的账面价值以及其他实质上构成对被投资单位净投资的长期权益减记至零为限,投资企业负有承担额外损失义务的除外。

【例9-12】 2023年B公司实现净利润1 000万元。2024年5月15日,B公司已宣告发放现金股500万元,2024年6月15日,A公司收到B公司分派的现金股利。A公司拥有B公司30%的股权,并对B公司有重大影响,A公司的账务处理如下:

(1) 确认A公司实现的投资收益时。

借:长期股权投资——B公司(损益调整)       3 000 000

  贷:投资收益               3 000 000

(2) B公司宣告发放现金股利时。

A公司计算应分得的部分=500×30%=150(万元)

借：应收股利　　　　　　　　　　　　　　　　　　　　　　1 500 000
　　贷：长期股权投资——B公司（损益调整）　　　　　　　　　　　1 500 000

（3）收到B公司宣告发放的现金股利时。

借：银行存款　　　　　　　　　　　　　　　　　　　　　　1 500 000
　　贷：应收股利　　　　　　　　　　　　　　　　　　　　　　　1 500 000

③ 其他权益变动。

投资企业对于被投资单位除净损益以外，所有者权益的其他变动，应当调整长期股权投资的账面价值并计入所有者权益。

在持股比例不变的情况下，被投资单位除净损益以外，所有者权益的其他变动，企业按持股比例计算应享有或承担的份额，借记或贷记"长期股权投资——××公司（其他权益变动）"科目，贷记或借记"资本公积——其他资本公积"科目。

【例9-13】　2024年B公司可供出售金融资产的公允价值增加了400万元。A公司按持股比例（30%）确认相应的资本公积120万元，A公司会计分录为：

借：长期股权投资——B公司（其他权益变动）　　　　　　　1 200 000
　　贷：资本公积——其他资本公积　　　　　　　　　　　　　　　1 200 000

5. 长期股权投资的减值和处置

（1）长期股权投资的减值。

按照成本法核算的，在活跃市场中没有报价，公允价值不能可靠计量的长期股权投资的减值，应当按照"金融资产"有关规定处理。在资产负债表日，应当将该长期股权投资的账面价值，与按照类似金融资产当时市场收益率对未来现金流量折现确定的现值之间的差额，确认为减值损失，计入当期损益。

其他长期股权投资的减值，应当按照"资产减值"有关规定处理。在资产负债表日，长期股权投资可收回金额低于账面价值的，应当将该长期股权投资的账面价值减记至可收回金额，减记的金额确认为减值损失，计入当期损益，同时计提相应的资产减值准备。

企业计提长期股权投资减值准备时，按应减记的金额，借记"资产减值损失"科目，贷记"长期股权投资减值准备"科目。长期股权投资减值损失一经确认，在以后会计期间不得转回。

（2）长期股权投资的处置。

处置长期股权投资时，其账面价值与实际取得价款的差额，应当计入当期损益（投资收益）。采用权益法核算的长期股权投资，因被投资单位除净损益以外，所有者权益的其他变动都计入所有者权益，故处置该项投资时应当将原计入所有者权益的部分按相应比例转入当期损益（投资损益）。

处置长期股权投资时，应按实际收到的金额，借记"银行存款"等科目，原已计提减值准备的，借记"长期股权投资减值准备"科目，按其账面余额，贷记"长期股权投资"科目，按尚未领取的现金股利或利润，贷记"应收股利"科目，按其差额，贷记或借记"投资收益"科目。处置采用权益法核算的长期股权投资时，除上述规定外，还应结转原计入资本公积的相关金额，借记或贷记"资本公积——其他资本公积"科目，贷记或借记"投资收益"科目。

# 第二节　固定资产的核算

## 一、固定资产的意义与分类

### （一）固定资产的意义

《企业会计准则第 4 号——固定资产》规定，固定资产是指同时具有下列两个特征的有形资产：① 为生产商品、提供劳务、出租或经营管理而持有的；② 使用寿命超过一个会计年度。

固定资产同时满足下列条件的，才能予以确认：① 与固定资产有关的经济利益很可能流入企业；② 该固定资产的成本能够可靠地计量。

金融企业的固定资产主要有房屋、建筑物、设备、器具、运输工具等。固定资产是金融企业进行业务经营所必须具备的物质设备，它在改善服务环境，提高服务质量、工作效率和经济效益等方面发挥着重要的作用。

### （二）固定资产的分类

金融企业的固定资产种类繁多，为了加强管理，便于组织会计核算，应对固定资产进行科学的分类。固定资产可以按照以下标志进行分类。

1. 按经济用途分类

固定资产按经济用途进行分类，可以分为经营用固定资产和非经营用固定资产。

2. 按使用情况分类

固定资产按使用情况进行分类，可以分为使用中固定资产、未使用固定资产和不需用固定资产。

3. 按所有权分类

固定资产按所有权进行分类，可以分为自有固定资产和租入固定资产。

4. 按实物形态分类

固定资产按实物形态进行分类，可以分为土地、房屋及建筑物、计算机设备、交通运输设备、安全防卫设备、办公机具器具、出纳机具和其他固定资产等。

5. 按综合分类

固定资产按经济用途、使用情况和所有权的综合分类，可以分为以下七大类：

（1）经营用固定资产，是指直接服务于金融企业经营过程的各种固定资产。例如，营业用房，交通运输工具，通信设备，计算机设备，安全保卫设备及其他设备、工具等。

（2）非经营用固定资产，是指不直接服务于金融企业经营过程的各种固定资产。例如，食堂，医务室，职工宿舍，工会活动室等用房和有关设备。

（3）租出固定资产，是指在经营性租赁方式下出租给外单位使用的固定资产。

（4）不需用固定资产，是指本企业多余或不适用的各种固定资产。

（5）未使用固定资产，是指已完工或已购建的尚未正式使用的新增固定资产，以及因进行改建、扩建等原因暂停使用的固定资产。例如，金融企业购建的尚未正式使用的固定资产，经营任务变更停止使用的固定资产以及主要的备用设备等。

（6）土地，是指过去已经估价单独入账的土地。

（7）融资租入固定资产，是指企业以融资租赁方式租入的固定资产，在租赁期内，应视同自有固定资产进行管理。

由于金融企业的经营性质不同，经营规模各异，对固定资产的分类不可能完全一致，也没必要强求统一，金融企业可以根据各自的具体情况和经营管理、会计核算的需要进行必要的分类。

为了核算固定资产，金融企业一般需要设置"固定资产""累计折旧""在建工程""工程物资""固定资产清理"等科目，核算固定资产取得、计提折旧、处置等情况。此外，金融企业固定资产、在建工程、工程物资发生减值，还应当设置"固定资产减值准备""在建工程减值准备""工程物资减值准备"等科目进行核算。

## 二、固定资产取得的核算

金融企业取得固定资产，应当按照成本进行初始计量。固定资产的成本，是指企业购建某项固定资产达到预定可使用状态前所发生的一切合理、必要的支出。这些支出包括直接发生的价款、运杂费、包装费和安装成本等，也包括间接发生的，如应承担的借款利息、外币借款折算差额以及应分摊的其他间接费用。对于特定行业的特定固定资产，确定其成本时，还应考虑预计弃置费用因素，如核电站核废料的处置等。

固定资产的取得方式主要包括购买、自行建造、投资者投入、融资租入、非货币性交易获得等。取得的方式不同，初始计量方法也各不相同。

### （一）外购的固定资产

企业外购固定资产的成本，包括购买价款、相关税费、使固定资产达到预定可使用状态前所发生的可归属于该项资产的场地整理费、运输费、装卸费、安装费和专业人员服务费等。外购的固定资产分为购入不需要安装的固定资产和购入需要安装的固定资产两类。

1. 购入不需要安装的固定资产

企业购入不需要安装的固定资产，按应计入固定资产成本的金额，借记"固定资产"科目，贷记"银行存款"等科目。

【例9-14】　某工商银行购置点钞机，发票价格6 000元，增值税额1 020元，发生的运费及包装费180元，款项全部付清。点钞机已收到，验收使用。编制会计分录如下：

借：固定资产　　　　　　　　　　　　　　　　　　　　　　　　7 200
　　贷：银行存款　　　　　　　　　　　　　　　　　　　　　　　　7 200

2. 购入需要安装的固定资产

企业购入需要安装的固定资产，先记入"在建工程"科目，达到预定可使用状态时再转入"固定资产"科目。

**【例 9 - 15】** 某金融企业购入需要安装的监控设备一套,取得的增值税专用发票上注明的设备买价为 30 000 元,增值税额为 5 100 元,支付的包装、运输费 600 元,支付安装费 1 860 元。有关会计处理如下:

(1) 支付设备价款、税金、包装运输费合计 35 700 元。

借:在建工程      35 700

  贷:银行存款      35 700

(2) 支付设备安装费 1 860 元。

借:在建工程      1 860

  贷:银行存款      1 860

(3) 设备安装完毕,达到预定可使用状态时,结转成本 37 560 元(=35 700+1 860)。

借:固定资产      37 560

  贷:在建工程      37 560

3. 外购固定资产的特殊考虑

若金融企业以一笔款项购入多项设有单独标价的固定资产,应当按照各项固定资产公允价值比例对总成本进行分配,分别确定各项固定资产的成本。

购买固定资产的价款超过正常信用条件延期支付,实质上具有融资性质的,固定资产的成本以购买价款的现值为基础确定。实际支付的价款与购买价款的现值之间的差额,除按照《企业会计准则第 17 号——借款费用》予以资本化的外,应当在信用期间内采用实际利率法进行摊销,计入当期损益(财务费用)。

购入固定资产超过正常信用条件延期支付价款,实质上具有融资性质的,按应付购买价款的现值,借记"固定资产"或"在建工程"科目,按应支付的金额,贷记"长期应付款"科目,按其差额,借记"未确认融资费用"科目。

**【例 9 - 16】** 某金融公司,向供货商购买了一台价值 1 200 万元的设备,作为固定资产使用,该设备已收到,不需要安装。根据与供货商的购货协议,公司对于设备价款分三期三年内支付。假定公司按同期银行贷款年利率为贴现率进行贴现,价款 1 200 万元的现值为 980 万元,则相关的账务处理如下:

借:固定资产      9 800 000

  未确认融资费用      2 200 000

  贷:长期应付款      12 000 000

**(二)自行建造的固定资产**

自行建造的固定资产是指金融企业利用自己的力量自营建造以及出包给他人建造的固定资产。自行建造固定资产的成本,由建造该项资产达到预定可使用状态前所发生的必要支出构成。主要包括:工程用物资成本、人工成本、缴纳的相关税费、应予资本化的借款费用,以及应分摊的间接费用等。企业不论采用何种方式自行建造固定资产,均应通过"在建工程"科目进行核算,当建造的资产达到预定可使用状态时,再由"在建工程"科目转入"固定资产"科目。已达到预定可使用状态但尚未办理竣工决算手续的固定资产,应按估计价值入账,待确定实际成本后再进行调整。

1. 自营工程

自营工程是指企业自行组织工程物资采购、自行组织施工人员施工的建筑工程和安装工程。购入工程物资时，借记"在建工程"科目，贷记"银行存款"等科目。领用工程物资时，借记"在建工程"科目，贷记"工程物资"科目。自营工程发生的其他费用（如分配工程人员工资等），借记"在建工程"科目，贷记"银行存款""应付职工薪酬"等科目。自营工程达到预定可使用状态时，按其成本借记"固定资产"科目，贷记"在建工程"科目。

**【例 9-17】** 某金融企业自行建造一栋办公楼，购入各种工程物资 2 000 000 元，支付增值税 340 000 元，实际领用工程物资（含增值税）2 106 000 元，分配工程人员工资500 000元，施工过程中发生其他支出 10 000 元，工程完工交付使用。相关会计分录如下：

（1）购入工程物资时。

| | | |
|---|---|---|
| 借：工程物资 | | 2 340 000 |
| 贷：银行存款 | | 2 340 000 |

（2）工程领用物资时。

| | | |
|---|---|---|
| 借：在建工程——办公楼 | | 2 106 000 |
| 贷：工程物资 | | 2 106 000 |

（3）分配工程人员工资时。

| | | |
|---|---|---|
| 借：在建工程——办公楼 | | 500 000 |
| 贷：应付职工薪酬 | | 500 000 |

（4）发生其他支出时。

| | | |
|---|---|---|
| 借：在建工程——办公楼 | | 10 000 |
| 贷：银行存款 | | 10 000 |

（5）工程完工，达到预定可使用状态时，结转成本。

| | | |
|---|---|---|
| 借：固定资产 | | 2 616 000 |
| 贷：在建工程——办公楼 | | 2 616 000 |

2. 出包工程

出包工程是指企业通过招标等方式将工程项目发包给承包单位，由承包单位组织施工的建筑工程和安装工程。金融企业采用出包方式进行的固定资产建造工程，其工程的具体支出在承包单位核算。在这种方式下，"在建工程"科目实际成为企业与承包单位的结算科目，企业将与承包单位结算的工程价款作为工程成本，通过"在建工程"科目核算。企业按合理估计的发包工程进度和合同规定向承包单位结算的进度款，借记"在建工程"科目，贷记"银行存款"等科目；工程完成时按合同规定补付的工程款，借记"在建工程"科目，贷记"银行存款"等科目；工程达到预定可使用状态时，按其成本，借记"固定资产"科目，贷记"在建工程"科目。

**（三）融资租入的固定资产**

融资租入固定资产是指金融企业采取融资租赁方式租入的固定资产。融资租赁，是指实质上转移了与资产所有权有关的全部风险和报酬的租赁。其所有权最终可能转移，也可能不转移。在租赁期内，企业将融资租入的固定资产视同自有固定资产进行管理。

融资租入固定资产应在租赁开始日,按租赁资产公允价值与最低租赁付款的现值两者中较低者,加上初始直接费用作为固定资产的成本,借记"固定资产"或"在建工程"科目,按最低租赁付款额,贷记"长期应付款"科目,按发生的初始直接费用,贷记"银行存款"等科目,按其差额,借记"未确认融资费用"科目。

### (四)投资者投入的固定资产

投资者投入的固定资产,一方面反映本企业固定资产的增加,另一方面要反映投资者投资额的增加。投资者投入固定资产的成本,应当按照投资合同或协议约定的价值确定,但合同或协议约定价值不公允的除外。

【例 9-18】 A 金融公司接受 B 公司投入九成新小汽车一辆,已验收使用。该车账面原价为 150 000 元,已计提折旧 17 800 元,经双方协商该固定资产约定价值为 125 000 元。

借:固定资产                                                125 000
  贷:实收资本                                                  125 000

### (五)盘盈的固定资产

金融企业在财产清查中盘盈的固定资产,作为前期差错处理,通过"以前年度损益调整"科目进行核算。盘盈的固定资产,应按以下规定确定其入账价值:如果同类或类似固定资产存在活跃市场的,按同类或类似固定资产的市场价格,减去按该项资产的新旧程度估计的价值损耗后的余额,作为入账价值;如果同类或类似固定资产不存在活跃市场的,按该固定资产的预计未来现金流量的现值,作为入账价值。企业应按上述规定确定的入账价值,借记"固定资产"科目,贷记"以前年度损益调整"科目。

### (六)其他方式取得的固定资产

非货币性资产交换、债务重组等方式取得的固定资产的成本,应当分别按照《企业会计准则第 7 号——非货币性资产交换》《企业会计准则第 12 号——债务重组》的有关规定确定。

## 三、固定资产折旧的核算

### (一)固定资产折旧概述

1. 固定资产折旧的概念

固定资产折旧,是指在固定资产使用寿命内,按照确定的方法对应计折旧额进行系统分摊。

应计折旧额,是指应当计提折旧的固定资产的原价扣除其预计净残值后的金额。已计提减值准备的固定资产,还应当扣除已计提的固定资产减值准备累计金额。预计净残值,是指假定固定资产预计使用寿命已满并处于使用寿命终了时的预期状态,企业目前从该项资产处置中获得的扣除预计处置费用后的金额。

使用寿命,是指企业使用固定资产的预计期间,或者该固定资产所能生产产品或提供劳务的数量。

2. 影响折旧的因素

① 固定资产原价，是指固定资产的成本，是计算固定资产折旧的基数。② 预计净残值。③ 固定资产减值准备。④ 固定资产的使用寿命。⑤ 折旧方法。

企业应当根据固定资产的性质和使用情况，合理确定固定资产的使用寿命和预计净残值。固定资产的使用寿命、预计净残值一经确定，不得随意变更。

3. 固定资产计提折旧的范围

除以下情况外，企业应当对所有固定资产计提折旧：① 已提足折旧仍继续使用的固定资产；② 单独计价入账的土地。

在确定计提折旧的范围时，还应注意以下几点：① 企业应当按月计提固定资产折旧，当月增加的固定资产，当月不计提折旧，从下月起计提折旧；当月减少的固定资产，当月仍计提折旧，从下月起不计提折旧。② 固定资产提足折旧后，不管能否继续使用，均不再提取折旧；提前报废的固定资产，也不再补提折旧。所谓提足折旧，是指已经提足该固定资产的应计折旧额。③ 已达到预定使用状态但尚未办理竣工决算的固定资产，应当按照估计价值确定其成本，并计提折旧；待办理竣工决算后，再按照实际成本调整原来的暂估价值，但不需要调整原已计提的折旧额。

### （二）固定资产折旧方法

金融企业应当根据与固定资产有关的经济利益的预期实现方式，合理选择固定资产折旧方法。可选用的折旧方法包括年限平均法、工作量法、双倍余额递减法和年数总和法等。固定资产的折旧方法一经确认，不得随意变更。

1. 年限平均法

年限平均法又称直线法，是将固定资金的应计折旧额均衡地分摊到固定资产预计使用寿命内的一种方法。采用这种方法计算的每期折旧额均是相等的。计算公式如下：

$$固定资产年折旧额 = \frac{应计折旧额}{预计使用寿命（年）}$$

$$= \frac{固定资产原价 - 预计净残值}{预计使用寿命（年）}$$

$$= \frac{固定资产原价 \times（1 - 预计净残值率）}{预计使用寿命（年）}$$

其中，

$$预计净残值率 = 预计净残值额 \div 固定资产原价 \times 100\%$$

在实际工作中，一般是利用折旧率来计算固定资产折旧额。折旧率是固定资产在一定期间内的折旧额与固定资产原价的比率。折旧率分为个别折旧率、分类折旧率和综合折旧率三种。

$$年折旧率 = \frac{1 - 预计净残值率}{预计使用寿命（年）} \times 100\%$$

$$月折旧率 = 年折旧率 \div 12$$

$$月折旧额 = 固定资产原价 \times 月折旧率$$

【例 9 - 19】　某金融公司有一幢房屋，原价为 5 000 000 元，预计可使用 20 年，预计报废时的净残值率为 2%。该房屋的折旧率和折旧额的计算如下：

$$年折旧率 = \frac{1-2\%}{20} \times 100\% = 4.9\%$$

$$月折旧率 = 4.9\% \div 12 = 0.14\%$$

$$月折旧额 = 5\,000\,000 \times 0.41\% = 20\,500(元)$$

### 2. 工作量法

工作量法是根据实际工作量计算每期应提折旧额的一种方法。这种方法弥补了年限平均法只重使用时间，不考虑使用强度的缺点。其计算公式为：

$$单位工作量 = \frac{固定资产原价 \times (1-预计净残值率)}{预计总工作量}$$

$$某项固定资产月折旧额 = 该项固定资产当月工作量 \times 单位工作量折旧额$$

**【例 9-20】** 某金融企业一辆汽车的原价为 60 000 元，预计总行驶里程为 50 万公里，其报废时的净残值率为 5%，本月行驶 4 000 公里。该辆汽车的月折旧额计算如下：

$$单位里程折旧额 = \frac{60\,000 \times (1-5\%)}{500\,000} = 0.114(元/公里)$$

$$本月折旧额 = 4\,000 \times 0.114 = 456(元)$$

### 3. 双倍余额递减法

双倍余额递减法是指在不考虑固定资产预计净残值的情况下，按固定资产净值和双倍直线折旧率计提折旧的方法。其计算公式为：

$$年折旧率(双倍直线折旧率) = \frac{2}{预计使用寿命(年)} \times 100\%$$

$$年折旧额 = 固定资产期初净值 \times 年折旧率$$

$$月折旧额 = 年折旧额 \div 12$$

$$固定资产净值 = 固定资产原价 - 累计折旧$$

采用双倍余额递减法计提固定资产折旧，一般应在固定资产使用寿命到期两年内，将固定资产账面净值扣除预计净残值后的净值平均摊销。

$$最后两年年折旧额 = \frac{固定资产净值 - 预计净残值}{2}$$

**【例 9-21】** 某金融企业某监控设备一套价值 36 000 元，预计净残值为 1 800 元，预计使用年限 5 年，用双倍余额递减法计算该设备各年的折旧额。

$$年折旧率(双倍直线折旧率) = \frac{2}{5} \times 100\% = 40\%$$

第一年应提的折旧额 = 36 000 × 40% = 14 400(元)

第二年应提的折旧额 = (36 000 - 14 400) × 40% = 8 640(元)

第三年应提的折旧额 = (21 600 - 8 640) × 40% = 5 184(元)

从第四年起改按年限平均法(直线法)计提折旧，则

$$第四、第五年的年折旧额 = \frac{7\,776 - 1\,800}{2} = \frac{5\,976}{2} = 2\,988(元)$$

每年各月折旧额根据年折旧额除以 12 来计算。

#### 4. 年数总和法

年数总和法又称合计年限法,是将固定资产的原价减去预计净残值后的余额,乘以一个逐年递减的分数计算每年的折旧额,这个分数的分子代表固定资产尚可使用的年数,分母代表使用年数的逐年数字总和。计算公式如下:

$$年折旧率 = \frac{尚可使用年数}{预计使用年限的年数总和} = \frac{预计使用年限-已使用年限}{预计使用年限\times(预计使用年限+1)\div2}\times100\%$$

$$年折旧额 = (固定资产原价-预计净残值)\times年折旧率$$

$$月折旧率 = 年折旧率\div12$$

$$月折旧额 = (固定资产原价-预计净残值)\times月折旧率$$

【例 9-22】 根据上例,用年数总和法计算该监控设备各年的折旧额。

监控设备各年应提的折旧额计算如下:

$$第一年应提的折旧额 = (36\,000-1\,800)\times\frac{5}{15} = 11\,400(元)$$

$$第二年应提的折旧额 = (36\,000-1\,800)\times\frac{4}{15} = 9\,120(元)$$

$$第三年应提的折旧额 = (36\,000-1\,800)\times\frac{3}{15} = 6\,840(元)$$

$$第四年应提的折旧额 = (36\,000-1\,800)\times\frac{2}{15} = 4\,560(元)$$

$$第五年应提的折旧额 = (36\,000-1\,800)\times\frac{1}{15} = 2\,280(元)$$

双倍余额递减法和年数总和法也称为加速折旧法,其特点是在固定资产有效使用寿命的前期多提折旧,后期少提折旧,从而相对加快折旧的速度,以使固定资产成本在有效使用寿命内加快得到补偿。

#### (三) 固定资产折旧的会计处理

企业应当按月计提固定资产折旧,计提的折旧应当计入"累计折旧"科目,并根据固定资产的用途,分别计入相关资产的成本或当期损益。

企业按月计提固定资产折旧时,应编制"固定资产折旧计算表",并据以编制记账凭证,应借记"管理费用""销售费用""研发支出""其他业务成本"等科目,贷记"累计折旧"科目。

金融企业至少应当于每年年度终了,对固定资产的使用寿命、预计净残值和折旧方法进行复核。使用寿命预计数与原先估计数有差异的,应当调整固定资产使用寿命。预计净残值预计数与原先估计数有差异的,应当调整预计净残值。与固定资产有关的经济利益预计实现方式有重大改变的,应当改变固定资产折旧方法。固定资产使用寿命、预计净残值和折旧方法的改变应当作为会计估计的变更。

#### (四) 固定资产的后续支出

固定资产后续支出是指固定资产在使用过程中发生的更新改造支出、修理费用等。

1. 资本化的后续支出

与固定资产有关的更新改造等后续支出,符合固定资产确认条件的,应计入固定资产成本,同时将被替换部分的账面价值扣除。企业将固定资产进行更新改造的,应将相关固定资产的原价、已计提的累计折旧和减值准备转销,将固定资产的账面价值转入在建工程,并停止计提折旧。固定资产发生的可资本化的后续支出,通过"在建工程"科目核算。待固定资产发生的后续支出完工并达到预定可使用状态时,再从在建工程转为固定资产,并按重新确定的使用寿命、预计净残值和折旧方法计提折旧。

2. 费用化的后续支出

与固定资产有关的修理费用等后续支出,不符合固定资产确认条件的,应当根据不同情况分别在发生时计入当期管理费用或销售费用等。

企业以经营租赁方式租入的固定资产发生的改良支出,应予资本化,作为长期待摊费用,合理进行摊销。

## 四、固定资产减少的核算

固定资产减少,主要是指固定资产的处置、盘亏和减值等。

固定资产处置,包括固定资产的出售、转让、报废和毁损、对外投资、非货币性资产交换、债务重组等。固定资产处置一般通过"固定资产清理"科目核算。固定资产盘亏应通过"待处理财产损益"科目核算。固定资产减值应通过"固定资产减值准备"科目核算。

### (一)固定资产终止确认的条件

固定资产满足下列条件之一的,应当予以终止确认:① 该固定资产处于处置状态;② 该固定资产预期通过使用或处置不能产生经济利益。

### (二)固定资产处置的会计处理

(1)固定资产转入清理。企业因出售、报废、毁损、对外投资、非货币性资产交换、债务重组等转出的固定资产,按该项固定资产的账面价值,借记"固定资产清理"科目,按已计提的累计折旧,借记"累计折旧"科目,按已计提的减值准备,借记"固定资产减值准备"科目,按固定资产原价,贷记"固定资产"科目。

(2)发生的清理费用等。固定资产清理过程中发生的相关税费及其他费用,借记"固定资产清理"科目,贷记"银行存款""应交税费"等科目。

(3)收回出售固定资产的价款、残料价值和变价收入等,借记"银行存款""原材料"等科目,贷记"固定资产清理"科目。

(4)保险赔偿等的处理。应由保险公司或过失人赔偿的损失,借记"其他应收款"等科目,贷记"固定资产清理"科目。

(5)清理净损益的处理。固定资产清理完成后,属于生产经营期间正常的处理损失,借记"营业外支出——处置非流动资产损失"科目,贷记"固定资产清理"科目;属于自然灾害等非正常原因造成的损失,借记"营业外支出——非常损失"科目,贷记"固定资产清理"科目。如为贷方余额,借记"固定资产清理"科目,贷记"营业外收入"科目。

【例9-23】 甲金融公司有一台设备,因使用期满经批准报废。该设备原价为186 700元,累计已计提折旧177 080元,已计提减值准备2 500元。在清理过程中,以银行存款支付清理费用5 000元,残料变卖收入为6 500元。

甲金融公司的账务处理如下:

(1) 固定资产转入清理时。

| | |
|---|---|
| 借:固定资产清理 | 7 120 |
| 　累计折旧 | 177 080 |
| 　固定资产减值准备 | 2 500 |
| 　贷:固定资产 | 186 700 |

(2) 发生清理费用时。

| | |
|---|---|
| 借:固定资产清理 | 5 000 |
| 　贷:银行存款 | 5 000 |

(3) 收到残料变价收入时。

| | |
|---|---|
| 借:银行存款 | 6 500 |
| 　贷:固定资产清理 | 6 500 |

(4) 结转固定资产净损益时。

| | |
|---|---|
| 借:营业外支出——处置非流动资产损失 | 5 620 |
| 　贷:固定资产清理 | 5 620 |

### (三) 固定资产盘亏的会计处理

金融企业在财产清查中盘亏的固定资产,按盘亏固定资产的账面价值,借记"待处理财产损溢"科目,按已计提的累计折旧,借记"累计折旧"科目,按已计提的减值准备,借记"固定资产减值准备"科目,按固定资产的原价,贷记"固定资产"科目。按管理权限报经批准后处理的,按可收回的保险赔偿或过失人赔偿,借记"其他应收款"科目,按应计入营业外支出的金额,借记"营业外支出——盘亏损失"科目,贷记"待处理财产损溢"科目。

【例9-24】　乙金融公司进行财产清查时发现短缺一台笔记本电脑,原价为10 000元,已计提折旧7 000元,乙公司应做如下会计处理:

(1) 盘亏固定资产时。

| | |
|---|---|
| 借:待处理财产损溢 | 3 000 |
| 　累计折旧 | 7 000 |
| 　贷:固定资产 | 10 000 |

(2) 报经批准转销时。

| | |
|---|---|
| 借:营业外支出——盘亏损失 | 3 000 |
| 　贷:待处理财产损溢 | 3 000 |

### (四) 固定资产减值的会计处理

固定资产在资产负债表日存在可能发生减值的迹象时,其可收回金额低于账面价值的,企业应当将该固定资产的账面价值减记至可收回金额,减计的金额确认为减值损失,计入当期损益,同时计提的资产减值准备,借记"资产减值损失——计提的固定资产减值准备"科目,贷记"固定资产减值准备"科目,固定资产资产减值损失一经确认,在以后会计期间不得转回。

# 第三节　无形资产及其他资产的核算

## 一、无形资产的核算

### （一）无形资产的概念和确认条件

1. 无形资产的概念

无形资产，是指企业拥有或者控制的没有实物形态的可辨认非货币性资产。具体包括专利权、非专利技术、商标权、著作权、特许权、土地使用权等。无形资产一般具有以下几个特征：

（1）它是能够为企业带来经济利益的无实物形态的资产。判断无形资产产生的经济利益是否很可能流入时，应当对无形资产在预计使用寿命内可能存在的各种经济因素做出合理估计，并且应当有明确证据支持。例如，产品的专利，判断其是否为企业产生经济利益，首先看该专利是否为企业所拥有或控制；其次看是否有证据表明该专利运用于产品之中，提高了产品质量，或者促进了该产品销售量的增加等。

（2）它是可以辨认的资产。一般认为如果该项资产符合下列标准可以认为符合了辨认标准：能够从企业中分离或者划分出来，并能单独或者与相关合同、资产或负债一起，用于出售、转移、授予许可、租赁或者交换；或者源自合同性权利或其他法定权利，无论这些权利是否可以从企业或其他权利和义务中转移或者分离。

（3）它是非货币性资产，但其价值能够用货币计量。更具体而言，其价值能够找到合理的计量属性进行计量，包括公允价值、历史成本、可变现净值、现值、重量成本等。

以上特征，将无形资产与有形资产、无形资产与不可辨认资产（如商誉）区分开来。

2. 无形资产的确认条件

无形资产必须在同时满足下列条件时，才能予以确认：

（1）与该无形资产有关的经济利益很可能流入企业。那么，企业在判断无形资产产生的经济利益是否很可能流入时，应对无形资产在预计使用年限内可能存在的各种经济因素做出合理估计，并且应当有明确证据支持。例如，企业的专利能够提高企业产品的质量，从而使企业获利。因此，企业专利符合了这一条件。

（2）该无形资产的成本能够可靠地计量。成本能够可靠地计量是确认资产的一项基本条件，对于无形资产而言，这个条件相对更为重要。例如，企业自创商誉以及内部产生的品牌、报刊名等，因其成本无法可靠地计量，因此不作为无形资产确认。

### （二）无形资产取得的核算

金融企业取得无形资产时，应设置"无形资产"科目进行核算，本科目核算企业持有的无形资产的成本，反映无形资产的增减变动及结存情况。

无形资产应当按照成本进行初始计量。企业取得无形资产的主要方式有外购、自行研究开发、投资者投入等。取得的方式不同，其成本构成和会计处理也有所差别。

1. 外购的无形资产

外购无形资产的成本,包括购买价款、相关税费以及直接归属于使该项资产达到预定用途所发生的其他支出。购买无形资产的价款超过正常信用条件延期支付的,实质上具有融资性质的,无形资产的成本以购买价款的现值为基础确定。实际支付的价款与购买价款的现值之间的差额,除按照《企业会计准则第 17 号——借款费用》应予资本化的之外,应当在信用期间内采用实际利率法进行摊销,计入当期损益。

外购的无形资产,按应计入无形资产成本的金额,借记"无形资产"科目,贷记"银行存款"等科目。购入无形资产超过正常信用条件延期支付价款,实质上具有融资性质的,应按所购无形资产购买价款的现值,借记"无形资产"科目,按应支付的金额,贷记"长期应付款"科目,按其差额,借记"未确认融资费用"科目。

【例 9 - 25】　某金融企业向国家土地管理局支付 352 000 元,以取得土地使用权 30 年。在洽购时,支付咨询费、手续费 8 000 元,款项一并以转账支票支付,该企业应做如下会计处理:

借:无形资产——土地使用权　　　　　　　　　　　　　　360 000
　　贷:银行存款　　　　　　　　　　　　　　　　　　　　　　360 000

2. 自行研究开发的无形资产

企业自行研究开发无形资产,发生的研究开发项目支出,通过"研发支出"科目归集。研究阶段的支出全部费用化,计入当期损益(管理费用);开发阶段的支出符合条件的才能资本化(无形资产),不符合资本化条件的计入当期损益(首先在研发支出中归集,期末结转管理费用)。

自行开发的无形资产,其成本包括自满足无形资产确认条件后至达到预定用途前所发生的支出总额,但是对于以前期间已经费用化的支出不再进行调整。

企业自行开发无形资产发生的研发支出,不满足资本化条件的,借记"研发支出——费用化支出"科目,满足资本化条件的,借记"研发支出——资本化支出"科目,贷记"原材料""银行存款""应付职工薪酬"等科目。研究开发项目达到预定用途形成无形资产的,应按"研发支出——资本化支出"科目的余额,借记"无形资产"科目,贷记"研发支出——资本化支出"科目。期(月)末,应将"研发支出——费用化支出"科目归集的金额转入"管理费用"科目,借记"管理费用"科目,贷记"研发支出——费用化支出"科目。

3. 投资者投入的无形资产

投资者投入的无形资产,应当按照投资合同或协议约定的价值作为成本,但合同或协议约定价值不公允的除外。

投资者投入的无形资产,按确认的成本,借记"无形资产"科目,贷记"实收资本"科目。

4. 其他方式取得的无形资产

非货币性资产交换、债务重组、政府补助和企业合并取得的无形资产的成本,应当分别按照《企业会计准则第 7 号——非货币性资产交换》《企业会计准则第 12 号——债务重组》《企业会计准则第 20 号——企业合并》确定。

企业合并中取得的无形资产,应按其在购买日的公允价值,借记"无形资产"科目,贷记有关科目。

其他方式取得的无形资产,按不同方式下确定应计入无形资产成本的金额,借记"无形资产"科目,贷记有关科目。

**(三) 无形资产摊销的核算**

金融企业对使用寿命有限的无形资产计提的累计摊销金额,通过"累计摊销"科目进行核算。金融企业无形资产发生减值时计提的减值准备,通过"无形资产减值准备"科目进行核算。

1. 使用寿命有限的无形资产

金融企业应当于取得无形资产时分析判断其使用寿命,使用寿命有限的无形资产应进行摊销。企业摊销无形资产,应当自无形资产可供使用时起,至不再作为无形资产确认时止。无形资产摊销方法包括直线法、生产总量法等。企业选择的无形资产摊销方法,应当反映与该项无形资产有关的经济利益预期实现方式。无法可靠确定预期实现方式的,应当采用直线法摊销。

无形资产的应摊销金额为其成本扣除预计残值后的金额。已计提减值准备的无形资产,还应扣除已计提的无形资产减值准备累计金额。使用寿命有限的无形资产,其残值应当视为零,但下列情况除外:① 有第三方承诺在无形资产使用寿命结束时购买该无形资产;② 可以根据活跃市场得到预计残值信息,并且该市场在无形资产使用寿命结束时很可能存在。

企业应当按月对无形资产进行摊销。无形资产摊销金额一般应当计入当期损益,企业自用的无形资产,其摊销金额计入管理费用;出租的无形资产,其摊销金额计入其他业务成本;某项无形资产包含的经济利益通过所生产的产品或其他资产实现的,其摊销金额应当计入相关资产成本。

【例 9-26】 某金融企业以 360 000 元取得的土地使用权 30 年,摊销应由本月份负担的费用 1 000 元。其会计分录如下:

借:管理费用 1 000
　　贷:累计摊销 1 000

2. 使用寿命不确定的无形资产

对于根据可获得的情况判断,无法合理估计其使用寿命的无形资产,应当作为使用寿命不确定的无形资产。按照准则规定,对于使用寿命不确定的无形资产,在持有期间内不需要摊销,但需要至少于每一会计期末进行减值测试,发生减值时,要计提减值准备。

3. 无形资产的减值

无形资产在资产负债表日存在可能发生减值的迹象时,其可收回金额低于账面价值的,企业应当将该无形资产的账面价值减记至可收回金额,减记的金额确认为减值损失,计入当期损益,同时计提相应的资产减值准备,按减记的金额,借记"资产减值损失"科目,贷记"无形资产减值准备"科目。无形资产减值损失一经确认,在以后会计期间不得转回。

【例 9-27】 某金融企业的一项专利权账面价值为 25 000 元,因其他新技术出现,使该项专利权的盈利能力大幅度下降,预计其在剩余的使用年限内未来盈利的现值为

18 000元。资产负债表日计提其减值准备,做如下会计分录:

借:资产减值损失　　　　　　　　　　　　　　　　　　7 000
　　贷:无形资产减值　　　　　　　　　　　　　　　　　　　　7 000

企业应当至少于每年年度终了,对使用寿命有限的无形资产的使用寿命及摊销方法进行复核。无形资产的使用寿命及摊销方法与以前估计不同的,应当改变摊销期限和摊销方法。

企业应当在每个会计期间对使用寿命不确定的无形资产的使用寿命进行复核。如果有证据表明无形资产的使用寿命是有限的,应当估计其使用寿命,并选择适当的方法对其成本进行摊销。

### (四)无形资产处置的核算

无形资产的处置包括无形资产的出售、出租和报废等。

1. 无形资产的出售

无形资产的出售是指将无形资产的所有权让渡给他人。即在出售以后,企业不再对该项无形资产拥有占有、使用、收益、处置的权利。

企业出售无形资产时,应当将取得的价款与该无形资产账面价值的差额计入当期损益。出售无形资产,应按实际收到的金额等,借记"银行存款"等科目,按已计提的累计摊销,借记"累计摊销"科目,按应支付的相关税费及其他费用,贷记"应交税费""银行存款"等科目,按其账面余额,贷记"无形资产"科目,按其差额,贷记"营业外收入——处置非流动资产利得"科目或借记"营业外支出——处置非流动资产损失"科目。已计提减值准备的,还应同时结转减值准备。

【例9-28】　某金融企业将拥有的一项专利权出售,取得收入150 000元,应缴的税费为7 500元。该专利的账面余额为200 000元,已计提的累计摊销为76 240元,已计提的减值准备为4 500元。编制会计分录如下:

借:银行存款　　　　　　　　　　　　　　　　　　　150 000
　　累计摊销　　　　　　　　　　　　　　　　　　　　76 240
　　无形资产减值准备　　　　　　　　　　　　　　　　　4 500
　　贷:无形资产　　　　　　　　　　　　　　　　　　　　200 000
　　　　应交税费　　　　　　　　　　　　　　　　　　　　　7 500
　　　　营业外收入　　　　　　　　　　　　　　　　　　　23 240

2. 无形资产的出租

企业让渡无形资产使用权形成的租金收入和发生的相关费用,分别确认为其他业务收入和其他业务成本。

3. 无形资产的报废

无形资产预期不能为企业带来经济利益的,应当将该无形资产的账面价值予以转销,其账面价值转作当期损益(营业外支出)。

企业报废无形资产时,应按已计提的累计摊销,借记"累计摊销"科目,按其账面余额,贷记"无形资产"科目,按其差额,借记"营业外支出"科目。已计提减值准备的,还应同时结转减值准备。

## 二、其他资产的核算

金融企业其他资产主要包括低值易耗品、长期待摊费用、抵债资产和应收席位费等。

### (一)低值易耗品

低值易耗品是指单位价值较低,在日常业务中消耗的材料物料等。低值易耗品通常被视同存货,作为流动资产进行核算和管理。低值易耗品的价值应在领用时或使用期间内采用一次摊销或五五摊销法,摊入各期的成本费用中。

一次摊销法一般在领用低值易耗品时,将其价值一次全部计入当期损益,主要适用于价值较低或极易损坏的低值易耗品的摊销。其会计分录为:

借:管理费用
    贷:低值易耗品

五五摊销法,是在领用低值易耗品时先摊销其账面价值的一半,在报废时再摊销其账面价值的另一半。

低值易耗品报废后如有残料价值,应冲减当期的费用。如果低值易耗品已经发生毁损遗失等不能再继续使用的,应将其账面价值全部转入当期成本费用。

### (二)长期待摊费用

长期待摊费用是金融企业已经发生但应由本期和以后各期负担的分摊期限在一年以上的各项费用,如以经营租赁方式租入的固定资产发生的改良支出等。

金融企业发生的长期待摊费用,借记"长期待摊费用"科目,贷记"银行存款"等科目。摊销长期待摊费用,借记"管理费用""销售费用"等科目,贷记"长期待摊费用"科目。

### (三)抵债资产

1. 抵债资产的概念

抵债资产又称抵债物,是指金融企业的债权到期,但债务人无法用货币资金偿还债务(或债权未到期,但债务人已经出现严重经营问题或其他足以严重影响债务人按时足额用货币资金偿还债务)且担保人或第三人也无力以货币资金代为偿还债务,经金融企业与债务人、担保人或第三人协商同意,或经人民法院、仲裁机构依法裁决,债务人、担保人或第三人以资产折价抵偿金融企业债权,金融企业依法行使债权和担保物权而向债务人、担保人或第三人收取的用于偿还债务的实物资产及与财产有关的权利凭证,主要包括房地产、有价证券、交通工具、机器设备、低值易耗品等。

可以抵债的资产,必须同时具备以下三个条件:

(1)借款人或担保人以及相关第三人有权处分;

(2)法律允许转让;

(3)便于管理和实施。

金融企业取得抵债资产还必须履行其他的一些法律手续,如房产必须办理过户登记,土地使用权必要时须补交土地出让金等。只有这样,才能保证金融企业对抵债资产拥有完整物权,保证日后处置的合法性。

2. 抵债资产的账务处理

为了核算金融企业抵债资产业务,需设置"抵债资产""抵债资产跌价准备""营业外收入""营业外支出""其他业务收入""其他业务成本"等科目。

(1)抵债资产的取得。

金融企业取得的抵债资产,按抵债资产的公允价值,借记"抵债资产"科目。按相关资产已计提的减值准备,借记"贷款损失准备""坏账准备"等科目,按相关资产的账面余额,贷记"贷款""应收手续费及佣金"等科目,按应支付的相关税费,贷记"应交税费"科目,按其差额,借记"营业外支出"科目,如果为贷方差额,应贷记"资产减值损失"科目。

(2)抵债资产的保管。

金融企业抵债资产保管期间产生的收入计入其他业务收入,发生的费用计入当期其他业务成本。抵债资产保管期间取得的收入,借记"库存现金""银行存款""存放中央银行款项"等科目,贷记"其他业务收入"等科目。

抵债资产保管期间发生的直接费用,借记"其他业务成本"等科目,贷记"库存现金""银行存款""存放中央银行款项"等科目。

(3)抵债资产的处置。

处置抵债资产时,应按实际收到的金额,借记"库存现金""银行存款""存放中央银行款项"等科目,按应支付的相关税费,贷记"应交税费"科目,按其账面余额,贷记"抵债资产"科目,按其差额,贷记"营业外收入"科目或借记"营业外支出"科目,已计提抵债资产跌价准备的,还应同时结转跌价准备。

取得抵债资产后转为自用的,应在相关手续办妥时,按转换日抵债资产的账面余额,借记"固定资产"等科目,贷记"抵债资产"科目。已计提抵债资产跌价准备的,还应同时结转跌价准备。

## 复习思考题

1. 什么是交易性金融资产?期末交易性金融资产应如何进行计量?取得和处置交易性金融资产时,应如何进行会计处理?

2. 什么是可供出售的金融资产?应如何进行会计处理?

3. 什么是持有至到期投资?应如何进行会计处理?

4. 什么是长期股权投资?长期股权投资具体包括哪些范围?

5. 同一控制下企业合并与非同一控制下企业合并形成的长期股权投资取得成本的确定有何区别?

6. 举例说明长期股权投资成本法的适用情形和具体应用。

7. 举例说明长期股权投资权益法的适用情形和具体应用。

8. 固定资产折旧方法通常有哪几种?如何进行折旧的计算?

9. 无形资产与固定资产在会计核算上主要有哪些区别?

10. 什么是抵债资产?抵债资产如何进行账务处理?

# 第十章　所有者权益的核算

## 学习要点提示

通过本章学习,要求了解资本金的意义和种类;掌握实收资本和资本公积的核算;熟悉盈余公积和未分配利润的处理。

# 第一节　资本金的核算

## 一、资本金的意义与种类

### (一) 资本金的意义

企业要进行经营,必须要有一定的"本钱",《中华人民共和国民法典》中明确规定,设立企业法人必须要有必要的财产。《中华人民共和国企业法人登记管理条例》(简称《企业法人登记管理条例》)也明确规定,企业申请开业,必须具备符合国家规定并与其生产经营和服务规模相适应的资本数额。《中华人民共和国公司法》也将股东出资达到法定资本最低限额作为公司成立的必备条件。根据有关规定,设立经营存贷款业务的金融企业资本金的最低限额为:全国性商业银行为10亿元人民币;城市商业银行为1亿元人民币;农村商业银行为5 000万元人民币。国家外汇管理局对经办外汇业务的银行也规定了最低外汇资本金或营运资金的限额:全国性银行不得少于5 000万美元;区域性银行总行不得少于2 000万美元。金融性公司的资本金最低限额为:保险公司5亿元人民币;综合类证券公司5亿元人民币;信托投资公司3亿元人民币。

资本金的筹集可以一次或分次进行。一次筹集的,从营业执照签发之日起,6个月内筹足;分次筹集的,最后一期出资额应当在营业执照签发之日起3年内交清,其中第一次出资额不得低于15%,并且在营业执照签发之日起3个月内交清。银行资本金必须集中统一由总行管理,银行的各分支机构不应持有资本金,只能由总行对其拨付资本金营运资金,配比原则要求总行拨付下级行营运资金总量不得超过资本金的60%。

### (二) 资本金的概念

资本金即实收资本(或股本),是指金融企业投资者按照有关章程或合同、协议约定,实际投入企业的资本。所有者向企业投入的资本,在一般情况下无须偿还,可以长期周转使用。由于企业组织形式不同,所有者投入资本的会计核算方法也有所不同。除股份有限公司对股东投入资金应设置"股本"科目外,其余企业均设置"实收资本"科目核算企业实际收到的投资者投入的资本。

我国目前实行的是注册资本制度,要求企业的实收资本与注册资本一致。根据法律法规规定,金融企业可以采用吸收货币资金、实物和无形资产或发行股票的方式筹集资金。

### (三) 资本金的种类

金融企业资本金根据投资者的不同,可以分为以下几种:

(1) 国家资本金。即有权代表国家进行投资的部门或机构向金融企业投入的资本。

(2) 法人资本金。即其他企业向金融投入的资本金。

(3) 个人资本金。即社会个人向企业投入的资本金。

(4) 外商资本金。即外国投资者向企业投入的资本金。

## 二、实收资本(或股本)增加的核算

### (一) 收到投资者投入的资本

#### 1. 收到投资者投入的货币资金

金融企业收到投资者投入的货币资金,应在实际收到或者存入中央银行时,按实际收到的金额做如下账务处理:

借:库存现金或存放中央银行款项或有关科目
　　贷:实收资本——××投资者户

如果金融企业属于股份制企业,则会计分录为:

借:库存现金或存放中央银行款项或有关科目（实际收到金额）
　　贷:股本——××股东户(核定的股本额)
　　　　资本公积——股本溢价户

**【例 10-1】**　某股份制商业银行以发行股票方式筹集资本金,委托券商代理发行普通股 1 亿股,每股面值 1 元,按发行收入 1‰收取手续费,从发行收入中扣除,发行价为每股 6 元,收到的款项存入人民银行。其会计分录为:

借:存放中央银行款项　　　　　　　　　　　594 000 000
　　贷:股本　　　　　　　　　　　　　　　　100 000 000
　　　　资本公积——股本溢价户　　　　　　　494 000 000

#### 2. 收到投资者投入的实物

金融企业收到投资者投入的实物时,均应按评估或确认的价值确认为实收资本的入账价值。

当原价大于确认的价值时,其超过的部分作为累计折旧。即:

借:固定资产——××类固定资产户(投资单位账面原价)
　　贷:实收资本(或股本——××股东户)(评估或确认的价值)
　　　　累计折旧(差额)

当原价小于或等于确认的价值时,按评估确认价值确认固定资产以及实收资本的入账价值。即:

借：固定资产——××类固定资产户

    贷：实收资本（或股本——××股东户）

3．收到投资者投入的无形资产

金融企业收到投资者投入的无形资产时，应按评估机构或双方协议确认的价值作为实收资本入账价值。其会计分录为：

借：无形资产——××户

    贷：实收资本（或股本——××股东户）

### （二）上级行向下级行拨付营运资金

上级行向下级行拨付营运资金时，其会计分录为：

借：拨付营运资金——××下级行

    贷：存放中央银行款项或有关账户

下级行收到拨付的营运资金时，其会计分录为：

借：存放中央银行款项或有关账户

    贷：拨入营运资金

### （三）转增资本金

金融企业按法定程序将资本公积、盈余公积转增资本金时，以有关文件为依据，编制如下会计分录：

借：资本公积

    盈余公积

    贷：实收资本（或股本）

## 三、实收资本（或股本）减少的核算

一般情况下，企业的实收资本应相对固定不变，但在某些特定情况下，实收资本也可能发生增减变化。《企业法人登记管理条例》中规定，企业法人实有资金比原注册资金数额增加或减少超过 20％时，应持资金证明或验资证明，向原登记机关申请变更登记。企业实收资本减少的原因大体有两种：一是资本过剩；二是企业发生重大亏损而需要减少实收资本。

企业因资本过剩而减资，一般要发还投资款。一般金融企业发还投资款的核算比较简单，按发还投资的数额，借记"实收资本"科目，贷记"存放中央银行款项"等科目。

股份制金融企业由于采用的是发行股票的方式筹集股本，发还股款时，则要收购发行的股票，发行股票的价格与股票面值可能不同，收回股票的价格也可能与发行价格不同，会计核算较复杂。由于"股本"科目是按股票面值登记的，收购本企业股票时，亦应按面值注销股本，超出面值付出的价格，可区别情况处理：收购的股票凡属溢价发行的，则首先冲销资本公积中的溢价收入；不足部分，凡提有盈余公积的，冲销盈余公积；如盈余公积仍不足以支付收购款的，冲销未分配利润。凡属面值发行的，直接冲销盈余公积、未分配利润。具体会计处理为：

（1）回购价格高于回购股份所对应的股本时，按回购股份的面值，借记"股本"科目，按股票发行时原记入资本公积的溢价部分,借记"资本公积——股本溢价"科目,回购价格超过上述两科目的部分,应依次借记"盈余公积""利润分配——未分配利润"等科目。按实际支付的购买价款,贷记"存放中央银行款项"等科目。

(2) 回购价格低于回购股份所对应的股本,应按回购股份的面值,借记"股本"科目,按实际回购价格,贷记"存放中央银行款项"科目,按其差额,贷记"资本公积——其他资本公积"科目。

# 第二节　资本公积的核算

资本公积是指由投资者或其他个人(或单位)投入,所有权归属于投资者,但不构成实收资本(或股本)的那部分资本或资产。从形成来源看,资本公积与实收资本都属于投资者投入企业的资本,但二者也有区别,实收资本是投资者有表决权的资本,投资者据此享有金融企业净资产所有权;而资本公积有特定来源,其主要来源是资本(或股本)溢价,只是由于法律的规定而无法直接以资本的名义出现。不同来源形成的资本公积由所有投资者共同享有,投资者并不以此寻求对金融企业净资产的所有权。

资本公积的内容主要包括:资本溢价和股本溢价、接受投资人捐赠资产、股权投资准备、外币资本折算差额、资产重估增值、关联交易差价、其他资本公积等。

## 一、资本溢价、股本溢价的核算

### (一) 资本溢价的核算

在企业创立时,出资者认缴的出资额全部计入"实收资本"科目。在企业重组并有新的投资者加入时,为了维护原有投资者的权益,新加入的投资者的出资额,并不一定全部作为实收资本处理。一般只将新投资者投入的资本中按其投资比例计算的出资额部分,计入"实收资本"科目,大于部分应记入"资本公积"科目。

【例 10-2】　某商业银行由甲、乙、丙三位投资者各自出资 2 000 万元而设立,设立时的实收资本为 6 000 万元。经过三年的经营,该企业留存收益为 300 万元。这时又有丁投资者有意加入该企业,并表示愿意出资 2 800 万元而仅占该企业资本份额的 25%。则该项业务的会计分录为:

借:存放中央银行款项　　　　　　　　　　　　　　　28 000 000
　　贷:实收资本——丁投资者　　　　　　　　　　　　20 000 000
　　　　资本公积——资本溢价　　　　　　　　　　　　8 000 000

### (二) 股本溢价的核算

股本溢价是投资者投入的资金超过其在注册资本中所占份额的部分以及银行采用溢价发行股票超过股票面值的部分。其会计分录为:

借:存放中央银行款项或有关科目
　　贷:资本公积

【例 10-3】 某商业银行委托××证券公司代理发行普通股 2 000 000 股,每股面值为 1 元,按每股 2.5 元的价格发行。银行与受托单位约定,按发行收入的 3% 收取手续费,从发行收入中扣除。假如收到的股款已存入人民银行,则账务处理如下:

发行手续费 = 2 000 000 × 2.5 × (1−3%) = 150 000(元)

银行收到的股款 = 2 000 000 × 2.5−150 000 = 4 850 000(元)

应记入资本公积的金额 = 4 850 000−2 000 000 = 2 850 000(元)

借:存放中央银行款项     4 850 000

  贷:股本     2 000 000

    资本公积——股本溢价     2 850 000

## 二、接受投资人捐赠资产的核算

接受投资人捐赠是金融企业因接受投资人现金或非现金资产的无偿捐赠而增加的资本公积。其会计分录为:

借:库存现金(固定资产等)

  贷:资本公积

接受非投资人捐赠,则应贷记营业外收入。

## 三、法定财产重估增值的核算

法定财产重估增值是指在金融企业重组或合并时,对企业现有财产价值进行重新评估,评估价值超过原账面价值的部分。其会计分录为:

借:固定资产或其他有关资产科目

  贷:累计折旧(仅限固定资产重估时)

    资本公积

## 四、拨款转入的核算

拨款转入是因国家对某些国有金融企业拨入的、专项用于某项目的拨款,在该拨款项目完成后,形成资产的拨款部分转作的资本公积。在收到拨款时,暂作长期负债处理。待该项目完成后,属于费用而按规定予以核销的部分,直接冲减长期负债;属于形成资产价值的部分,从理论上讲应视为国家的投资,增加国家资本,但因增加资本需要经过一定的程序。因此,暂计入资本公积,待转增资本时再减少资本公积。在未转增前,形成资本公积的一项来源。

(1) 收到拨款时的会计分录为:

借:银行存款或存放中央银行款项

  贷:专项应付款

(2) 将专项拨款用于工程项目时的会计分录为:

借:在建工程等

  贷:银行存款

    应付职工薪酬等

（3）工程完工时的会计分录为：

借：专项应付款

　　贷：资本公积（形成长期资产的部分）

　　　　在建工程（需要核销的部分）

### 五、外币资本折算差额的核算

外币资本折算差额是金融企业接受外币投资，因合同约定汇率与收到投资时的市场汇率不同而产生的资本折算差额。在我国，一般企业以人民币为记账本位币，在收到外币资产时需要将外币资产价值折合为人民币记账。折合汇率的确定原则是：① 对于各项外币资产账户，一律按收到出资额当日的汇率折合；② 对于实收资本账户，合同约定汇率的，按合同约定汇率折合；合同没有约定汇率的，按收到出资额当日的汇率折合。由于有关资产账户与实收资本账户所采用的折合汇率不同而产生的人民币差额，作资本公积处理。

合同汇率高于收到投资时的市场汇率时，其会计分录为：

借：银行存款（或存放中央银行款项）　　　　　　　　　外币

　　贷：货币兑换　　　　　　　　　　　　　　　　　　　　外币

借：货币兑换　　　　　　　　　　　　　　　　　　　人民币

　　资本公积　　　　　　　　　　　　　　　　　　　人民币

　　贷：实收资本　　　　　　　　　　　　　　　　　　　人民币

合同约定汇率低于收到投资时的市场汇率时，资本公积记贷方。

# 第三节　盈余公积的核算

盈余公积是指金融企业按规定从税后利润中提取的积累资金。盈余公积根据其用途的不同分为法定盈余公积金和任意盈余公积金两类。

### 一、盈余公积的有关规定

法定盈余公积金一般按税后利润的 10％ 从净利润中提取，累计额已达注册资金的 50％ 时可以不再提取。任意盈余公积金主要是公司制金融企业按照股东大会或类似机构的决议，按照规定的比例从净利润中提取。盈余公积可以用于弥补亏损、转增资本（或股本），符合规定条件的金融企业也可以用盈余公积分派现金股利。

（1）计提盈余公积金时，会计分录为：

借：利润分配——提取盈余公积金

　　贷：盈余公积——法定盈余公积金

　　　　盈余公积——任意盈余公积金

（2）用法定盈余公积金弥补亏损时，会计分录为：

借：盈余公积——法定盈余公积金

贷:利润分配——盈余公积金补亏

（3）按规定将盈余公积金转增资本金时，会计分录为：

借:盈余公积

　　贷:实收资本（或股本）

## 二、盈余公积的确认与计量

公益金一般按税后利润的5%从净利润中提取，专门用于企业职工集体福利设施的支出。法定公益金用于职工集体福利时，应当将其转入任意盈余公积金。

（1）计提公益金时，会计分录为：

借:利润分配——提取公益金

　　贷:盈余公积——法定公益金

（2）以公益金购置或结转完工职工集体福利设施工程成本时，会计分录为：

借:固定资产

　　贷:存放中央银行款（或在建工程）

同时，按使用的公益金做如下会计分录：

借:盈余公积——法定公益金

　　贷:盈余公积——任意盈余公积金

# 第四节　未分配利润的核算

## 一、未分配利润的概念

未分配利润是企业留待以后年度进行分配的结存利润，即企业各年实现的利润扣除应缴纳所得税、计提盈余公积及应付利润等后的累计余额。相对于所有者权益的其他部分来讲，企业对未分配利润的使用分配有较大的自主权。

## 二、未分配利润的核算

未分配利润的核算是通过"利润分配——未分配利润"科目进行的。该明细科目集中核算利润分配的情况及历年累积的未分配利润（或亏损）数，该科目的余额若反映在贷方，表示未分完的剩余利润；若在借方，则表示未弥补的亏损。

（1）年终结转本年实现的利润时，会计分录为：

借:本年利润

　　贷:利润分配——未分配利润

（2）按规定进行利润分配时，会计分录为：

借:利润分配——未分配利润

　　贷:利润分配——提取盈余公积金

　　　　利润分配——应付利润等

（3）如该年度出现亏损,则会计分录为：

借：利润分配——未分配利润

　　贷：本年利润

用本年利润弥补以前年度亏损时,不需要专门进行账务处理,而由"利润分配——未分配利润"账户自动弥补。

# 第五节　一般准备金的核算

从事存、贷款业务的金融企业应当从税后利润中按一定的比例提取一般准备金,用于弥补尚未识别的可能性损失,以提高银行抵御风险的能力。由于一般准备金是用于弥补尚未确定的损失,具有总准备金的作用和性质,符合资本的基本特征,因此作为金融企业附属资本(又称二级资本)的组成部分,计算资本充足率。

（1）按规定提取一般准备时,其会计分录为：

借：利润分配——提取一般风险准备金

　　贷：一般风险准备

（2）按规定用于弥补贷款损失时,其会计分录为：

借：一般风险准备

　　贷：利润分配——一般风险准备补亏

## 复习思考题

1. 所有者权益由哪几部分组成？
2. 我国公司法对金融企业资本金的最低限额有哪些规定？
3. 资本公积的主要内容有哪些？
4. 盈余公积包括哪几种？各有何用途？

# 第十一章　损益的核算

　　通过本章学习,要求了解营业收入及营业外收入的核算的内容;掌握营业成本费用及营业外支出的核算的范围和处理;熟悉利润的形成及分配的核算方法。

## 第一节　营业收入及营业外收入的核算

### 一、营业收入的核算

　　营业收入是指金融企业在经营融资及其他服务业务中获得的各项收益。各金融企业业务经营的范围不同,其营业收入的构成也不尽相同,本书主要就商业银行的营业收入的核算加以介绍。

　　商业银行的营业收入是指商业银行办理贷款让渡资产的使用权、办理结算提供劳务、对外投资等日常业务活动中所形成的、会导致所有者权益增加的、与所有者投入资本无关的经济利益的总流入。商业银行的营业收入主要包括利息收入、手续费及佣金收入、汇兑损益和投资收益等。

#### (一)利息收入的核算

　　利息收入主要指商业银行发放各类贷款(银团贷款、贸易融资、贴现和转贴现融出资金、协议透支、信用卡透支、转贷款、垫款等)、与其他金融机构(中央银行、同业等)之间发生资金往来业务、买入返售金融资产等实现的利息收入。商业银行发放的贷款等,应按期计算利息并确认收入。

　　银行为核算其实现的各种利息收入,应设置"利息收入"账户进行核算。该账户属于损益类账户,贷方登记实现的各种利息收入,借方登记冲减的利息收入及期末转入本年利润的利息收入,期末转账后该账户无余额。该账户可按业务类别进行明细核算。其基本会计分录如下:

　　借:应收利息(吸收存款、存放中央银行款项等)

　　　　贷:利息收入——×利息收入户

　　【例11-1】　2023年4月15日,美联商场持一份商业承兑汇票来建行申请贴现,该汇票金额为150 000元,于4月12日出票,9月12日到期,由同城某商业银行承兑。经信贷部门审核同意,当天办理贴现手续,年贴现率为4.5%。建行做如下会计分录:

　　贴现利息=150 000×150×4.5%÷360=2 812.5(元)

贴现实付金额＝150 000－2 812.5＝147 187.5(元)

借:贴现资产 150 000

　　贷:吸收存款——美联商场活期存款户 147 187.5

　　　利息收入——贴现利息收入 2 812.5

【例11－2】 2023年4月15日,兴华贸易公司提交还款凭证,按期全额归还6个月的信用贷款本金50 000元和利息6 250元,建设银行当即办理转账手续。有关会计分录如下:

借:吸收存款——兴隆贸易公司 56 250

　　贷:贷款——兴华短期贷款户 50 000

　　　利息收入——贷款利息收入 6 250

【例11－3】 建设银行向人民银行提交转账支票,归还本日到期的年利率为2.7%、期限为20天的再贷款2 000 000元。人民银行和建设银行有关的会计分录如下:

贷款利息＝2 000 000×20×2.7%÷360＝3 000(元)

建行:

借:向中央银行借款 2 000 000

　　利息支出——再贷款利息支出 3 000

　　贷:存放中央银行款项 2 003 000

人行:

借:建设银行准备金存款 2 003 000

　　贷:建设银行贷款 2 000 000

　　　利息收入——再贷款利息收入 3 000

**(二)手续费及佣金收入的核算**

手续费及佣金收入是指银行办理结算业务、咨询业务、担保业务、代保管等代理业务以及办理受托贷款业务及投资业务等取得的手续费及佣金。例如,结算手续费收入、佣金收入、业务代办手续费收入、基金托管收入、咨询服务收入、担保收入、受托贷款手续费收入、代保管收入、代理买卖证券、代理承销证券、代理兑付证券、代理保管证券、代理保险业务等代理业务以及其他相关服务实现的手续费及佣金收入等。

银行为核算其实现的各种手续费及佣金收入,应设置"手续费及佣金收入"账户进行核算。该账户属于损益类账户,贷方登记银行实现的各种手续费及佣金收入,借方登记冲减的手续费及佣金收入及期末转入本年利润的手续费及佣金收入,期末转账后该账户无余额。该账户可按手续费及佣金收入类别进行明细核算。

银行确认手续费及佣金收入时,按应收的金额,借记"应收手续费及佣金""代理承销证券款"等账户,贷记本账户;实际收到手续费及佣金时,借记"存放中央银行款项""结算备付金""吸收存款"等账户,贷记"应收手续费及佣金"等账户。

【例11－4】 食品加工厂签发一份银行承兑汇票,金额1 000 000元,到建设银行申请承兑,经审查同意承兑并签订承兑协议,办理承兑手续并收取手续费500元。有关会计分录为:

借:吸收存款——食品加工厂 500

　　　　贷:手续费及佣金收入——结算手续费收入　　　　　　　　　　　　500

**【例 11-5】** 建设银行受某基金公司委托,托管其名下的成长收益基金,本期应收基金托管收入 80 万元。会计分录如下:

　　借:应收手续费及佣金　　　　　　　　　　　　　　　　　800 000
　　　　贷:手续费及佣金收入——基金托管收入　　　　　　　　　800 000
　　实际收到该基金托管收入时:
　　借:吸收存款——某基金公司　　　　　　　　　　　　　800 000
　　　　贷:应收手续费及佣金　　　　　　　　　　　　　　　800 000

### (三) 汇兑损益的核算

　　汇兑损益是指银行因经营外汇买卖和外币兑换以及结售汇业务而产生的损益,一般经营行于年终按外汇牌价计算出汇兑净损益。汇兑损益应根据买入、卖出外汇的价差和汇率变动的净损益确认,设置“汇兑损益”账户核算,并按币种设置明细账户,进行明细分类核算。取得汇兑收益时,计入该账户的贷方,发生汇兑损失时,计入该账户的借方。期末,应将本账户的余额转入“本年利润”账户,结转后该账户无余额。

　　取得汇兑收益时,其会计分录为:
　　借:有关账户(如货币兑换)
　　　　贷:汇兑损益——×外币汇兑收益户
　　如为汇兑损失,则做相反的会计分录。

### (四) 投资收益的核算

　　投资收益是指对外投资取得的收益,减去发生的投资损失后的净额,即银行对外进行的长期股权投资、持有至到期债权投资时,按照合同或协议的规定从接受投资方分得的利润、股利、利息等收益。投资收益通过设置“投资收益”账户进行核算,并在该账户下按投资种类和接受投资单位设置明细账户,进行明细分类核算。该账户属于损益类账户,取得收益时,计入该账户的贷方,发生投资损失时,计入该账户的借方,期末应将该账户的余额转入“本年利润”账户,结转后该账户无余额。其基本分录为:

　　借:存放中央银行款项等账户
　　　　贷:投资收益——×投资户

**【例 11-6】** 建设银行收到购买的人民银行金融债券利息收入 530 000 元,该债券银行准备持有至到期。会计分录如下:

　　借:存放中央银行款项　　　　　　　　　　　　　　530 000
　　　　贷:投资收益——债券投资户　　　　　　　　　　　　530 000

银行购买债券投资持有期间取得的利息收入,也可在“利息收入”账户核算。上例也可做如下会计分录:

　　借:存放中央银行款项　　　　　　　　　　　　　　530 000
　　　　贷:利息收入——债券投资户　　　　　　　　　　　　530 000

其他投资业务取得的投资收益等,详见本书第八章第一节。

### 二、营业外收入的核算

营业外收入是指银行发生的与其业务经营活动没有直接关系的各项收入,主要包括出纳长款收入、罚款收入、处置固定资产净收益、处置无形资产净收益、处置抵债资产净收益等。

银行为核算上述与其经营活动无直接关系的各项收入应设置"营业外收入"账户。该账户属于损益类账户,发生各项营业外收入时,计入该账户的贷方,期末转入本年利润时计入该账户的借方,结转后该账户无余额。该账户应按照营业外收入项目设立明细账户。

发生各项营业外收入时,其会计分录为:

借:其他应付款(或有关账户)

　　贷:营业外收入——×收入户

【例 11-7】 建设银行接到开户单位纺织厂(账号为 201381)本日签发的♯2004 转账支票一份,金额 15 000 元,经审查,其存款账户余额不足。有关的会计分录如下:

退回不予办理,并给予 1 000 元罚款。

借:吸收存款——纺织厂　　　　　　　　　　　　　　　　　　1 000

　　贷:营业外收入——罚款收入　　　　　　　　　　　　　　　　　1 000

出票人签发空头支票、签章与预留银行签章不符的支票、与支付密码不符的支票,银行应予以退票,并按票面金额处以 5%但不低于 1 000 元的罚款。

# 第二节　营业成本费用及营业外支出的核算

## 一、营业成本和费用的核算

营业支出是指商业银行在筹集资金、运用资金等业务经营过程中发生的、会导致所有者权益减少的、与向所有者分配利润无关的经济利益的总流出。主要包括利息支出、手续费及佣金支出、销售费用、营业税金及附加和资产减值损失等。

### (一)利息支出的核算

利息支出是指商业银行对外以负债形式筹集的各类资金,按国家规定的适用利率向提供资金的企业和个人支付的利息。其包括吸收的各种存款(单位存款、个人存款、信用卡存款、特种存款、转贷款资金等)、与其他金融机构(中央银行、同业等)之间发生的资金往来业务、卖出回购金融资产等产生的利息支出。

银行应当设置"利息支出"账户核算其发生的各项利息支出。该账户属于损益类账户,借方登记发生的各项利息支出,贷方登记冲减的利息支出和结转本年利润的利息支出,期末结转后该账户无余额。该账户按照支出项目设置明细账户,进行明细分类核算。

定期结算利息时:

借:利息支出——×利息支出户

　　贷:应付利息——×存款人户

实际支付利息时:

借:应付利息——×存款人户

　　贷:吸收存款(或库存现金等账户)

【例 11-8】 2023 年 6 月 20 日,建设银行计算应支付在该行开户的电力公司基本存款户利息 583.12 元。其会计分录为:

借:利息支出——活期存款利息支出　　　　　　　　583.12

　　贷:应付利息——电力公司　　　　　　　　　　　　　583.12

2023 年 6 月 21 日实际转账时:

借:应付利息——电力公司　　　　　　　　　　　583.12

　　贷:吸收存款——电力公司　　　　　　　　　　　　583.12

【例 11-9】 建行某县支行发生临时性资金困难,向当地县农行拆借资金 5 000 000 元,经商定拆借期限为 10 天,年利率为 3.24%。该县建行有关的会计分录如下。

拆借时:

借:存放中央银行款项　　　　　　　　　　　5 000 000

　　贷:拆入资金　　　　　　　　　　　　　　　　5 000 000

归还时:

借:拆入资金　　　　　　　　　　　　　　　5 000 000

　　利息支出——同业拆借利息支出　　　　　　　4 500

　　贷:存放中央银行款项　　　　　　　　　　　　5 004 500

**(二) 手续费及佣金支出的核算**

手续费及佣金支出是指商业银行委托其他单位代办业务所支付的手续费及佣金等支出。包括代办储蓄手续费、结算手续费和其他手续费及佣金支出等。

银行应设置"手续费及佣金支出"账户核算发生的各项手续费及佣金支出。该账户属于损益类账户,借方登记发生的各项手续费及佣金支出,贷方登记转入本年利润的手续费及佣金支出,期末结转后该账户无余额。该账户按照手续费及佣金支出的种类设置明细账户,进行明细分类核算。

发生各项手续费及佣金支出时,其会计分录为:

借:手续费及佣金支出——×手续费及佣金支出户

　　贷:存放中央银行款项(或库存现金等有关账户)

**(三) 销售费用的核算**

商业银行的销售费用是指银行在业务经营及管理工作中发生的各项费用。销售费用的项目较多,主要包括固定资产的折旧费、业务宣传费、业务招待费和业务管理费等。

银行为了核算各项销售费用,应设置"销售费用"账户,该账户属于损益类账户,借方登记银行发生的各项销售费用,贷方登记转入本年利润的销售费用,期末结转后该账户无余额。该账户按照各费用的种类设置明细账户,进行明细分类核算。

固定资产折旧是指固定资产在使用过程中,逐渐损耗而转移的那部分价值。固定资产损耗的价值,应当在固定资产的有效使用年限内进行分摊,形成折旧费,计入各营业受益期的成本或费用中去。其会计分录为：

借：销售费用——固定资产折旧费

贷：累计折旧

业务宣传费是指商业银行在业务宣传活动中所支付的费用。业务宣传费按不超过基准收入的 5‰比例掌握使用，业务宣传费一律据实列支，不得预提。

业务招待费是指银行为了满足业务经营的需要而支出的招待费用。业务招待费按全年基准收入的一定比例据实列支。全年基准收入在 1 500 万元（含）以内的，不超过全年基准收入的 5‰；全年基准收入超过 1 500 万元的，超过 1 500 万元的基准收入的比例为 3‰。

业务管理费是指银行在业务管理过程中发生的各种相关费用。其包括折旧费、电子设备运转费、钞币运送费、安全防卫费、财产保险费、邮电费、劳动保护费、外事费、印刷费、公杂费、低值易耗品摊销、职工工资及福利费、差旅费、水电费、职工教育经费、工会经费、租赁费（不含融资租赁费）、修理费、会议费、诉讼费、公证费、咨询费、无形资产摊销、长期待摊费用摊销、待业保险费、劳动保险费、取暖降温费、聘请中介机构费、技术转让费、研究费用、绿化费、董事会费、广告费、住房公积金、物业管理费、提取保险保障基金、银行结算费等。

银行发生各项销售费用时，其会计分录为：

借：销售费用——×费用户

贷：现金（或其他账户等）

【例 11-10】　某建设银行以现金支付业务招待费 350 元，差旅费 1 200 元。会计分录为：

借：销售费用——业务招待费　　　　　　　　　　　　　　350

　　　　　　　——差旅费　　　　　　　　　　　　　　1 200

贷：库存现金　　　　　　　　　　　　　　　　　　　　1 550

**（四）营业税金及附加的核算**

营业税金及附加是指商业银行依照国家税法规定，向税务机关缴纳的营业税金及附加。其包括营业税、城市维护建设税和教育费附加等。银行发生的各项税金及附加是通过"营业税金及附加"账户核算的。

营业税金及附加的计算方法为：

$$应纳营业税＝基准收入×适用税率$$
$$基准收入＝营业收入－金融企业之间往来发生的利息收入－投资收益$$
$$应纳城市维护建设税＝应交营业税额×适用税率$$
$$应纳教育费附加＝应交营业税额×教育费附加率$$

期末根据计算出的营业税金及附加计提有关税金时，其会计分录为：

借：营业税金及附加

贷：应交税费——应交营业税

　　　　　　——应交城市维护建设税

　　　　　　——应交教育费附加

按规定实际向税务部门缴纳时,其会计分录为:

借:应交税费——应交营业税

　　　　　——应交城市维护建设税

　　　　　——应交教育费附加

　　贷:存放中央银行款项

【例 11-11】　建行某支行本年基准业务收入为 85 000 万元,营业税税率为 5%,城市维护建设税税率为 7%,教育费附加率为 3%。计算本年应纳营业税金及附加,并做相关的会计分录。

应纳营业税＝85 000×5%＝4 250(万元)

应纳城市维护建设税＝4 250×7%＝297.5(万元)

应纳教育费附加＝4 250×3%＝127.5(万元)

会计分录为:

| | |
|---|---|
| 借:营业税金及附加 | 46 750 000 |
| 　贷:应交税费——应交营业税 | 42 500 000 |
| 　　　　　——应交城市维护建设税 | 2 975 000 |
| 　　　　　——应交教育费附加 | 1 275 000 |

**(五)资产减值损失的核算**

资产减值损失是指银行按规定提取的贷款损失和其他各项资产损失,包括计提的贷款损失准备、计提的无形资产减值准备、计提的固定资产减值准备、计提的长期股权投资减值准备和计提的持有至到期投资的减值准备等。银行应设置"资产减值损失"账户核算计提的各项资产减值损失,并可按资产减值损失的项目进行明细核算。

1. 贷款损失准备

银行计提贷款损失准备的资产,是指银行承担风险和损失的贷款(含抵押、质押、保证、信用贷款等)、银行卡透支、贴现、信用垫款(包括银行承兑汇票垫款、信用证垫款、担保垫款等)、进出口押汇等。

银行计提贷款损失准备时,其会计分录为:

借:资产减值损失

　贷:贷款损失准备

冲减已计提的贷款损失准备时做相反的分录。具体核算方法在第五章贷款业务中已详细介绍,这里不再重复。

2. 其他资产减值准备

其他资产减值准备是指对无形资产、固定资产、长期股权投资和持有至到期投资等资产按规定的比例计提的减值损失准备等。

银行应于期末对无形资产、固定资产、长期股权投资和持有至到期投资等各项资产逐项进行检查,并根据谨慎性原则的要求,如果由于技术陈旧、损坏、长期闲置或被投资单位经营状况恶化等原因,导致其可收回金额低于其账面价值的,应合理地预计各项资产可能发生的损失,计提资产减值准备。其会计分录为:

借:资产减值损失

　　贷:××资产减值准备

**注意**:上述资产减值损失一经确认,在以后的会计期间不得转回。

### 二、营业外支出的核算

营业外支出是指银行发生的与其业务经营没有直接关系的各项支出。其主要包括固定资产盘亏、处置固定资产净损失、处置无形资产净损失、抵债资产保管费用、处置抵债资产净损失、出纳短款、罚款支出、捐赠支出和非常损失等。

银行为核算上述与其经营活动无直接关系的各项支出应设置"营业外支出"账户。该账户属于损益类账户,发生各项营业外支出时,计入该账户的借方,期末转入本年利润时计入该账户的贷方,结转后该账户无余额。该账户应按照营业外支出项目设立明细账户。

发生各项营业外支出时,其会计分录为:

借:营业外支出——×支出户

　　贷:现金(或有关账户)

**【例 11-12】**　建设银行向某县希望小学捐款 30 万元,以现金支付。其会计分录为:

借:营业外支出——捐款支出　　　　　　　　　　　　　　300 000

　　贷:库存现金　　　　　　　　　　　　　　　　　　　　　300 000

**【例 11-13】**　建设银行因火灾毁损房屋一栋,原值200 万元,已提折旧 80 万元,保险公司赔偿了 100 万元。有关会计分录如下:

① 转入清理时。

借:固定资产清理　　　　　　　　　　　　　　　　　1 200 000

　　累计折旧　　　　　　　　　　　　　　　　　　　　800 000

　　贷:固定资产　　　　　　　　　　　　　　　　　　2 000 000

② 应收保险赔款时。

借:其他应收款——保险赔款　　　　　　　　　　　　1 000 000

　　贷:固定资产清理　　　　　　　　　　　　　　　　1 000 000

③ 转销清理损失时。

借:营业外支出——非常损失　　　　　　　　　　　　　200 000

　　贷:固定资产清理　　　　　　　　　　　　　　　　　200 000

## 第三节　利润的形成及分配的核算

### 一、利润的构成

利润是银行在一定会计期间的经营成果,包括营业利润、利润总额和税后利润。其中,营业利润是指银行的营业收入减去营业成本和费用后的金额;利润总额是指营业利润加上营业外收入,减去营业外支出后的金额;税后利润又称净利润,是指利润总额减去所得税费用后的净额。其具体计算公式如下：

$$营业利润＝（利息收入＋手续费及佣金收入＋汇兑损益＋投资收益）－$$
$$（利息支出＋手续费及佣金支出＋销售费用＋$$
$$营业税金及附加＋资产减值损失）$$
$$利润总额＝营业利润＋营业外收入－营业外支出$$
$$净利润＝利润总额－所得税费用$$

### 二、利润形成的核算

银行应于期末将本期内实现的利润或亏损通过"本年利润"账户进行核算。即期末结转利润时，银行应将所有损益类账户的期末贷方余额，转入"本年利润"账户的贷方；将所有损益类账户的期末借方余额，转入"本年利润"账户的借方，结转后所有损益类账户应无余额。年度终了，还应将本年收入和支出相抵后结出的本年实现的净利润，转入"利润分配"账户，借记"本年利润"账户，贷记"利润分配——未分配利润"账户；如为净亏损，做相反的会计分录，结转后"本年利润"账户应无余额。

#### （一）期末结转各收入类账户

期末，将各损益类收入账户的贷方余额转入"本年利润"账户的贷方。

借：利息收入
　　手续费及佣金收入
　　汇兑损益（贷方余额）
　　投资收益（贷方余额）
　　营业外收入
　　贷：本年利润

#### （二）期末结转各支出类账户

期末，将各损益类支出账户的借方余额转入"本年利润"账户的借方。

借：本年利润
　　贷：利息支出
　　　　手续费及佣金支出
　　　　销售费用
　　　　营业税金及附加
　　　　资产减值损失
　　　　营业外支出

#### （三）计算并结转所得税费用

所得税费用是商业银行根据本期应税所得额乘以所得税税率计算的应交所得税。其计算公式如下：

$$应交所得税＝应税所得额×所得税税率$$

所得税由各商业银行的总行统一向财政部计缴。商业银行的分支机构于期末办理所得税的计提，并按规定上划总行。银行应设置"所得税费用"账户，用于核算所得税费用的计提和结转。

各分行期末计提所得税费用时,其会计分录为:

借:所得税费用

贷:应交税费——应交所得税

分支机构上划所得税时,其会计分录为:

借:应交税费——应交所得税

贷:联行往来——往户

总行收到分支机构上划的所得税时,其会计分录为:

借:联行往来——来户

贷:应交税费——应交所得税

各分支机构期末结转所得税费用时,其会计分录为:

借:本年利润

贷:所得税费用

备注:新企业会计准则规定,所有企业都必须采用资产负债表债务法核算所得税。

**(四) 结转本年实现的利润**

银行将各损益类账户结转到"本年利润"账户后,计算出"本年利润"账户的期末余额,并将余额转入到"利润分配——未分配利润"账户,结转后,"本年利润"账户无余额。其会计分录为:

借:本年利润

贷:利润分配——未分配利润

如为亏损,则做相反的会计分录。

**【例 11-14】** 某建设银行 2023 年 12 月 31 日年终决算时,各损益类账户的余额如表 11-1 所示。

表 11-1

| 账户名称 | 贷方余额 | 账户名称 | 借方余额 |
| --- | --- | --- | --- |
| 利息收入 | 12 870 000 | 利息支出 | 7 762 000 |
| 手续费及佣金收入 | 480 000 | 手续费及佣金支出 | 140 000 |
| 汇兑损益 | 50 000 | 销售费用 | 750 000 |
| 投资收益 | 250 000 | 营业税金及附加 | 342 000 |
| 营业外收入 | 34 000 | 资产减值损失 | 2 400 000 |
| | | 营业外支出 | 80 000 |
| 合　计 | 13 684 000 | | 11 474 000 |

(1) 将各收入类账户的余额转入"本年利润"账户。

借:利息收入　　　　　　　　　　　　　　　　　　　　　　12 870 000

手续费及佣金收入　　　　　　　　　　　　　　　　　480 000

| | |
|---|---:|
| 汇兑损益 | 50 000 |
| 投资收益 | 250 000 |
| 营业外收入 | 34 000 |
| 贷：本年利润 | 13 684 000 |

（2）将各支出类账户的余额转入"本年利润"账户。

| | |
|---|---:|
| 借：本年利润 | 11 474 000 |
| 贷：利息支出 | 7 762 000 |
| 手续费及佣金支出 | 140 000 |
| 销售费用 | 750 000 |
| 营业税金及附加 | 342 000 |
| 资产减值损失 | 2 400 000 |
| 营业外支出 | 80 000 |

（3）计算本年利润总额、所得税（假设无纳税调整项目）和净利润，并将所得税转账。

利润总额＝13 684 000－11 474 000＝2 210 000（元）

所得税＝2 210 000×25％＝552 500（元）

净利润＝2 210 000－552 500＝1 657 500（元）

| | |
|---|---:|
| 借：所得税费用 | 552 500 |
| 贷：应交税费——应交所得税 | 552 500 |
| 借：本年利润 | 552 500 |
| 贷：所得税费用 | 552 500 |

（4）将本年实现的净利润转入"利润分配——未分配利润"账户。

| | |
|---|---:|
| 借：本年利润 | 1 657 500 |
| 贷：利润分配——未分配利润 | 1 657 500 |

### 三、利润分配的核算

#### （一）利润分配的政策

根据我国有关法规的规定，企业每期实现的净利润，首先是弥补以前年度尚未弥补的亏损，然后应按下列顺序进行分配，银行也不例外。

（1）提取法定盈余公积；

（2）从事存贷业务的金融企业，按规定提取一般准备金；

（3）向投资者分配利润或股利。企业实现的净利润在扣除上述项目后，再加上期初未分配利润，即为可供投资者分配的利润。可供投资者分配的利润，还应按下列顺序进行分配：

① 支付优先股股利，是指银行按照利润分配方案分配给优先股股东的现金股利。

② 提取任意盈余公积金，是指商业银行按规定提取的任意盈余公积金。

③ 支付普通股股利，是指商业银行按照利润分配方案分配给普通股股东的现金股利。

④ 转作资本（或股本）的普通股股利，是指商业银行按照利润分配方案以分派股票股

利的形式转作的资本(或股本)。商业银行以利润转增的资本,也在这一顺序进行分配。

可供投资者分配的利润,在经过上述分配后,即为未分配利润(或未弥补亏损)。未分配利润可留待以后年度进行分配。银行如发生亏损,可以按规定由以后年度利润进行弥补。银行未分配的利润(或未弥补的亏损)应当在资产负债表的所有者权益项目中单独反映。

**(二) 利润分配的核算**

银行应当设置"利润分配"账户,核算银行利润的分配(或亏损的弥补)和历年分配(或弥补亏损)后的积存余额。

为了完整反映利润分配情况,"利润分配"账户还应当设置"盈余公积补亏""提取盈余公积""应付利润""未分配利润"等明细账户。其分配顺序及有关会计分录如下。

(1) 用盈余公积补亏的核算。

借:盈余公积——一般盈余公积

 贷:利润分配——盈余公积补亏

(2) 从税后利润中提取法定盈余公积金和任意盈余公积金的核算。

借:利润分配——提取盈余公积

 贷:盈余公积——法定盈余公积

     ——任意盈余公积

(3) 按照分配方案计提应付投资者利润的核算。

借:利润分配——应付利润

 贷:应付利润——×投资者户

(4) 期末,结转未分配利润的核算。

利润分配后,应将"利润分配"账户其他明细账户的余额转入"未分配利润"账户,其会计分录为:

借:利润分配——未分配利润

 贷:利润分配——提取盈余公积

     ——应付股利

或

借:利润分配——盈余公积补亏

 贷:利润分配——未分配利润

结转后,"利润分配"账户中除了"未分配利润"明细账户外,其他明细账户期末均无余额。"未分配利润"账户如为贷方余额,则为历年未分配利润;如为借方余额,则为历年应弥补未弥补的亏损。"未分配利润"的余额在年末资产负债表中予以列示。所以,"利润分配——未分配利润"账户是连接利润表和资产负债表的桥梁。

**【例 11-15】** 接【例 11-14】,按本年实现的净利润的 10% 提取法定盈余公积金,净利润的 5% 提取任意盈余公积金,向投资者分配利润 60 万元。相关会计分录如下:

借:利润分配——提取盈余公积            248 625

     ——应付股利             600 000

 贷:盈余公积——法定盈余公积           165 750

|  | ——任意盈余公积 | 82 875 |
|---|---|---|
|  | 应付股利 | 600 000 |

【例 11 - 16】 接【例 11 - 15】,年终将"利润分配"账户的其他明细账户余额转入"未分配利润"账户。相关会计分录如下:

借:利润分配——未分配利润      848 625

贷:利润分配——提取盈余公积      248 625

      ——应付股利      600 000

年终利润分配和结转完毕,"利润分配——未分配利润"账户的贷方余额为 658 595 元,反映本年度实现的尚未分配的净利润。

## 复习思考题

1. 什么是营业收入? 银行的营业收入有哪些?

2. 怎样计算利润总额和净利润?

3. 银行的利润分配的顺序是怎样的?

# 第十二章 财务会计报告

通过本章学习,要求掌握资产负债表格式和编制方法;懂得利润表结构的编制方法;了解现金流量表的编制基础和基本内容;明白报表附注的列示项目。

## 第一节 资产负债表

资产负债表(见表 12-1)是反映会计期末全部资产、负债和所有者权益情况的会计报表。资产负债表反映的是某一时点资产、负债和所有者权益的规模与结构情况,是主要的依据及报表。

资产负债表由表头、表体和脚注或附注三部分组成。其中,表头部分应列示报表的名称、编制单位、编制日期和货币计量单位等内容。表体部分用来列示资产负债表的内容,它根据"资产=负债+所有者权益"的会计平衡公式,依据一定的分类标准和一定的次序,将某一特定日期的资产、负债和所有者权益的项目,予以适当的排列后编制而成。

资产负债表各项目按照流动性进行分类排列。即资产项目将流动性大的排列在先,流动性小的排列在后,其顺序为"流动资产"和"非流动资产";负债项目按偿还时间长短排列,分为"流动负债"和"非流动负债"。

资产负债表的格式主要有账户式和报告式两种。我国金融企业采用的是账户式资产负债表,即报表的基本结构分为左、右两方,左方所列为资产项目,右方所列为负债和所有者权益项目,每个项目又分为"期末余额"和"年初余额"。

资产负债表中,各项数字的来源主要有以下三种方式:① 根据总账或明细账余额直接填列;② 根据总账或明细账余额合并列;③ 根据总账或明细账余额分析填列。

资产负债表"年初余额"栏内各项数字,应根据上年末资产负债表"期末余额"栏内所列数字填写。如果本年度资产负债表规定的各项目的名称和内容同上一年度不一致时,应对上年末资产负债表各项目的名称和数字,按照本年度的项目规定进行调整后,填入本年资产负债表的"年初余额"栏内。

资产负债表"期末余额"栏内各项目的金额,主要根据有关总账和明细账的期末余额,经过分析计算调整后填列。以下对主要项目的填列方法加以说明。

## 表 12-1 资产负债表

会商银 01 表

编制单位　　　　　　　　　　_____年____月____日　　　　　　　　　单位:元

| 资　产 | 期末余额 | 年初余额 | 负债和所有者权益（或股东权益） | 期末余额 | 年初余额 |
|---|---|---|---|---|---|
| 资产: | | | 负债: | | |
| 　现金及存放中央银行款项 | | | 　向中央银行借款 | | |
| 　存放同业款项 | | | 　同业及其他金融机构存放款项 | | |
| 　贵金属 | | | 　拆入资金 | | |
| 　拆出资金 | | | 　交易性金融负债 | | |
| 　交易性金融资产 | | | 　衍生金融负债 | | |
| 　衍生金融资产 | | | 　卖出回购金融资产款 | | |
| 　买入返售金融资产 | | | 　吸收存款 | | |
| 　应收利息 | | | 　应付职工薪酬 | | |
| 　发放贷款和垫款 | | | 　应交税费 | | |
| 　可供出售金融资产 | | | 　应付利息 | | |
| 　持有至到期投资 | | | 　预计负债 | | |
| 　长期股权投资 | | | 　应付债券 | | |
| 　投资性房地产 | | | 　递延所得税负债 | | |
| 　固定资产 | | | 　其他负债 | | |
| 　无形资产 | | | 　负债合计 | | |
| 　递延所得税资产 | | | 所有者权益(或股东权益): | | |
| 　其他资产 | | | 　实收资本(或股本) | | |
| | | | 　资本公积 | | |
| | | | 　减:库存股 | | |
| | | | 　盈余公积 | | |
| | | | 　一般风险准备 | | |
| | | | 　未分配利润 | | |
| | | | 　所有者权益(或股东权益)合计 | | |
| 资产总计 | | | 负债和所有者权益(或股东权益)总计 | | |

（1）"现金及存放中央银行款项"项目，反映商业银行业务库存现金及存放在中央银行的款项情况。该项目根据"库存现金""存放中央银行款项"科目总账的期末余额加总填列。

（2）"存放同业款项"项目，反映同行之间资金往来而存放于同行的款项。该项目根据"存放同业"账户期末余额填列。

（3）"应收利息"项目，根据"应收利息"账户的期末余额，减去"坏账准备——应收利息"明细账的期末余额的差额填列。

（4）"发放贷款和垫款"项目，根据"贷款"账户的期末余额，减去"贷款损失准备"账户的期末余额的差额填列。

（5）"持有至到期投资"项目，根据"持有至到期投资"账户的期末余额，减去"持有至到期投资减值准备"账户的期末余额的差额填列。

（6）"长期股权投资"项目，根据"长期股权投资"账户的期末余额，减去"长期股权投资减值准备"账户的期末余额的差额填列。

（7）"固定资产"项目，根据"固定资产"账户的期末余额，减去"累计折旧"账户和"固定资产减值准备"账户的期末余额的差额填列。

（8）"无形资产"项目，根据"无形资产"账户的期末余额，减去"累计摊销"账户和"无形资产减值准备"账户的期末余额的差额填列。

（9）"向中央银行借款"项目，根据"向中央银行借款"账户的期末余额填列。

（10）"同业及其他金融机构存放款项"项目，根据"同业存放"账户的期末余额填列。

（11）"实收资本（或股本）"项目，反映银行实际收到的资本（或股本）总额，应根据"实收资本"账户的期末余额填列。

（12）"未分配利润"项目，反映银行盈利尚未分配的部分，根据"本年利润"和"利润分配"账户的余额计算填列。未弥补的亏损应在本项目用"—"号表示。

# 第二节　利润表

利润表（见表12-2）是反映金融企业报告期内利润（或亏损）实现情况的报表。通过该表可以了解金融企业各项收入、支出和经营成果的情况。

我国现行利润表按多步式编制，即采用上下分步式结构。它的设置理论依据是"收入－费用＝利润"的会计等式。各项内容之间通过分步式的加减计算，最后得出净利润。

$$营业利润＝营业收入－营业支出$$
$$利润总额＝营业利润＋营业外收入－营业外支出$$
$$净利润＝利润总额－所得税费用$$

利润表各项目需要分为"本期金额"和"上期金额"两栏分别填列。"本期金额"栏反映各项目本期实际发生数；"上期金额"反映上年同期实际发生数。如果上年度利润表与本年度利润表项目名称和内容不一致，应对上年度利润表项目名称和数字按本年度的规定进行调整，填入本表"上期金额"栏。

表 12 - 2 利润表

会商银 02 表

编制单位 _____年___月___日
单位:元

| 项 目 | 本期金额 | 上期金额 |
|---|---|---|
| 一、营业收入 | | |
| 　利息净收入 | | |
| 　　利息收入 | | |
| 　　利息支出 | | |
| 　手续费及佣金净收入 | | |
| 　　手续费及佣金收入 | | |
| 　　手续费及佣金支出 | | |
| 　投资收益(损失以"－"号填列) | | |
| 　　其中:对联营企业和合营企业投资收益 | | |
| 　公允价值变动收益(损失以"－"号填列) | | |
| 　汇兑收益(损失以"－"号填列) | | |
| 　其他业务收入 | | |
| 二、营业支出 | | |
| 　营业税金及附加 | | |
| 　业务及管理费 | | |
| 　资产减值损失 | | |
| 　其他业务成本 | | |
| 三、营业利润(亏损以"－"号填列) | | |
| 　加:营业外收入 | | |
| 　减:营业外支出 | | |
| 四、利润总额(亏损以"－"号填列) | | |
| 　减:所得税费用 | | |
| 五、净利润(净亏损以"－"号填列) | | |
| 六、每股收益 | | |
| 　(一)基本每股收益 | | |
| 　(二)稀释每股收益 | | |

# 第三节　现金流量表

现金流量表(见表 12-3)是反映金融企业在一定时期内现金流入、现金流出以及现金净流量的动态财务报表。它是资产负债表和利润表已经反映企业财务状况和经营成果信息的基础上,进一步提供财务状况变动的信息,凭此信息有助于企业的投资者、债权人和其他的会计报表使用者了解金融企业如何获得现金和现金等价物,评价企业支付能力、偿债能力和周转能力,有助于准确预测企业未来的现金流量,分析企业收益质量及影响现金流量的因素。

编制现金流量表时,对经营活动现金流量的列报方法有两种:直接法与间接法。直接法是以本期营业收入为基础,银行根据当期有关现金流量的会计事项,对经营活动的现金流入与流出逐项进行确认,以反映经营活动产生的现金流量。间接法是以本期净利润为起算点,调整不涉及现金的收入、费用、营业外收支以及有关项目的增减变动,以此计算经营活动产生的现金流量。

金融企业的现金流量由主表和副表两部分组成。主表采用直接法编制,副表采用间接法编制。主表内分别列示经营活动产生的现金流量、投资活动产生的现金流量和筹资活动产生的现金流量,并于最后列示作为上述三项现金流量之和的现金及现金等价物的净增加额。副表即补充资料中,分别揭示不涉及现金收支的投资和筹资活动、将净利润调节为经营活动的现金流量和根据现金及现金等价物的期末余额和期初余额计算的当期净增加额。补充资料中的"将净利润调整为经营活动现金流量"应该与主表内第一部分的最后结果"经营活动产生的现金流量净额"相等;补充资料中根据现金及现金等价物的期末余额和期初余额计算的当期"现金及现金等价物净增加额"应该与主表内最后一行"现金及现金等价物净增加额"相等。

直接法是现金流量表编制的主要方法。采用直接法列报经营活动现金流量又分直接分析填列法、工作底稿法和 T 形账户法。现以 T 形账户法做简要介绍。

T 形账户法,就是以 T 形账户为手段,以损益表和资产负债表的数据为基础,对每一项目进行分析并编制调整分录,从而编制出金融企业现金流量表的方法。

采用 T 形账户编制现金流量表的程序是:

第一步,开设"非现金"账户和"现金"账户。"非现金"账户为所有的非现金项目(包括资产负债表项目和损益表项目那部分)分别开设 T 形账户,并将各自的期末、期初变动数过入各该 T 形账户。如果某项目的期末数大于期初数,则将差数过入与该项目余额相同的方向;反之,过入相反的方向。"现金"账户也可称为"现金及现金等价物"T 形账户,该账户从上到下划分为经营活动、投资活动和筹资活动三部分,每个部分都是左边登记现金流入,右边登记现金流出,与非现金账户一样,现金及现金等价物的期末、期初变动数也应过入本账户。

第二步,编制调整分录。以"损益表"项目为基础,结合"资产负债表"分析每一非现金项目的增减变动,并据以编制调整分录。

第三步,登记 T 形账户,将所有调整分录过入各"非现金"项目的 T 形账户和"现金及现金等价物"账户。

第四步,对各 T 形账户中的数据进行核对。各账户借贷相抵后的差额应该与原先过入的期末、期初变动数一致。

第五步,编制"现金流量表"。根据"现金及现金等价物"T 形账户中的有关资料,编制正式的现金流量表。

T 形账户法和工作底稿法只是形式上有所差别,而其基本原理和方法则是相同的。关键点和难点在编制调整分录上,采用 T 形账户时可省去一些不涉及现金收支的调整分录,以简化现金流量表的编制过程。

表 12 - 3　现金流量表

会商银 03 表

编制单位　　　　　　　　　　　_____年___月___日　　　　　　　　　单位:元

| 项　　目 | 本期金额 | 上期金额 |
|---|---|---|
| 一、经营活动产生的现金流量 | | |
| 　客户存款和同业存放款项净增加额 | | |
| 　向中央银行借款净增加额 | | |
| 　向其他金融机构拆入资金净增加额 | | |
| 　收取利息、手续费及佣金的现金 | | |
| 　收到其他与经营活动有关的现金 | | |
| 　经营活动现金流入小计 | | |
| 　客户贷款及垫款净增加额 | | |
| 　存放中央银行和同业款项净增加额 | | |
| 　支付手续费及佣金的现金 | | |
| 　支付给职工以及为职工支付的款项 | | |
| 　支付的各项税费 | | |
| 　支付的其他与经营活动有关的现金 | | |
| 　经营活动现金流出小计 | | |
| 　经营活动产生的现金流量净额 | | |
| 二、投资活动产生的现金流量 | | |
| 　收回投资收到的现金 | | |
| 　取得投资收益收到的现金 | | |
| 　收到其他与投资活动有关的现金 | | |
| 　投资活动现金流入小计 | | |
| 　投资支付的现金 | | |

续　表

| 项　目 | 本期金额 | 上期金额 |
|---|---|---|
| 　购建固定资产、无形资产和其他长期资产支付的现金 | | |
| 　支付的其他与投资活动有关的现金 | | |
| 　投资活动现金流出小计 | | |
| 　投资活动产生的现金流量净额 | | |
| 三、筹资活动产生的现金流量 | | |
| 　吸收投资收到的现金 | | |
| 　发行债券收到的现金 | | |
| 　收到的其他与筹资活动有关的现金 | | |
| 　筹资活动现金流入小计 | | |
| 　偿还债务支付的现金 | | |
| 　分配股利、利润或偿付利息支付的现金 | | |
| 　支付的其他与筹资活动有关的现金 | | |
| 　筹资活动产生的现金流出小计 | | |
| 　筹资活动产生的现金流量净额 | | |
| 四、汇率变动对现金及现金等价物的影响 | | |
| 五、现金及现金等价物净增加额 | | |
| 　加:期初现金及现金等价物余额 | | |
| 六、期末现金及现金等价物余额 | | |

| 补充资料 | 本期金额 | 上期金额 |
|---|---|---|
| 1. 将净利润调整为经营活动现金流量 | | |
| 　净利润 | | |
| 　加:资产减值准备 | | |
| 　　固定资产折旧、油气资产折耗、生产性生物资产折旧 | | |
| 　　无形资产摊销 | | |
| 　　长期待摊费用摊销 | | |
| 　　处置固定资产、无形资产和其他长期资产的损失(收益以"一"号填列) | | |
| 　　固定资产报废损失(收益以"一"号填列) | | |
| 　　公允价值变动损失(收益以"一"号填列) | | |

| 补充资料 | 本期金额 | 上期金额 |
|---|---|---|
| 　　财务费用(收益以"－"号填列) | | |
| 　　投资损失(收益以"－"号填列) | | |
| 　　递延所得税资产减少(增加以"－"号填列) | | |
| 　　递延所得税负债增加(减少以"－"号填列) | | |
| 　　存货的减少(增加以"－"号填列) | | |
| 　　经营性应收项目的减少(增加以"－"号填列) | | |
| 　　经营性应付项目的增加(减少以"－"号填列) | | |
| 　　其他 | | |
| 　经营活动产生的现金流量净额 | | |
| 2. 不涉及现金收支的重大投资和筹资活动 | | |
| 　债务转为资本 | | |
| 　一年内到期的可转换公司债券 | | |
| 　融资租入固定资产 | | |
| 3. 现金及现金等价物净变动情况 | | |
| 　现金的期末余额 | | |
| 　减:现金的期初余额 | | |
| 　加:现金等价物的期末余额 | | |
| 　减:现金等价物的期初余额 | | |
| 　现金及现金等价物净增加额 | | |

# 第四节　会计报表附注

　　会计报表附注是对在资产负债表、利润表、现金流量表和所有者权益变动表等报表中列示项目的文字描述和明细资料,以及未能在这些报表中列示项目的说明等。金融企业编制报表附注,可以提高会计信息的可比性、增进会计信息的可理解性、促进会计信息充分披露,从而提高会计信息的质量,使报表使用者更充分地了解金融企业的财务状况、经营成果和现金流量,从而做出正确的决策。

　　商业银行应当按照规定披露附注信息,主要包括下列内容:

　　(1) 商业银行的基本情况;

　　(2) 财务报表的编制基础;

　　(3) 遵循企业会计准则的声明;

（4）重要会计政策和会计估计；

（5）会计政策和会计估计变更以及查错更正的说明；

（6）报表重要项目的说明。

① 现金及存放中央银行存款款项的披露格式如表 12 - 4 所示。

表 12 - 4

| 项　　目 | 期末账面余额 | 年初账面余额 |
|---|---|---|
| 库存现金 | | |
| 存放中央银行法定准备金 | | |
| 存放中央银行超额存款准备金 | | |
| 存放中央银行的其他款项 | | |
| 合　　计 | | |

② 拆出资金的披露格式如表 12 - 5 所示。

表 12 - 5

| 项　　目 | 期末账面余额 | 年初账面余额 |
|---|---|---|
| 拆放其他银行 | | |
| 拆放非银行金融机构 | | |
| 减:贷款损失准备 | | |
| 拆出资金账面价值 | | |

③ 交易性金融资产(不含衍生金融资产)的披露格式如表 12 - 6 所示。

表 12 - 6

| 项　　目 | 期末公允价值 | 年初公允价值 |
|---|---|---|
| 债券 | | |
| 基金 | | |
| 权益工具 | | |
| 其他 | | |
| 合　　计 | | |

如有指定为以公允价值计量且其变动计入当期损益的金融资产,也应比照上述格式进行披露。

④ 衍生工具的披露格式如表 12 - 7 所示。

表 12-7

| 类　别 | 期末余额 | | | | | | 年初余额 | | | | | |
| | 套期工具 | | | 非套期工具 | | | 套期工具 | | | 非套期工具 | | |
| | 名义金额 | 公允价值 | | 名义金额 | 公允价值 | | 名义金额 | 公允价值 | | 名义金额 | 公允价值 | |
| | | 资产 | 负债 | | 资产 | 负债 | | 资产 | 负债 | | 资产 | 负债 |
|---|---|---|---|---|---|---|---|---|---|---|---|---|
| 利率衍生工具 | | | | | | | | | | | | |
| 衍生工具1 | | | | | | | | | | | | |
| …… | | | | | | | | | | | | |
| 货币衍生工具 | | | | | | | | | | | | |
| 衍生工具1 | | | | | | | | | | | | |
| …… | | | | | | | | | | | | |
| 权益衍生工具 | | | | | | | | | | | | |
| 衍生工具1 | | | | | | | | | | | | |
| …… | | | | | | | | | | | | |
| 其他衍生工具 | | | | | | | | | | | | |
| 合　计 | | | | | | | | | | | | |

⑤ 买入返售金融资产的披露格式如表 12-8 所示。

表 12-8

| 项　目 | 期末账面余额 | 期初账面余额 |
|---|---|---|
| 证券 | | |
| 票据 | | |
| 贷款 | | |
| 其他 | | |
| 减:坏账准备 | | |
| 买入返售金融资产账面价值 | | |

⑥ 发放贷款和垫款。

a. 贷款和垫款按个人和企业分布情况的披露格式如表 12-9 所示。

表 12-9

| 项　目 | 期末账面余额 | 期初账面余额 |
|---|---|---|
| 个人贷款和垫款 | | |
| —信用卡 | | |
| —住房抵押 | | |

续　表

| 项　目 | 期末账面余额 | 期初账面余额 |
|---|---|---|
| —其他 | | |
| 企业贷款和垫款 | | |
| —贷款 | | |
| —贴现 | | |
| —其他 | | |
| 贷款和垫款总额 | | |
| 减:贷款损失准备 | | |
| 其中:单项计提数 | | |
| 组合计提数 | | |
| 贷款和垫款账面价值 | | |

　b. 贷款和垫款按行业分布情况的披露格式如表 12-10 所示。

表 12-10

| 行业分布 | 期末账面余额 | 比例(%) | 年初账面余额 | 比例(%) |
|---|---|---|---|---|
| 农牧业、渔业 | | | | |
| 采掘业 | | | | |
| 房地产业 | | | | |
| 建筑业 | | | | |
| 金融保险业 | | | | |
| …… | | | | |
| 其他行业 | | | | |
| 贷款和垫款总额 | | | | |
| 减:贷款损失准备 | | | | |
| 其中:单项计提数 | | | | |
| 组合计提数 | | | | |
| 贷款和垫款账面价值 | | | | |

　c. 贷款和垫款按地区分布情况的披露格式如表 12-11 所示。

表 12 - 11

| 地区分布 | 期末账面余额 | 比例(%) | 年初账面余额 | 比例(%) |
|---|---|---|---|---|
| 华南地区 | | | | |
| 华北地区 | | | | |
| …… | | | | |
| 其他地区 | | | | |
| 贷款和垫款总额 | | | | |
| 减:贷款损失准备 | | | | |
| 其中:单项计提数 | | | | |
| 组合计提数 | | | | |
| 贷款和垫款账面价值 | | | | |

d. 贷款和垫款按担保方式分布情况的披露格式如表 12 - 12 所示。

表 12 - 12

| 项　目 | 期末账面余额 | 期初账面余额 |
|---|---|---|
| 信用贷款 | | |
| 保证贷款 | | |
| 附担保物贷款 | | |
| 其中:抵押贷款 | | |
| 质押贷款 | | |
| 贷款和垫款总额 | | |
| 减:贷款损失准备 | | |
| 其中:单项计提数 | | |
| 组合计提数 | | |
| 贷款和垫款账面价值 | | |

e. 逾期贷款的披露格式如表 12 - 13 所示。

表 12－13

| 项 目 | 期末余额 | | | | | 年初余额 | | | | |
|---|---|---|---|---|---|---|---|---|---|---|
| | 预期1天至90天（含90天） | 预期3月至360天（含360天） | 预期360天至3年（含3年） | 逾期3年以上 | 合计 | 预期1天至90天（含90天） | 预期3月至360天（含360天） | 预期360天至3年（含3年） | 逾期3年以上 | 合计 |
| 信用贷款 | | | | | | | | | | |
| 保证贷款 | | | | | | | | | | |
| 抵押贷款 | | | | | | | | | | |
| 附担保物贷款 | | | | | | | | | | |
| 其中:抵押贷款 | | | | | | | | | | |
| 质押贷款 | | | | | | | | | | |
| …… | | | | | | | | | | |
| 合 计 | | | | | | | | | | |

f. 贷款损失准备的披露格式如表 12－14 所示。

表 12－14

| 项 目 | 本期金额 | | 上期金额 | |
|---|---|---|---|---|
| | 单项 | 组合 | 单项 | 组合 |
| 期初余额 | | | | |
| 本期计提 | | | | |
| 本期转出 | | | | |
| 本期核销 | | | | |
| 本期转回 | | | | |
| —收回原转销贷款和垫款导致的转回 | | | | |
| —贷款和垫款因折现价值上升导致转回 | | | | |
| —其他因素导致的转回 | | | | |
| 期末余额 | | | | |

⑦ 可供出售金融资产的披露格式如表 12－15 所示。

表 12 - 15

| 项　目 | 期末公允价值 | 年初公允价值 |
|---|---|---|
| 债券 | | |
| 　其中:债券类别 1 | | |
| ...... | | |
| 权益工具 | | |
| 　其中:权益类别 1 | | |
| ...... | | |
| 其他 | | |
| 合　计 | | |

⑧ 持有至到期投资的披露格式如表 12 - 16 所示。

表 12 - 16

| 项　目 | 期末账面余额 | 年初账面余额 | 期末公允价值 |
|---|---|---|---|
| 债券 | | | |
| 　其中:债券类别 1 | | | |
| ...... | | | |
| 其他 | | | |
| 持有至到期投资合计 | | | |
| 减:持有至到期投资减值准备 | | | |
| 持有至到期投资账面价值 | | | |

⑨ 其他资产披露格式如表 12 - 17 所示。

表 12 - 17

| 项　目 | 期末账面价值 | 年初账面价值 |
|---|---|---|
| 存出保证金 | | |
| 应收股利 | | |
| 其他应收款 | | |
| 抵债资产 | | |
| ...... | | |
| 合　计 | | |

⑩ 企业应当分别按借入中央银行款项、国家外汇存款等披露期末账面余额和年初账面余额。

⑪ 企业应当分别按同业、其他金融机构存放款项披露期末账面余额和年初账面

余额。

⑫ 企业应当分别按银行拆入、非银行金融机构拆入披露期末账面余额和年初账面余额。

⑬ 交易性金融负债(不含衍生金融负债)的披露格式如表12-18所示。

表 12-18

| 项 目 | 期末公允价值 | 年初公允价值 |
| --- | --- | --- |
| 外币债券卖空 | | |
| 其他 | | |
| 合 计 | | |

⑭ 卖出回购金融资产款的披露格式如表12-19所示。

表 12-19

| 项 目 | 期末账面余额 | 年初账面余额 |
| --- | --- | --- |
| 证券 | | |
| 票据 | | |
| 贷款 | | |
| 其他 | | |
| 合 计 | | |

⑮ 吸收存款的披露格式如表12-20所示。

表 12-20

| 项 目 | 期末账面余额 | 年初账面余额 |
| --- | --- | --- |
| 活期存款 | | |
| —公司 | | |
| …… | | |
| 定期存款(含通知存款) | | |
| —公司 | | |
| …… | | |
| 其他存款(含汇出汇款、应解汇款等) | | |
| 合 计 | | |

⑯ 应付债券的披露格式如表12-21所示。

表 12 - 21

| 债券类型 | 发行日 | 到期日 | 利 率 | 期初账面余额 | 本期增加额 | 本期减少额 | 期末账面余额 |
|---|---|---|---|---|---|---|---|
| 债券类型 1 | | | | | | | |
| …… | | | | | | | |
| 合 计 | | | | | | | |

⑰ 其他负债的披露格式如表 12 - 22 所示。

表 12 - 22

| 项 目 | 期末账面余额 | 期初账面余额 |
|---|---|---|
| 存入保证金 | | |
| 应付股利 | | |
| 其他应付款 | | |
| …… | | |
| 合 计 | | |

⑱ 披露一般风险准备的期末、年初余额及计提比例。

⑲ 利息净收入的披露格式如表 12 - 23 所示。

表 12 - 23

| 项 目 | 本期发生额 | 上期发生额 |
|---|---|---|
| 利息收入 | | |
| —存放同业 | | |
| —存放中央银行 | | |
| —拆出资金 | | |
| —发放贷款及垫款 | | |
| 其中:个人贷款和垫款 | | |
| 　　　公司贷款和垫款 | | |
| 票据贴现 | | |
| —买入返售金融资产 | | |
| —债券投资 | | |
| —其他 | | |
| 其中:已减值金融资产利息收入 | | |
| 利息支出 | | |
| —同业存放 | | |

续 表

| 项 目 | 本期发生额 | 上期发生额 |
| --- | --- | --- |
| —向中央银行借款 | | |
| —拆入资金 | | |
| —吸收存款 | | |
| —卖出回购金融资产 | | |
| —发行债券 | | |
| —其他 | | |
| 利息净收入 | | |

⑳ 手续费及佣金净收入的披露格式如表 12－24 所示。

表 12－24

| 项 目 | 本期发生额 | 上期发生额 |
| --- | --- | --- |
| 手续费及佣金收入 | | |
| —结算与清算手续费 | | |
| —代理业务手续费 | | |
| —信用承诺手续费及佣金 | | |
| —信用卡手续费 | | |
| —顾问和咨询费 | | |
| —托管及其他受托业务佣金 | | |
| —其他 | | |
| 手续费及佣金支出 | | |
| —手续费支出 | | |
| —佣金支出 | | |
| 手续费及佣金净收入 | | |

㉑ 投资收益的披露格式如表 12－25 所示。

表 12－25

| 项 目 | 本期发生额 | 上期发生额 |
| --- | --- | --- |
| 以公允价值计量且其变动计入当期损益的权益工具投资 | | |
| 可供出售权益工具投资 | | |
| 长期股权投资 | | |
| 其他 | | |
| 合 计 | | |

㉒ 公允价值变动损益的披露格式如表 12-26 所示。

表 12-26

| 项　目 | 本期发生额 | 上期发生额 |
|---|---|---|
| 交易性金融工具 | | |
| 指定为以公允价值计量且其变动计入当期损益的金融工具 | | |
| 衍生工具 | | |
| 其他 | | |
| 合　计 | | |

㉓ 业务及管理费的披露格式如表 12-27 所示。

表 12-27

| 项　目 | 本期发生额 | 上期发生额 |
|---|---|---|
| 电子设备运转费 | | |
| 安全防范费 | | |
| 物业管理费 | | |
| 其他 | | |
| 合　计 | | |

㉔ 分部报告。

a. 主要报告形式是分部报告的披露格式如表 12-28 所示。

表 12-28

| 项　目 | ××业务 | | ××业务 | | …… | 其　他 | | 抵　销 | | 合　计 | |
|---|---|---|---|---|---|---|---|---|---|---|---|
| | 本期 | 上期 | 本期 | 上期 | | 本期 | 上期 | 本期 | 上期 | 本期 | 上期 |
| 一、营业收入 | | | | | | | | | | | |
| 　利息净收入 | | | | | | | | | | | |
| 　其中：分部间利息净收入 | | | | | | | | | | | |
| 　手续费及佣金净收入 | | | | | | | | | | | |
| 　其中：分部间手续费及佣金净收入 | | | | | | | | | | | |
| 　其他收入 | | | | | | | | | | | |
| 二、营业费用 | | | | | | | | | | | |
| 三、营业利润 | | | | | | | | | | | |

| 项　目 | ××业务 | | ××业务 | | …… | 其　他 | | 抵　销 | | 合　计 | |
|---|---|---|---|---|---|---|---|---|---|---|---|
| | 本期 | 上期 | 本期 | 上期 | | 本期 | 上期 | 本期 | 上期 | 本期 | 上期 |
| 四、资产总额 | | | | | | | | | | | |
| 五、负债总额 | | | | | | | | | | | |
| 六、补充信息 | | | | | | | | | | | |
| 　1. 折旧和摊销费用 | | | | | | | | | | | |
| 　2. 资本性支出 | | | | | | | | | | | |
| 　3. 折旧和摊销以外的非现金费用 | | | | | | | | | | | |

　　b. 在主要报告形式的基础上,对于次要报告格式,企业还应披露对外交易收入、分部资产总额。

　　㉕ 担保物。

　　按照《企业会计准则第 37 号——金融工具列报》第二十一条和第二十二条的相关规定进行披露。

　　㉖ 金融资产转移。

　　按照《企业会计准则第 37 号——金融工具列报》第二十条的相关规定进行披露。

　　㉗ 除上述项目以外的其他项目,应当比照一般企业进行披露。

　　(7) 或有事项。

　　除比照一般企业进行披露外,还应对承诺事项做如下披露:

　　① 信贷承诺的披露格式如表 12 - 29 所示。

表 12 - 29

| 项　目 | 期末合同金额 | 年初合同金额 |
|---|---|---|
| 贷款承诺 | | |
| 其中:1. 原到期日在 1 年以内 | | |
| 　　 2. 原到期日在 1 年或以上 | | |
| 开出信用证 | | |
| 开除保函 | | |
| 银行承兑汇票 | | |
| 其他 | | |
| 合　计 | | |

　　② 存在经营租赁承诺、资本支出承诺、证券承销及债券承兑承诺的,还应披露有关情况。

（8）资产负债表日后事项按照一般企业进行披露。

（9）关联方关系及其交易按照一般企业进行披露。

（10）风险管理。

按照《企业会计准则第 37 号——金融工具列报》第二十五条至第四十五条的相关规定进行披露。

## 复习思考题

1. 资产负债表的概念和作用是什么？
2. 利润表的结构及编制方法是什么？
3. 现金流量表的基本内容有哪些？

# 第十三章　金融性公司会计

## 学习要点提示

通过本章学习,要求了解信托投资公司主要会计业务的核算内容、核算方法;掌握证券公司主要会计业务处理方法;懂得租赁业务的特点及业务种类;明白财产保险、人身保险及再保险业务的核算。

## 第一节　信托投资公司业务核算

### 一、信托投资业务的意义

信托是社会经济发展到一定阶段的产物,是随着商品、货币关系的发展而发展。信托有"信用"与"委托"双重含义。它是以信任为基础、以委托为方式的财产管理制度。信托有广义和狭义之分,广义信托包括商品信托和金融信托,狭义信托就是指金融信托。本章所讲信托为金融信托,就是指信托投资公司以其信用接受客户委托,按照客户的要求,对其拥有所有权的资金代为经营、运用于管理的业务。

### 二、信托投资公司的业务种类及业务核算

#### (一)信托投资公司的业务种类

1. 信托存款与委托存款

信托存款是指信托投资机构以信托方式吸收的存款,也就是委托人把一定数额资金委托给信托投资机构,在一定时期内由信托投资机构代为经营与管理,但不具体指定使用对象和用途,并根据双方商定的收益率,其经营收益扣除信托费用后,全部归委托人的一种信用活动。信托存款是信托投资机构办理信托业务的主要资金来源,包括:财政部门委托投资或贷款的信托资金;企业主管部门委托投资或贷款的信托资金;劳动保护机构的劳保基金;各种学会、基金会的基金;科研单位的科研基金等。

委托存款是指委托人将定额资金委托给信托机构,由其在约定期限内按规定用途进行营运,其营运收益扣除一定信托报酬后全部归委托人所有的信托业务。

2. 信托贷款与委托贷款

信托贷款是指信托投资机构运用吸收的信托存款、自有资金和筹集的其他资金以贷款方式向用款单位提供资金并收取利息的信托业务。

委托贷款是指信托机构接受委托人委托,在委托人存入的委托存款额度内,按委托人指定的对象、用途、利率及金额发放贷款,监督使用并到期收回本息的信托业务。

3. 信托投资与委托投资

信托投资是信托投资机构以投资者身份直接对生产、经营企业进行投资,参与投资企业经营成果分配的经济行为。信托投资是信托业的一项传统业务,它需要承担投资风险,其收益与投资项目收益有密切关系。信托投资与信托贷款相比有明显不同。从性质上讲,信托贷款基本上是一种信用活动,向企业贷款只能增加企业的借入资金;而信托投资是一种信托活动,若向企业投资则可增加企业的自有资金和项目的自筹资金。两者的分配也不一样,信托贷款以取得利息为目的,收益稳定,而信托投资以分红的形式参加企业营业成果的分配或从证券交易中谋利,收益较大,风险也较大。

委托投资是委托人将资金交存信托投资机构作为委托投资基金,委托信托投资机构向其指定的联营或投资单位进行投资,由信托投资机构对投资使用情况,投资单位的经营状况及利润分红进行管理和监督的一种金融信托业务。

4. 代理与信息咨询

(1)代理业务。

代理业务是信托投资机构接受单位和个人的委托,以代理人身份代为办理客户指定的经济业务。代理业务中,信托投资一般只发挥财务管理职能和信用服务职能,并不要求委托人转移其财产所有权。代理业务与信托业务相比,信托业务中的受托人拥有广泛的权限,而代理人的权限则比较窄,仅以委托者所授事项为限;信托业务中的受托者所负责任较大,而代理业务中的代理人的责任较小;信托业务中的委托人一般不对受托人进行监督,而代理业务的代理人则必须接受委托人的监督。

信托投资机构的代理业务主要有:代理收付款业务、代理清偿债权债务、代理证券业务、担保签证业务、代理保管业务等。

(2)信息咨询业务。

信息咨询业务是信托投资公司将其所掌握的各类信息资料,根据特定的需要,调整成各种可以使用的信息,以满足咨询者需要的活动。

**(二)委托存、贷款业务的核算**

1. 委托存款的核算

委托存款是信托机构吸收的,委托人所存入的用于发放给指定对象、项目、用途的资金。其属于贷款基金性质的存款,为相应委托贷款的保证金。

(1)存入委托存款的核算。

委托人与信托机构商定办理委托业务后,双方应签订"委托存款协议书",标明存款的资金来源、金额、期限及双方的责任等。信托机构根据协议书为委托人开立委托存款账户,并由委托人将委托存款资金存入信托机构开立的银行账户里。

委托人通过自己的开户银行将委托存款资金划转到信托机构开立的银行账户里后,信托机构开户银行应交给信托机构收账通知,信托机构凭以向委托人开出"委托存款单",并据以处理账务。其会计分录为:

借:银行存款

　　贷:委托存款——××委托人户

（2）委托存款计息的核算。

委托存款在未发放委托贷款和进行委托投资前,信托机构应向委托人计付利息,而发放委托贷款和进行委托投资后,则不再计息。因此,对委托存款的计息基数应为委托存款余额与委托贷款余额的轧差数,并运用计息余额表按季计息。计息后转账的会计分录为:

借:利息支出——××利息支出户

　　贷:委托存款——××委托人户

（3）支取委托存款的核算。

委托人对于委托存款随时可以支取,但已发放委托贷款后,在收回贷款之前不能支取。因此,对委托存款的支取只限于委托存款大于委托贷款的部分或者是在委托贷款收回之后,支取委托存款的会计分录为:

借:委托存款——××委托人户

　　贷:银行存款

信托机构接到委托人的支款凭证,将款项付出,通过开户银行转到委托人的存款账户中。

2. 委托贷款的核算

委托贷款是信托机构按照委托人指定的对象、项目、用途、期限、金额、利率而发放的贷款。委托贷款的发放必须有与之对应的委托存款作为资金来源,并且贷款额不能超过存款额。

（1）委托贷款的发放。

委托人委托信托机构发放委托贷款,必须将贷款的主要内容书面通知信托机构,通知中写明借款单位、贷款项目、贷款金额、贷款期限、利率等。委托贷款的发放必须符合国家产业政策的规定,如果委托人要求信托机构对贷款承担经济责任,在贷款到期时负责收回,则信托机构应按信贷程序审查,经批准后方能贷出。

发放委托贷款时,信托机构应与借款人签订委托贷款合同,并由借款人填写借款借据一并提交信托机构。

信托机构审查无误将发放的贷款通过开户银行转入借款人存款账户。其会计分录为:

借:委托贷款——××单位委托贷款户

　　贷:银行存款

（2）收取手续费与结息的核算。

信托机构按委托人的要求发放贷款应收取手续费作为收入。手续费率要根据银行承担责任的大小,按贷款额的一定比例确定。一般说,如果信托机构不负责到期收回贷款,手续费率低些,并且是在发放贷款时向委托人收取。如果信托机构负责到期收回贷款,则手续费率要高些,一般是按一定比例的存贷利差向借款人收取。委托贷款的利息一般由委托单位确定,或者由委托单位和用款单位协商确定,由信托机构负责按季收取,在委托贷款到期时付给委托单位。

如未在发放贷款时向委托人收取手续费,则应通过委托人在银行的存款账户收取。其会计分录为:

借:银行存款
　　贷:手续费收入

如果按存贷利差收取手续费,则是在按季计算贷款利息时一并收取。向借款人收取的贷款利息应付给委托人,因此转入"应付账款"科目,手续费部分转入"手续费收入"科目。其会计分录为:

借:银行存款
　　贷:应付账款——应付委托贷款利息户
　　　　手续费收入

(3) 委托贷款到期收回的核算。

委托贷款到期,由信托机构负责收回贷款的,应通过借款人开户银行,从其存款账户收取。其会计分录为:

借:银行存款
　　贷:委托贷款——××单位委托贷款户

如果协议规定在贷款收回后终止委托行为,则应将委托存款及利息划转到委托人在银行开立的存款账户中。其会计分录为:

借:委托存款——××委托人户
　　应付账款——应付委托贷款利息户
　　贷:银行存款

### (三) 信托存、贷款业务的核算

这里所指信托业务是相对于委托业务而言的狭义信托业务,是信托机构以客户交给代为营运的资金,按银行信贷原则、条件,自主安排运用的一项业务。

在信托业务中,委托人将资金存入金融信托机构后,对其使用不做具体要求,只提出原则性的使用方向,而信托人可以自主地代为营运。但委托机构要提出最低收益率的要求,信托机构的收益为信托贷款的利息,信托机构要承担经营风险。

#### 1. 信托存款的核算

信托存款是在特定的资金来源范围内,由金融机构办理的存款。吸收信托存款的资金来源一般是指那些游离于生产和流通环节之外的非经营性资金,并且委托人对其有自主支配权,而并非生产和流通领域的暂时闲置资金和预算内资金。例如,财政部门可以有偿使用的预算外资金,各企业主管部门可自主支配和有偿使用的资金,劳动保险机构的劳保基金,科研单位的科研基金,各种学会、基金会的基金等。

信托存款一般为一年以上的定期存款。

(1) 存入信托存款(亦即开户)的核算。

委托人要求存入信托存款,确定存款金额和期限,由信托机构审查其资金来源符合规定后,双方签订"委托存款协议书",并由信托机构会计部门为其开立信托存款账户,将存款由委托人在银行的存款账户划转到信托机构银行账户上。其会计分录为:

借：银行存款
　　贷：信托存款——××单位户
（2）信托存款计息的核算。

信托存款从信托机构开出存单起息，由于其为定期存款，因此，利息应在存款期满后利随本清。但在存期内根据权责发生制原则定期计算应付利息。其会计分录为：

借：利息支出——信托存款利息支出户
　　贷：应付利息——应付××利息户
（3）信托存款到期支取的核算。

信托存款到期，客户持存单向信托机构提取存款。信托机构找出卡片账与存单核对无误后，将本息一并支付，划转到委托人在银行的存款账户上。其会计分录为：

借：信托存款——××单位户
　　应付利息——应付××利息户
　　利息支出——信托存款利息支出户
　　贷：银行存款

信托存款到期，客户也可以办理续存。其处理手续是对原存单做支取存款处理，信托机构另开新存单，并从续存之日起计息。

信托存款尚未到期，客户如急需用款，也可以提前支取存款，但按活期存款利率计付利息。

2. 信托贷款的核算

信托贷款是信托机构运用其自有资金、吸收的信托存款及筹集的其他资金自主发放的贷款。信托贷款的发放必须符合信贷原则和发放条件，并对贷款的发放按程序进行审查。

信托贷款具有方便、灵活的特点，且不受行业、地区的限制，既可以对企业临时资金周转的需要发放贷款，也可以对以技术改造为主的固定资产项目贷款。

（1）贷款发放的核算。

信托贷款的发放，首先要由借款单位提出申请，信托机构对借款理由、项目及还款能力等进行审查，对符合贷款原则、条件的，与借款单位签订借款合同，并由借款人填写借款借据，提交信托机构办理贷款发放手续。贷款发放后，应将资金转入借款单位在银行开立的存款账户中。其会计分录为：

借：信托贷款——××借款单位户
　　贷：银行存款

借据的处理与委托贷款相同。

（2）信托贷款的计息。

信托贷款的利息按季收取，采用计息余额表计算积数后计算利息。其利息从借款人在银行的账户上收取，借款人无款支付或不足支付的，其不足支付部分作为应收利息处理。其会计分录为：

借：银行存款
　　应收利息——应收××利息户

贷:利息收入——××利息收入户

（3）贷款收回的核算。

信托贷款到期，应及时收回。采取由借款人签发支票、还款凭证等方式办理贷款收回手续。收回贷款的会计分录为：

借:银行存款

　　贷:信托贷款——××单位借款户

贷款到期如借款人无力归还贷款，应转作逾期贷款并按规定比例计收罚息。

# 第二节　证券公司业务核算

## 一、证券业务概述

证券是证明持券人有按照证券所规定的内容取得相应权益的证明书的权利。证券分为商品证券、货币证券和资本证券（或收益证券）。商品证券本身没有价值，只证明持券人对商品具有领取权，如提货单、仓单等。货币证券是表明持券人对货币具有索取权的证券，如汇票、本票、支票等。资本证券是表明持券人的资本所有权或债权，并可以据其获得一定收益的证券，如股票、债券等。金融企业经营的证券业务指的就是资本证券。资本证券是一种特殊资本，持有人能够获得一定的收益，并可以转让给他人而收回本金，也就是说资本证券可以买卖，具有市场性。

证券是商品经济发展到一定阶段的必然产物。长期以来我国主要通过银行这一信用中介机构，采取间接金融的融资方式筹集巨额资金，在当前有中国特色的社会主义市场经济建设中，随着金融体制改革的深化，这种单一的融资方式已不能适应商品经济多层次、全方位发展的需要。为此，国家逐步开放直接金融的融资方式，开放证券市场，使那些在间接方式下取得资金的经济组织在证券市场上筹集所需要的资金，让企业有筹集渠道的比较和选择，让投资者自行决定投资方向和承担投资风险，从而逐步开放直接金融的融资方式。以证券公司为主体的证券经营机构正是这种在有价证券的发行者和投资者之间起中介作用的非银行金融机构，它通过经营、募集、发行、承销、经纪或自营方式，买卖各类有价证券以实现其基本职能。

近年来，证券经营机构经营的证券业务不断扩大，证券市场在中央银行宏观指导和监督下，正逐步走向完善、成熟。依法、合规地从事证券业务经营，对于促进资本市场的发展和完善，推动企业股份制改造和现代企业制度的建立，以及推进中央银行公开市场操作这一金融调控工具的运用与作用的发挥有着重要意义。

## 二、证券公司业务种类

根据《中华人民共和国证券法》规定，国家对证券公司实行分类管理，将证券公司分为综合类和经纪类。综合类证券公司的证券业务分为证券经纪业务、证券自营业务、证券承销业务和国务院证券监督管理机构核定的其他证券业务四种。经纪类证券公司只允许专门从事证券经纪业务：① 证券经纪业务，是指证券公司代理客户（投资者）买卖证券的活动，包括代理买卖证券业务、代理兑付证券业务和代理保管证券业务；② 证券自营业务，是指证券公司以自己的名义，用公司的资金买卖证券以达到获利目的的证券业务，包括买入证券和卖出证券；③ 证券承销业务，是指在证券发行过程中，证券公司接受发行人的委托，代理发行人发行证券的活动；④ 其他证券业务，是指证券公司经批准在国家许可的范围内进行的除经纪、自营和承销业务以外的如买入返售证券、卖出回购证券及受托资产管理等与证券业务有关的业务。

### 三、证券经纪业务的核算

证券经纪业务是证券公司代理客户买卖证券的活动。证券经纪业务应当按照代理买卖证券业务、代理兑付证券业务、代理保管证券业务分类核算。

#### （一）会计科目的设置

（1）"代买卖证券款"是负债类科目，用来核算证券公司接受客户委托，代客户买卖股票、债券和其他有价证券由客户交存的款项。公司代客户认购新股的款项、代理客户领取的现金股利和债券利息，代客户向证券交易所支付的配股款等，也在本科目核算。

（2）"代兑付债券"是资产类科目，用来核算证券公司代理国家或企业兑付到期的债券。借方登记已兑付的各类到期债券以及因委托单位未拨付或拨付不足债券兑付资金、客户兑付时垫付的资金；贷方登记国家或企业拨付的委托兑付债券资金，以及向委托单位交付已兑付的债券并收回垫付的资金；余额表示已接受委托但还未兑付的，已经兑付但尚未交付的债券款项。

（3）"代兑付债券款"是负债类科目，用来核算证券公司代理国家或企业等单位兑付债券业务而收到委托单位预付的兑付债券资金。贷方登记收到委托单位的兑付资金，借方登记代理兑付的资金，余额表示应付但尚未兑付的债券本息款。

（4）"清算备付金"是资产类科目，用来核算证券公司为证券交易的资金清算与交收而存入指定清算代理机构的款项。借方登记证券公司存入清算代理机构的款项，贷方登记从清算代理机构收回资金的数额。

#### （二）代理买卖证券业务的核算

代理买卖证券业务是证券公司代理客户进行证券买卖的业务。公司代理客户买卖证券收到的款项，必须全额存入指定的商业银行，并在"银行存款"科目中单设明细科目进行核算，不能与本公司的存款混淆。公司在收到代理客户买卖证券款项的同时应当确认为一项负债，与客户进行相关的结算。公司代理客户买卖证券的手续费收入，应当在与客户办理买卖证券款项清算时确认。

1. 资金专户的核算

（1）客户开设资金专户并交来款项以及日常存款时，会计分录为：

借：银行存款
　　贷：代买卖证券款

客户取款时，会计分录相反。

（2）客户结息销户，结清利息时，会计分录为：

借：应付款项——应付客户资金利息

　　贷：银行存款

（3）客户资金专户统一结息时，会计分录为：

借：应付款项——应付客户资金利息（已提利息部分）

　　利息支出（未提利息部分）

　　贷：代买卖证券款

（4）公司为客户在证券交易所开设清算资金专户时，会计分录为：

借：清算备付金——客户

　　贷：银行存款

2. 代理买卖证券

（1）公司接受客户委托，通过证券交易所代理买卖证券，与客户清算时，如果买入证券成交总额大于卖出证券成交总额，则会计分录为：

借：代买卖证券（买卖证券成交价的差额，加代扣代交的交易税费和应向客户收取的佣金等手续费）

　　手续费支出——代买卖证券手续费支出（公司应负担的交易费用）

　　贷：清算备付金（买卖证券成交价的差额，加代扣代交的印花税费和公司应负担的交易费）

　　　　手续费收入——代买卖证券手续费收入（向客户收取的佣金等手续费）

（2）公司接受客户委托，通过证券交易所代理买卖证券，与客户清算时，如果卖出证券成交总额大于买入证券成交总额，则会计分录为：

借：清算备付金（买卖证券成交价的差额，减代扣代交的印花税费和公司应负担的交易费）

　　手续费支出——代买卖证券手续费支出（公司应负担的交易费用）

　　贷：代买卖证券款（买卖证券成交价的差额，减代扣代交的交易税费和向客户收取的佣金等手续费）

　　　　手续费收入——代买卖证券手续费收入（应向客户收取的佣金等手续费）

3. 代理认购新股

（1）代理客户认购新股，收到客户认购款时，会计分录为：

借：银行存款

　　贷：代买卖证券款

（2）将款项划付清算代理机构时，会计分录为：

借：清算备付金——客户

　　贷：银行存款

（3）客户办理申购手续，在公司与证券交易所清算时，会计分录为：

借：代买卖证券款

　　贷：清算备付金——客户

（4）证券交易所完成中签认定工作,将未中签资金退给客户时,会计分录为:

借:清算备付金——客户

　　贷:代买卖证券款

（5）公司将未中签的款项划回时,会计分录为:

借:银行存款

　　贷:清算备付金——客户

（6）公司将未中签的款项退给客户时,会计分录为:

借:代买卖证券款

　　贷:银行存款

4. 代理配股派息

（1）向证券交易所解交配股款,客户提出配股要求时,会计分录为:

借:代买卖证券款

　　贷:清算备付金——客户

（2）代理客户领取现金股利和利息时,会计分录为:

借:清算备付金——客户

　　贷:代买卖证券款

（3）公司按规定向客户统一结息时,会计分录为:

借:利息支出

　　贷:代买卖证券款

5. 代理兑付债券

（1）证券公司收到委托代国家或企业兑付到期的无记名债券。

收到委托单位的兑付资金时,会计分录为:

借:银行存款

　　贷:代兑付债券款

收到客户交来的实物券,按兑付金额记账。其会计分录为:

借:代兑付债券

　　贷:银行存款

向委托单位交回已兑付的实物券时,会计分录为:

借:代兑付债券款

　　贷:代兑付债券

如果委托单位尚未拨付兑付资金,由公司垫付的,收到兑付债券时,按兑付金额记账。

其会计分录为:

借:代兑付债券

　　贷:银行存款

向委托单位交回已兑付的债券并收回垫付的资金时,会计分录为:

借:银行存款

　　贷:代兑付债券

收到代兑付手续费收入时,会计分录为:

借:银行存款

　　贷:手续费收入——代兑付债券手续费收入

(2)接受委托代国家或企业兑付到期的记名债券。

收到委托单位的兑付资金时,会计分录为:

借:银行存款

　　贷:代兑付债券款

兑付债券本息时,会计分录为:

借:代兑付债券款

　　贷:银行存款

(3)公司收取的代兑付手续费收入。

如向委托单位单独收取,按应收或已收的手续费记账。其会计分录为:

借:应收款项

　　贷:手续费收入——代兑付债券手续费收入

如果手续费与兑付款一并汇入,则会计分录为:

借:银行存款

　　贷:代兑付债券款

　　　　应收款项——预收代兑付债券手续费

兑付债券业务完成后,确认手续费收入。其会计分录为:

借:应收款项——预收代兑付债券手续费

　　贷:手续费收入——代兑付债券手续费收入

### 四、证券自营业务的核算

证券自营业务是证券公司各项经营业务中的一项主要业务,是指证券公司用自己持有的证券或资金,以自己的名义和账户在证券交易所或场外交易市场买卖各种证券,以获取利润并承担交易风险的各项业务。

自营证券业务按其经营形式可分为柜台交易和场内交易两种。柜台交易是证券商与投资人之间直接进行的证券交易活动,证券的买卖价格由证券商在权衡影响证券买卖的各种因素后自行确定。每次成交的数量较小,但交易次数频繁,工作量较大,是证券营业柜台的主要经营方式。场内交易是指证券商通过场内交易员在证券交易所内进行的证券交易活动,其交易价格随市场行情变化,证券商不直接与客户发生联系,而且成交量较大,是证券商调节证券库存量的主要经营方式。

#### (一)会计科目的设置

证券公司进行自营证券买进和卖出业务,应设置"自营证券""证券销售"等科目进行核算。

(1)"自营证券"是证券公司自营买卖业务的主要科目,其性质为资产类,借方登记买入证券的实际成本,贷方登记结转已售证券的成本,余额反映证券公司持有的各种自营证券的实际成本。

（2）"证券销售"为损益类科目,用来核算证券公司自营证券买卖中的销售收入、成本与差价。自营债券到期兑付的本金也在本科目核算。该科目借方登记结转已售证券成本,贷方登记卖出证券时实际收到的金额(对于自营债券买卖业务,则按实际收到的价款扣除持有期间应计利息),期末本科目的余额结转"本年利润"后应无余额。

（3）"自营证券跌价准备"为资产类科目,用来核算证券公司按规定提取的自营证券跌价准备金。公司将自营证券的市价与其成本进行比较,如市价低于成本,按其差额贷记本科目;如已计提跌价准备的自营证券市价以后又恢复,应按恢复增加的数额借记本科目。

（4）"自营证券跌价损失",该科目为损益类科目,用来核算证券公司由于自营证券的市价低于成本,使自营证券成本不可收回而产生的损失。期末,公司将自营证券的市价与其成本进行比较,如市价低于成本,按其差额借记本科目;如已计提跌价损失准备的自营证券的市价以后又恢复,应按恢复增加的数额贷记本科目。

**（二）自营证券业务的核算**

1. 自营买入证券

（1）证券公司买入证券时,按清算日买入证券的实际成本入账,会计分录为:

借:自营证券
　　贷:清算备付金——公司

（2）采用包销方式代发行的证券,发行期结束,未售出的证券转为自营证券的,按承购价或发行价入账,会计分录为:

借:自营证券——××证券户
　　贷:代发行证券

2. 自营证券配股派息

（1）公司通过网上配股时,在与证券交易所清算配股款时,按实际成交的配股款入账,会计分录为:

借:自营证券——××证券户
　　贷:清算备付金(或银行存款)

（2）通过网下配股的,按实际支付的配股款入账,会计分录为:

借:自营证券
　　贷:银行存款

（3）自营股票持有期间取得现金股利时,会计分录为:

借:清算备付金——公司
　　贷:投资收益

3. 自营认购新股

（1）通过网上认购新股时,会计分录为:

借:应收款项——应收认购新股占用款
　　贷:清算备付金——公司

（2）认购新股中签,与证券交易所清算中签款项时,按中签新股的实际成本入账,会计分录为：

借：自营证券
　　贷：应收款项——应收认购新股占用款

（3）退回未中签款项时，会计分录为：

借：清算备付金——公司
　　贷：应收款项——应收认购新股占用款

（4）通过网下认购新股，按规定将款项存入指定机构时，会计分录为：

借：应收款项——应收认购新股占用款
　　贷：银行存款

（5）网下认购新股中签，按中签新股的实际成本转账，会计分录为：

借：自营证券
　　贷：应收款项——应收认购新股占用款

（6）网下认购未中签，退回未中签款项，会计分录为：

借：银行存款
　　贷：应收款项——应收认购新股占用款

4．自营卖出证券

（1）公司卖出证券，按清算日实际收到的金额办理转账，会计分录为：

借：清算备付金——公司
　　贷：证券销售
　　　　应收利息

若公司自营债券卖出，会计分录为：

借：清算备付金——公司
　　贷：投资收益（买卖持有期间应计的利息）
　　　　证券销售（实际收到价款扣除买卖持有期间应计利息）

（2）结转卖出证券成本时，会计分录为：

借：证券销售
　　贷：自营证券

5．自营证券跌价准备

（1）年度终了，将自营证券的市价与成本进行比较，如市价低于成本，按其差额转账，会计分录为：

借：自营证券跌价损失
　　贷：自营证券跌价准备

（2）如已计提跌价准备的自营证券的市价以后又恢复，应按恢复增加的数额（其增加数应以补足以前入账的减少数为限）办理转账，会计分录为：

借：自营证券跌价准备
　　贷：自营证券跌价损失

### 五、证券承销业务的核算

证券承销业务是指证券公司在一级市场接受发行单位的委托,代为办理发售各类证券的业务,如代国家发售国库券、国家重点建设债券,代企业发行的集资债券和股票、基金等。证券承销业务根据公司与发行人确定的发售方式有:全额包销方式承销、余额包销方式承销和代销方式承销三种。

#### (一) 会计科目的设置

(1)"代发行证券",资产类科目,用来核算证券经营机构接受国家或企业的委托代理发行的有价证券。借方登记收到发行人委托发行的证券时,在承销包销方式下的承销价,或者在代销方式下的约定价格或面值;贷方登记在承销包销方式下证券发售时或结转代发行证券成本和发行结束后将未售证券全额转至自营证券,以及在代销方式下登记已售证券及退还委托方的未出售证券。余额表示未发售证券额。但发行结束后,该账户无余额。

(2)"代发行证券款",负债类科目,用来核算证券经营机构采用代销方式或余额承购包销方式,接受委托代理国家或企业发行证券的应付证券资金。借方登记证券经营机构向委托方(发行人)支付代发行的证券款项;贷方登记证券经营机构受托代理发行证券时的认购款项。余额表示在代理发行期间尚未向委托单位支付的代发行证券的认购款项,但发行期结束付清款项后该账户无余额。

(3)"证券发行",损益类科目,用来核算证券经营机构采用全额承购包销方式代理发行证券,在发行期内的销售收入、销售成本及差价收入。借方登记证券经营机构出售代发行证券的发行成本;贷方登记证券经营机构出售代发行证券的收入。期末差价结转"本年利润"账户。

#### (二) 证券承销业务的核算

1. 全额包销方式承销

全额承购包销就是证券公司与证券发行单位签订合同或协议,由公司按合同或协议确定的价格将证券从发行单位那里买下来,并马上向发行单位支付全部款项,然后再按市场条件转售给投资者。采用此种方式,证券公司要承担全部发行风险,但可确保发行单位及时获得所需的资金。证券公司向发行单位承购证券的价格可能低于或等于或高于证券面值,由双方在协议里确定,但发售价格由证券公司确定,发行单位原则上不干预。

证券公司以全额包销方式进行承销业务的,应在按承购价格购入待发售的证券时,确认为一项资产;公司将证券转售给投资者时,按发行价格确认为证券发行收入,按已发行证券的承购价格结转代发行证券的成本。发行期结束后,如有未售出的证券,应按承购价格转为公司的自营证券或长期投资。

(1)证券公司先将证券全部认购,并向发行单位支付全部证券款项,按承购价记账。其会计分录为:

借:代发行证券

  贷:银行存款(或应付账款)

（2）公司将证券转售给投资者，按发行价记账。其会计分录为：

借：银行存款

　　贷：证券发行

（3）证券发售完毕，结转已售证券成本。其会计分录为：

借：证券发行

　　贷：代发行证券

（4）发行期结束，将未售出的部分证券结转为公司的自营证券或作长期投资，按承购价记账。其会计分录为：

借：自营证券（或长期投资）

　　贷：代发行证券款

（5）将代发行证券筹集的款项交付发行单位。其会计分录为：

借：代发行证券款——××证券户

　　贷：银行存款

2. 余额包销方式承销

余额承购包销方式就是证券公司与证券发行单位事先签订合同或协议，确定由证券公司代理发行该单位的证券，在发行期内如果证券公司承担发售的证券没有全部售出，则剩余部分由其负责购入，证券公司要按照约定时间向发行单位支付全部证券款项。为此，证券公司要承担部分发行风险，但可保证发行单位筹集用资计划的顺利实现。

证券公司以余额包销方式进行承销业务的，应在收到代发行单位发售的证券时，按委托方约定的发行价格，同时确认为一项资产和一项负债；发行期结束后，如有未售出的证券，应按约定的发行价转为公司的自营证券或长期投资；代发行证券的手续费收入，应于发行期结束后，与发行单位结算发行价款时确认。

（1）证券公司收到委托单位发行的证券，按约定的发行价格记账。其会计分录为：

借：代发行证券

　　贷：代发行证券款

（2）公司在约定的期限内售出证券，按发行价格记账。其会计分录为：

借：银行存款

　　贷：代发行证券

（3）未售出部分按规定由本公司认购，转为自营证券或长期投资，按发行价格记账。其会计分录为：

借：自营证券（或长期投资）

　　贷：代发行证券

（4）发行期结束，所筹资金交付委托单位，并收取手续费。其会计分录为：

借：代发行证券款

　　贷：银行存款

　　　　证券销售——代发行证券手续费收入

3. 代销方式承销

代销方式就是证券公司受发行单位委托，按照规定的条件，在约定的期限内，代为向社会销售证券,发行期结束,证券未按原定发行额售出,未售部分仍退回发行单位,代销证券的证券公司向委托人收取手续费,不承担任何发行风险。

证券公司以代销方式进行承销业务的,应在收到代发行单位发售的证券时,按委托方约定的发行价格,同时确认为一项资产和一项负债;代发行证券的手续费收入,应于发行期结束后,与发行单位结算发行价款时确认。

（1）证券公司收到委托单位交来的代发行证券,按委托方约定的发行价格办理转账。其会计分录为:

借:代发行证券
　　贷:代发行证券款

（2）证券售出后,按约定的发行价格记账。其会计分录为:

借:银行存款
　　贷:代发行证券

（3）发行期结束,将代销证券款交给委托单位,同时应由委托单位付给手续费。手续费可以从发行证券款中扣除,也可以单独结算收取,由双方协商。如从发行证券款中扣留手续费,其会计分录为:

借:代发行证券款
　　贷:银行存款
　　　　手续费收入

（4）发行结束,如果尚有未售出证券,应退回委托单位。其会计分录为:

借:代发行证券款
　　贷:代发行证券

# 第三节　租赁公司业务核算

## 一、租赁业务的意义

租赁是指在约定的时期内,出租人将资产使用权让与承租人以获取租金的协议。租赁业务是市场经济发展到一定高度而产生的一种融资方式,是集信贷、贸易和技术更新于一体的新型的金融产业。当企业需要添置设备时,向选定的租赁公司提出办理租赁业务的申请,经租赁公司审查同意受理后,由租赁公司出资购买承租企业所需设备,再租赁给承租企业使用。承租企业用所租设备投产产生的效益,按合同规定分期偿还租赁公司的租金。租约期满,承租企业还清全部租金后,即获得该项设备的所有权。通过租赁活动,出租人支付全部设备资金,实际上是对承租人提供了信贷资金。

## 二、租赁公司业务种类

### (一) 按照租赁业务的性质分,主要有融资租赁和经营租赁

#### 1. 融资租赁

融资租赁是指实质上转移了与资产所有权有关的全部风险和报酬的租赁。所有权最终可能转移,也可能不转移。与资产所有权有关的风险是指,由于经营情况变化造成相关收益的变化,以及由于资产闲置、技术陈旧等造成的损失等;与资产所有权有关的报酬是指在资产可使用年限内,直接使用资产而获得的经济利益、资产增值以及处置资产所实现的收益等。

在实际租赁业务中,当企业、事业单位需要某种设备而又缺少资金时,从事租赁业务的金融机构不是直接向其发放贷款,而是根据使用单位的需要,购进或租进所需设备,然后出租给承租单位使用并收取租金。融资租赁由出租人事先支付全部资金购进或租进设备,既解决了承租人对设备使用的需要,又解决了承租人缺少资金的问题,其实质是出租人向承租人提供的信贷行为,所以称为融资租赁。

融资租赁所租购的物品一般是大型设备等,使用期限长,并且是由承租人选定,租赁期与设备使用期基本相同。因设备性能不好或设备陈旧等引起的风险,出租人不负责任,租赁期未到,中途不允许终止合同,租赁期满,承租人根据租赁合同,可以留购、续租或退回租赁物品。

#### 2. 经营租赁

经营租赁是指除融资租赁以外的其他租赁。与融资租赁业务相比,经营性租赁是一种服务性租赁,其租赁的物品一般属于通用的、更新周期较短的品种。经营性租赁的出租人一般是将租赁物品反复提供给承租人使用,每次租赁期较短,租赁物品的成本经一次出租不可能收回,而需经反复多次出租才能收回。

需要注意的是,将租赁划分为融资租赁和经营租赁,应当全面考虑租赁期届满时租赁资产所有权是否转移给承租人,如承租人是否有购买租赁资产的选择权、租赁期占租赁资产尚可使用年限的比例等各种因素。满足以下一项或数项标准的租赁,应当认定为融资租赁:① 在租赁期届满时,租赁资产的所有权转移给承租人;② 承租人有购买租赁资产的选择权,所订立的购价预计将远低于行使选择权时租赁资产的公允价值,因而在租赁开始日就可以合理确定承租人将会行使这种选择权;③ 租赁期占租赁资产尚可使用年限的大部分,但是,如果租赁资产在开始租赁前已使用年限超过该资产全新时可使用年限的大部分,则该项标准不适用;就承租人而言,租赁开始日最低租赁付款额的现值几乎相当于租赁开始日租赁资产原账面价值,就出租人而言,租赁开始日最低租赁收款额的现值几乎相当于租赁开始日租赁资产原账面价值,但是,如果租赁资产在开始租赁前已使用年限超过该资产全新时可使用年限的大部分,则该项标准不适用。

### (二) 按照租赁的形式分,主要有直接租赁、转租赁、回租赁、杠杆租赁等

#### 1. 直接租赁

直接租赁是融资租赁业务中比较普遍的一种形式,租赁公司以自有资金或筹集的资

金向国内外厂商购进承租人所需的设备,然后出租给承租人使用。

直接租赁在具体实施中,可由租赁公司根据租赁市场的实际情况直接向生产厂商选购设备,然后由承租人再向租赁公司选租自己所需设备,也可以不直接向生产厂商购买,而是由承租人根据自己的实际需要,直接与生产厂商进行接触,洽谈并签订购买合同,然后将合同转让给出租人,由出租人出资购买承租人选定的设备。世界上许多发达国家绝大部分租赁公司普遍采用直接租赁的做法,我国一些资金力量雄厚的大租赁公司也采用此法。

2. 转租赁

转租赁亦称再租赁,是租赁公司既作为出租人又作为承租人,先以承租人的身份租入用户所需设备,再以出租人的身份将设备租给用户使用。

转租赁对同一设备作两笔租赁业务,签订两次租赁合同,分别建立租赁关系。期间,租赁公司一方面以承租人身份向出租公司支付租金,另一方面又以出租人身份向最终承租人收取租金。所以,最终承租人在转租赁中支付的租金一般要高于直接租赁的租金,它包括向出租公司缴付的租金和向转租赁公司缴付的业务手续费两部分。

转租赁业务多用于引进国外先进设备的情况,国内租赁公司向国外租赁机构承租设备后转租给国内的承租人使用。

3. 回租赁

回租赁是承租人将自己拥有的设备先按一定的价格卖给出租人,取得资金用于其他用途,然后再将原设备租回使用。回租赁业务通常用于不动产租赁,它是一种紧急融资方式。承租企业将原有的固定资产中很大一部分转化为流动资产,增加企业流动资金,改变企业营运资金不足状况,同时又保留了原有设备的使用权。这种业务有利于企业调整产品结构,促进产品升级换代。

4. 杠杆租赁

杠杆租赁又称平衡租赁,是由融资租赁派生的一种特殊形式。这种方式出租人一般只需自筹资金解决购置设备所需款项的 $20\%\sim40\%$,即可在经济上拥有设备的所有权,并以待购设备作为抵押,以转让收取租金的权利作为担保,从银行、保险公司、信托投资公司等金融机构获得购买设备 $60\%\sim80\%$ 的贷款。杠杆租赁还可以使出租人享受 $100\%$ 的加速折旧或投资减税的优惠。同时,出租人把这些优惠的好处通过降低租金,间接地转移给承租人。所以,杠杆租赁的租赁费用一般低于其他形式。

## 三、租金的计算

### (一) 租金的构成

现代租赁是市场经济体制下租赁双方之间的一种商品交换关系,是为了取得某种资产的使用权而付出的代价。租金则是承租人为取得经营资金或资产的使用权而向出租人支付的价值补偿。它是以租赁资产的价值消耗为基础,除了收回租赁资产的购进原价、融资贷款的利息及有关租赁过程中的费用外,还要有一定的经营利润。

租金问题直接关系到出租人与承租人双方的经济利益,是租赁业务中难度最大、敏感性最强的问题,也是签订租赁合同的一项重要内容。租金一般有几个构成要素:① 租赁设备的总成本(包括运费、保险费等),它直接决定租金的多少;② 市场利率的高低,它决定了整个租赁期内所发生的利息费用;③ 租赁期限;④ 租金的支付方式;⑤ 租金支付间隔期等。具体内容如下:

(1) 租赁设备的买价,包括设备的买价、运费、保险费等。

(2) 租赁设备的融资费用,是指租赁公司为购买设备而向其他金融企业贷款所应付的利息费用、手续费、税款等。

(3) 租赁公司的营业费用,是指出租人在租赁项目的实施过程中所花费的一切必要开支,如办公费、业务人员的工资、为购买设备的差旅费、手续费等。

(4) 设备的估计残值,租赁期满后,出租人要对租赁设备进行处理,或是卖给承租人,或是收回设备另作他用。这时该项租赁设备的剩余使用价值就构成残值,也就是租赁期满时该项租赁设备的市场售价。

(5) 利率,在租赁设备总成本一定的情况下,利率是影响租金总额的重要因素。相同条件下,融资的利率越高,租金总额就越大。

(6) 租赁期限,租期长会使得出租人承受的利息负担加重。因此,租期越长,租金总额越大。

(7) 付租间隔期,是指两次支付租金的间隔期限,一般有一年支付一次、半年支付一次、每季度支付一次、每月支付一次等。付租间隔期越长,承租人占用出租人的资金时间就越长,租金总额就越大。

(8) 保证金的支付数量与结算方式,承租人支付的租赁保证金越多,租金总额就越小。保证金是从成本中扣除,并且抵作最后一期的租金,对租金总额影响也很大,如果是从成本中扣除,租金总额就小。

(9) 付租方式,支付租金的方式有期初付租和期末付租等方式。期初付租,承租人占用出租人资金的时间相对缩短,所以租金总额就较小;而期末付租的租金总额相对就要大。

(10) 支付币种,国际金融市场上各种货币的利率和汇率是瞬息万变的,因此,货币种类的选择也同样会影响租金总额。一般情况下,利率、汇率高的币种租金总额也相应增大。

租金的构成要素,取决于租赁的方式,不同的租赁种类,其租金的构成要素也不完全一样。

### (二) 租金的支付方式

租金的支付方式是租赁合同中一个重要内容,因为支付租金就是用将来的钱偿付现在的钱。因此,货币的时间价值就显得特别重要。由于在影响租金的要素中,支付方式也是重要因素,那么,采用什么方式来支付租金,就是租赁公司及承租人都不能回避的问题。租赁公司在与承租人签订合同时,就要确定租金的支付方式。从实际情况看,支付租金的方式有三种:

(1) 期初付租方式,即承租人在各付租间隔期的期初支付租金,然后使用设备。在期初付租的情况下,第一期租金在起租日即需要支付。

（2）期末付租方式，即承租人在每一次付租期先使用设备，在付租间隔期末再支付租金。这种方法使租金的支付向后推迟了整整一个间隔期，为资金紧张的承租企业提供了方便。

（3）有付租宽缓期的期末付租方式，承租人引进设备从安装调试到正式投产，需要一定的时间。在此期间，承租人资金紧张。根据这种情况，租赁公司在合同中同意承租人从起租日起，确定一个期限（如一个季度或半年）作为宽缓期，宽缓期内，承租人可以暂不付租。

### （三）租金的计算方法

租金的计算方法很多，世界上常用的方法有附加率法和年金法两种。年金法又分定额年金法和变额年金法。变额年金法又分为等差递增变额年金、等差递减变额年金法、等比递增变额年金法、等比递减变额年金法。

目前，我国开展的租赁业务大多是融资租赁，各租赁公司参照国际惯例，并结合我国具体情况，采用了适合于自己的计算方法。概括起来，主要有以下几种：递减式计算方法、年息式计算方法、加数式计算方法、平均分摊计算方法、浮动利率计算方法。

下面介绍我国目前采用的几种方法。

1. 递减式计算方法

按每期平均支付本金的方法，计算租金的公式为：

每期应付租金＝各期租赁本金余额×年利率×租期÷付租次数＋各期应还本金数

【例13-1】 某租赁公司有一笔融资租赁业务，租赁设备的成本为 80 万元，租期为 2 年，每半年支付一次租金，期末支付，年利率 10％。

各期应还付本金＝80÷4＝20（万元）

第一期应付租金＝80×10％×0.5＋20＝24（万元）

第二期应付租金＝（80－24）×10％×0.5＋20＝22.8（万元）

第三期应付租金＝（80－46.8）×10％×0.5＋20＝21.66（万元）

第四期应付租金＝（80－68.46）×10％×0.5＋20＝20.58（万元）

租金总额＝24＋22.8＋21.66＋20.58＝89.04（万元）

2. 加数式计算方法

计算公式为：

每期应付租金＝（租赁设备购置原价＋应付融资租赁利息）÷支付租金的次数

【例13-2】 某租赁公司有一笔融资租赁业务，租赁设备成本为 40 万元，租期 4 年，每半年支付一次，期末支付，年利率 10％。

应付的融资利息＝40×10％×4＝16（万元）

租金总额＝40＋16＝56（万元）

每期应付租金＝（40＋16）÷8＝7（万元）

3. 平均分摊计算方法

计算公式为：

$$每期应付租金=\frac{租赁设备购置原价-预计残值+应付融资租赁利息+手续费}{支付租金的次数}$$

**【例 13-3】** 某租赁公司有一笔融资租赁业务,租赁设备的成本为 320 万元,租期 4 年,每半年支付一次,设备进口的手续费率为 3%,估计设备残值为 10 万元,年利率 10%。

应付的融资利息=320×4×10%=128(万元)

支付手续费=320×3%=9.6(万元)

每期应付租金=[(320-10)+128+9.6]÷8=54.7(万元)

租金总额=54.7×8=437.6(万元)

### 四、融资性租赁的核算

#### (一)融资性租赁业务的特点

(1)融资租赁交易涉及三个方面的关系,即出租方、承租方和供货方。出租方根据承租方的要求,出资向供货方购买设备,同时将所购得的设备出租给承租方使用,承租方按期交付租金以补偿出租方所支付的设备成本、利息和一定的利润。

(2)承租人对设备和供货商具有选择的权利和责任。融资租赁的设备和生产厂、供货商都是承租人选定的,出租人只是根据承租人的要求出资购买,租给承租人使用。对于设备的质量、规格、数量及技术上的检查验收都由承租人负责。

(3)租赁设备的所有权与使用权分离。出租方出资购买设备,享有设备的所有权。而承租方在按时支付租金履行合同的条件下,在租赁期内对设备享有使用权。

(4)融资租赁交易具有融资与融物相结合的双重职能。从获取经营业务所需资金角度看,它是金融业务;但从购买租赁资产的角度看,它又是以贸易的形式出现。

(5)租赁合同为不可撤销的合同。

#### (二)会计科目的设置

(1)"应收租赁款"为资产类科目,用来核算租赁公司进行融资租赁业务向承租单位收取的租赁物资的应收款项。采用总额法的公司,应收租赁款包括租赁物资的实际成本、租金、手续费等;采用净额法的公司,应收租赁款包括租赁物资的实际成本。

(2)"租赁资产"为资产类科目,用来核算公司为融资租赁而购入的物资的实际成本(包括物资价款、运杂费、保险费以及进口关税等)。购入租赁物资时,按实际支付的租赁物资的成本,借记本科目;待租赁合同到期,租赁物资的产权转移时,贷记本科目。

(3)"待转租赁资产"为资产类科目,用来核算公司进行融资租赁业务,根据合同起租后,公司租出的租赁物资的实际成本。租赁合同起租时,贷记本科目;租赁合同到期,根据合同将租赁物资产权转给承租方时,借记本科目。

(4)"未实现租赁收益"为资产类科目,用来核算公司融资租赁业务应收但尚未收到的收益总额,包括租金和利息。根据租赁合同起租时,对应收收益部分贷记本科目,每项收到租金时,租赁收益部分借记本科目。

(5)"租赁保证金"为负债类科目,用来核算公司进行融资租赁业务,根据租赁合同规定收到客户交来的保证金。收到客户交来的保证金,贷记本科目;按合同规定,最后以租赁保证金抵作租金,或客户到期不交租金,公司以保证金作租赁收益时,借记本科目。

(6)"租赁收益"为损益类科目,用来核算公司租赁业务取得的收入。发生的各项租赁收入(不包括租赁收入中的利息收入),贷记本科目;期末将租赁收益结转利润时,借记本科目。

### (三)融资租赁业务的核算

融资租赁的会计处理有总额法和净额法两种。总额法就是租赁机构的应收租赁债权按总投资入账,总投资包括租赁资产成本(租赁资产成本由设备购入价、运输装卸费、安装调试费和保险费构成,如果保险费由承租人承担,则不列入资产成本)、应收租赁收益和租赁资产的残值。净额法就是指租赁机构的应收租赁债权按净投资即按租赁资产的成本入账。

1. 总额法的核算

采用总额法核算,"应收租赁款"包括:租赁资产的成本、租金、融资利息、手续费收入等。其优点是能总括反映融资租赁业务情况,从账上能全面地反映该项业务的成本、费用、利润等。缺点是多设会计科目,核算手续繁杂,且不容易理解。

(1)公司按规定支付租赁设备款时,会计分录为:

借:租赁资产(买价+运费+途中保险费)

　　贷:银行存款

(2)公司向承租企业收取租赁保证金时,会计分录为:

借:银行存款

　　贷:租赁保证金

(3)按合同规定起租时,会计分录为:

借:应收租赁款

　　贷:待转租赁资产

　　　　未实现租赁收益

(4)各期租赁收益实现时,会计分录为:

借:应收账款——应收租赁收益

　　贷:租赁收益

(5)实际收到租金时,会计分录为:

借:银行存款

　　贷:应收租赁款

同时,

借:未实现租赁收益

　　贷:应收账款——应收租赁收益

2. 净额法的核算

净额法就是以租赁资产的成本作为应收租赁款,租赁起始日,账面上不反映应收的融资利息、手续费和担保残值。这种方法账务处理简单,但不如总额法反映情况全面。

(1)出租人购入租赁资产时,其会计分录与总额法相同。

（2）起租日，以租赁资产的成本入账，其会计分录为：

借：应收租赁款

　　贷：待转租赁资产

（3）按合同规定，定期收取租金时，其会计分录为：

借：银行存款

　　贷：应收租赁款（分期收取的资产成本）

　　　　租赁收益

（4）租赁期满，将租赁资产售与承租人收回货款，承租人补付担保残值以及冲平"待转租赁资产"和"租赁资产"科目的分录与总额法相同。

### 五、转租赁的核算

转租赁是租赁机构一方面以承租人的身份租入设备，另一方面再以出租人的身份将设备租给第二承租人。办理转租赁业务的租赁机构具有双重身份，因此会计核算既要反映租入业务，又要反映出租业务。

#### （一）会计科目的设置

转租赁业务除设置上述有关科目外，还应设置如下会计科目：

（1）"应收转租赁款"为资产类科目，用来核算公司转租赁业务发生的应收租赁款项。根据租赁合同起租时，借记本科目；实际收到转租赁租金时，贷记本科目。

（2）"应付转租赁租金"为负债类科目，用来核算公司进行转租赁业务，收到租赁合同应付给出租公司的租金。根据公司与承租方的租赁合同，起租时，贷记本科目；每期支付应付的转租赁租金时，借记本科目。

#### （二）转租赁业务的核算

以下按净额法叙述转租赁的核算。

（1）租赁机构以承租人的身份向第一出租人租入租赁资产时，其会计分录为：

借：待转租赁资产

　　贷：应付转租赁租金

（2）租赁机构以出租人身份将租赁资产转租给第二承租人时，其会计分录为：

借：应收转租赁租金

　　贷：待转租赁资产

（3）每期向出租人支付租金时，其会计分录为：

借：应付转租赁租金

　　贷：银行存款

（4）每期向第二承租人收取租金时，其会计分录为：

借：银行存款

　　贷：应收转租赁租金

　　　　租赁收益

（5）租赁期满，按合同规定对租赁资产进行处理，如将租赁资产出售给第二承租人，

其会计分录为:

　　借:银行存款
　　　　贷:待转租赁资产

有担保残值的,不足残值部分由第二承租人补足。

## 六、经营租赁的核算

### (一)经营租赁的特点

经营租赁与融资性租赁有所不同,其主要目的不是融通资金,而是为承租人提供机器设备以解决短期需要,从而收取租金。它的主要特征如下:

(1)经营租赁的设备一般为通用设备,并且较容易不断地找到接替的用户。

(2)租期较短,一般不超过一年,最短可以是几天或几个小时。

(3)在出租期内,不仅设备所有权归出租人所有,而且由于承租人不断地更换,所以出租物件由出租人选择、购买,并负责维修、保养、纳税。

### (二)会计科目设置

为了区别企业自用的固定资产,公司应设置"经营租赁资产"和"经营租赁资产折旧"科目进行核算。

(1)"经营租赁资产"为资产类科目,用来核算公司为经营性租赁而购入的物资的实际成本(包括物资价款、运杂费、保险费以及进口关税等)。本科目下设"已出租资产"和"未出租资产"两个二级科目。融入经营租赁资产时,借记本科目(未出租资产);起租时,借记本科目(已出租资产),贷记本科目(未出租资产);租赁合同结束,收回出租资产时,借记本科目(未出租资产),贷记本科目(已出租资产);经营租赁资产报废时,贷记本科目。

(2)"经营租赁资产折旧"为资产类科目,用来核算公司租赁资产的累计折旧。按期提取折旧时,贷记本科目;公司出售、报废、盘亏和毁损时,按已提折旧,借记本科目。

### (三)经营租赁业务核算

1. 购入租赁资产的核算

出租人购入租赁资产,应按其成本(包括买价、运费、保险费等)入账。其会计分录为:
　　借:经营租赁资产——未出租户
　　　　贷:银行存款

2. 租出租赁资产的核算

经营性的租赁资产一般是成批购入,分次租出,每次租出的租赁资产与购入的资产不会是等值的,因此对出租人来说,会形成一定的资产库存。当租出租赁资产时,按租出资产的成本记账。其会计分录为:
　　借:经营租赁资产——已出租户
　　　　贷:经营租赁资产——未出租户

3. 租赁资产计提折旧的核算

租赁机构对经营性租赁资产应按期计提折旧,并与经营用固定资产分别计提。经营租赁资产的折旧,应根据核定的折旧率和期初已出租的资产账面原值按期计算,本期内出租的资产,当期不提折旧;本期内收回的出租资产,当期照提折旧。公司经营租赁的资产折旧足额后,不管能否继续使用,不再提折旧;提前报废的经营租赁资产,也不再补提折旧。

计提折旧的会计分录为:

借:销售费用

　　贷:经营租赁资产折旧

4. 收取租金的核算

出租人按合同规定收取租金的会计分录为:

借:银行存款(或现金)

　　贷:租赁收益

5. 收回租赁资产的核算

租赁期满,出租人收回租赁资产,经验收完好无损后做账务处理。其会计分录为:

借:经营租赁资产——未出租

　　贷:经营租赁资产——已出租

## 七、租赁收益的核算

出租人将租赁物资出租给承租人,其目的就是从收取的租金中扣除租赁物资的成本、利息及有关费用外,仍获取一定的收益。

经营性租赁的租金一般包括:租赁资产的原价、租赁资产的折旧、租赁期间的利息、租赁资产的维护费用,出租企业的营业费用、税金、保险费等。

融资租赁的维护费用、营业费用、税金、租赁资产折旧等一般由承租人承担。因此,租金一般包括:租赁资产的成本、利息费用和手续费等。

金融性公司进行租赁业务所获得的收入,不论是融资租赁,还是经营性租赁,或是转租赁的收入,均通过"租赁收益"科目核算。

收到融资租赁的转租赁收入时,会计分录为:

借:应收账款

　　贷:租赁收益

同时,

借:银行存款

　　贷:应收租赁款(或应转租赁款)

收到经营性租赁收益时,会计分录为:

借:银行存款(或现金)

　　贷:租赁收益

# 第四节　保险公司业务核算

## 一、保险公司业务概述

保险是为了应付特定的灾害事故或意外事件,通过订立合同实现补偿或给付的一种经济形式,其实质是由全部投保人分摊部分投保人的经济损失。在我国,保险作为国民经济活动中必不可少的环节而存在,是我国经济补偿制度的重要组成部分。采用保险这一经济形式,从社会总产值当中提留必要的扣除,用来消除或减少自然灾害和意外事故造成的影响,以保证生产持续和安定人民生活,既有利于国民经济协调发展,也有利于社会再生产正常进行。

根据《中华人民共和国保险法》(简称《保险法》)的规定,按照保险分业经营的原则,我国的保险业务分为财产保险业务、人身保险业务、再保险业务和涉外保险业务四大类。

### (一) 财产保险业务

财产保险业务是指以财产及其有关利益为保险标的的保险,它是与人身保险相对应的概念。这里指的保险标的,包括以物质形态存在的和以非物质形态存在的财产及其有关利益。目前,我国保险公司的财产保险业务主要有:普通财产保险、运输工具保险、海上保险、船舶保险、工程保险、责任保险、信用保险、特殊风险的财产保险和其他财产保险等。

### (二) 人身保险业务

人身保险是指以人的身体或生命作为保险标的,当被保险人在保险期间内因保险事故导致伤、残、死亡或者至保险期满时,保险人给付保险金的保险。人身保险按保险内容、保险期限、交费方式、给付方式等标准,可分为各种各样的保险种类,概括起来,大体上有人寿保险,如死亡保险、生存保险、两全保险、年金保险,以及健康保险和人身意外伤害保险等。

### (三) 再保险业务

再保险也称分保,是保险公司在直接承保合同的基础上,通过签订分保合同,将其所承保的部分风险和责任向其他保险公司进行保险的行为。再保险是保险公司之间的一种业务经营活动,这种经营活动只在保险公司之间进行,是原保险公司和再保险公司按照平等互利、互相往来的原则分出的保险业务。

### (四) 涉外保险业务

涉外保险业务是指保险公司为国内外有关企业、团体和人士提供对外经济贸易、对外经济技术合作、对外投资和国际交流等活动中所需要的且以外币为结算手段的保险业务,包括水险、非水险和国际再保险三大类。

### 二、财产保险业务的核算

保费收入是保险公司销售保险产品取得的收入，是保险公司的主要收入项目。保险公司依靠其收取的保费建立有关保险责任准备金，从而实现对被保险人因保险事故所受损失的经济补偿。保费收入的大小，反映了保险公司承保能力的大小和保障责任的大小。

保险公司在订立保险合同后，立即收到投保人交来的保费，会计部门根据保费收据办理转账，会计分录为：

借：现金（或银行存款）
　　贷：保费收入——××险种

如果会计部门收到业务部门的保费日报表等有关单证时，保费尚未到达，则应通过"应收保费"科目核算。其会计分录为：

借：应收保费——××险种
　　贷：保费收入——××险种

以后收到保费时，会计分录为：

借：银行存款
　　贷：应收保费——××险种

会计部门收到业务部门交来的三年期家财两全险保户储金日报、储金收据和银行储金专户收款凭证 20 000 元，预定年利率 2%，三年后一次还本付息。其会计分录为：

收到保户储金时。

借：银行存款——储金专户　　　　　　　　　　　　　　20 000
　　贷：保户储金——家财两全险　　　　　　　　　　　　　20 000

每年计算利息时。

借：应收利息　　　　　　　　　　　　　　　　　　　　400
　　贷：保费收入——家财两全险　　　　　　　　　　　　　400

第三年还本付息时。

借：银行存款——活期户　　　　　　　　　　　　　　　1 200
　　贷：应收利息　　　　　　　　　　　　　　　　　　　800
　　　　保费收入　　　　　　　　　　　　　　　　　　　400

同时，

借：保户储金——家财两全险　　　　　　　　　　　　20 000
　　贷：银行存款——活期户　　　　　　　　　　　　　　20 000

保单签发后至期满前，由于保险标的升值、财产重估或企业关停并转等原因，保户中途要求加保或退保，应由保户提出书面申请，业务部门审查同意后，签发批单。中途加保的保费收入的核算，与投保时保费收入的核算相同。中途退保或部分退保，应按已保期限与剩余期限的比例计算退保费，退保费直接冲减保费收入。

### 三、财产保险赔款支出的核算

保险赔款是指保险标的发生了保险责任范围内的保险事故后，保险人根据保险合同的规定,对被保险人履行经济补偿义务所做的各项工作。保险公司的赔款一方面可以恢复企业生产,保证再生产的持续进行或者安定人民群众生活,帮助重建家园,它体现着保险公司的社会效益,是保障社会经济稳定的手段之一;另一方面可以加强保险经营与管理,提高保险公司的信誉和经济效益,反映保险公司的经营水平。

保险赔款是指保险标的发生保险责任范围内的保险事故后,保险人向被保险人支付的损失补偿金。保险公司及时筹集资金、支付保险赔款,对维护保险人的信誉、体现保险在国民经济中的作用、恢复企业生产经营、安定人民群众生活,都是非常重要的。

理赔人员计算出赔偿金额后,填制赔款计算书,连同被保险人签章的赔款收据送交会计部门。会计部门接到业务部门的理赔计算书后,认真审查有关内容,审查无误后,根据不同的情况分别进行处理。

(1) 对于保险赔案清楚,能及时结案的,应通过"赔款支出"账户核算。其会计分录为:

借:赔款支出
　　贷:银行存款(或现金)

(2) 预付赔款的处理。

由于赔款的计算和审核是一项十分细致复杂的工作,往往需要很长时间,保险公司为了使被保险人能及时恢复生产经营活动,经常采取按估计损失的一定比例预付部分赔款的办法,等损失核定后,再补足差额。

出险后,保险公司预付部分赔款时,会计分录为:

借:预付赔款——企业财产险
　　贷:银行存款(或现金)

损失核定后,保险公司支付剩余赔款,会计分录为:

借:赔款支出
　　贷:预付赔款
　　　　银行存款(或库存现金)

(3) 损余物资的处理。

保险财产遭受保险事故后,在多种情况下,不是完全灭失,而是部分受损,物资还具有一定程度的利用价值,称为损余物资。正确合理地处理损余物资,对于物尽其用、减少赔款支出有着重要意义。损余物资一般应合理作价归被保险人所有,并在赔款中予以扣除。如果被保险人不愿意接受,保险公司应按全损赔付,损余物资归保险公司处理,处理损余物资的收入冲减赔款支出。损余物资在没有处理前,要妥善保管,并设置"损余物资登记簿"进行登记。

在保险理赔过程中,不可避免地要发生某些错赔或骗赔案件。一经发现,要认真查处并追回赔款。对于追回的赔款,要冲减相应的赔款支出。其会计分录为:

借:银行存款
　　贷:赔款支出

### 四、财产保险准备金的核算

财产保险准备金是指保险公司为履行其承担的保险责任或者备付未来赔款,从收取的保险费中提存的资金准备,它是一种资金的积累。根据《保险公司会计制度》的规定,财产保险业务提存的准备金包括:未决赔款准备金、未到期责任准备金和长期责任准备金。

#### (一) 未决赔款准备金的核算

未决赔款准备金是指保险公司在会计期末为本期已发生保险事故应付未付赔款所提存的一种准备金。由于保险公司是根据有效保单计算准备金的,而且准备金是保险公司的一项主要负债。因此,提存和转回准备金应分别核算。

我国现行《保险公司财务制度》规定,保险公司在年末可按最高不超过当期已经提出的保险赔偿或给付金额的100%提取未决赔款准备金。

【例 13 - 4】 经估算,某财产保险公司在会计年度末应提财产保险未决赔款准备金200万元,并转回上年提存的财险未决赔款准备金300万元。

本年末提存未决赔款准备金时,会计分录为:

借:提存未决赔款准备金　　　　　　　　　　　　　　2 000 000
　　贷:未决赔款准备金　　　　　　　　　　　　　　　　2 000 000

转回上年未决赔款准备金时,会计分录为:

借:未决赔款准备金　　　　　　　　　　　　　　　　3 000 000
　　贷:转回未决赔款准备金　　　　　　　　　　　　　　3 000 000

将本年提存的未决赔款准备金冲减当年收益时,会计分录为:

借:本年利润　　　　　　　　　　　　　　　　　　　2 000 000
　　贷:提存未决赔款准备金　　　　　　　　　　　　　　2 000 000

将转回的上年未决赔款准备金转作当年收益时,会计分录为:

借:转回未决赔款准备金　　　　　　　　　　　　　　3 000 000
　　贷:本年利润　　　　　　　　　　　　　　　　　　　3 000 000

#### (二) 未到期责任准备金的核算

保险公司在一个会计年度内签发保单后,入账的保费称为入账保费。假定全部保单保险期均为一年,则除当年第一天签发的保单外,其余保单均不能在当年度内满期,而要跨入第二年,保费就要依保险期间在两个会计年度所占的时间比例进行分割。留在当年的部分属于当年的收入,称为赚保费;跨入第二年的部分属于下年度收入,称为未赚保费。为体现权责发生制和配比原则,正确反映保险公司的财务成果,已赚保费和未赚保费分别对应当年责任和下一年度未满责任,即分两年入账。针对下一年度未满期责任,要将未赚保费从入账保费中减去,转入下一会计年度,建立起相应的责任准备金,就是未到期责任准备金,又称未了责任准备金。

我国现行《保险公司财务制度》规定:损益核算期限在一年以内(含一年)的非寿险保险业务可按当期自留保费收入的50%提取未到期责任准备金,下一年度同期转回。未到期责任准备金一般采取提存本期、转回上期的方法。提存期通常为一年。提存及转回未到期责任准备金计入当年损益。

保险公司按自留部分保费的 50% 提取未到期责任准备金时,会计分录为:

借:提存未到期责任准备金——财产险

　　贷:未到期责任准备金——财产险

将上年提存的未到期责任准备金转回时,会计分录为:

借:未到期责任准备金——财产险

　　贷:转回上年未到期责任准备金——财产险

将提存的未到期责任准备金冲减当年收益时,会计分录为:

借:本年利润

　　贷:提存未到期责任准备金——财产险

将转回的未到期责任准备金转为当年收益时,会计分录为:

借:转回未到期责任准备金——财产险

　　贷:本年利润

### (三) 长期责任准备金的核算

长期责任准备金是指保险公司针对长期财产保险业务,为应付保险期内的保险责任和有关费用而提存的准备金。由于长期财产保险业务金额和风险较大,根据稳健性原则,按业务年度而不是按会计年度结算损益更能反映此类保险业务的经营成果。如果长期责任准备业务的责任期是 5 年,则结算损益年度为 5 年,长期责任准备金在未到结算损益年度之前,按业务年度的营业收支差额提存,即根据长期财产保险业务取得的收入扣除相关费用后的差额提存。其核算方法与未到期责任准备金核算相同。

## 五、人身保险业务的核算

根据《保险法》规定,人身保险可以分为人寿保险、健康保险和伤害保险三大类。与财产保险业务相比,人身保险业务的会计核算具有以下特点:① 人身保险业务一般收款生效,因此,保费一般于实际收到款项时确认;② 人身保险业务具有给付性质,因此涉及给付的核算,包括年金给付、死伤医疗给付和满期给付,而财产保险不涉及给付的核算;③ 有些人身保险合同约定了返还利差的条款,因此,人身保险业务涉及保户利差支出的核算,而财产保险业务没有返还利差的条款,也就是不涉及利差支出的核算;④ 人身保险业务的未到期责任准备金根据有效保险单的全部净值提存,而财产保险业务的未到期责任准备金根据当年自留保费的 50% 提存;⑤ 由于寿险和长期健康险的风险以及精算方法等方面的不同,寿险责任准备金和长期健康险责任准备金分开核算。

### (一) 人寿保险业务的核算

1. 保费收入的核算

寿险业务的保险费是由死亡或生存的给付额、利息和费用等三项组成。因此,保险费率是由预定死亡率、预定年利率和预定费用率三部分组成。而寿险业务范围广、种类多,保险人根据不同险种的要求,分别厘定保险费,投保人缴纳保费的方式、程序与手续也不相同。概括起来,寿险业务的保费有下列共同点:

（1）寿险保单的保险费一般是分期交付,并在保险合同中载明,投保人或被保险人必须按合同规定的时间及金额缴纳保险费。

（2）保户的第一期保险费必须在签订合同时向保险公司交付,以后各期保险费,保户应按合同规定的交费时间与保费额,前往保险公司指定的地点交费。对于因故迟交或补交保险费的保户,除补交其所欠的保险费外,还应缴纳因推延时间所产生的利息。

（3）当出纳人员收到款项后,随即开出三联收款凭证,并加盖"现金收讫"章与经办人员签章,第一联保费收据交保户收执;第二联收据副本交业务部门登记业务卡片;第三联收款存根连同银行存款解缴回单一并交会计记账。

（4）如属于集体投保的寿险业务,由保险公司与代办单位直接建立代收保费关系。由单位指定经办员代收代交,并以转账方式将保费划入保险公司账户。

2. 退保业务的核算

人寿保险业务是长期性的业务,在这个较长的过程中,由于种种原因,会发生保户要求退保的情况。

当保户要求退保,经业务部门审查同意,支付退保金时,会计分录为:

借:退保金

  贷:现金

假如保户退保时尚有贷款未还,予以扣除。其会计分录为:

借:退保金

  贷:保户质押贷款——某保户(未收回的质押贷款本金)

   利息收入(欠息)

   库存现金

3. 给付保险金的核算

根据人身保险合同给付保险金的性质,通常将保险金的给付分为两种情形:一是满期给付;二是死亡、伤残及医疗给付。

对于被保险人或受益人或法定继承人提出给付保险金的申请,保险人应按照合同规定的保险责任进行调查,审查事故发生是否属于保险责任范围。对于每个给付案件,应及时、准确地确定给付金额,快速地办理给付手续,使被保险人或受益人及时地得到应有的保障。

（1）满期给付的处理。

满期给付是指被保险人在保险期满后,按照保险合同的规定,从保险人处领取保险金。满期给付保险金既可以按一次性方式领取,也可以选择有利于领取人的其他方式,如按分期支付的方式领取。

申请领取保险金时,必须由被保险人本人提出,并持保险证、身份证、交费凭证簿等有关证件,递交给保险公司。保险公司审查核实无误后,按保险合同规定的给付金额与给付方式来给付相应的保险金。

被保险人生存到期满,按保险条款规定支付保险金时,会计分录为:

借:满期给付

  贷：库存现金

满期给付时，如被保险人有贷款本息未还清的，予以扣除。其会计分录为：

  借：满期给付

   贷：保户质押贷款

    利息收入

    库存现金

在保险合同规定的交费宽限期发生满期给付时，会计分录为：

  借：满期给付

   贷：保费收入

    利息收入

    库存现金

期末，将"满期给付"科目余额转入"本年利润"科目，会计分录为：

  借：本年利润

   贷：满期给付

（2）死伤医疗给付的处理。

死伤医疗给付是指被保险人在保险期限内因发生疾病而导致的医疗费用或者导致伤残、死亡，按保险合同规定给付的保险金。死伤医疗给付分为伤残给付、医疗给付和死亡给付三种。按照寿险业务的规定，申请死伤医疗给付时，被保险人或受益人必须及时提供有关证明，经业务部门调查核实后，计算出应给付金额，并连同有关证明、调查报告送会计部门，经会计部门复核无误后，据以支付给付金额。

被保险人在保险期内发生保险责任范围内的死亡、意外伤残、医疗事故而按保险责任支付保险金时，会计分录为：

  借：死伤医疗给付

   贷：现金

死伤医疗给付时，如果被保险人有贷款本息未还清的，予以扣除。其会计分录为：

  借：死伤医疗给付

   贷：保户质押贷款

    利息收入

    库存现金

在保险合同规定的交费宽限期发生死伤医疗给付时，会计分录为：

  借：死伤医疗给付

   贷：保费收入（未交保费部分）

    利息收入（欠息数）

    库存现金（实际支付的金额）

期末，将"死伤医疗给付"科目余额转入"本年利润"科目，会计分录为：

  借：本年利润

   贷：死伤医疗给付

（3）年金给付的处理。

年金给付是人寿保险公司年金保险业务的被保险人生存至规定年龄,按保险合同约定支付给被保险人的给付金额。

被保险人生存至规定年龄,按保险合同条款规定支付年金时,会计分录为:

借:年金给付

  贷:现金

年金给付时,有贷款本息未还清的,予以扣除。其会计分录为:

借:年金给付

  贷:保户质押贷款

   利息收入

   库存现金

期末,将"年金给付"科目余额转入"本年利润"科目。其会计分录为:

借:本年利润

  贷:年金给付

4. 保户利差支出的核算

由于人寿保险合同期长,以预计死亡率、利率和费率为依据,计算确定的保费标准,通常与实际情况不一致。保险费过剩实质上是对保户利益的占有。因此,我国人寿保险公司推出利差返还型寿险产品,当实际利率高于预定利率时,保险人将这个差额对寿险责任准备金产生的利息返还给保单持有人。

期末,按清算部门提供的应付保户利差金额办理转账。其会计分录为:

借:保户利差支出

  贷:应付保户利差

实际支付利差时,会计分录为:

借:应付保户利差

  贷:库存现金

期末,将"保户利差支出"科目余额转入"本年利润"科目。其会计分录为:

借:本年利润

  贷:保户利差支出

5. 寿险责任准备金的核算

寿险具有长期性和储蓄性。在寿险业务中,由于投保人通常是选择分期均衡缴费方式支付保险费,因此,投保人缴纳的分期保险费,实质上是均衡保险费。对保险契约的整个期限来说,便出现前期的自然保费(或支出)小于均衡保险费,而后期自然保费(或支出)大于均衡保费的情况。保险公司为了平衡未来发生的债务,保证有充足的能力随时进行给付,就必须把投保人历年缴纳的纯保费和利息积累起来,作为将来保险金给付和退保给付的责任准备金。具体说,寿险责任准备金应当是保险公司收入的净保费和利息与寿险合同中所规定的当年应承担给付义务之间的差额。

保险公司年末根据精算部门提供的本年度寿险责任准备金的精算结果,提存寿险责任准备金时,会计分录为:

借：提存寿险责任准备金

　　贷：寿险责任准备金

保户因工作调往外地需要转移保险关系，根据该保单已提取寿险责任准备金转出保险关系时，会计分录为：

借：寿险责任准备金

　　贷：银行存款

转回本年度寿险责任准备金时，会计分录为：

借：寿险责任准备金

　　贷：转回寿险责任准备金

**（二）健康保险业务的核算**

健康保险也称疾病保险，是指被保险人在患病时发生医疗费用支出，或因疾病致残或死亡时，或因疾病伤害不能工作而减少收入时，由保险公司承担给付保险金责任的保险。

健康保险，按保险期限的长短，可划分为短期健康保险（保险期限为1年及1年以下）和长期健康保险（保险期限在1年以上）；按保险标的所产生的结果，可划分为医疗保险、疾病保险、残疾收入补偿保险等。

1. 健康保险核算的基本规定

（1）短期健康保险的未到期责任准备金，是指在会计期末按规定从本期保费收入中提取的以备下年度发生赔偿给付的资金准备。其未到期责任准备金的提取，可采用二分之一法，有条件的应采用八分之一法或二十四分之一法。未到期责任准备金期末提存，同时转回上年同期账面数，作为保费收入的调整项目，计入当期损益。

（2）长期健康保险责任准备金，是指根据《人身保险精算实践标准》，按照精算部门计算的精算结果提取的，承担未来保险责任的资金准备。长期健康保险责任准备金年末提取，同时转回上年末账面数，计入当期损益。

（3）短期健康保险、长期健康保险的预定损失率/预定发病率可根据保险公司的经验数据编制，也可采用其他公司已有的经验表或根据保险市场的经验制定。

（4）短期健康保险的精算规定，按《人身保险精算实践标准》中的"人身意外伤害保险精算规定"执行。

（5）长期健康保险的精算规定，按《人身保险精算实践标准》中的"人寿保险有关死亡保险精算规定"执行。

2. 健康保险业务的收支核算

短期健康保险业务的收支核算与财产保险业务核算方法基本相同。长期健康保险业务的收支核算与人寿保险业务核算方法基本相同。

**【例13-5】** 某保户投保一年期医疗保险。因发生保险责任范围内的疾病而付出诊断和药品等费用3 000元，经核实，按保险单比例给付条款，保险公司承担医疗费用80%的责任，会计部门以现金支付。其会计分录为：

借：死伤医疗给付——医疗险　　　　　　　　　　　　　　　2 400

　　贷：库存现金　　　　　　　　　　　　　　　　　　　　　　　2 400

### （三）长期健康险责任准备金的核算

为了核算和监督保险公司在年度决算时长期健康责任准备金的提存情况，会计上设置"长期健康险责任准备金""提存长期健康险责任准备金"和"转回长期健康险责任准备金"三个科目。

"长期健康险责任准备金"科目属于负债类，用来核算保险公司长期性健康保险业务按规定提存的准备金。该科目贷方登记保险公司期末按规定提存的长期健康险责任准备金，以及被保险人从外地转入保险关系而转入的长期健康险责任准备金；借方登记上年同期提存的长期健康险责任准备金，以及因被保险人迁往外地转移保险关系而转出的长期健康险责任准备金。该科目的贷方余额反映保险公司已提存尚未转回的长期健康险责任准备金。

"提存长期健康险责任准备金"科目属于损益类，用来核算保险公司长期性健康保险业务按规定提存的准备金。借方登记期末保险公司按规定提存的长期健康险责任准备金；贷方登记期末结转"本年利润"科目的数额。结转后，本科目应无余额。

"转回长期健康险责任准备金"科目属于损益类，用来核算保险公司转回上年同期提存的长期健康险责任准备金。贷方登记期末将上年同期提存的长期健康险责任准备金加当期因被保险人转入而增加的长期健康险责任准备金，减当期因被保险人转出而减少的长期健康险责任准备金后的余额；借方登记结转"本年利润"科目的数额。结转后该科目无余额。

当保险公司的精算部门在会计年度末按《人身保险精算实践标准》规定提取长期健康险保险责任准备金时，会计分录为：

借：提存长期健康险责任准备金
    贷：长期健康险责任准备金

年终决算，按规定将上年长期健康险责任准备金的账面余额转回时，会计分录为：

借：长期健康险责任准备金
    贷：转回长期健康险责任准备金

年终决算，按规定结转利润时，会计分录为：

借：本年利润
    贷：提存长期健康险责任准备金
借：转回长期健康责任准备金
    贷：本年利润

## 六、再保险业务的核算

再保险，也称分保，是保险人在原保险合同的基础上通过签订分保合同，将其承担的一部分或全部风险和责任转嫁给其他保险人。在分保合同中，分出保险业务的公司称为原保险人或分出公司，接受分保业务的公司称为再保险人或分入公司。如果再保险人又将其接受的风险和责任转嫁出去，这种业务称转分保。

### （一）再保险业务种类

再保险按照责任分配形式不同可分为比例再保险和非比例再保险。

1. 比例再保险

比例再保险是指原保险人与再保险人以保险金额为基础,按比例计算分担保险责任限额的再保险。比例再保险又分为成数分保和溢额分保。

成数分保是一种最简单的分保方式。分保分出人以保险金额为基础以每一危险单位的固定比例即一定成数作为自留额,将其余的一定成数转让给分保人接受,保险费和保险赔款按同一比例分摊。

溢额分保是指分保人以保险金额为基础,规定每一危险单位的一定额度作为自留额,并将其超过自留额的部分,即溢额,分给分入人。分入人按承担溢额责任占保险金额的比例收取分保费和分摊分保赔款。

2. 非比例再保险

非比例再保险又称超额再保险,它是以赔款为基础计算自赔限额和分保责任限额的再保险。非比例再保险又分为超额赔款再保险和超额赔付率再保险。

超额赔款再保险是由分保分出人与分保接受人签订协议,对每一危险单位损失或一次巨灾事故的累计责任损失规定一个自赔额,自赔额以上至一定限度由分保接受人负责。

超额赔付率再保险是以一定时期(一般为一年)的积累责任赔付率为基础计算责任限额,当实际赔付率超过约定赔付率时,其超过部分由分入公司负责一定限额。

**(二) 再保险业务核算**

再保险业务,特别是分入业务,对赔案的处理需要时间,且分保费收入、准备金扣存和返还也需要延续若干个会计年度,一般为3~5年,甚至更长时间。为正确核算损益,再保险业务的会计核算采用三年期业务年度核算方法,以保证再保险业务核算的真实和完整。

业务年度核算方法是按照业务年度对合同经营情况进行核算,即对某业务年度的未满期保费和未决赔款待其自然期满和赔款基本结束时,以该业务年度的保费和赔款为基础,对再保合约该业务年度的经营成果进行核算。所以,在该业务年度终止后,尚需延续若干会计年度,才能结束未了责任,核算最后的经营成果。三年期核算法是指每一业务年度的分保账务须延续两个会计年度,在第三个会计年度末核算经营成果。

实行三年期核算法,每个业务年度的损益在第一、第二个会计年度时先不体现。在会计年度终了时,根据收支余额,提存长期责任准备金,并滚转到下一会计年度。至第三个会计年度,在年终按未了责任提存未决赔款准备金,将责任转移到下一业务年度,以结束该业务年度的账务。采用三年期核算法,分保业务收支在每个会计年度分别设立三个业务年度核算(其中两个开放年度,一个结算年度),其他业务收支记入与会计年度相同的业务年度账。若某业务年度未到结算年度,出现收不抵支,即该业务年度提存的长期责任准备金出现红字时,则提前结算损益。

1. 分出业务核算

发出分保账单时,会计分录为:

借:分出保费

　　分保业务往来

　　贷:存入分保准备金

摊回分保赔款

摊回分保费用

期末,将分保业务收支转入"本年利润"科目,会计分录为:

借:本年利润

贷:分出保费

借:摊回分保赔款

摊回分保费用

贷:本年利润

2. 分入业务的核算

收到分保业务账单时,会计分录为:

借:存出分保准备金

分保赔款支出

分保费用支出

贷:分保费收入

分保业务往来

期末,将分保业务收支转入"本年利润"科目,会计分录为:

借:分保费收入

贷:本年利润

借:本年利润

贷:分保赔款支出

分保费用支出

# 第五节　其他公司业务核算

## 一、财务公司

### (一) 财务公司的概述

财务公司是指依照《中华人民共和国公司法》和《企业集团财务公司管理办法》设立的,为企业集团成员单位技术改造、新产品开发及产品销售提供金融服务,以中长期金融业务为主的非银行金融机构。

中国的财务公司是以大型企业集团母子公司为股东出资设立,业务上接受中国人民银行管理、协调、监督和稽核,独立核算、自负盈亏、自主经营、依法纳税的企业法人。因此,它又称为企业集团财务公司,其规范名称为××(集团)财务有限责任公司。

财务(金融)公司最早的雏形可见于1716年法国创设的通用银行。在美国,第一家真正意义上非银行的财务公司出现于1878年。我国第一家财务公司是1987年,经中国人民银行批准成立的"东风汽车工业财务公司"。至今为止,全国共有财务公司一百多家。

　　财务公司一般是靠大量举债运用负债管理而创造信用。按其业务功能划分,有消费财务公司、商业财务公司、销售财务公司和金融服务性财务公司。本书介绍的是金融服务性财务公司,它与我国银行、证券、信托、保险等金融机构相比,主要区别在于:在服务范围上,前者局限于某一企业集团内部,而后者是面向社会;前者业务种类更为综合,但服务范围不如后者广泛;前者的产业服务专业性突出,后者的金融专业性更强。财务公司与厂内银行、内部结算中心比较:前者是金融机构,可办理独立核算的集团内部成员间的金融业务,后者不是金融机构,不能办理金融类业务,只起到加强企业内部各部门之间的经济核算作用。

**（二）财务公司的主要业务**

　　按照《企业集团财务公司管理办法》的规定,经中国人民银行批准,我国的财务公司可以从事下列部分或全部业务:① 吸收成员单位三个月以上定期存款;② 发行财务公司债券;③ 同业拆借;④ 对成员单位办理贷款及融资租赁;⑤ 办理集团成员单位产品的消费信贷、买方信贷及融资租赁;⑥ 办理成员单位商业汇票的承兑及贴现;⑦ 办理集团成员单位的委托贷款及委托投资;⑧ 有价证券、金融机构股权及成员单位股权投资;⑨ 承销集团成员单位的企业债券;⑩ 对成员单位提供担保;⑪ 对成员单位办理财务顾问、信用鉴证及其他咨询代理业务;⑫ 境外外汇借款;⑬ 经中国人民银行批准的其他业务。实际工作中,存款业务、贷款业务、结算业务、往来业务、拆借业务等是财务公司的主要业务。

## 二、基金管理公司

**（一）基金管理公司概述**

　　基金管理公司就是集中众多投资者的资金,交由专业的机构,对股票、债券等证券进行投资,以谋求投资风险尽可能降低和投资收益最大化的一种非银行金融机构。证券投资基金是一种典型的利益共享、风险共担的集合证券投资方法,即通过发行基金单位,集中投资者的资金,由基金托管人托管,由基金管理人管理和运用资金,从事股票、债券等金融工具进行投资的方法。

　　证券投资基金的种类很多,按照基金单位是否可以增加或赎回,可以分为开放式基金和封闭式基金;按照组织形式的不同,可以分为契约型基金和公司型基金;按照基金经营目标的不同,可以分为积极成长型基金、成长型基金、成长及收入型基金、平衡型基金和收入型基金;按照投资对象的不同,可以分为股票基金、债券基金、货币市场基金、期货基金和期权基金等。

　　尽管从不同角度可以把基金细分为多种类别,但总的来说,基金都具有以下四个当事人:基金发起人、基金持有人、基金管理人和基金托管人。

**（二）基金管理公司的主要业务**

1. 证券投资基金发行及增减变动业务

　　证券投资基金发起人要发起设立或扩募基金,必须向中国证监会提出申请,经批准后才能办理基金发行。其发行时的会计分录如下:

　　借:银行存款——××银行

贷：实收基金

开放式基金申购时，先要计算基金单位资产净值、申购费用、净申购金额和申购份数，然后做如下会计分录：

借：应收申购款

　　贷：实收基金

　　　　未实现利得

　　　　损益平准金

在与证券交易所交割时，其会计分录如下：

借：银行存款

　　贷：应收申购款

开放式基金赎回时，先要计算赎回总额、赎回费用和赎回金额，做如下会计分录：

借：实收基金

　　未实现利得

　　损益平准金

　　贷：应付申购款

　　　　其他收入——赎回费

　　　　应付赎回费——×银行

款项交割时，做如下会计分录：

借：应付申购款

　　贷：银行存款

2. 证券投资基金投资业务

证券投资基金欲在证券登记结算机构进行证券买卖交易，必须先在证券登记机构存入一定数额的款项，以备进行证券交易时的资金交割与交收。存入款项时的会计分录如下：

借：清算备付金——××证券登记结算有限公司

　　贷：银行存款

（1）股票投资。

① 实际购入股票时，做如下会计分录：

借：股票投资等

　　贷：证券清算款

　　　　应付佣金

资金交割时，做如下会计分录：

借：证券清算款

　　贷：清算备付金

② 实际卖出股票时，做如下会计分录：

借：证券清算款

　　贷：股票投资

　　　　应付佣金

　　　　股票差价收入

资金交割时,做如下会计分录:

借:清算备付金

　　贷:证券清算款

③ 股票持有期间分派的股票股利、现金股利和配股权证的处理。

股票持有期间上市公司分派的股票股利,应于除权日根据上市公司股东大会决议公告,按股权登记日持有的股数及送股或转增比例,计算确定的股票数量,在"股票投资"账户"数量"栏进行记录。因持有股票而享有的配股权,从配股除权日起到配股确认日止,按市价高于配股价的差额逐日进行估值,做如下会计分录:

借:配股权证

　　贷:未实现利得

向证券交易所确认配股时,做如下会计分录:

借:股票投资

　　贷:证券清算款

同时,将配股权的估值冲减为零,做如下会计分录:

借:未实现利得

　　贷:配股权证

资金交收日,实际支付配股款时,做如下会计分录:

借:证券清算款

　　贷:清算备付金

如果在配股期限内没有向证券交易所确认配股而放弃配股权的,应将配股权的估值冲减为零,其会计分录同上。

股票投资者应分派的现金股利,在除息日按照上市公司宣告的分红派息比例,确认股利收入的实现,其会计分录如下:

借:应收股利

　　贷:股利收入

实际收到现金股利时,做如下会计分录:

借:清算备付金

　　贷:应收股利

(2) 债券投资。

① 买入债券时的会计分录为:

借:债券投资

　　应收利息

　　贷:证券清算款

资金交割时,做如下会计分录:

借:证券清算款

　　贷:清算备付金

② 卖出债券时的会计分录为:

借:证券清算款
　　贷:债券投资
　　　　应收利息
　　　　债券差价收入
③ 证券投资估值增值的会计分录为:
借:投资估值增值
　　贷:未实现利得

## 三、期货公司

### (一) 期货公司概述

期货公司是代理客户从事期货交易的企业法人或由企业法人设立的分支机构。它是接受期货投资者的委托,按照客户下达的指令,以自己的名义为期货投资者的利益进行期货交易并收取佣金的一种业务。按照目前的政策规定,期货公司主要为客户进行代理,一般不得进行自营业务。

期货交易法规定,只有交易所会员才能进入交易所进行期货交易,且只有全权会员才能接受非会员的委托,代理其进行期货交易。所以,客户想参与期货交易但不是交易所会员,只能委托期货经纪公司代理其进行期货交易。

期货经纪公司的基本业务程序是:客户选择了合适的经纪公司和经纪人后,经纪公司就会按一定的标准,严格审查客户的开户资格和财务状况,帮助客户开设一个期货交易账户。客户首先要按照规定交付一定数额的保证金,作为将来履约的保证。开户后,客户通过市场分析在一定的时机向经纪公司下达交易指令,经纪公司再立即用其他方式通知经纪公司在交易所的出市代表。场内出市代表则立即按照订单上的要求进行买卖交易,从电脑输入订单上要求的价格及数量,由计算机自动撮合成交。若期货合约成交,则由经纪公司和交易所的结算部门进行合约结算。交易所根据当日交易的结算价,确定每笔交易合约应付的保证金金额,并计算出每位会员的保证金应调整数额。每日交易结束,经纪公司也根据交易所结算部门公布的结算价格,相应调整客户的保证金,并收取有关费用。

### (二) 期货公司的主要业务

目前,在世界范围内,期货交易按交易的内容,可以分为商品期货、金融期货和期权交易三种。在我国,现阶段主要是商品期货交易。

1. 商品期货

期货合约中规定一定数量的某种商品所进行的期货交易称为商品期货交易。具体内容包括:农产品期货商品、金属期货商品和能源期货商品等。

期货经纪公司向交易所缴纳会员资格费或席位费,其会计分录如下:

借:长期股权投资——期货会员资格投资
　　应收席位费(如交年会费,则用"营业费用")
　　　　贷:银行存款

期货经纪公司在交易所下单买卖合约前,存入交易所保证金或下跌时追加保证金。

其会计分录如下：

  借：应收保证金——×交易所

   贷：银行存款

  期货经纪公司收到客户的开户保证金时，其会计分录如下：

  借：银行存款

   贷：应付保证金

  发生平仓盈利时，其会计分录如下：

  借：应收保证金——×交易所

   贷：应付保证金——×客户

发生平仓亏损时，其会计分录相反。发生结算差异时，则通过"结算差异"科目调整。

2. 金融期货

  金融期货是 20 世纪 70 年代初才产生的一个新的期货类别。它是以外汇、利率和股票价格指数等金融工具为标的物的期货合约的交易活动。具体内容包括：① 外汇期货是指协约双方同意在未来某一时期，根据约定价格——汇率，买卖一定标准数量的某种外汇的可转让的标准化协议。② 利率期货是协约双方同意在约定的将来某个日期，按约定条件买卖一定数量的某种长短期信用工具的可转让的标准化协议。主要对象是各种有价债券。③ 股票指数期货是指协议双方同意，在将来某一时期按约定的价格买卖股票指数的可转让的标准化合约。

  金融期货交易的对象是虚拟化了的金融证券的合约，而非具有实务形态的商品。金融期货和商品期货在交易机制、合约特征、机构安排方面并无二致，但两者也有不一样的地方：① 有些金融期货没有真实的标的资产（股指期货等），而商品期货交易的对象是具有实物形态的商品（如农产品等）。② 股价指数期货在交割日以现金清算，利率期货可以通过证券的转让清算，商品期货则可以通过实物所有权的转让进行清算。③ 金融期货合约到期日都是标准化的，一般有到期日在三月、六月、九月和十二月几种。商品期货合约的到期日根据商品特性的不同而不同。④ 金融期货适用的到期日比商品期货要长。⑤ 持有成本不同，金融期货在持有期间有利息收入，但商品期货持有的仓储费用较高。⑥ 投机性能不同，由于金融期货市场对外部因素的反映比商品期货更敏感，期货价格的波动更频繁、更大，因而比商品期货具有更强的投机性。

3. 金融期权

  期权是指在未来一定时期可以买卖的权利，是买方向卖方支付一定数量的金额后，拥有的在未来一段时间内以规定好的价格向卖方购买或出售一定数量的特定标的物的权利，但不负有必须买进或卖出的义务。

  期权合约的构成要素主要有：买方、卖方、权利金、敲定价格、通知和到期日等。按期权的权利来划分，主要有看涨期权、看跌期权和双向期权三种。期权的履约一般有三种情况：一是买卖双方都可以通过对冲的方式实施履约；二是买方可以将期权转换为期货合约的方式履约；三是任何期权到期不用，自动失效。如果期权是虚值，期权买方就不会行使期权，到期时期权自动失效。这样，期权买方最多损失所交的权利金。

　　期权交易与期货交易的关系表现为:① 两者均是以买卖远期标准化合约为特征的交易。② 在价格关系上,期货市场价格对期权交易合约的敲定价格及权利金确定均有影响。一般来说,期权交易的敲定价格是以期货合约所确定的远期买卖同类商品交割价为基础的,而两者价格的差额又是权利金确定的重要依据。③ 期货交易是期权交易的基础交易的内容,一般均为是否买卖一定数量期货合约的权利。期货交易越发达,期权交易的开展就越有基础。因此,期货市场发育成熟和规则完备为期权交易的产生和开展创造了条件。期权交易的产生和发展又为套期保值者和投机者进行期货交易提供了更多可选择的工具,从而扩大和丰富了期货市场的交易内容。④ 期货交易可以做多做空,交易者不一定进行实物交收。期权交易同样可以做多做空,买方不一定要实际行使这个权利,只要有利,也可以把这个权利转让出去。卖方也不一定非履行不可,而可在期权买入者尚未行使权利前通过买入相同期权的方法以解除他所承担的责任。⑤ 由于期权的标的物为期货合约,因此,期权履约时买卖双方会得到相应的期货部位。

## 复 习 思 考 题

1. 信托存款和委托存款有何区别?
2. 证券承销业务有哪些种类?
3. 融资租赁的租金如何计算?
4. 保险金的赔付如何处理?
5. 财务公司与银行有何区别?
6. 基金管理公司是如何运转的?
7. 期货交易与期权交易有何异同?

# 附 录

## 附录一　企业会计科目

| 顺序号 | 编　号 | 会计科目名称 | 会计科目适用范围说明 |
|---|---|---|---|
| | | 一、资产类 | |
| 1 | 1001 | 库存现金 | |
| 2 | 1002 | 银行存款 | |
| 3 | 1003 | 存放中央银行款项 | 银行专用 |
| 4 | 1011 | 存放同业 | 银行专用 |
| 5 | 1012 | 其他货币资金 | |
| 6 | 1021 | 结算备付金 | 证券专用 |
| 7 | 1031 | 存出保证金 | 金融共用 |
| 8 | 1101 | 交易性金融资产 | |
| 9 | 1111 | 买入返售金融资产 | 金融共用 |
| 10 | 1121 | 应收票据 | |
| 11 | 1122 | 应收账款 | |
| 12 | 1123 | 预付账款 | |
| 13 | 1131 | 应收股利 | |
| 14 | 1132 | 应收利息 | |
| 15 | 1201 | 应收代位追偿款 | 保险专用 |
| 16 | 1211 | 应收分保账款 | 保险专用 |
| 17 | 1212 | 应收分保合同准备金 | 保险专用 |
| 18 | 1221 | 其他应收款 | |
| 19 | 1231 | 坏账准备 | |
| 20 | 1301 | 贴现资产 | 银行专用 |
| 21 | 1302 | 拆出资金 | 金融共用 |
| 22 | 1303 | 贷款 | 银行和保险共用 |
| 23 | 1304 | 贷款损失准备 | 银行和保险共用 |

| 顺序号 | 编　号 | 会计科目名称 | 会计科目适用范围说明 |
|---|---|---|---|
| 24 | 1311 | 代理兑付证券 | 银行和证券共用 |
| 25 | 1321 | 代理业务资产 | |
| 26 | 1401 | 材料采购 | |
| 27 | 1402 | 在途物资 | |
| 28 | 1403 | 原材料 | |
| 29 | 1404 | 材料成本差异 | |
| 30 | 1405 | 库存商品 | |
| 31 | 1406 | 发出商品 | |
| 32 | 1407 | 商品进销差价 | |
| 33 | 1408 | 委托加工物资 | |
| 34 | 1411 | 周转材料 | 建造承包商专用 |
| 35 | 1421 | 消耗性生物资产 | 农业专用 |
| 36 | 1431 | 贵金属 | 银行专用 |
| 37 | 1441 | 抵债资产 | 金融共用 |
| 38 | 1451 | 损余物资 | 保险专用 |
| 39 | 1461 | 融资租赁资产 | 租赁专用 |
| 40 | 1471 | 存货跌价准备 | |
| 41 | 1501 | 持有至到期投资 | |
| 42 | 1502 | 持有至到期投资减值准备 | |
| 43 | 1503 | 可供出售金融资产 | |
| 44 | 1511 | 长期股权投资 | |
| 45 | 1512 | 长期股权投资减值准备 | |
| 46 | 1521 | 投资性房地产 | |
| 47 | 1531 | 长期应收款 | |
| 48 | 1532 | 未实现融资收益 | |
| 49 | 1541 | 存出资本保证金 | 保险专用 |
| 50 | 1601 | 固定资产 | |
| 51 | 1602 | 累计折旧 | |
| 52 | 1603 | 固定资产减值准备 | |
| 53 | 1604 | 在建工程 | |
| 54 | 1605 | 工程物资 | |
| 55 | 1606 | 固定资产清理 | |

| 顺序号 | 编　号 | 会计科目名称 | 会计科目适用范围说明 |
|---|---|---|---|
| 56 | 1611 | 未担保余值 | 租赁专用 |
| 57 | 1621 | 生产性生物资产 | 农业专用 |
| 58 | 1622 | 生产性生物资产累计折旧 | 农业专用 |
| 59 | 1623 | 公益性生物资产 | 农业专用 |
| 60 | 1631 | 油气资产 | 石油天然气开采专用 |
| 61 | 1632 | 累计折耗 | 石油天然气开采专用 |
| 62 | 1701 | 无形资产 | |
| 63 | 1702 | 累计摊销 | |
| 64 | 1703 | 无形资产减值准备 | |
| 65 | 1711 | 商誉 | |
| 66 | 1801 | 长期待摊费用 | |
| 67 | 1811 | 递延所得税资产 | |
| 68 | 1821 | 独立账户资产 | |
| 69 | 1901 | 待处理财产损溢 | |
| | | 二、负债类 | |
| 70 | 2001 | 短期借款 | |
| 71 | 2002 | 存入保证金 | 金融共用 |
| 72 | 2003 | 拆入资金 | 金融共用 |
| 73 | 2004 | 向中央银行借款 | 银行专用 |
| 74 | 2011 | 吸收存款 | 银行专用 |
| 75 | 2012 | 同业存放 | 银行专用 |
| 76 | 2021 | 贴现负债 | 银行专用 |
| 77 | 2101 | 交易性金融负债 | |
| 78 | 2111 | 卖出回购金融资产款 | 金融共用 |
| 79 | 2201 | 应付票据 | |
| 80 | 2202 | 应付账款 | |
| 81 | 2203 | 预收账款 | |
| 82 | 2211 | 应付职工薪酬 | |
| 83 | 2221 | 应交税费 | |
| 84 | 2231 | 应付利息 | |
| 85 | 2232 | 应付股利 | |
| 86 | 2241 | 其他应付款 | |

| 顺序号 | 编　号 | 会计科目名称 | 会计科目适用范围说明 |
|---|---|---|---|
| 87 | 2251 | 应付保单红利 | 保险专用 |
| 88 | 2261 | 应付分保账款 | 保险专用 |
| 89 | 2311 | 代理买卖证券款 | 证券专用 |
| 90 | 2312 | 代理承销证券款 | 证券和银行共用 |
| 91 | 2313 | 代理兑付证券款 | 证券和银行共用 |
| 92 | 2314 | 代理业务负债 | |
| 93 | 2401 | 递延收益 | |
| 94 | 2501 | 长期借款 | |
| 95 | 2502 | 应付债券 | |
| 96 | 2601 | 未到期责任准备金 | 保险专用 |
| 97 | 2602 | 保险责任准备金 | 保险专用 |
| 98 | 2611 | 保户储金 | 保险专用 |
| 99 | 2621 | 独立账户负债 | 保险专用 |
| 100 | 2701 | 长期应付款 | |
| 101 | 2702 | 未确认融资费用 | |
| 102 | 2711 | 专项应付款 | |
| 103 | 2801 | 预计负债 | |
| 104 | 2901 | 递延所得税负债 | |
| | | 三、共同类 | |
| 105 | 3001 | 清算资金往来 | 银行专用 |
| 106 | 3002 | 货币兑换 | 金融共用 |
| 107 | 3101 | 衍生工具 | |
| 108 | 3201 | 套期工具 | |
| 109 | 3202 | 被套期项目 | |
| | | 四、所有者权益类 | |
| 110 | 4001 | 实收资本 | |
| 111 | 4002 | 资本公积 | |
| 112 | 4101 | 盈余公积 | |
| 113 | 4102 | 一般风险准备 | 金融共用 |
| 114 | 4103 | 本年利润 | |
| 115 | 4104 | 利润分配 | |
| 116 | 4201 | 库存股 | |

| 顺序号 | 编　号 | 会计科目名称 | 会计科目适用范围说明 |
|---|---|---|---|
| | | 五、成本类 | |
| 117 | 5001 | 生产成本 | |
| 118 | 5101 | 制造费用 | |
| 119 | 5201 | 劳务成本 | |
| 120 | 5301 | 研发支出 | |
| 121 | 5401 | 工程施工 | 建造承包商专用 |
| 122 | 5402 | 工程结算 | 建造承包商专用 |
| 123 | 5403 | 机械作业 | 建造承包商专用 |
| | | 六、损益类 | |
| 124 | 6001 | 主营业务收入 | |
| 125 | 6011 | 利息收入 | 金融共用 |
| 126 | 6021 | 手续费及佣金收入 | 金融共用 |
| 127 | 6031 | 保费收入 | 保险专用 |
| 128 | 6041 | 租赁收入 | 租赁专用 |
| 129 | 6051 | 其他业务收入 | |
| 130 | 6061 | 汇兑损益 | 金融专用 |
| 131 | 6101 | 公允价值变动损益 | |
| 132 | 6111 | 投资收益 | |
| 133 | 6201 | 摊回保险责任准备金 | 保险专用 |
| 134 | 6202 | 摊回赔付支出 | 保险专用 |
| 135 | 6203 | 摊回分保费用 | 保险专用 |
| 136 | 6301 | 营业外收入 | |
| 137 | 6401 | 主营业务成本 | |
| 138 | 6402 | 其他业务支出 | |
| 139 | 6405 | 营业税金及附加 | |
| 140 | 6411 | 利息支出 | 金融共用 |
| 141 | 6421 | 手续费及佣金支出 | 金融共用 |
| 142 | 6501 | 提取未到期责任准备金 | 保险专用 |
| 143 | 6502 | 提取保险责任准备金 | 保险专用 |
| 144 | 6511 | 赔付支出 | 保险专用 |
| 145 | 6521 | 保单红利支出 | 保险专用 |
| 146 | 6531 | 退保金 | 保险专用 |

| 顺序号 | 编　号 | 会计科目名称 | 会计科目适用范围说明 |
|---|---|---|---|
| 147 | 6541 | 分出保费 | 保险专用 |
| 148 | 6542 | 分保费用 | 保险专用 |
| 149 | 6601 | 销售费用 | |
| 150 | 6602 | 管理费用 | |
| 151 | 6603 | 财务费用 | |
| 152 | 6604 | 勘探费用 | |
| 153 | 6701 | 资产减值损失 | |
| 154 | 6711 | 营业外支出 | |
| 155 | 6801 | 所得税费用 | |
| 156 | 6901 | 以前年度损益调整 | |

　　企业应当按照《企业会计准则及其应用指南》的规定,设置会计科目,进行账务处理,在不违反统一规定的前提下,可以根据本企业的实际情况自行增设、分拆、合并会计科目。不存在的交易或者事项,可以不设置相关的会计科目。本指南中的会计科目编号,供企业填制会计凭证、登记会计账簿、查阅会计账目、采用会计软件系统参考,企业也可以根据本规定,结合本企业的实际情况自行确定会计科目编号。

# 附录二　商业银行统一会计科目表

　　为了便于金融会计的教学和实训,我们参照中国人民银行会计司曾经出台的《商业银行统一会计科目表(施行)》,结合教学工作实际,将金融会计练习和实训中涉及的一些常用科目代号和科目名称,列表如下:

| 序号 | 科目代号 | 科目名称 | 序号 | 科目代号 | 科目名称 |
|---|---|---|---|---|---|
| 一、资产类 | | | 20 | 128 | 房地产业短期贷款 |
| 1 | 101 | 库存现金 | 21 | 129 | 服务业短期贷款 |
| 2 | 102 | 运送中现金 | 22 | 130 | 公共企业短期贷款 |
| | | 存放中央银行款项 | 23 | 133 | 其他短期贷款 |
| 3 | 104 | 存放中央银行准备金 | | | 中长期贷款 |
| 4 | 105 | 存放中央银行清算汇票款 | 24 | 135 | 中期流动资金贷款 |
| 5 | 106 | 存放中央银行特种存款 | 25 | 136 | 中长期基本建设贷款 |
| | | 存放境外同业 | 26 | 137 | 中长期技术改造贷款 |
| 6 | 110 | 存放境外同业活期款项 | 27 | 138 | 中长期科技开发贷款 |
| 7 | 111 | 存放境外同业定期款项 | 28 | 139 | 中长期住房开发贷款 |
| | | 拆放同业 | 29 | 140 | 其他中长期贷款 |
| 8 | 113 | 拆放银行款项 | | | 押汇 |
| 9 | 114 | 拆放非银行金融机构款项 | 30 | 144 | 进口押汇 |
| 10 | 115 | 拆放外资金融机构款项 | 31 | 145 | 出口押汇 |
| 11 | 117 | 拆放境外同业 | | | 特定贷款 |
| | | 系统内往来 | 32 | 147 | 国家特定贷款 |
| 12 | 119 | 存放系统内款项 | 33 | 148 | 特种贷款 |
| 13 | 120 | 系统内借出 | | | 个人贷款 |
| 14 | 121 | 预缴上级行利税 | 34 | 150 | 个人住房贷款 |
| 15 | 122 | 预付上级行运用资金 | 35 | 153 | 个人其他贷款 |
| | 123 | 短期贷款 | | | 票据融资 |
| 16 | 124 | 农业短期贷款 | 36 | 155 | 贴现 |
| 17 | 125 | 工业短期贷款 | 37 | 156 | 转贴现 |
| 18 | 126 | 建筑业短期贷款 | 38 | 157 | 买入外币票据 |
| 19 | 127 | 商业短期贷款 | 39 | 158 | 议付信用证款项 |

| 序号 | 科目代号 | 科目名称 | 序号 | 科目代号 | 科目名称 |
|---|---|---|---|---|---|
| | | 融资租赁 | 66 | 195 | 存出保证金 |
| 40 | 160 | 应收租赁款 | 67 | 198 | 其他应收及暂付款 |
| 41 | 161 | 应收转租赁款 | | | 债券 |
| 42 | 162 | 应收租赁收益 | 68 | 200 | 短期国家债券 |
| | | 透支及垫款 | 69 | 201 | 短期中央银行债券 |
| 43 | 164 | 协定存款透支 | 70 | 202 | 短期政策性银行债券 |
| 44 | 165 | 信用卡透支 | 71 | 205 | 其他短期金融债券 |
| 45 | 166 | 担保垫款 | 72 | 208 | 其他短期债券 |
| 46 | 167 | 承兑垫款 | 73 | 210 | 长期国家债券 |
| 47 | 168 | 信用证垫款 | 74 | 211 | 长期中央银行债券 |
| 48 | 169 | 转贷垫款 | 75 | 212 | 长期政策性银行债券 |
| | | 转贷款 | 76 | 215 | 其他长期金融债券 |
| 49 | 171 | 转贷外国政府贷款 | 77 | 218 | 其他长期债券 |
| 50 | 172 | 转贷国际金融组织贷款 | 78 | 220 | 回售国家债券 |
| 51 | 173 | 国家外汇储备贷款 | 79 | 221 | 回售金融债券 |
| 52 | 174 | 转贷买方信贷 | 80 | 224 | 回售其他债券 |
| 53 | 175 | 银团贷款 | | | 投资 |
| 54 | 176 | 其他转贷款 | 81 | 226 | 投资境内银行 |
| | | 不良贷款 | 82 | 227 | 境外投资 |
| 55 | 180 | 逾期贷款 | 83 | 230 | 其他投资 |
| 56 | 181 | 呆滞贷款 | 84 | 231 | 投资风险准备金 |
| 57 | 182 | 呆账贷款 | | | 委托贷款及委托投资 |
| 58 | 183 | 贷款呆账准备金 | 85 | 233 | 中央委托贷款 |
| | | 应收利息 | 86 | 234 | 地方委托贷款 |
| 59 | 185 | 应收贷款利息 | 87 | 235 | 中央银行委托贷款 |
| 60 | 186 | 应收透支及垫款利息 | 88 | 236 | 政策性银行委托贷款 |
| 61 | 187 | 应收存放款利息 | 89 | 239 | 其他委托贷款 |
| 62 | 188 | 应收拆借利息 | 90 | 240 | 政府委托投资 |
| 63 | 189 | 应收债券利息 | | | 代理业务 |
| 64 | 192 | 其他应收利息 | 91 | 242 | 代理兑付债券 |
| 65 | 193 | 坏账准备金 | 92 | 243 | 划缴中央银行财政存款 |
| | | 其他应收款 | 93 | 244 | 贵金属 |

| 序号 | 科目代号 | 科目名称 | 序号 | 科目代号 | 科目名称 |
|---|---|---|---|---|---|
| 94 | 247 | 其他代理业务 | 120 | 316 | 个人支票存款 |
|  |  | 固定资产 |  |  | 储蓄存款 |
| 95 | 249 | 房地产 | 121 | 319 | 活期储蓄存款 |
| 96 | 250 | 电子设备 | 122 | 320 | 定活两便储蓄存款 |
| 97 | 251 | 交通工具 | 123 | 321 | 定期储蓄存款 |
| 98 | 254 | 其他固定资产 |  |  | 财政性存款 |
| 99 | 255 | 累计折旧 | 124 | 323 | 机关团体存款 |
| 100 | 256 | 在建工程 | 125 | 324 | 财政预算外存款 |
| 101 | 257 | 固定资产清理 | 126 | 327 | 其他财政性存款 |
|  |  | 其他资产 |  |  | 特种存款 |
| 102 | 259 | 无形资产 | 127 | 329 | 特种存款 |
| 103 | 261 | 待摊费用 | 128 | 330 | 特种事业存款 |
| 104 | 262 | 长期待摊费用 | 129 | 331 | 特种企业存款 |
| 105 | 268 | 租赁资产 |  |  | 信用卡存款 |
| 106 | 269 | 待转租赁资产 | 130 | 333 | 单位信用卡存款 |
| 107 | 272 | 其他资产 | 131 | 334 | 个人信用卡存款 |
| 108 | 274 | 期收款项 |  |  | 汇款 |
| 二、负债类 |  |  | 132 | 336 | 开出汇票 |
|  |  | 单位活期存款 | 133 | 337 | 委托央行清算汇票款 |
| 109 | 301 | 农业活期存款 | 134 | 338 | 发行旅行支票 |
| 110 | 302 | 工业活期存款 | 135 | 341 | 其他汇出汇款 |
| 111 | 303 | 建筑业活期存款 | 136 | 342 | 应解汇款及临时存款 |
| 112 | 304 | 商业活期存款 | 137 | 344 | 开出本票 |
| 113 | 305 | 房地产活期存款 |  |  | 向中央银行借款 |
| 114 | 306 | 服务业活期存款 | 138 | 346 | 向中央银行借款 |
| 115 | 307 | 公共企业活期存款 | 139 | 347 | 向中央银行特种借款 |
| 116 | 310 | 其他活期存款 |  |  | 同业存款 |
|  |  | 单位定期存款 | 140 | 349 | 银行清算存款 |
| 117 | 312 | 单位定期存款 | 141 | 350 | 非银行金融机构存款 |
| 118 | 313 | 单位通知存款 | 142 | 351 | 外资金融机构存款 |
|  |  | 个体存款 | 143 | 352 | 证券公司转存款 |
| 119 | 315 | 个体户存款 | 144 | 353 | 基金存款 |

| 序号 | 科目代号 | 科目名称 | 序号 | 科目代号 | 科目名称 |
|---|---|---|---|---|---|
| 145 | 355 | 境外同业活期存款 | 171 | 395 | 应交税费 |
| 146 | 356 | 境外同业定期存款 | 172 | 396 | 应付股利 |
|  |  | 同业拆入 | 173 | 397 | 应付转租赁款 |
| 147 | 358 | 银行拆入 | 174 | 400 | 其他应付款 |
| 148 | 359 | 非银行金融机构拆入 |  |  | 委托贷款及投资资金 |
| 149 | 360 | 外资金融机构拆入 | 175 | 402 | 中央委托贷款资金 |
| 150 | 362 | 境外同业拆入 | 176 | 403 | 地方委托贷款资金 |
|  |  | 系统内往来 | 177 | 404 | 中央银行委托贷款资金 |
| 151 | 364 | 系统内存放款项 | 178 | 405 | 政策性银行委贷资金 |
| 152 | 365 | 系统内借入 | 179 | 406 | 财政拨存资金 |
| 153 | 366 | 预收下级行利税 | 180 | 409 | 其他委托贷款资金 |
| 154 | 367 | 拨入运营资金 | 181 | 410 | 政府委托投资资金 |
|  |  | 转贷款资金 |  |  | 代理业务资金 |
| 155 | 369 | 转贷外国政府贷款资金 | 182 | 412 | 中央预算收入 |
| 156 | 370 | 转贷国金组织贷款资金 | 183 | 413 | 地方预算收入 |
| 157 | 371 | 国家外汇储备贷款资金 | 184 | 414 | 待结算财政款项 |
| 158 | 372 | 转贷买方信贷资金 | 185 | 415 | 代理发行债券款 |
| 159 | 373 | 银团贷款拨入资金 | 186 | 416 | 代收贷款利息 |
| 160 | 376 | 其他转贷款资金 | 187 | 417 | 代理兑付债券资金 |
|  |  | 债券 | 188 | 418 | 代理发行旅行支票 |
| 161 | 378 | 回购国家债券款 | 189 | 419 | 代办信用卡备用金 |
| 162 | 379 | 回购金融债券款 | 190 | 422 | 其他代理业务资金 |
| 163 | 381 | 回购其他债券款 |  |  | 保证金 |
| 164 | 383 | 发行短期债券 | 191 | 424 | 信用卡保证金 |
| 165 | 384 | 发行长期债券 | 192 | 425 | 信用证保证金 |
|  |  | 应付利息 | 193 | 426 | 租赁保证金 |
| 166 | 386 | 应付存款利息 | 194 | 429 | 其他保证金 |
| 167 | 387 | 应付借款利息 |  |  | 长期借款及递延收益 |
| 168 | 388 | 发行债券应付利息 | 195 | 431 | 长期借款 |
| 169 | 391 | 其他应付利息 | 196 | 433 | 递延收益 |
|  |  | 其他应付款 |  |  | 待处理负债 |
| 170 | 393 | 应付职工薪酬 | 197 | 435 | 待处理财产溢余 |

| 序号 | 科目代号 | 科目名称 | 序号 | 科目代号 | 科目名称 |
|---|---|---|---|---|---|
| 198 | 436 | 待清理负债 | 224 | 603 | 盈余公积 |
| 199 | 439 | 其他待处理负债 | 225 | 604 | 本年利润 |
| | | 其他负债 | 226 | 605 | 利润分配 |
| 200 | 441 | 预提费用 | 五、损益类 | | |
| 201 | 442 | 住房周转金 | 227 | 701 | 贷款利息收入 |
| 202 | 443 | 其他准备金 | 228 | 702 | 金融机构往来收入 |
| 203 | 446 | 其他负债 | 229 | 703 | 系统内往来收入 |
| 204 | 448 | 期付款项 | 230 | 704 | 联行往来利息收入 |
| 三、资产负债共同类 | | | 231 | 705 | 手续费收入 |
| | | 联行往来 | 232 | 706 | 外汇买卖收益 |
| 205 | 501 | 联行往来 | 233 | 707 | 投资收益 |
| 206 | 502 | 分行辖内往来 | 234 | 708 | 债券业务收入 |
| 207 | 503 | 支行辖内往来 | 235 | 709 | 租赁收入 |
| 208 | 504 | 联行汇差 | 236 | 710 | 其他营业收入 |
| 209 | 505 | 汇差资金划拨 | 237 | 711 | 营业外收入 |
| 210 | 506 | 联行外汇往来 | 238 | 714 | 存款利息支出 |
| 211 | 507 | 港澳及国外联行往来 | 239 | 715 | 金融机构往来利息支出 |
| 212 | 508 | 资金清算往来 | 240 | 716 | 系统内往来利息支出 |
| 213 | 509 | 资金调拨 | 241 | 717 | 联行往来利息支出 |
| 214 | 511 | 同城票据清算 | 242 | 718 | 发行债券利息支出 |
| | | 外汇买卖 | 243 | 720 | 手续费支出 |
| 215 | 513 | 外汇买卖 | 244 | 721 | 外汇买卖损失 |
| 216 | 514 | 外汇结售 | 245 | 722 | 证券业务支出 |
| 217 | 515 | 国家外汇买卖 | 246 | 723 | 业务管理费 |
| 218 | 516 | 代客外汇买卖 | 247 | 724 | 折旧费 |
| 219 | 517 | 外汇营运资金 | 248 | 725 | 提取准备 |
| | | 其他往来款项 | 249 | 726 | 营业税金及附加 |
| 220 | 518 | 国家外汇人民币往来 | 250 | 727 | 其他营业支出 |
| 221 | 522 | 其他往来款项 | 251 | 728 | 营业外支出 |
| 四、所有者权益类 | | | 252 | 729 | 所得税费用 |
| 222 | 601 | 实收资本 | 253 | 731 | 以前年度损益调整 |
| 223 | 602 | 资本公积 | 六、表外科目 | | |

| 序号 | 科目代号 | 科目名称 | 序号 | 科目代号 | 科目名称 |
|------|----------|----------|------|----------|----------|
| 1 | 801 | 开出债券款单证 | 13 | 813 | 有价证券 |
| 2 | 802 | 开出保函 | 14 | 814 | 空白重要凭证 |
| 3 | 803 | 银行承兑汇票 | 15 | 815 | 未发行债券 |
| 4 | 804 | 贷款承诺 | 16 | 816 | 待销毁有价证券 |
| 5 | 805 | 衍生金融工具交易 | 17 | 817 | 代保管有价值品 |
| 6 | 806 | 未收贷款利息 | 18 | 818 | 低值易耗品 |
| 7 | 807 | 代理政策性银行贷款 | 19 | 819 | 待处理抵押质押品 |
| 8 | 808 | 收到信用证及保证凭信 | 20 | 820 | 代收托收款项 |
| 9 | 809 | 应收信用证及保证凭信 | 21 | 821 | 应收托收款项 |
| 10 | 810 | 商业承兑汇票贴现 | 22 | 822 | 出让土地估价升值 |
| 11 | 811 | 外汇期权其他保值业务 | 23 | 823 | 本行购买债券 |
| 12 | 812 | 产权待界定财产 | 24 | 824 | 特定业务 |

# 参考文献

[1] 郭德松,李继志. 金融企业会计[M]. 2 版. 南京:南京大学出版社,2019.

[2] 胡正衡. 现代金融会计[M]. 武汉:华中师范大学出版社,2004.

[3] 严华麟. 现代银行会计基础[M]. 北京:中国物价出版社,2002.

[4] 谢获宝,王合喜. 金融企业会计[M]. 武汉:武汉大学出版社,2005.

[5] 曾晓玲,方萍. 金融企业财务会计[M]. 成都:西南财经大学出版社,2005.

[6] 王允平,关新红. 金融公司会计[M]. 上海:立信会计出版社,2004.

[7] 刘东辉. 金融企业会计[M]. 大连:东北财经大学出版社,2009.

[8] 于希文,王允平. 银行会计学[M]. 北京:中国金融出版社,2003.

[9] 康国彬. 银行会计学[M]. 北京:清华大学出版社,2004.

[10] 于希文,王晓枫. 金融会计学[M]. 大连:东北财经大学出版社,2002.

## 内容简介

本书是根据党的二十大报告精神,结合最新金融法规和会计准则、金融企业会计实务编写的。全书内容共分十三章,内容包括金融企业会计总论、金融企业会计基本核算方法、存款和储蓄业务的核算、支付结算业务的核算、贷款和贴现业务的核算、银行间往来业务的核算、现金出纳业务的核算、外汇业务的核算、投资及财产物资的核算、所有者权益的核算、损益的核算、财务会计报告和金融性公司会计,其中对金融企业的共性业务进行了重点阐述,并注重了不同业务之间的比较分析。同时,介绍了支票直通车汇款、汇款直通车、即时通、承诺费和现代支付系统等新型业务。本书内容务实、结构清晰、流程直观、可操作性强。每章开篇有学习要点提示,章末有复习思考题。

### 图书在版编目(CIP)数据

金融企业会计 / 郭德松,袁佳慧主编. — 3 版. —
南京 : 南京大学出版社,2023.7(2025.1 重印)
 ISBN 978 - 7 - 305 - 27108 - 3

 Ⅰ. ①金… Ⅱ. ①郭… ②袁… Ⅲ. ①金融企业－企
业会计 Ⅳ. ①F830.42

 中国国家版本馆 CIP 数据核字(2023)第 109133 号

出版发行　南京大学出版社
社　　址　南京市汉口路 22 号　　　　邮　编　210093
**书　　名　金融企业会计**
　　　　　　JINRONG QIYE KUAIJI
主　　编　郭德松　袁佳慧
责任编辑　武　坦　　　　　　　　编辑热线　025 - 83592315
照　　排　南京南琳图文制作有限公司
印　　刷　南京人文印务有限公司
开　　本　787 mm×1092 mm　1/16 开　印张 21.25　字数 517 千
版　　次　2023 年 7 月第 3 版
印　　次　2025 年 1 月第 2 次印刷
ISBN 978 - 7 - 305 - 27108 - 3
定　　价　55.00 元

网址:http://www.njupco.com
官方微博:http://weibo.com/njupco
微信服务号:njuyuexue
销售咨询热线:(025) 83594756